高等院校会计与财务系列
精品规划教材

企业并购

张金鑫 编著

机械工业出版社
China Machine Press

图书在版编目(CIP)数据

企业并购 / 张金鑫编著 . —北京:机械工业出版社,2016.8(2021.11重印)
(高等院校会计与财务系列精品规划教材)

ISBN 978-7-111-54399-2

I. 企⋯ II. 张⋯ III. 企业兼并 – 高等学校 – 教材 IV. F271

中国版本图书馆 CIP 数据核字(2016)第 166610 号

本书结合丰富的实务案例,详细介绍和讨论了企业并购的基本理论和实务,内容包括并购估值、并购支付、并购交易结构、并购绩效等章节。本书力图将并购的理论与实务案例密切结合、国际经验与中国特色密切结合,以期给读者提供更多并购重组的规律与知识。

本书可作为财务管理、会计学、金融学等专业的本科生和研究生的基础教材。

出版发行:机械工业出版社(北京市西城区百万庄大街 22 号 邮政编码:100037)
责任编辑:施琳琳   责任校对:董纪丽
印   刷:北京建宏印刷有限公司   版   次:2021 年 11 月第 1 版第 3 次印刷
开   本:185mm×260mm 1/16   印   张:18
书   号:ISBN 978-7-111-54399-2   定   价:39.00 元

凡购本书,如有缺页、倒页、脱页,由本社发行部调换
客服热线:(010)88379210 88361066   投稿热线:(010)88379007
购书热线:(010)68326294 88379649 68995259 读者信箱:hzjg@hzbook.com

版权所有·侵权必究
封底无防伪标均为盗版
本书法律顾问:北京大成律师事务所 韩光 / 邹晓东

前言

如果你想了解中国并购的话，你一定想要一本反映中国并购实践的教材，即一本关于中国的并购过去是怎样发展的、现在是怎样操作的指南；同时，你可能还要求这样的教材要有国际视野，把适合中国应用的成熟经验也反映出来；你可能想要了解中国的并购案例，而不是连名字都没听说过的陌生人的故事；你可能想按中国人的思维习惯来学习并购知识，而不是逼迫自己转到外国人的思维方式上并反复琢磨中文翻译是否表达了作者的原意；你可能还想了解一些并购背后的经济学或管理学的解释，既有一点理论高度，又不要太晦涩。如果你有这样的想法，本书将非常适合你。你会发现一个最重要的特点，这是一本从读者的角度来设计的、以问题为导向的教科书。提供一本以人为本的、亲和型的并购教材，是作者写作本书的初衷。

并购涉及跨学科的知识，但并非是零散的知识。并购是一项旨在增加价值的战略行为，本书的一个特点是全部内容均围绕价值这条主线展开。另外，从实务的角度看，并购由一系列价值创造活动所组成，因此流程的观点也渗透在本书的框架中。并购有统一的流程吗？并购不是标准化制造，不同类型的并购执行过程可能差异很大，但其中战略性的协议并购是中国企业运用最多的类型，我们的流程基本是以这种类型为主来展开的。通过并购流程这条外显的主线和价值创造这条内隐的主线，本书将逐步向你展现并购知识的理论与实务全景。

本书融入了作者多年来对并购的理解与思考，有些观点并非与这个领域的大多数人的意见一致，希望你能对不当之处进行指正。为了增强书中所述知识的可理解性，本书选编了大量案例和示例。在此向所引用文献的所有作者表示衷心的感谢，也向提供这些资料的同事、朋友和学生表达真诚的谢意。本书力求详细列举各种引用资料的出处，但还会存在一些疏漏或偏差，敬请各位作者和读者原谅，并请告知宝贵意见，以便再版时更正。

本书的出版还得益于张秋生教授、胡联国教授、荣朝和教授、丁慧平教授、崔永梅教授、邓荣霖教授、卢东斌教授、康荣平研究员、李善民教授、潘爱玲教授、周守华教授、陈玉罡教授、胥朝阳教授、宋希亮教授、谢纪刚老师、王东老师、赵立彬老师、袁学英老师、张自巧老师等诸位学者在学术上的教诲和交流，受惠于路联先生、傅俊元先生、刘文炳先生、林庆苗先生、谢泽敏先生、刘国强先生、高愈湘先生、佟常兵先生、房小兵先生等各界朋友在并购实务领域给我的经验分享与鼓励。此外，特别感谢我的妻子郭丽华女士对家族的贡献和对我事业的支持。

机械工业出版社华章公司的施琳琳编辑和章集香编辑为书稿的编辑和修改提出了非常宝贵的意见，吴亚军编辑和陈竹瑶编辑为本书的立项给予了大力支持，这几位编辑专业而敬业，向你们表示敬意和感谢！

虽然改革开放后的中国企业并购自1984年即已揭开序幕，也不断有人将中国企业并购与美国的六次并购浪潮相比较，但中国的并购浪潮还未到来，尽管我们可以感觉到潮头已渐行渐近。然而，这也给予我们更大的想象空间和期待。中国经济结构转型、科技对产业的冲击、金融市场的发展、企业国际化步伐的加快以及监管政策的调整，都为企业并购提供了新的驱动力。掌握并购知识并娴熟运用，提升企业的并购能力，是在潮来时挺立潮头的必要功夫。最是书香能致远，开卷有益正当时。

读者的批评是作者前行的动力，真诚地希望你将意见和建议反馈给我，电子邮箱：jxzhang@bjtu.edu.cn。

张金鑫

2016年6月8日于北京

教学建议

教学目的

本课程教学的目的在于让学生掌握企业并购的基本概念、原理和方法，涉及的主题包括并购的概念、分类和动机，并购简史，并购战略，并购流程及价值管理，并购目标筛选，并购估值，并购融资，并购支付，合并会计，企业重组税务，并购法规，交易结构设计，并购后整合，并购绩效，公司重组等内容，涉及的理论包括并购动机、并购浪潮等，涉及的方法包括并购估值、换股比率计算、并购绩效衡量等。本书既关注到并购理论的研究前沿，也关注到中国制度背景下的并购实务，还配以丰富的中国企业并购案例，有助于为学生未来从事并购研究或者并购实务工作提供扎实的知识基础。

前期需要掌握的知识

会计学基础、财务管理等课程相关知识。

课时分布建议

教学内容	学习要点	课时安排	
		MBA	本科
第一章 导论：认识并购	1. 掌握并购相关的一系列概念 2. 了解收购分类的维度及类型 3. 理解并购的动机 4. 理解并购的本质 5. 了解并购知识可能带来的职业发展机会	2	4
第二章 并购简史	1. 了解美国各次并购浪潮的特征 2. 理解美国各次并购浪潮的驱动因素 3. 理解影响中国企业并购发展的关键因素	2	2

（续）

教学内容	学习要点	课时安排	
		MBA	本科
第三章 并购的价值管理	1. 了解实现公司战略的策略类型 2. 理解接管、内部发展、联盟等策略的优劣 3. 理解在怎样的情形下接管是一种优选策略 4. 了解并购流程的十个环节 5. 理解并购流程的每个环节的价值相关性	4	4
第四章 并购目标筛选	1. 了解复杂的并购可能要聘任哪些中介机构 2. 了解选择目标方的标准有哪些 3. 了解并购尽职调查中应该关注什么 4. 理解如何判断并购双方是否匹配	2	2
第五章 并购估值	1. 了解独立企业价值评估的三类方法 2. 了解协同效应价值评估的四种方法 3. 掌握协同效应的分部加总评估法 4. 理解并购溢价的影响因素	2	4
第六章 并购融资	1. 了解每一种融资方式下可以选用的融资工具 2. 理解并购特殊融资方式及其工具 3. 了解并购融资决策选择需要考虑的因素 4. 了解并购再融资的方式 5. 了解中国并购融资的特殊问题	2	2
第七章 并购支付	1. 了解并购支付方式的类型 2. 了解并购支付方式决策的影响因素 3. 掌握换股比率计算方法	2	2
第八章 合并会计	1. 理解同一控制下合并的会计处理 2. 理解非同一控制下合并的会计处理 3. 理解合并商誉的本质 4. 理解权益结合法与购买法会计处理对并购双方的影响	2	4
第九章 企业重组税务	1. 了解中国税务法规中规定的企业重组的六类形式 2. 了解企业重组中企业所得税特殊税务处理的适用条件 3. 了解企业重组中各环节的税务筹划原则 4. 了解企业重组中各税种的税务筹划原则	2	2
第十章 并购法规	1. 了解中国并购法规体系四个基本层次的内容 2. 了解权益变动披露规范 3. 了解要约收购的规范 4. 了解国有产权交易制度	2	2
第十一章 并购交易结构	1. 了解交易结构的构成要素 2. 理解交易结构各要素之间的关联性 3. 理解交易结构设计的约束条件 4. 了解交易结构设计的内容 5. 理解收购方式的设计 6. 理解支付方式的设计	4	4
第十二章 并购后整合	1. 理解并购后整合的含义 2. 了解并购后整合的价值 3. 了解并购后整合的策略类型 4. 了解并购后整合的具体内容	2	2
第十三章 并购绩效	1. 掌握事件研究法 2. 理解财务指标法各细分方法的优劣	2	4

（续）

教学内容	学习要点	课时安排	
		MBA	本科
第十四章 公司重组	1. 了解公司重组的方式 2. 理解剥离为何可以创造价值 3. 了解资产重组各种方式的含义 4. 了解财务重组各种方式的含义	2	2
课时总计		32	40

说明：

（1）在课时安排上，对于财务管理、会计学专业或金融学本科专业，建议讲授40学时，同时可考虑在并购估值部分增加2学时关于估值模型的上机训练，在并购融资（可结合并购支付）部分增加2学时的并购融资方案设计的专题研究训练，在并购绩效部分增加2学时的实际案例绩效评价的专题研究训练，另外预留2学时考试安排，课时总计可扩展到48学时以适应研究型教学模式。

（2）本书已在本科生的翻转课堂教学模式下试用3年，教材的难易程度也适合在翻转课堂教学模式下使用。

目　　录

前言
教学建议

第一章　导论：认识并购 ……………………………………………………… 1
学习目标 …………………………………………………………………………… 1
引导案例　双汇斥巨资海外收购 ………………………………………………… 1
第一节　并购的概念体系 ………………………………………………………… 2
第二节　收购的分类 ……………………………………………………………… 7
第三节　并购的动机 ……………………………………………………………… 12
第四节　并购的本质 ……………………………………………………………… 20
第五节　并购的职业发展机会 …………………………………………………… 23
本章小结 …………………………………………………………………………… 24
关键术语 …………………………………………………………………………… 25
练习思考题 ………………………………………………………………………… 25
案例研究：双汇国际收购SFD ……………………………………………………… 25
扩展阅读 …………………………………………………………………………… 30

第二章　并购简史 ……………………………………………………………… 31
学习目标 …………………………………………………………………………… 31
第一节　美国的企业并购浪潮 …………………………………………………… 31
第二节　中国的企业并购历程 …………………………………………………… 38
本章小结 …………………………………………………………………………… 41

| 关键术语 | 42 |
| 练习思考题 | 42 |

第三章 并购的价值管理 44

学习目标	44
第一节 创造价值的策略	44
第二节 企业扩张策略	46
第三节 并购流程	51
第四节 并购过程的价值管理	56
本章小结	61
关键术语	62
练习思考题	62
扩展阅读	62

第四章 并购目标筛选 63

学习目标	63
第一节 选择并购顾问	63
第二节 并购目标筛选	65
第三节 并购尽职调查	68
第四节 并购匹配分析	72
本章小结	75
关键术语	76
练习思考题	76
附录4A 尽职调查报告大纲	76

第五章 并购估值 80

学习目标	80
引导案例 谷歌出售摩托罗拉	80
第一节 目标方估值	81
第二节 协同效应估值	86
第三节 并购溢价	99
本章小结	105
关键术语	105
练习思考题	105

第六章　并购融资 ·· 106

学习目标 ·· 106
引导案例　京东方海外收购的融资安排 ·· 106
第一节　融资工具 ·· 107
第二节　并购融资决策 ··· 116
第三节　并购再融资 ·· 119
本章小结 ·· 121
关键术语 ·· 121
练习思考题 ··· 121
案例研究：PAG 杠杆收购"好孩子" ·· 122

第七章　并购支付 ·· 124

学习目标 ·· 124
第一节　并购支付方式 ··· 124
第二节　并购支付决策 ··· 128
第三节　换股比率确定 ··· 131
本章小结 ·· 138
关键术语 ·· 138
练习思考题 ··· 138
附录 7A　EPS 稀释的分析模型 ··· 140

第八章　合并会计 ·· 141

学习目标 ·· 141
引导案例　中兵光电业绩大增 ·· 141
第一节　企业合并准则 ··· 141
第二节　同一控制下的企业合并 ··· 143
第三节　非同一控制下的企业合并 ·· 144
第四节　权益结合法与购买法的比较 ·· 147
本章小结 ·· 149
关键术语 ·· 150
练习思考题 ··· 150

第九章　企业重组税务 ··· 151

学习目标 ·· 151
第一节　企业重组的形式 ··· 151

第二节　企业重组税务处理 ·· 152
　　第三节　企业重组纳税筹划 ·· 156
　　本章小结 ·· 164
　　关键术语 ·· 165
　　练习思考题 ·· 165
　　案例研究：并购支付方式的税务影响 ··· 165
　　附录9A　企业重组税务法规 ··· 167

第十章　并购法规 ·· 169

　　学习目标 ·· 169
　　第一节　中国的并购法规体系 ··· 169
　　第二节　上市公司收购管理办法 ··· 170
　　第三节　上市公司重大资产重组管理办法 ··· 179
　　第四节　国有产权交易制度 ·· 184
　　本章小结 ·· 188
　　关键术语 ·· 189
　　练习思考题 ·· 189
　　附录10A　美国的并购法律 ·· 189

第十一章　并购交易结构 ··· 193

　　学习目标 ·· 193
　　第一节　交易结构设计的复杂性 ··· 193
　　第二节　交易结构设计的内容 ··· 195
　　第三节　收购方式的设计 ·· 202
　　第四节　支付方式的设计 ·· 207
　　本章小结 ·· 215
　　关键术语 ·· 216
　　练习思考题 ·· 216
　　案例研究：上汽集团收购南汽集团 ·· 216
　　思考题 ··· 217

第十二章　并购后整合 ··· 218

　　学习目标 ·· 218
　　第一节　并购后整合概述 ·· 218
　　第二节　整合内容 ·· 222

本章小结	227
关键术语	227
练习思考题	228
案例研究：并购后整合的领导力	228
扩展阅读：从戴姆勒-克莱斯勒看并购融合难题	233

第十三章　并购绩效　236

学习目标	236
第一节　财务指标法	236
第二节　事件研究法	243
第三节　诊断研究法	246
第四节　调查法	247
第五节　绩效评价方法的评价	247
本章小结	249
关键术语	249
练习思考题	249

第十四章　公司重组　250

学习目标	250
引导案例　辉瑞剥离猪疫苗业务	250
第一节　公司重组的方式和动因	251
第二节　资产重组	254
第三节　债务重组	261
第四节　股权重组	266
本章小结	272
关键术语	273
练习思考题	273

第一章
导论:认识并购

学习目标

1. 掌握与并购相关的一系列概念。
2. 了解收购分类的维度及类型。
3. 理解并购的动机。
4. 理解并购的本质。
5. 了解并购知识可能带来的职业发展机会。

引导案例

双汇斥巨资海外收购

2013年5月29日,双汇国际控股有限公司宣布以总价71亿美元(约432亿元人民币)要约收购全球最大的猪肉生产和加工商美国史密斯菲尔德食品公司(Smithfield Foods)已发行的全部股份,收购完成后史密斯菲尔德将实现私有化并成为双汇国际的全资子公司。根据协议条款,双汇国际将支付史密斯菲尔德47亿美元现金,并承担后者约24亿美元的债务。双汇国际的收购价为每股34美元,较史密斯菲尔德5月28日收盘价25.97美元溢价31%。以5月28日收盘价估算,史密斯菲尔德市值约为36亿美元。受收购消息影响,当地时间5月29日,史密斯菲尔德开盘价为32.55美元,较前一交易日的收盘价大涨逾25%。

本次交易由中国银行的纽约分行与交易顾问摩根士丹利为双汇国际提供70亿美元融资,其中中国银行提供40亿美元,摩根士丹利提供30亿美元。该笔交易是中国企业对美国公司最大的一项收购,双汇亦将成为国际肉制品行业的巨无霸,因此备受关注。在获得了美国外国投资委员会的审批许可后,9月26日双汇国际与史密斯菲尔德食品公司联合宣布收购完成。

双汇国际承诺,收购完成后将保持史密斯菲尔德的运营不变、管理层不变、品牌不变、总部不变,同时不裁减员工,不关闭工厂,并将与美国生产商、供应商、农场继续合作。通过此次交易,双汇可通过史密斯菲尔德以更低的价格获得更为优质的美国猪肉上游资源,并通过高品质的原材料来打造国内高品质猪肉加工食品。据公开数据显示,史密斯菲尔德在2012年的131亿美元的收入中,美国本土销售收入为116.6亿美元,占比89%;海外销售收入仅为14.4亿美元,占比仅为11%,交易完成也将为其产品全面打开中国市场起到至关重要的推动作用。

收购方双汇国际是一家在开曼群岛注册的控股公司,并不直接从事任何实际业务。而双汇国际是中国企业双汇集团(中国双汇)的大股东,其最大股东是国际 PE 基金鼎晖投资,占 33.7% 的股份,其他股东也多为海外投行和 PE 基金。中国双汇的管理层的确也在双汇国际持有 30.23% 的股份,但该股份是通过管理层设立的兴泰集团持有的。据报道,2007 年 10 月,双汇集团及其关联企业的相关员工约 300 人首先通过信托方式在英属维尔京群岛设立了兴泰集团。

收购经常被比作姻缘。双汇国际在美国资本市场上溢价收购了一家上市公司,恰如为结婚付出了一大笔钱,并做出了郑重承诺,还为婚后的生活绘制了美好蓝图。但是,并购与婚姻又有什么不同呢?通过本章的学习,希望能帮助你把握并购的本质内涵。

第一节 并购的概念体系

一、合并

合并(consolidation)是指两家或更多的独立公司变更为一家公司的行为。《中华人民共和国公司法》第一百七十三条规定:公司合并可以采取吸收合并或者新设合并。一个公司吸收其他公司为吸收合并,被吸收的公司解散。两个以上公司合并设立一个新的公司为新设合并,合并各方解散。

> **示例 1-1　南车与北车合并**
>
> 2014 年 12 月 30 日晚间,中国南车、中国北车发布合并预案,中国南车吸收合并中国北车,合并后新公司的名称初步拟定为中国中车股份有限公司。根据合并方案,中国南车向中国北车全体 A 股换股股东发行中国南车 A 股股票,向中国北车全体 H 股换股股东发行中国南车 H 股股票,中国北车的 A 股股票和 H 股股票相应予以注销。本次合并的具体换股比例为 1∶1.10,即每 1 股中国北车 A 股和 H 股股票可以换取 1.10 股中国南车将发行的 A 股和 H 股股票。具体而言,中国南车 A 股和 H 股的市场参考价分别为 5.63 元/股和 7.32 港元/股;中国北车 A 股和 H 股的市场参考价分别为 5.92 元/股和 7.21 港元/股。中国北车的 A 股股票换股价格和 H 股股票换股价格由此分别确定为 6.19 元/股和 8.05 港元/股。

二、收购

收购(acquisition)是投资者购买其他公司的部分或全部的资产或股权以获得其他公司控制权的投资行为[一]。主动实施收购的投资者称为收购方,而转让资产或股权的公司或个人称为

[一] 《中华人民共和国证券法》(以下简称《证券法》)关于上市公司的收购的第八十五条规定:投资者可以采取要约收购、协议收购及其他合法方式收购上市公司。这条规定突破了《股票发行与交易管理暂行条例》(国务院令第 112 号,1993 年)只允许法人收购上市公司的限制。这也是改革开放后我国立法文件中最早正式出现收购一词的文件。

转让方或出售方，收购方所购买的其他公司的资产或股权称为标的，标的所属的公司称为目标方或收购方。在资产收购中，目标方和出售方为同一人；而在股权收购中，出售方是目标方的股东。作为收购方的投资者可以是法人，也可以是自然人，但在学术研究中或非特殊说明的讨论中，收购方常指公司法人。

收购须具备两个特征：一是标的必须构成业务，二是实际控制权必须发生转移。其中，业务是指企业内部某些生产经营活动或资产的组合，该组合一般具有投入、加工处理过程和产出能力，能够独立计算其成本费用或所产生的收入，但不构成独立法人资格的部分，比如企业的分公司、不具有独立法人资格的分部等[⊖]。若标的不构成业务，则该交易或事项不能形成收购，而应作为购买资产处理（如企业购买空壳公司），将购买成本按照购买日所取得各项可辨认资产、负债公允价值的比例进行分配。

三、实际控制权

收购从外在的形式上看是获得目标方的资产或股权，但从内在影响上看是获得目标方的控制权。公司控制权是公司的实际控制人对公司资源配置具有控制性影响的权力。这个定义中涉及几个重要概念。

（1）实际控制人。实际控制人可能是公司的控股股东，也可能是控制控股股东的其他法人或自然人。在有些情况下，实际控制人通过多层投资关系最终实现对某一公司的控制，这种控制架构被称为金字塔式控制，而位于金字塔顶端的实际控制人也被称为最终控制人。

（2）公司资源。公司资源不仅包括公司所拥有的金融性资产（如现金、银行存款、持有的证券等）、存货、固定资产等所有权型资产，也包括公司能够使用的人力资本、社会资本（指通过社会关系形成的公司外部关系性资源，如客户关系、供应商关系、销售渠道关系、金融机构关系、政府关系等）等使用权型资产，还包括公司日积月累形成的组织能力和组织文化。公司通过对公司资源的配置来生产和销售产品或服务。从管理的角度看，公司资源的配置表现为决策，这样，公司的实际控制人就可能通过影响公司的重大决策来实现对公司的控制。

（3）控制性影响。控制性影响是指公司实际控制人通过控制表决权而对所控制公司的决策结果施加的重大影响。公司实际控制人对公司决策结果有控制性影响并不意味着控制人可以完全根据自己的意愿来形成公司的决策，而只是说他对公司决策的结果能够产生与其所控制的表决权相当的影响力。由于其他表决权的存在，控制人也受到制衡，而控制人受到制衡的程度与控制性影响正好成反向关系。从这个角度出发，也容易理解控制权不同于所有权。一般来说，拥有一个企业全部股份可称为对企业有所有权；拥有一个企业部分股份但拥有大多数的表决权即可称为对企业有控制权。

需要注意，公司控制权是可拆分的，具有可加性。公司是一种或多种业务的集合，而业务是多种资源的集合。公司控制权的本质是对公司资源进行配置和获取收益的权力，这种权力可能反映在以一种业务为载体的资源集合上，也可能反映在以公司整体为载体的资源集合上。所以公司控制权的转移可能是一个公司某类业务控制权的转移，也可能是一

⊖ 参见《企业会计准则第20号——企业合并》应用指南。

个公司整体控制权的转移。在实务中,如果公司的业务是以子公司为载体的,业务的资源边界清晰,则可以直接交易;而如果公司的业务是以事业部为载体的,该业务涉及较多的与其他业务共享的资源,这时候就需要先拆分业务,明确业务的资源边界,然后再交易。

从公司控制权的角度理解收购、合并等概念,可以发现:收购是收购方获取其他公司控制权的行为,合并是合并双方将公司控制权转移到一个共同实体的行为。收购与合并使得收购方(或合并方)获得了更大的控制权,所以我们也把二者合称为对控制权的接管。公司控制权交易的市场也被称为**公司控制权市场**(market for corporate control)。

接管[一]泛指由原有的部分股东所拥有的公司控制权发生转移的现象(张国平,2004:206)。接管包括合并、收购、代理权争夺(proxy contest)、上市公司私有化(going private,即上市公司退市而转变为非上市公司的过程)等。

四、公司重组

重组的一般含义是指实际控制人有计划地对公司资源的重新配置,即由一种资源配置结构向另一种配置结构转换,从而创造价值的过程。重组中配置的对象是公司资源,而实施重新配置的主体可能是公司管理层,也可能是公司的实际控制人。由公司管理层主导的对公司内部资源的重组,一般称为内部重组;而由公司实际控制人主导的对公司控制权的重组,一般称为**公司重组**(corporate restructuring)。内部重组只是公司的一般经营行为,而公司重组涉及公司控制权的变化,它是指公司实际控制人对公司控制权的再配置,因而公司重组是并购领域关注的焦点。

判断一笔交易是接管还是公司重组,可以以控制权持有者的控制权规模变化结果为依据,控制权扩张为接管,控制权紧缩或控制权规模不变但结构调整为重组。另外,接管是收购方主导的收购方与目标方的资源再配置。而公司重组是由公司的实际控制人主导的对自身资源的再配置。二者针对的对象不同,实施者也不同,是一组对立的概念。

公司重组常见的形式是剥离(divestiture)、分拆(carve-outs)和分立(spin-offs),这些措施都会导致公司规模的缩小,是与收购和合并相反的战略手段。在本书中,除非特殊说明,重组均指公司重组。

五、并购

并购是获取公司控制权的投资行为。进一步说,并购是通过获得企业整体或部分业务的实际控制权来实现资源的优化配置,从而创造价值的过程。由于并购后整合是并购创造价值的关键环节之一,因此从过程的观点来看,不能简单地将并购视为交易。

[一] 梅君等(2008:5)、任淮秀(2004:4)称接管是指某公司的原具有控股地位的股东由于出售或转让股权,或者股权持有数量被他人超过而被取代的情形。从这个角度看,接管是股权收购。本书关于接管的定义与此有差异,我们把投资者接手公司控制权的行为均称为接管,而不论接管的标的是股权还是资产。这种定义的逻辑在于公司控制权实质是对公司资源配置的控制权,而股权收购或资产收购都是获得这种控制权的手段。需要注意的是,接手公司控制权既包括外部投资者新获得公司控制权,也包括已拥有公司控制权的股东全面收购其他投资者所持股份导致公司股份最终全部归于一方的情形,如上市公司私有化。

公司控制权的获取可能有多种实现方式，如公司控制权的合并、公司控制权的购买或在新设立的合资企业中关于公司控制权占有的股权结构设置（可称为公司控制权的设置）。

公司财务理论认为并购是对公司控制权的交易，而公司战略理论和企业理论均认为公司是资源的集合体，因此，公司控制权实质上是关于公司资源的控制权，而这里所说的资源可能是指构成一项业务的全部资源，也可能是指公司整体的全部资源，但通常不是指公司中的一种单项资源（如公司的某项技术专利或某个写字楼）。由于并购交易的标的有时指向公司全部资源的控制权，有时指向部分资源的控制权，因此，将并购定义为"对公司资源控制权的交易"将更明确地揭示并购的本质，也更好地融合了公司财务、公司战略和企业理论对公司以及并购的认识。

狭义的并购概念是指合并和收购，是指公司控制权扩张的行为。从中国的并购实践来看，实务界一般采用狭义的并购概念。比如中国证监会设有"上市公司并购重组审核委员会"，银监会发布的《商业银行并购贷款风险指引》，均使用了狭义的并购概念。在有些情形下，并购的狭义性还体现在仅指称并购交易，而未涵盖并购后整合（见表1-1）。

表 1-1 狭义的并购与重组

（狭义的）并购		重组	
合并	吸收合并	分立	存续分立
	新设合并		新设分立
收购	资产收购	剥离	资产剥离
	股权收购		股权分拆

广义的并购概念不仅包括控制权扩张型的合并和收购，还包括控制权收缩型的重组，甚至在有些情况下还包括不涉及控制权转移的联盟[一]。从另一个维度看，广义的并购不仅包括并购交易，还包括并购后的整合。在大多数学术讨论中，往往使用广义的并购概念，但我们仍建议在学术讨论中应先界定并购的含义。

广义的并购是指关于企业控制权的重新安排，包括一个企业内部控制权的重新配置（如分立），一个企业获得另一个企业的全部或部分控制权（即合并或收购），一个企业分离出部分或全部控制权（如剥离、股权转让等）。一个企业是由业务构成的，而业务是由所有权型资产、使用权型资产、企业能力、企业文化等资源构成的可以相对独立地创造价值的资源集合体。因此，广义的并购既包括作为实现一个企业的控制权的获取或放弃，也包括作为企业构成单元的业务的控制权的获取或放弃。

广义的并购是对实际控制程度或实际控制权结构的配置，其中收购和合并意味着实际控制权的增强（程度方面的变化，即控制权的影响范围的变化或控制权的影响力的变化），而合并还对应着实际控制权结构的调整。收购实质是公司控制权的获取，而合并实质是公司控制权合而为一的集中。同样地，剥离、股权转让和分立则意味着实际控制权的减弱，股权转让和分立还对应着实际控制权结构的调整。

并购的概念体系如图1-1所示。除本章外，在本书中我们一般使用狭义的并购概念。

[一] 在有些学术讨论背景中，并购与联盟是并列的概念，并购涉及控制权的转移，而联盟不涉及控制权的转移。本书也采纳这种观点。

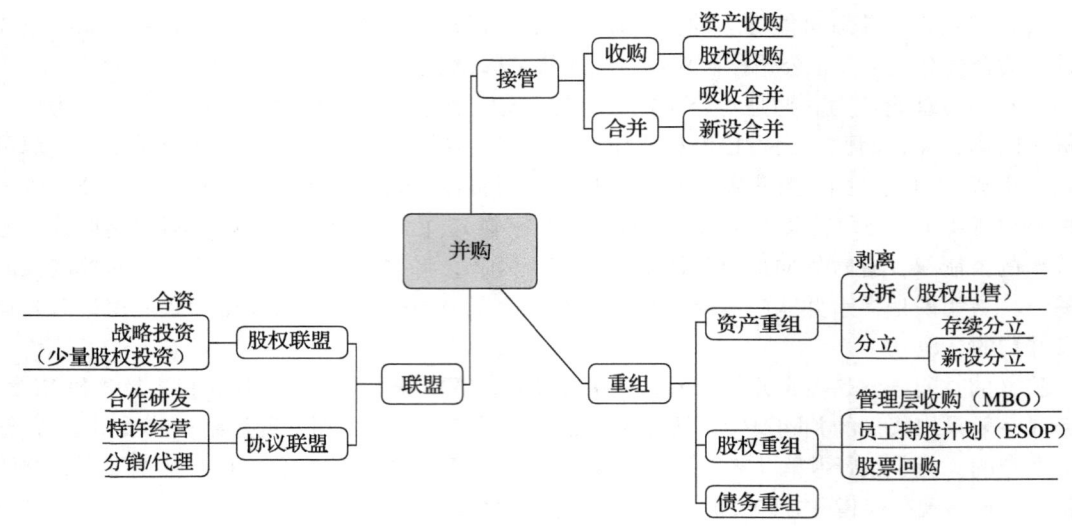

图 1-1 并购的概念体系

六、如何描述一宗并购交易

交易主体在收购交易中通常被具体称为收购方、转让方和目标方，在合并交易中则称为合并方与被合并方，在重组中称为重组方与被重组方。收购中的收购方、合并中的合并方、重组中的重组方，在不特别强调交易主体在具体情境下的身份时，均称之为并购方，它是交易的买方（buyer）。相应地，并购方在交易中的对手方称为转让方，它是交易的卖方（seller）。买卖双方交易的对象称为标的（target），标的可能是标的所属公司的资产，也可能是标的公司的股权。当标的是资产时，标的的所属方也是标的的卖方；当标的是股权时，标的所属方是标的的卖方，也即标的方的股东，此时，标的公司也被称为目标方。在换股合并中，发行股票交换其他公司股票的公司被视为买方。在大多数情况下，并购双方（the two mergering firm）是指收购方与目标方，而交易双方是指收购方与转让方。

简单地描述一宗并购交易，除了要说明交易主体外，还应说明交易时间和交易对价㊀。交易涉及的重要时间点很多，但通常以交易首次公告时间作为交易时间，这种选择沿用了并购绩效研究的惯例。交易对价反映了交易的规模，也是交易备受关注的信息。

简单地说，我们将买方、卖方、标的、交易时间和交易对价称为描述并购交易的五要素。

较为详细地描述一宗并购交易，除了五要素以外，还应再增加五个要素：支付方式（支付对价的手段是现金、证券还是两者的混合）、融资方式、预期协同效应、并购溢价、市场反应（收购方及目标方的股价反映，如果它们是上市公司的话）。这些术语将在后面的章节中介绍。

在非正式的沟通中，我们可以用 @ 这个符号来代表收购。比如，我们可以在黑板上书写

㊀ 对价（consideration）原本是英美合同法中的重要概念，其内涵是一方为换取另一方做某事的承诺而向另一方支付的金钱代价或得到该种承诺的承诺。在并购交易中，对价指收购方向卖方支付的代价，包括支付的现金、股票以及承担的债务等各种代价的总和。

"A收购B",但不如"A@B"来得更高效。之所以选用@这个字符,除了它容易在计算机键盘上找到,更因为它与acquisition这个词的首字母相近。

第二节 收购的分类

一、要约、协议和集中竞价收购

按收购方式的不同,收购可以分为要约收购、协议收购、集中竞价收购。

(1) **要约收购**(tender offer):是指在公开的证券交易市场上,收购方(bidder)公开向目标方股东发出要约(offer),以收购目标方一定数量的股份,从而可能控制该公司的行为。这是我国《证券法》规定的上市公司收购的基本方式之一。从实务的角度看,如果收购方能够成功完成要约收购,大多数目标方都会被吸收合并。

> **示例1-2** **美的集团要约收购无锡小天鹅股份有限公司**
>
> 2014年6月7日,美的集团股份有限公司(以下简称"美的集团")拟向无锡小天鹅股份有限公司(以下简称"小天鹅")全体流通股股东发出部分收购要约,要约收购股份数量为126 497 553股,占总股本的比例为20%,股本报价为A股10.75元/股,B股10.43港元/股。
>
> 8月8日,小天鹅发布公告,宣布美的集团部分要约收购小天鹅股份完结,期间美的集团共收购79 639 774股,其中,A股有180户以其持有的16 286 546股股份接受收购方发出的收购要约,B股有26户以其持有的63 353 228股股份接受收购方发出的收购要约。完成此次收购后美的集团直接间接持有小天鹅52.67%的股本,实现完全控制。

(2) **协议收购**(acquisition by agreement),又称非公开收购、场外收购等,指收购方与目标方的个别股东(通常是大股东)订立股份转让协议,以约定价格购买目标方股东持有的股份,从而实现其收购目的的上市公司收购方式。协议收购具有以下特点。

第一,协议收购是收购方与目标方的个别股东之间进行的收购行为,因而协议收购的相对人是特定的,通常是目标方的较大股东。

第二,协议收购是不公开进行的,通过收购方与目标方个别股东之间个别进行的要约承诺过程达成收购协议。在协议达成之前,收购协议的协商过程、收购协议的内容等,通常不需要公开。

第三,协议收购也是对证券市场有较大影响的交易行为,特别是对目标方股票价格和股东权益有较大影响,为多数国家立法所限制。因此,收购方进行协议收购时,也要遵守《证券法》有关规定,特别是收购协议达成后要信息公开的规定。我国《证券法》允许协议收购,同时在《上市公司收购管理办法》中做了严格的限制。

截至目前,我国绝大多数收购行为都是协议收购。

> **示例 1-3**
>
> **吉利协议收购沃尔沃轿车**
>
> 　　2010年3月28日，中国浙江吉利控股集团有限公司在瑞典第二大城市哥德堡与美国福特汽车公司签署最终股权收购协议，获得沃尔沃轿车公司100%的股权及相关资产。吉利集团收购价约为18亿美元，创下中国收购海外整车资产的最高金额纪录。而1999年，福特汽车公司收购沃尔沃花费64.5亿美元。已有80年历史的沃尔沃，是欧洲著名的豪华汽车品牌，被誉为"世界上最安全的汽车"。在汽车安全和节能环保方面，有许多独家研发的先进技术和专利。这次收购，吉利集团不仅获得了沃尔沃轿车的核心技术、专利等知识产权和制造设施，还获得了沃尔沃在全球的经销渠道。

（3）**集中竞价收购**（centralized bidding transactions acquisition），又称举牌收购[①]，是公开市场收购（open market purchases）的一种形式，它是指收购方通过证券交易所或者其他竞价交易系统，采用集中竞价交易的方式，直接购买目标方发行在外的流通的股票，从而达到控制目标方的一种收购行为。其常见形式为"爬行标购"，即通过二级市场购买股票，每达到法律规定须披露公告的触发点时加以公告（中国规定的公告触发点为5%），通过多次购买取得足以控制目标方的股份。在中国现在的法律规范下，上市公司现有实际控制人持股低于30%时，通过集中竞价获得控制权才有可能实现。

> **示例 1-4**
>
> **宝 延 风 波**
>
> 　　1993年9月，政策刚刚宣布法人股东可以进入二级市场，9月14日起，延中实业的股票就一直孤立上涨，市场与公司无人想到可能有人要收购，只以为是有人操纵股价。9月30日上午11点15分，上海证券交易所突然宣布延中实业停牌，股价12.91元戛然而止，之后宝安集团上海公司公告该公司已持有延中实业发行在外的普通股5%以上的股份。对此，毫无防备的延中实业相当气愤，急忙调动资金，布置反击。首先公司聘请香港宝源投资咨询公司的中国业务代表作为其反收购顾问，对宝安上海公司持股的合法性提出质疑：9月29日，宝安上海公司已持有4.56%的延中股票，根据持有5%应申报的规定，在30日只能再购买0.5%的股票，但是，在9月30日开盘前的集合竞价时，宝安上海公司一笔就购进342万股，使已购股票的比重达15.98%。有关的交易规定是持股达到5%之后，每次最多只能购进2%，一次购进11.42%显然是违规的。在30日公告中，宝安上海公司只是笼统地说将持有5%以上的股份，这也是违规的。
>
> 　　延中实业认为这一收购完全是敌意的，并要求证券监管部门进行调查并处理。10月22日，证监会召开新闻发布会宣布：宝安上海公司所获延中股权有效，但该公司及其关联企业在买卖延中股票过程中存在着违规行为，罚款100万元。至此，深宝安成功收购延中实业。深宝安收购延中实业开创了中国上市公司收购的先河，史称"宝延风波"。

[①] 《证券法》规定，投资者持有一个上市公司已发行股份的5%时，应在该事实发生之日起3日内，通知该上市公司并予以公告，并且履行有关法律规定的义务。业内称之为"举牌"收购。

二、善意收购与敌意收购

按照收购方和目标方的合作态度，即同意与否，收购可分为善意收购和敌意收购。大多数并购是在友好的气氛中展开的。有收购计划的公司一般会首先接触目标方的管理层，询问该公司是否愿意出售，表示自己想要购买目标方的兴趣。目标方如果接受这种示好，双方的谈判过程就会展开。有的时候谈判过程相当顺利，很快就达成协议，完成善意收购（或称友好收购）；而有的时候友好的谈判会遭到破坏，导致交易终止或敌意收购（或称恶意收购）。另一种情况是收购方一提出收购意向就遭目标方的拒绝，交易迅速转变为敌意收购。

（1）善意收购是指收购方在得到目标方董事会同意的情况下实施的收购。

（2）敌意收购是指在目标方董事会抵制的情况下的收购。协议收购一般为善意收购，而敌意收购一般采取要约收购和竞价收购的方式。

示例 1-5　　中钢集团海外敌意收购 Midwest

2007年10月10日，澳大利亚的默奇森宣布要约收购中西部公司，而中西部公司并不愿意被默奇森收购，在众多反收购举措中，中西部公司选择了寻找白衣骑士一途。中国中钢集团（以下简称"中钢"）之所以成为中西部公司心目中白衣骑士的首选对象，是因为中钢在此之前就与中西部公司有着不错的合作关系。

注重海外发展的中钢，携财务顾问摩根大通，于2007年12月5日向中西部公司董事会正式递交收购意向函，表达了以每股5.6澳元的价格收购中西部公司的股份的意向，并分别于2008年1月24日和25日通过公开市场大量买入中西部公司股份，成为中西部公司第一大股东。

中西部公司借力中钢马上收到了效果，2008年2月5日，默奇森宣布不再延长对中西部公司的要约，带着彼时所持有的4.75%的中西部公司股份退出收购。

让中钢万万没有想到的是，在默奇森公司宣布退出收购的15天后，中西部公司董事会突然宣布：在财务顾问和法律顾问的建议之下，该公司认为中钢每股5.6澳元的收购价格低估了其价值和前景。这一声明显然是公开拒绝了中钢公司入主中西部公司，颇有些过河拆桥的味道。

在经过近一个月的协商之后，中钢没能与中西部公司董事会就收购事宜达成一致，友好收购已经成为不可能。2008年3月13日，中西部公司发布公告表示未看到"目前或者未来有任何公司要全面收购中西部公司"的可能。协商无望，中钢出人意料地于第二天宣布，以每股5.6澳元向中西部公司发出全面现金收购要约，总值将达12亿澳元（约合75亿元人民币）。此后又经历一波三折，中钢最终赢得中西部公司控股权，取得了中国企业在对外资实施敌意收购战中的首个胜利。

三、财务收购与战略收购

从收购方的获利模式来看，财务收购主要以资本市场上交易买卖价差来获得收益，而战略收购则主要以产品市场上净利润增长来获得收益。

财务收购获利的根本来源在于所收购标的的价值被低估,因而通过对其较少的整合或仅是买入并持有到资产价格上涨时再转手就可获利。而战略收购获利的根本来源在于收获协同效应的收益,即通过深度整合获得资产重新配置而增值的收益。这也导致财务收购一般对标的持有的时间较短,而收购方在战略收购中往往是长期持有标的。

相应地,财务收购的收购方被称为财务投资者,PE(私募股权)是并购市场中最主要的财务投资者。但战略收购的收购方一般不被称为"战略投资者",因为"战略投资者"经常被用于称呼在被投资企业公开上市前入股的投资人。

四、横向、纵向与混合收购

以目标方与收购方的产业联系划分,收购可分为横向收购、纵向收购和混合收购。

(1)横向收购是指收购方与目标方处于同一行业,产品属于同一市场的收购。

横向一体化的目的在于扩大生产规模,提高市场份额,强化市场力量。横向一体化的理论依据是规模经济,其基本的假设性前提是随着规模的提高,单位产品的成本递减。因此横向一体化是建立在规模共享和经验共享上的,不可分割的资源共享、资产的重复使用、低成本复制及经验曲线就构成了横向一体化收购的基础。

示例 1-6　　　　　**横向收购:国美收购永乐**

2006年11月1日,国美电器(0493.HK)宣布其收购永乐电器(0503.HK)的所有条件已全部满足,中国家电连锁业的龙头与第三名两巨头合并一案尘埃落定,国美电器以52.68亿港元(约合55.97亿元人民币)的价格收购永乐,成为中国家电连锁业最大的收购案。新国美集团将拥有国美、永乐、鹏润电器三个家电连锁品牌,员工接近20万,家电连锁门店达到900余家,预计将在未来五年的发展中保持平均40%以上的复合增长,并保持利润率的持续提升。

自2003年以来,中国家电连锁业的同业收购就接连上演。2003年至国美与永乐合并前,国美收购了东北黑天鹅、广州易好家、江苏金太阳、武汉中商等区域家电连锁。永乐大举将广东东泽、河南通利、灿坤、厦门思文等列强收归麾下。2005年,国美、苏宁、永乐相继完成上市,上市之后行业领先者之间的收购渐次展开。

---

(2)纵向收购是产业上下游企业之间的收购。纵向收购中收购方与目标方在生产过程和经营环节上相互衔接,或者具有纵向协作关系。

纵向一体化是将不同的生产阶段纳入自己的生产体系中,是供应链之间内部市场化的一种行为。威廉姆森(Williamson,1971,1975)认为纵向一体化的目的在于通过减少现有和潜在的交易成本来增加利润。他还认为纵向一体化的关键在于资产专用性,资产专用性越高,纵向一体化的可能性就越大。

学术研究中通常以两个产业在产业分类目录中是否处于同一类别来区别是否为同一产业,以投入产出关系来界定是否为上下游产业,同一产业或者上下游产业一般又合称为相关产业。

> **示例 1-7　　　　　西部资源的产业扩张**
>
> 2014年11月26日，四川西部资源控股股份有限公司（以下简称"西部资源"）发布重大资产重组停牌公告，拟以自筹资金收购重庆恒通客车有限公司（以下简称"恒通客车"）59%的股权、重庆市交通设备融资租赁有限公司（以下简称"交通租赁"）57.55%的股权及重庆恒通电动客车动力系统有限公司（以下简称"恒通电动"）35%的股权。
>
> 西部资源通过向其控股股东四川恒康发展有限责任公司申请无息借款，已完成上述收购。在2014年12月2日发布公告，完成上述收购。交易对价分别为：恒通客车59%股权人民币32 634.729万元，交通租赁57.55%股权人民币86 967.30万元以及恒通电动35%股权人民币7000万元。
>
> 正是有赖于以上及其他收购，西部资源将实现锂矿石开采、锂电池材料、锂电池组装、新能源汽车开发等新能源汽车全产业链布局。

（3）混合收购是指产业不相关的企业之间的收购，它有时也被称为跨界并购或多元化并购。产业不相关的企业间可能存在技术或市场等方面的关联性，通过某一核心资源或能力构建起联系的业务关系称为相关多元化，而不存在这种联系的业务关系称为无关多元化。

相关多元化追求的是范围经济，其最重要的结果是业务之间的协同效应。安索夫（Ansoff）区分的四种协同效应包括销售协同、生产协同、投资协同和管理协同。无关多元化则追求的是财务经济，即通过投资改善资源的财务配置收益，目的是降低财务成本（比如降低税务成本或融资成本）或分散经营风险（比如平衡不同业务内生规律引起的企业总体现金流波动）。

> **示例 1-8　　　　混合收购：华立跻身通信业**
>
> 中国最大的电能表制造商华立集团于2001年10月16宣布，该公司设在美国的子公司——美国华立通信集团已成功收购飞利浦在温哥华和达拉斯的CDMA手机参考设计相关业务。根据达成的正式协议，双方同意在上述两地工作的原飞利浦员工，其中大部分成为美国华立通信集团公司的员工，飞利浦将相关的设备、资产和手机参考设计所涉及的知识产权全部转让给华立。此外，华立集团还将获得飞利浦半导体开发的CDMA协议软件的独家授权。
>
> 华立集团表示，借助与飞利浦半导体的战略合作伙伴关系，从事专业CDMA手机芯片软件及手机整套技术解决方案的设计开发，并通过设在中国的浙江华立通信技术有限公司直接面向中国市场，为中国的手机制造厂家提供核心芯片及整体技术解决方案，从而使华立集团率先成为中国完整掌握IT产业中核心技术的企业。
>
> 华立集团是中国最大的电能表制造商，在国内的市场占有率在40%以上，总资产超过3.5亿美元，华立的业务涉及工业用表、电力自动化及通信。飞利浦半导体的芯片系统设计和标准产品，涉及无线通信、数码娱乐、计算机和汽车应用系统方面，在世界上占有领先的地位。在收购方没有相关的技术和人才准备的情况下发起的混合收购，经常是以悲剧收场的。遗憾的是，华立集团的这宗收购也未逃此噩运。

五、外资收购与海外收购

根据标的与收购方的国别关系，收购可分为外资收购与海外收购，二者均属跨国收购（也称跨境收购，cross-border acquisition）。其中，海外收购（也称外向收购）是本国企业在外国的收购，外资收购（也称内向收购）是外国企业在本国对本国企业的收购。一般来说，外国企业对注册在本国的外国企业（或外国企业的子公司）所实施的收购（比如一家美国企业收购一家德国在中国注册的子公司），不作为外资收购，但属于跨国收购。

收购的分类还有多种角度，在以后的章节中还会涉及。现将收购的分类概括反映在图 1-2 中。

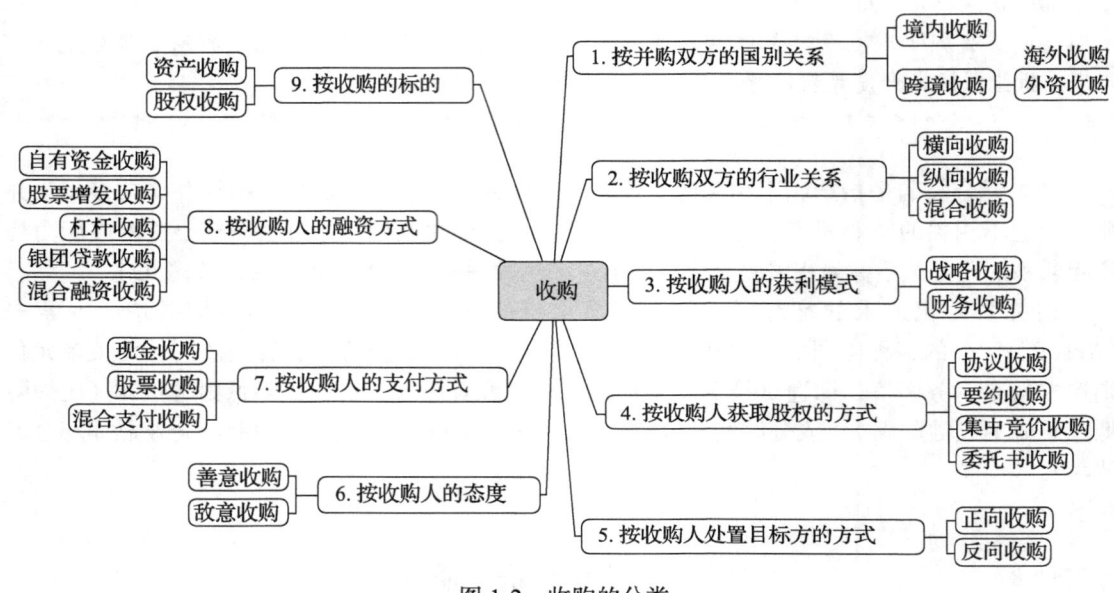

图 1-2　收购的分类

第三节　并购的动机

企业为什么要发起并购？并购动机的理论在试图回答这样的问题⊖。并购动因与并购动机严格来说存在差别，虽然我们经常看到对二者不加区分的情况。并购动因是指并购的驱动因素，包括主观的驱动因素（即动机）和客观的驱动因素（第二章将讨论这些因素），因此从概念的外延上看，并购动机仅指主观的并购动因。

并购研究的关键问题均是围绕着并购的价值创造展开的。早期的研究试图解开并购是否创造价值之谜，其后的研究试图寻找并购如何创造价值的答案。所以从并购与价值创造的关系的角度来认识关于并购动机的相关理论，可以抓住并购的价值主线。因此，我们以并购结果对并购利益相关者的价值影响为基准对并购动机进行分类。

⊖ 我们经常会看到一些学位论文或公司财务的著作中，将并购动因理论等同于并购理论，这显然忽略了并购理论的丰富性。除了并购动因理论外，还有一些其他与并购相关的理论，我们将在后面的章节中介绍。

一、创造股东价值的动机

如果并购是从股东利益最大化的角度出发的，并购应能为股东创造价值。因此创造价值成为战略并购的出发点，至少在表面上是这样。那么价值的源泉在哪里呢？

首先，并购可能提高新企业的效率，从而创造更多的价值。并购的效率理论认为兼并和其他形式的资产重组活动有着潜在的社会效益。它们通常包含了管理层业绩的提高或获得某种形式的协同效应（威斯通等，1998：172）。协同效应是一个由战略管理领域引入的概念，赛罗沃（Sirower，2000：27）将协同效应定义为：合并后的公司在业绩方面应当比原来两家公司独立存在时曾经预期或要求达到的水平高出的部分。从财务的角度看，协同效应实际上是合并后公司的净现值超出合并前各公司净现值之和的价值。

具体地说，并购可能获得管理协同（以高效率的管理者替代无效率或低效率的管理者）、经营协同（横向并购产生规模经济，纵向并购节约交易费用）或财务协同（提高资本分配效率，提高负债能力并节税，获得投资方面的规模经济）。协同效应的存在使得松散的资源因为整合而产生更高的效率。

从效率的角度看，并购的含义包括一个中心和两个基本点，一个中心是创造价值，两个基本点是交易与整合。两个基本点是创造价值的支点，从并购流程看也是创造价值的两个阶段。

其次，并购通过增强市场势力而提高新企业的收益，从而创造更多的价值（市场势力理论）。再次，并购通过分散风险而创造更多的价值（多元化经营理论）。

此外，并购可能使价值被低估的企业重新得到认可，从而获得价值发现的收益。也就是说，由于具有远见而发现了价值被低估的企业，从而获得了低价购买的利益。价值低估理论认为，由于市场参与者的短视，即过分强调短期经营成果而导致长期投资方案的公司价值被低估；或者由于通货膨胀造成资本市场低迷，使得上市公司的股价不能充分反映其真实价值，导致公司价值被低估。价值低估理论对近期国内控制权市场的 MBO 和中国香港市场的红筹股转为非上市公司的动机有较强的解释力。

（一）管理协同效应理论

如果甲公司的管理比乙公司更有效率，在甲公司并购乙公司之后，乙公司的管理效率提高到甲公司的水平，那么，并购就提高了效率，这种情形就是所谓的管理协同效应。按照管理协同效应理论的观点，如果某家公司有一支很有效率的管理队伍，其管理能力超过了管理该公司的需要，那么，该公司就会通过并购那些由于缺乏管理人才而造成效率低下的公司，使该公司额外的管理资源得以充分利用。通过这种并购，整个经济的效率水平将会得到提高。该理论有两个基本假设。

一是如果收购方有剩余的管理资源且能轻易释放出来，并购活动将是没有必要的，但如果作为一个团队，其管理是有效和不可分割的，或者具有规模经济，那么通过并购交易使其剩余的管理资源得到充分利用将是可行的。

二是对于目标方而言，其管理的非效率可经由外部经理人的介入和增加管理资源的投入而得到改善。

这种理论所难以解释的一个问题是，若把问题引向极端，将会得出这样的结论：当整个经济中，实际上是整个世界上只有一家企业时，其管理效率将达到最大化，即在经过一系列兼并之后，整个世界的经济最终将会为具有最高管理效率的公司所并购。但是，由于任何能干的管理队伍的管理能力都是有限度的，所以，在这一情形出现之前，公司内部的协调问题或管理能力的限制问题就会变得非常突出，从而阻止兼并的进一步扩大。

对于具有过量管理人才的收购方来说，如果能采取简单的形式释放出这批人才的能量，那么就不必去并购别的公司。但是，如果这批人才只有作为一个整体才能体现出其效率，那么，采取解聘形式释放能量将是不可行的。此时，收购方很可能会瞄准同行业中管理水平低的公司做横向并购，如果由于该行业需求条件不佳，或由于受政府的反垄断政策影响，那么，收购方将不做横向并购，而是进入别的产业。如果收购方不具备进入别的行业的技术力量，那么，并购别的行业的公司就不一定能使收购方获利。

对于管理效率低的一方来说，可以通过直接聘用经理，或与其他公司签订合同请其提供服务的形式来改进管理效率。问题在于，直接雇用管理者可能是不充分的，因为其无法保证在一个相关阶段内组织起一个有效的管理队伍。而订立契约的解决办法一般不宜采用，因为其他公司不一定熟悉本公司运作情况，所以也不一定合适。

（二）经营协同效应理论

经营协同效应也叫作**运营经济**（operating economy），是指由于经营上的互补性，使得两个或两个以上的公司合并成一家公司之后，能够造成收益增大或成本减少，即实现规模经济。该理论假定在行业中存在着规模经济，并且在合并之前，公司的经营活动水平达不到实现规模经济的潜在要求。

规模经济由于不可分性而产生，例如人员、设备、企业的一般管理费用等，当其平摊到较大单位的产出中去时，可以相应地提高企业的利润率。因此，在制造业中，对厂房及设备的大量投资产生了典型的规模利用。化学和医药公司的研究与开发部门通常必须具有大量的有能力的科研人员，它们在一定的机会下，能够发现和扩展许多新的产品领域。

将现有几个企业合并成一个企业的一个重要问题是：如何合并和协调这些企业的有利部分，又如何处理那些不需要的部分。理想的例子是，如果公司甲在研究开发方面很强但在市场营销方面很弱，而公司乙在市场营销方面很强但在研究开发方面很弱，那么，两公司具有互补性，二者合并在一起将会产生协同效应。

此外，按照交易成本理论通常的分析，通过纵向一体化，也可形成营运协同效应，譬如，将那些同一产业中处于不同生产阶段的企业合并在一起，可以降低或避免讨价还价、通信联络等方面的交易成本，克服机会主义倾向，从而提高企业营运效率。

但是，经营协同效应理论面临如下两个主要挑战：其一，在混合并购中，企业管理层的管理能力很难在短时间内迅速提高到足以管理好分属于不同行业的数家公司的程度；其二，企业管理层的管理才能在相同或相近产业中是很容易扩散和转移的，而混合并购则只涉及那些互不相关的产业，此时管理才能却很难扩散和转移。

（三）财务协同效应理论

财务协同效应理论认为并购起因于财务方面的目的。这种理论认为，在具有很多内部现金但缺乏好的投资机会的企业，与具有较少内部现金但很多投资机会的企业之间，并购显得特别有利。因为，在企业外部募集资金，需要很多交易费用，而通过并购，就可以低成本地促使资金在企业内从低回报项目流向高回报项目。通常，有许多混合并购的例子被这种理论引以为据，这种理论事实上阐明了资本在并购企业的产业与目标方的产业之间进行再配置的动因。

这种理论还认定，在一个税法完善的市场经济中，一个合并企业的负债能力，比两个企业合并前各单个企业的负债能力之和要大，而且还能节省投资收入税。此外，起因于财务目的的并购，会取得节省筹资成本和交易成本两个方面的好处。因为，企业合并虽然规模显著增大，但其筹资成本和交易成本却不会同步地增大，甚至可能与并购前其中某个企业在这方面的成本差不多。

(四) 市场势力理论

市场势力理论的核心观点是，增大公司规模将会增大公司势力，在这个问题上，许多人认为并购的一个重要动因是为了增大公司的市场份额，但他们却不清楚增大市场份额是如何取得协同效应的。如果增大市场份额仅仅意味着使公司变大，那么我们实际上是在谈论前面已阐述过的规模经济问题，事实上，增大市场份额是指增大公司相对于同一产业中的其他公司的规模。

关于市场势力问题，存在着两种相反的意见。第一种意见认为，增大公司的市场份额会导致合谋和垄断，并购的收益正是由此产生的。所以，在发达的市场经济国家中，政府通常会制定一系列的法律法规，反对垄断，保护竞争。但第二种意见却认为，产业集中度的增大，正是活跃的、激烈的竞争的结果，他们进一步认为，在集中度高的产业中的大公司之间，竞争变得越来越激烈了，因为关于价格、产量、产品类型、产品质量与服务等方面的决策所涉及的维度是如此巨大，层次是如此复杂，简单的合谋是不可能的。这两种相反的意见表明，关于市场势力的理论，距离达成共识尚有许多问题未得到解决。

(五) 多样化经营理论

所谓多样化经营，是指公司持有并经营那些收益相关程度较低的资产的情形。对一个公司来说，多样化经营可以分散风险，稳定收入来源。通常情况下，公司员工、消费者和供应商等利益相关者比股东更愿意公司采取多样化经营战略。这是因为，第一，股东可以通过在资本市场上分散持股的办法来分散风险，而公司员工的劳动收入来源却很难多样化，他们的知识和技能大都对本公司有用但对别的公司就不一定有用，所以公司经理和一般员工更希望公司稳定，不希望公司冒太大的风险。第二，公司通过广告、研究开发、固定资产投资和员工培训等途径，一般都与消费者和供应商形成稳定的关系，由此而形成公司的信誉。多样化经营可以降低公司破产的风险，并有助于保持公司信誉，从而保持与消费者和供应商的稳定关系。但对于公司股东来说，则分两种情形：一种是将大部分投资集中于该公司，另一种是将投资分散于不同公司。如果公司破产，那么前者所受影响可能会大于后者所受的影响，但风险有可能带来收益也有可能引致亏损，所以股东总的来说对分散化经营会有各不相同的态度。

多样化经营可以通过内部增长和并购这两种途径来实现，但在许多情况下，并购的途径可能会更有利，尤其是当公司面临变化了的环境而调整战略思想时，并购可以使公司在时间较短的条件下进入目标方的行业，并在很大程度上保持目标方的市场份额以及现有各种资源。

(六) 价值低估理论

价值低估理论认为,并购的动因在于股票市场价格低于目标方的真实价格。造成价值低估的原因主要有:第一,公司现管理层并没有使公司的经营潜力得以充分发挥;第二,并购者掌握了普通投资者所没有掌握的信息,依据这种信息,公司股票价格应高于当前的市场价格;第三,公司的资产市场价格与其重置价格之间存在一定差距。在西方经济理论中,衡量这种差距的一个重要指标叫作 q 值(也叫托宾 q 值),这个比值被定义为公司股票的市场价格与其实物资产的重置价格之间的比值。据估计,美国在 20 世纪 70 年代末 80 年代初股市的 q 值约为 0.5~0.6。

在这里,我们不妨看一看一个简单的例子。如果目标方的 q 值为 0.6,而并购该公司的溢价为市场价的 50%,那么,收购价与重置价的比值为 0.9(=0.6×1.5),这就意味着收购目标方的价格还是比该公司的重置价格低 10%。

但是,并非所有被低估了价值的公司都会被并购,也并非只有被低估了价值的公司才会成为并购目标。因此,这一理论不可能单独存在,它也必须复合效率方面的基本原理。

二、增加管理者价值的动机

造成毁坏价值结果的动机可能是经营者主观故意的——经理主义理论,也可能是非故意的——自负假说。经理主义理论认为,所有者与经营者两权分离的制度埋下了经营者为寻求自身利益最大化而损害股东利益的隐患。由于经营者的利益往往与企业的规模相联系,所以经营者可能为追求自身利益进行并购,以构建一个可以标榜自己功绩的企业帝国,但可能以损害股东利益为代价。自负假说认为管理者由于野心、过分自信或骄傲而在评估并购机会时犯过分乐观的错误,而过分乐观的错误造成的对目标方支付过高必然损害收购方的利益。

(一) 代理成本理论

詹森和麦克林(Jensen and Meckling)提出的代理问题,是在经理人员只拥有公司股权的很少部分的情况下产生的,因为在上述情形下,经理人员可能会不那么努力地工作,或者消费更多的奢侈品,如豪华办公室和公务专机等,而这些消费的成本的大部分,是由其他股东来承担的。况且,在股权分散的大公司中,一般的个人股东也缺乏足够的激励,花费一定数额的资源去监督经理的行为。从根本上讲,代理问题是由于经理与所有者之间的合约不可能无成本地签订和执行而产生的。在这里,经理被认为是决策或控制的代理人,而所有者则被认为是风险承担者。由此造成的代理成本包括:①构建一组合约的成本;②由委托人监督和控制代理人行为而带来的成本;③保证代理人将做最优决策,否则委托人将需得到补偿的成本;④剩余亏损,也就是由代理人的决策与使委托人福利最大化的决策之间的差异而使委托人承受的福利损失。当然,剩余亏损也有可能是由于完全执行合约的成本超过收益而引起的。

解决代理问题,降低代理成本,一般可以考虑两个方面的途径:其一是组织机制方面的制度安排,比如将企业的决策管理(如提议与执行)与决策控制(如批准与监督)分开,管理层拥有决策管理权,股东保留决定董事会成员、并购与新股发行等决策控制权利,将其余控制职能交由董事会去执行。其二是市场机制方面的制度安排。职业经理人市场会根据经理人的业绩及声誉确定其收入水平,这种压力督促经理人努力创造更大的公司价值。

股票市场则为企业股东提供了一个外部监督机制，因为股价集中体现了经理的决策带来的影响，股价水平低会给经理带来改变其行为并更多地为股东利益着想的压力（Fama and Jensen，1983），从而降低代理成本。

当这些机制都不足以控制代理问题时，接管将可能是最后的外部控制机制（Manne，1965）。通过在公司控制权市场（market for corporate control）公开收购或代理权争夺而造成的接管，将会改选现任经理和董事会成员，由原来那些潜在的经理和董事取而代之。麦纳还强调指出，如果由于低效或代理问题而使企业经营业绩不佳，那么，并购机制使得接管的威胁始终存在。

（二）经理主义理论

与并购可以缓解代理问题的观点相反，一些学者认为，并购恰恰是代理问题的表现而不是解决办法。缪勒（Mueller，1969）提出的经理主义理论就是其中之一。缪勒认为，经理具有强烈的扩大公司规模的欲望。他假定经理的报酬是公司规模的函数，这样，经理将会接受资本预期回收率很低的项目，并热衷于扩大规模。La Porta 等（2002）认为，当管理层通过"掏空"或者"侵占"获取私利的成本过高时，管理层总是倾向于通过并购来增加资产的规模，从而增加管理层的个人收益水平。即使在并购收益较低的情况下，管理层也愿意实施并购以得到薪酬的增加（Bliss and Rosen，2001）。但是，也有人通过研究发现，经理的报酬与公司的盈利水平而非销售额显著相关（Lewellen and Auntsman，1970）。缪勒理论的基本前提由此而受到了很大的挑战。

发起不恰当收购的动机也可能源于管理层企图构建企业帝国（empire building）。Ravenscraft 和 Scherer（1987）发现，管理层实施并购是为了其自身效用最大化而非股东价值最大化，即管理者希望通过并购建立起企业帝国，以便谋取更多的私利。这是因为，并购不仅使得管理者手中控制的资源更多、拥有的权力更大，其权力"寻租空间"也会进一步扩大。

（三）自负假说

罗尔（Roll，1986，p.199）提出的管理层自负假说认为，由于经理过分自信，所以在评估并购机会时会犯过于乐观的错误，从而使得本不该发生的并购活动得以实施。罗尔提出了这样一个问题："如果兼并根本没有什么价值，那么企业为什么首先要做出收购？"他提出，某一个特定的收购方或许不会从他过去的错误中吸取教训，或者会自信其估值是正确的。这样，并购就有可能是由收购方的自负引起的，如果并购确实没有收益，那么，自负可以解释为什么经理即使在过去经验表明标购存在一个正的估值误差的情况下仍然会做出收购决策。Malmendier 和 Tate（2003）的研究表明，管理层越过度自信，公司越容易发生并购活动。然而，过度自信盲目的扩张将会导致公司陷入财务困境（姜付秀等，2009），甚至加大公司的破产风险（Higgins and Schall，1975）。

与代理成本理论对于管理层自利的假设不同，管理者自负理论假设管理者是忠于股东的（Heaton，2002），他们进行扩张，不是出于自身利益的考虑，只是因为过于自信。

自负假说在一定程度上与经理主义理论是相类似的。这种假说的前提是市场具有很强的效率。依据这个前提，一方面，股价反映所有公开或未公开的信息，生产性资源的再配置会带来收益，公司的改组会提高管理效率；另一方面，并购有效理论又是建立在市场低效率基础上的，这样，理论的矛盾就在这里出现了。不过，据罗尔个人称，他的自负假说只提供了一个比较的基准，至于与哪一种假说相比较，则是无关紧要的，况且，他的假说并没有要求经理着实去追求自我利益，经理也许会出于好意，但在决策中却会犯判断错误。

由罗尔提出的自负假说或许有一定意义，但作为实际并购现象的理论解释，由于要求假定存在很强的市场效率，所以其前提与现实是存在距离的。现代企业理论表明，企业存在的原因正在于市场运行并非是无摩擦的。这就是说，第一，规模经济是由于某种不可分性而产生的；第二，在团队生产中产生的管理，是建立在反映个人特征的企业持有信息基础上的。企业信息是有价值的，这恰恰因为信息是有成本的；第三，某些交易成本会导致生产一体化。所以，不可分性、信息成本和交易成本等"不完善因素"，使得单个的生产投入在企业内仍保持单个和分立的形式是低效的。

三、侵占利益相关者价值的动机

（一）再分配理论

并购是一项涉及多个利益相关者的活动，它必然会导致增量或存量资源在利益相关者之间的再分配。如果并购活动中股东的收益主要来自其他利益相关者的损失，即从其他利益相关者转移而来，并购就成为有得有失的零和游戏。这种理论解释被概括为再分配理论，即股东从再分配中获得的利益可能来自政府（以并购来避税增加股东收益）、消费者（以并购增强市场支配力而使股东获得超额利润）或劳动者（并购后降低劳动者报酬使股东获得成本降低的利益）等。

再分配理论的核心观点是，由于公司并购会引起公司利益相关者之间的利益再分配，并购利益从债权人手中转到股东身上，或从一般员工手中转到股东及消费者身上，所以公司股东会赞成这种对其有利的并购活动。

从某种程度上说，税收效应也可以看作是并购利益从政府（一般公众）到并购企业的利益再分配。这种税收效应理论认为，某些并购是以追求税收最小化的机会而产生的，但是，税收效应是否真的会导致并购的产生，取决于是否还有得到与税收效应的益处等价的其他途径。

在税法完备、执法严格的成熟市场经济国家里，通过并购取得税收效应的主要途径包括：第一，营运净亏损的结转与税务抵免；第二，增大资产基数以扩大资产折旧额；第三，以资产收益替代普通收入；第四，私有企业和年迈业主出于规避遗产继承税方面的考虑等。

总之，税收既影响并购过程也影响并购动机，有人认为出于税收考虑的并购是针对国库的零和博弈，也有人认为这种并购由于可消除税收亏损而引致更有效率的行为。

一般说来，在公司并购过程中，以及在以债权换股权的情形中，因债权人受损而使股东受益的情况是不多见的，但是在杠杆收购活动中，由于公司的负债股权比过高，因而，有些时候可能会损害债权人的利益。至于公司员工，如果在并购后的重整过程中，公司为了增强竞争力而采取裁减员工或降低工资率的措施，那么员工将会因此而受损。

（二）掏空与支持理论

并购中的再分配理论传统上关注的范围在于股东是否从企业的其他利益相关者身上"揩油"，但关于委托代理理论的新进展发现了股东之间也可能存在利益侵占现象，比如大股东可能侵占其他股东的利益，由此提出了掏空与支持理论。

掏空和支持分别是 Johnson、La Potra、Lopez-De-Silanes 和 Shleifer（2000）[①]与 Friedman、Johnson 和 Mitton（2003）提出的两个概念，用来反映控股股东两种截然不同的行为方式。其中，前者是指控股股东侵占上市公司利益的行为，后者则指控股股东向上市公司输送利益的行为。根据 Friedman、Johnson 和 Mitton（2003）的观察，只有将控股股东这两种行为结合起来分析才可以完整地解释新兴市场中上市公司的融资行为。

（1）掏空行为研究。Johnson、La Potra、Lopez-De-Silanes 和 Shleifer（2000）对大股东掏空上市公司的行为进行了大量的实证研究，将掏空定义为两种表现形式：一是大股东可以轻易地为了自身利益通过自我交易从企业转移资源，这些自我交易不但包括在世界各国都受到法律禁止的行为，如直接的偷窃和舞弊，也包括资产销售与签订各种合同，如制定对大股东有利的转移价格、过高的管理层报酬、债务担保、侵占公司的投资机会等；二是大股东可以不必从企业转移任何资产而增加自身在企业的份额，如通过股票发行稀释其他股东权益，冻结少数股权，内部交易，渐进的收购行为，以及其他不利于中小股东的各种财务交易行为。

掏空产生的原因主要是股权的集中度和法律的保护程度。股权过于集中导致企业的控制权掌握在少数大股东手中，大股东出于私利，往往利用手中的控制权占用或转移公司的财产和利润，对投资者的法律保护不足也导致了中小投资者往往受到大股东侵害。其主要方式包括关联交易、担保、并购和股利政策等。掏空反映了大股东和中小股东的冲突，"掏空"行为不仅对中小投资者和公司不利，而且影响了整个资本市场的正常运行。学者研究证明，控股股东的"掏空"行为降低了资本市场的配置效率，并对企业的会计信息和财务状况不利。

（2）支持行为研究。Eric Friedman、Simon Johnson、Todd Mitton 在考察亚洲金融危机的事后创伤时发现，在投资者保护较弱的亚洲市场，大批上市公司陷入财务困境，此时大股东更可能支持上市公司，而不是倾向于掏空，且这种负债的软约束假设经实证检验完全成立。基于此，他们在《支持与掏空》（Propping and Tunneling）一文中首次提出了与掏空相反的概念——支持，成为支持理论的奠基人和先驱。这种输入型利益输送，表现在配股融资前降低对上市公司的侵占和资金占用，目的是向投资者传递公司的利好消息。

Friedman、Johnson 和 Mitton 认为，控制性股东并不总是掏空公司，他们也有"支持"公司的时候（尤其在公司陷入财务困境时），控制性股东对公司的掏空和支持是对称的，即控制性股东既有把资源从公司转移出去的动机，也有向公司提供私人资源的动机，这一点在发展中国家尤为突出。实证检验结果表明，公司的负债比例越高，控制性股东越可能支持而不是掏空公司，高负债是较差的公司治理的一种替代机制。

有研究认为，由于大股东持有的公司股权比例一般较高，决定了其无论在成熟的资本市场还是在新兴的资本市场转让股权的成本都比较高，或者说卖出股份的难度比较大。如果一家公司的大股东卖出股份，除非是特别的原因，否则意味着大股东对该公司的发展前景不看好。显然，任何市场将对此做出激烈的反应，如股价暴跌。这种情况在各国证券市场发生过多次，其直接后果是大股东的股权转让收益减少。由于我国上市公司大股东各年持股比例平均在 44% 以上，也就是大股东自身的主要财富都投入上市公司而被"套牢"，这就决定了大股东希望获得一种长期稳定的投资收益和控制权的私人收益。如果上市公司经营亏损，或者是因经营困难而被破产，这样不仅控制权收益荡然无存，而且其正常的投资收益也将受到损害，因此当上市公司遇到经营困难时，大股东有可能对上市公司进行支持以助其渡过难关。

---

① Johnson S, R La Porta, F Lopez-de-Silanes, and A Shleifer.Tunneling [J]. American Economic Review, 2000, 90(2): 22-27.

第四节　并购的本质

一、并购的商业性

并购也是公司的一种商业活动，它也有它的商业属性。并购是权力的角斗场，是资本的淘金池，是智慧的竞技台，是成长的助推器。

（1）并购是权力的角斗场。

公司控制权的争夺与反争夺往往是商战最惊心动魄的情节，而公司控制权市场上这种没有硝烟的战争频频上演：并购方可能是为了进入新市场，或是为了获得技术或品牌等战略性资产，以击败其竞争者，而此时，其竞争者为了保住自己的优势或市场地位，可能会想尽一切办法来阻止此项交易的达成，或是自己通过新的并购交易来消除此项并购交易带来的影响，因此，并购市场上竞争对手的厮杀往往不亚于罗马角斗场上的角逐，而公司控制权背后的商业利益是对胜者的奖励。并购的吸引力在于，它的结果可能影响一个公司的命运兴衰、一个产业的利益分配、一个市场的竞争格局。㊀

示例 1-9　　　　**宏碁收购 PB，阻击联想扩张**

2007 年 8 月 7 日，联想发布公告称，公司已就收购欧洲 PC 厂商 PB 与一个独立第三方订立了谅解备忘录，并洽谈收购的具体协议。分析人士认为，收购对于联想电脑业务借助 PB 成熟的渠道和品牌进入欧洲市场有着很大帮助。

就在联想收购 PB 似乎已经板上钉钉之时，8 月 27 日，宏碁突然宣布以 7.1 亿美元收购美国第四大 PC 制造商 Gateway。由于 Gateway 早已与 PB 股东签订了优先购买权，宏碁同时宣布通过 Gateway 曲线收购 PB。

10 月 3 日，在 8 月份宣布以 7.1 亿美元收购美国 PC 厂商 Gateway 的宏碁证实，已完成收购 Gateway 的 80.68% 股份，超过交易完成所需的至少 70% 股份。

联想和宏碁在竞购上的针锋相对，正是双方对全球第三大 PC 制造商宝座争夺的延续。来自 Gartner 的统计数据显示，2007 年第二季度，宏碁以 7.1% 的市场份额在全球 PC 排名第四，落后于联想的 7.9%，与 Gateway 合并，宏碁将以 8.8% 的市场份额超过联想，排名全球 PC 第三位。宏碁电脑收购 PB 电脑成功，将更加拉大和联想的差距。

除了份额上的增减外，宏碁借助 Gateway 进入了联想此前更为强势的美国市场，而 PB 所在的欧洲市场则是宏碁的主要根据地。如果联想收购 PB，将获得成熟的渠道和市场支持，使其全球化战略在欧洲获得突破，对宏碁造成极大压力；而如果宏碁收购 PB，则将保护其原有的欧洲市场，使联想攻占欧洲市场的努力被迫延长很多年。

资料来源：《南方日报》，2007 年 10 月 16 日。已经过作者重新编辑。

（2）并购是资本的淘金池。

投资者在资本市场的投资大体上看中被投资企业的未来价值，根据上市公司基本面的情

㊀ 中铝收购力拓是在布局，是在争取话语权；中国企业海外收购因政治因素受阻实质是限制其对资源或技术的控制力。

况，公司的股票被划分为价值股和成长股。除此以外，还有一类股票也备受青睐，即重组股。如果一家上市公司，特别是基本面非常差的公司，经历重大资产重组后往往被寄予业绩大幅增长甚至乌鸡变凤凰的期望，自然引发公司股价暴涨，为投资者带来超常丰厚的回报。

不仅在股票市场如此，在股权投资市场中，因被投资企业快速成长而价值重估增值，股权投资者（常见的投资者包括天使投资人、风险资本、私募股权资本）可能会获得几倍甚至几十倍的投资收益。从这个角度看，并购作为资本市场永恒的题材，为资本投资者提供了淘金的机会。

示例 1-10　　　　　　**中国船舶整体上市，股价疯涨**

中国船舶这样的神话，是资产注入后创造出的。2007 年 1 月中旬，中国船舶当时还叫沪东重机，股价在 30 元左右波动。1 月 29 日，沪东重机宣布定向增发并收购控股股东中船集团旗下 3 家企业，成为 2007 年央企整体上市概念第一股。

中船集团整体上市是使市场形成良好预期的重要原因。增发前的沪东重机每股收益为 1.02 元，合并三家企业后达到每股收益 2.35 元。5 月 28 日，股价首次在 100 元之上。8 月 1 日，沪东重机定向增发，并更名为中国船舶，当时股价已经冲过 150 元。10 月 11 日中国船舶达到历史最高收盘价 294.17 元，盘中达到 300 元，股价疯涨达 10 倍。

（3）并购是智慧的竞技台。

自并购的规划到交易的执行，再到并购后整合，并购涉及一系列复杂的专业活动，也在各处隐藏着各类风险，局外人往往只注意到庆功会上的香槟、掌声和赞许，却不太了解并购过程中可能陷阱密布、险象环生，因此，复杂的并购往往经历了明争暗斗的较量，它是高智商的游戏。在利益和风险的权衡中把握平衡，在巨大的压力下把握时机，让看上去不可能的交易达成，让棘手的整合平顺过渡，无不反映出完美的并购需要高超的技术。

示例 1-11　　**联想与 TCL 的海外并购：相同的开头，不同的结局**

2004 年 12 月 8 日，联想宣布以 12.5 亿美元并承担 5 亿美元负债的代价收购 IBM PC 业务。2004 年 1 月和 9 月，TCL 则两度出手，分别以其彩电业务资产和 5500 万欧元收购了法国家电巨头汤姆逊的彩电、DVD 业务和阿尔卡特手机业务。

联想和 TCL 分别是计算机和家电行业的领军企业，并购之后两家企业却提交了不同的业绩：2005 年联想的业绩稳步上升，而 TCL 股价则从 2004 年最高的 9 元一路下跌，2005 年最低跌至 1.72 元。

下面对联想与 TCL 的并购结构与并购后的管理进行简单对比。

（1）融资方面：联想并购 IBM PC 业务，同时运用了现金、股票和承债三种支付方式；而 TCL 股票在国内 A 股市场上市，不能实施换股收购，仅能以现金支付，这给 TCL 带来了较大的财务压力。

（2）员工的保留：联想方面，在后期的整合阶段，联想和 IBM 共同制订"员工保留计划"，并与原来 IBM PC 业务部门的中高层主要领导沟通，IBM 个人系统部资深副总裁兼总经理史蒂夫·沃德为新联想的 CEO，主持后续整合和经营的战术层面的工作，这些措施收到了良好的效果，之前预期的人员流失风险没有发生。TCL 则在 2004 年 12 月 19 日宣布，TCL 手机业务领军人物万明坚因健康原因辞去多个职务，只留下 TCL 集团副总裁一个虚职，而此时距 TCL 收购阿尔卡特不到一个月的时间。万明坚的离去导致 TCL 移动的员工在不到三个月的时间里，100 多人相继离职。同时，阿尔卡特方面的人员流失问题也相当严重，到 2004 年年底，高层经理中阿尔卡特人员已经差不多全部离职，到 2005 年 3 月份，一线经理（市场和销售部门）也相继离职，至此，TCL 遭受了业内所称的"人事地震"。

（3）员工的激励：联想承诺 IBM 方面员工的工资制度不变、水平不变，在 IBM 的期权转换为联想公司的期权，措施可谓深入实处。而 TCL 在整合阿尔卡特过程中碰上了薪酬体制的难题，这普遍被业界看作"人事地震"的直接导火索。阿尔卡特销售人员的薪酬在业内处于中游水平，且收入稳定，而 TCL 采用的薪酬方式则是：相对较低的底薪加上较高的提成。阿尔卡特人员显然对 TCL 的薪酬制度不满，导致"以脚投票"。

（4）并购是成长的助推器。

企业的成长方式通常可以概括为两种：一种是有机成长，另一种是并购成长。当企业依靠自身的积累而成长到一定阶段后就会遇到成长的瓶颈，这个时候通过并购获取战略资产或市场，往往有助于突破资源或市场约束，重回成长的轨道。因此，借助外力而促进成长成为很多大企业选择的战略，正如经济学家乔治·斯蒂格勒所观察到的："没有一个美国大公司不是通过某种程度、某种方式的兼并而成长起来的，几乎没有一家大公司主要是靠内部积累成长起来的。"当然，并购对企业成长的贡献不仅体现在规模的扩大上，还有助于企业竞争力的增强和价值的提升，如 Csiszar 和 Schweiger（1994）认为并购是改变买方公司价值的事件[⊖]。

示例 1-12　汇丰银行的并购扩张

早期的汇丰银行通过在世界各地设立分行拓展业务，20 世纪 50 年代中期，汇丰银行开始通过并购迅速成长壮大。

1959 年，汇丰银行成功地收购了建于 1869 年的阿拉伯世界最大的外资银行中东英格兰银行，以及有利银行，从而在中东地区建立了据点。接着，它又收购了印度最古老的印度玛比泰尔银行，从而在印度次大陆张开了支配网。1992 年 6 月，汇丰控股有限公司以 40 亿英镑（约 72 亿美元）收购米特兰银行 50% 以上的股份。同年 8 月，汇丰控股宣布与米特兰银行合并，并申请了在英国伦敦股票交易所的上市位，从而使其股票在伦敦及中国香港证券交易所同时上市。1999 年 2 月，汇丰集团以 9 亿美元收购了韩国首尔银行 70% 的控股权。1999 年 12 月，汇丰集团以 97.33 亿美元收购了美国利宝集团（Republic New York Corp.）以及其欧洲分支机构 SafraRepublicHoldings。2000 年 7

⊖　Csiszar E. N. & Schweiger D. M.（1994）. Anintegrative Framework for Creating Valuethrough Acquisition. In H. E. Glass & B. N. Craven（Eds.），*Handbook of Business Strategy*（93–115）. New York：Warren，Gorham & Lamont.

月，汇丰控股出资 110 亿欧元（约 105 亿美元）收购了法国商业信贷银行 98.6% 的股份。2000 年 8 月，汇丰控股出价每股 70 欧元，总计 80 亿欧元（约 72 亿美元）竞购奥地利银行的经营权。2003 年 3 月 31 日，汇丰控股宣布，已完成收购美国最大的消费信贷公司 HouseholdInternational。其后几年，汇丰控股通过在美洲的大量收购股份，使其全球金融集团的地位不断提升。

在这个阶段，汇丰控股的扩张战略是通过选择性的收购去补足业务的自然增长。由于之前汇丰银行分布不合理，未摆脱区域银行的状态，通过并购，汇丰集团将这些区域银行整合成为一家真正的跨国银行集团。雄厚的资金实力和庞大的经营网点使汇丰银行朝着集零售业务、商业银行、投资银行、资产管理及保险业务"一条龙"金融服务的方向发展，成为世界上最大的全能银行集团之一。

二、并购的工具性

没有一种战略管理的策略绝对得好，也没有一种策略绝对得差。并购策略本身是中性的，只是在不同的情境下产生的效果可能存在差异，这是策略运用的结果，而非策略本身的必然结果。并购作为实现战略的一种策略，它是为实现战略目标服务的，是实现战略的工具。因此，并购本身不是目的，收购方不应因为目标方估值低或者机会难得而实施收购，或者说不能为了并购而并购，并购应始终坚持战略导向。

与此相关，执着地检验并购策略是否会创造价值本身的意义并不大，而了解策略如何运用可以创造价值则是重要的。

第五节　并购的职业发展机会

并购知识有何用？学习的目的是应用，就对商学院的学生未来的职业发展所能提供的贡献而言，并购知识带来的价值可能是大学所学知识中排在前列的。下面三个方面均是并购知识应用的场景。

一、财务高管的必备知识

财务总监的重要角色是决策支持，当然包括对企业发展的决策支持。随着企业规模壮大，财务总监在资本经营上的重要性将越来越超过其在生产经营上的重要性。具备并购知识，对于成为一个称职的财务高管是必不可少的。

二、CEO 的成名法宝

无论是挑战竞争者还是让企业变成巨无霸，通过并购可助力 CEO 崭露头角。并购案的达成，一方面可以为并购方提供发展的机会，另一方面也可能促成企业的 CEO 声名鹊起。

在并购案例激增的背景下，对于企业 CEO 的并购整合的能力提出了新的要求，要求企业

CEO 具有并购的意识与修养，并帮助企业通过一系列的并购获得新的发展空间、发展能力，促进企业长足发展。在这样的时代背景下，并购整合能力日益成为选拔企业 CEO 的主要标准之一。

> **示例 1-13　韦尔奇为挑选继任 CEO 设定了 10 个标准**
>
> 　　韦尔奇的 10 个标准是：诚实和价值观、经验、有远见、领导力、敏锐、地位、公平、有活力、均衡和勇气。还有下述特征：要足够年轻，可以服务 10 年；经过 GE 的培养，有 GE 的遗传基因；极好的个人经历；有并购整合和使企业繁荣的能力。
>
> 　　资料来源：仲继银．GE 信仰：职业化管理．董事会，2012.6.

三、资本玩家的常规武器

　　资本玩家是从资本市场抓取机会并获利的企业或个人，比如投资银行家、PE、投资公司等资本市场的参与者。在并购已成为资本市场永恒的主题的时代，通过并购进行上市公司市值管理以及通过并购变现资产获利，成为资本玩家经常动用的资本运营手段，不懂得并购知识只能是资本市场的旁观者。

本章小结

　　当你拿起这本书时，你想问的第一个问题可能是：什么是并购？本章首先回答了这个问题。并购是通过获得企业或业务的实际控制权来实现资源的优化配置，从而创造价值的过程。我们应该牢记，并购是一个过程，这个过程中的每个环节的失利都可能影响并购的成败。怎么来衡量并购的成败呢？关键看并购是否创造价值。

　　你的第二问题是不是企业为什么要并购？这涉及并购动机的问题。动机一定是与主体相关的，我们从并购利益相关者的角度来考察了并购的三类动机：为股东创造价值的动机、为增加管理者价值的动机、为侵占利益相关者价值的动机。

　　并购的商业属性体现在并购是权力的角斗场，是资本的淘金池，是智慧的竞技台，是成长的助推器，并购的这些侧面有助于我们理解并购是什么。并购虽然有它的魅力，但它依旧是实现战略的工具。并购本身不是目的，不能为了并购而并购，并购应始终坚持战略导向。

　　我们还讨论了学习并购知识有什么用。商学院背景的学生如果想成为企业的 CFO 或 CEO，或者进入投行或投资机构，并购知识都是不可或缺的，甚至对于理解公司新闻或者进行证券投资也不可少。也许你会认识到，并购离我们的生活并不遥远，它对企业、社会和个人都有影响，并购知识对个人未来的职业发展非常有价值！

　　最后，我们将描述一个案例，从这个案例中你会了解到一宗并购是怎么发生的，哪些人（包括中介机构）参与了决策，并购又是怎样影响各方。我们期望这个案例能让你对并购有一个总体上的感性认识。

关键术语

并购	要约收购	敌意收购
合并	协议收购	财务收购
收购	集中竞价收购	战略收购
公司重组	善意收购	公司控制权

练习思考题

1. 请阅读下面这则新闻,并回答这则新闻中的联合重组实际上是并购术语中的什么并购方式。请画出交易结构图。

武钢柳钢(集团)联合重组正式拉开帷幕

柳钢股份(SH.601003)2008年9月4日发布公告称,广西国资委与武钢集团于2008年9月3日签订了《武钢与柳钢联合重组合同书》以替代双方于2005年12月19日签订的重组协议书。

受钢铁企业合纵连横趋势和钢铁工业沿海布局的规划推行影响,早在2005年12月19日,广西国资委就与武钢集团签订了《武钢与柳钢联合重组协议书》,由双方共同出资设立武钢柳钢(集团)联合有限责任公司。新公司的成立是为了建设西部大开发的最大钢铁项目——广西防城港钢铁基地项目。

此次发布的合同书约定,武钢柳钢(集团)联合有限责任公司更名为广西钢铁集团有限公司,公司注册地由广西防城港变更为广西南宁市,公司的注册资本暂定变更为440亿元,其中武钢集团持有80%股权,广西国资委持有20%股权。武钢集团以现金出资,广西国资委以持有柳钢集团的全部净资产经双方认可的中介机构和共同确定的评估基准日进行评估审计确认后出资。广西钢铁集团有限公司成立后,将加快推进广西防城港钢铁基地项目的建设。

资料来源:原刊载于《每日经济新闻》,作者肖艳。摘录于中财网,2008年9月4日。已经过作者重新编写。

2. 并购经常被比作姻缘。你认为这个比喻哪些方面有点像,哪些方面不太像?

案例研究:双汇国际收购 SFD

双汇国际收购美国史密斯菲尔德食品公司(SFD)从本质上来讲,是一起上市公司的全面要约收购案,整个方案主要由两部分组成:一是全面收购 SFD 已发行在外的股份,此部分涉及金额至少在47亿美元以上;二是对 SFD 的现有债务进行重组,以减轻其债务负担,该部分涉及金额为39亿美元左右。收购过程大体分四步进行。

第一步,双汇国际设立全资子公司 Sun Merger Sub。

双汇国际在 BVI 注册设立一家全资子公司 Sun Merger Sub(见图1-3),以该公司作为此次并购的壳公司。显然,双汇国际在 BVI 而不是在其他离岸地区设立并购壳公司的目的是为了方便后续与 SFD 的整合。而双汇国际设立 Sun Merger Sub 所投入的初始资本金,预计将依据收购支付对价与外源融资额加以确定。

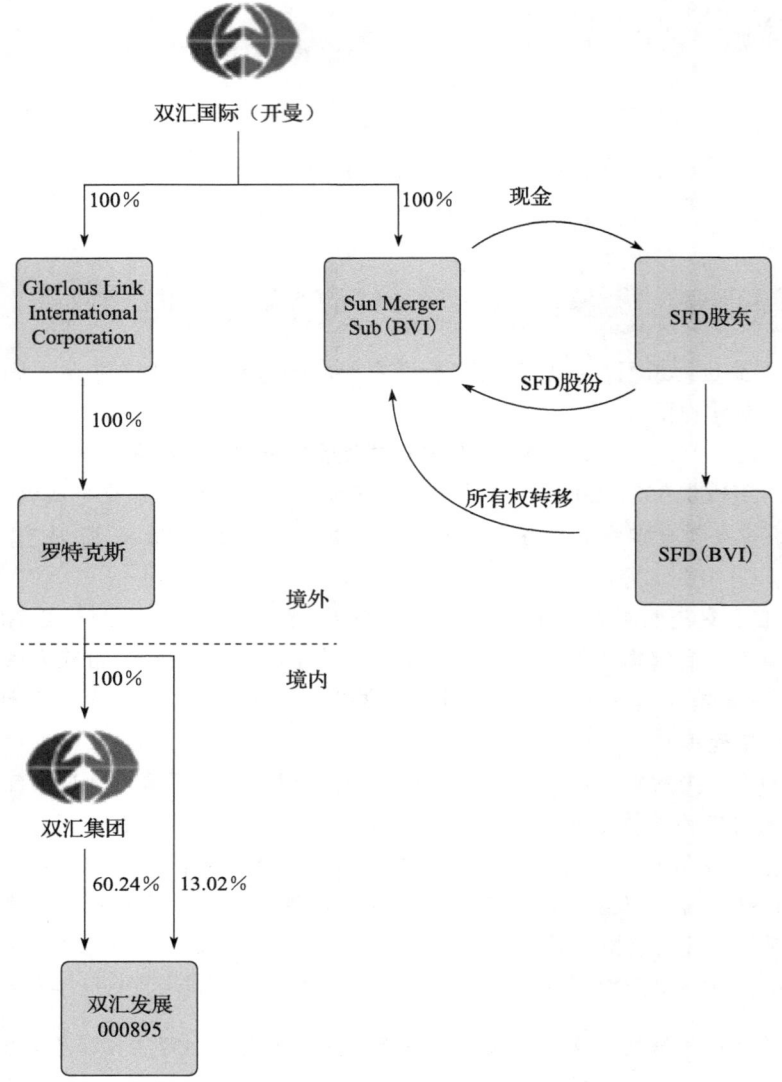

图 1-3 双汇国际设立 Sun Merger Sub

第二步，Sun Merger Sub 全面要约收购 SFD。

双汇国际在完成设立 Sun Merger Sub 后，依据其与 SFD 达成的并购重组协议，对 SFD 已上市发行的普通股按 34 美元/股的价格发起全面要约收购。收购完成后，SFD 退市并成为 Sun Merger Sub 的全资子公司（见图 1-4）。

截至收购协议公告日，SFD 已发行在外的普通股总计约 1.39 亿股，按 34 美元/股计，Sun Merger Sub 大约须支付 47.26 亿美元收购资金，但这并不是股份收购金额的全部。

SFD 是一家历史悠久的公司，上市时间也比较长，因此其股权结构除了普通股股份之外，还包括了因多种原因形成的股份，最主要的是实施股权激励计划形成的三类股份。而对于这些股份，双汇国际也须承担相应的收购成本（由于激励股份来源不同，各自的收购价格也相应不同）。经测算，该部分收购成本预计在 0.88 亿美元左右（见表 1-2）。

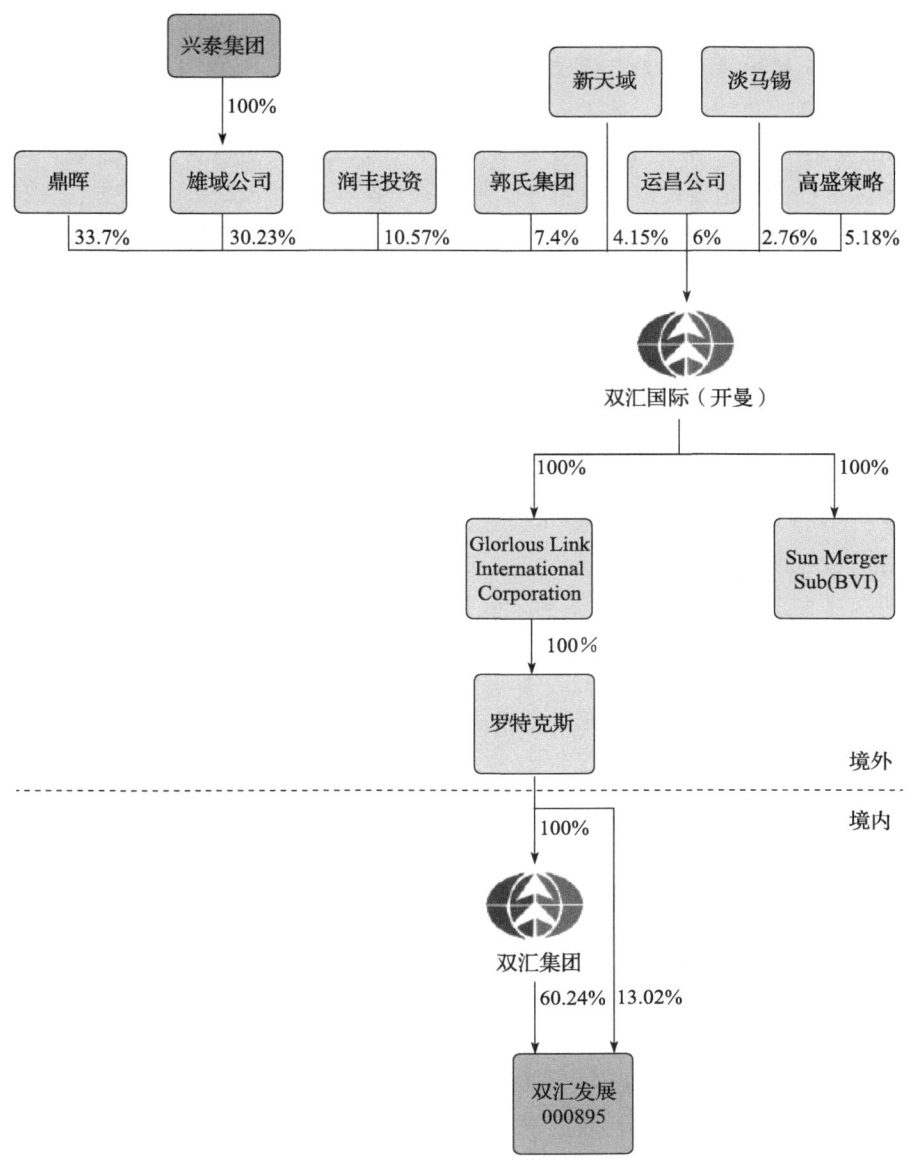

图 1-4 双汇国际设立 Sun Merger Sub

表 1-2 SFD 股权激励部分涉及的股份收购支出

序号	股份种类	股份数（万股）	收购条件	收购成本（亿美元）
1	股票期权	284.82	1. 无论是否行权，行权余额自交易生效日开始都自动取消 2. 收购价格等于行权余额对应股份数乘以 34 美元收购价与行权价（平均 22.36 美元/股）之差	0.33
2	绩效股票	118.57	1. 无论是否行权，行权余额自交易生效日开始都自动取消 2. 收购价格等于行权余额对应股份数乘以 34 美元	0.40
3	递延股票	45.07	1. 无论是否行权，行权余额自交易生效日开始都自动取消 2. 收购价格等于行权余额对应股份数乘以 34 美元	0.15
	合计	448.46		0.88

也就是说，双汇国际为了完成对 SFD 所有股份的收购，需要支付现金 48.14 亿美元左右。这部分现金来源主要依靠中国银行的贷款加以解决。2013 年 5 月 28 日，中国银行向双汇国际出具了贷款承诺函，中国银行将向双汇国际发放总额为 40 亿美元的优先级担保抵押贷款，贷款利率为 LIBOR（伦敦同业拆借利率）加边际利率。双汇国际为获得该笔巨额贷款，采取了资产抵押和信用担保相结合的方式，用于抵押的资产是其所有的资产和财产权（包括收购后持有的 SFD 全部股权）；在信用担保上，Sun Merger Sub、SFD 及其子公司不为该笔贷款提供担保，全部由双汇国际的其他相关子公司进行担保。双汇国际在获得这笔贷款后，将以资本金的形式注入 Sun Merger Sub，以收购 SFD 的股份，该笔贷款将在此次并购完成后 5 年内到期。

在 40 亿美元贷款之外，双汇国际此次收购尚有 8.14 亿美元的资金缺口，其如何解决这一问题值得关注。双汇国际的主要资产是双汇发展，2011～2012 年双汇发展分别实现净利润 14.65 亿元、30.69 亿元，按双汇国际合计持股 73.26% 股份计算，归属其利润额分别为 10.73 亿元、22.48 亿元，这与 8.14 亿美元（约为 50.31 亿元）资金缺口相比有着不小的差距。

第三步，SFD 吸收合并 Sun Merger Sub。

Sun Merger Sub 完成对 SFD 的收购后，即由 SFD 吸收合并 Sun Merger Sub（子公司吸收合并母公司，反向三角并购），SFD 成为双汇国际的全资子公司，Sun Merger Sub 则注销（见图 1-5）。经过此次操作，在产业结构上，双汇国际初步形成国内以双汇发展为主，国外以 SFD 为主的双轮驱动模式；在财务状况影响上，SFD 的资产负债表没有发生重大变化，尤其是其债务不会发生重大变化（中国银行 40 亿美元贷款全部由双汇国际承担，与 SFD 无关），能大体以当前的资本结构状况运营。

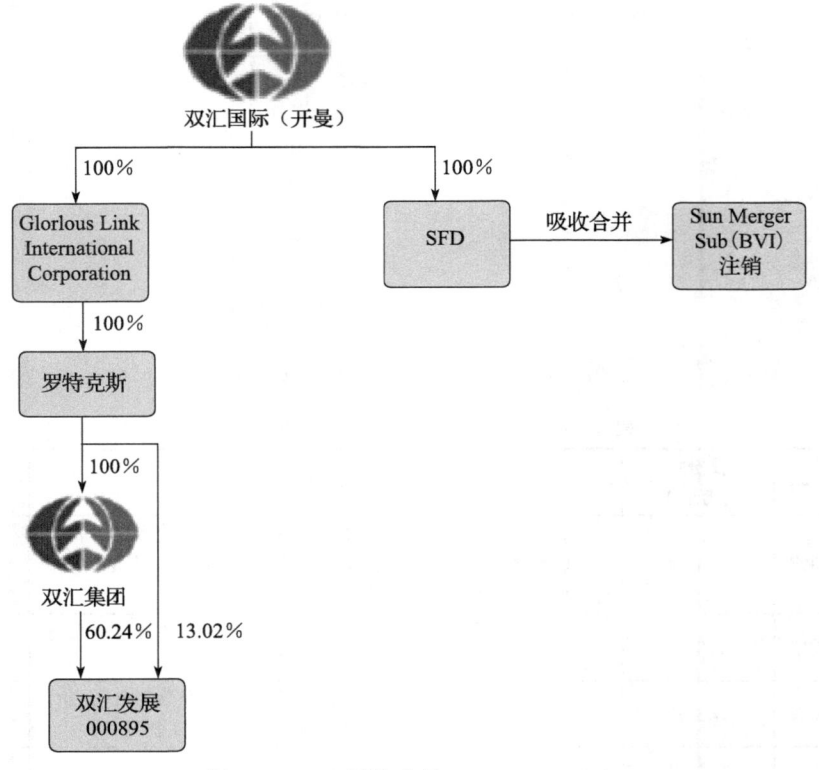

图 1-5　SFD 吸收合并 Sun Merger Sub

第四步，对 SFD 进行债务重组。

虽然双汇国际 40 亿美元收购资金贷款与 SFD 没有直接关系，不反映在 SFD 的资产负债表上，不会增加 SFD 的债务负担，但双汇国际依然决定对 SFD 的债务进行重组。

根据 SFD 年报，截至 2013 年 4 月 29 日，SFD 债务总额为 46.18 亿美元，主要由经营性债务、应计费用、银行借款、债券及退休金计划等项目组成。此次债务重组涉及的种类主要是循环贷款、银行定期借款和债券，重组的内容主要是针对循环贷款、银行借款的额度及融资方进行调整和针对债券的赎回，涉及已发生的债务金额为 24.65 亿美元左右。

整个债务重组工作由摩根士丹利充当融资顾问，所获得贷款额度和贷款资金全部由 SFD 的相关资产进行担保或抵押。由于无法得知具体的融资细节，很难对债务重组收益进行详尽分析。但毫无疑问的是，双汇国际意图通过这样的方式，使 SFD 获得更加优惠的资金（见表 1-3）。

表 1-3 SFD 债务重组方案

序号	现　状	调整方案
1	循环贷款额度 14.43 亿美元 发生 1.65 亿美元 剩余有效额度 12.78 亿美元	1. 额度调整为 7.5 亿美元，主要采取 ABL 贷款（资产基础是合格存货和应收账款）的方式加以解决 2. 利率为同期基准利率或 LIBOR 加边际利率，并随可用额度的变化而变化 3. 利息每 3 个月（基于 LIBOR 利率）或每季度（基于基准利率）支付一次
2	1. 美国银行 2 亿美元贷款 2. Rabo 银行 2 亿美元贷款 3. 4 亿美元可转债	1. 与循环贷款配合，定期贷款额度为 16.5 亿美元，并对现有债务进行置换或赎回 2. 利率为同期基准利率或 LIBOR 加边际利率 3. 每季度等额偿还本金，利息每 3 个月（基于 LIBOR 利率）或每季度（基于基准利率）支付一次
3	1. 2022 年到期的 9.95 亿美元债券（10 年期，票面利率 6.625%） 2. 2017 年到期的 5 亿美元债券（10 年期，票面利率 7.75%）	1. 获得 15 亿美元过桥贷款资金对两笔债券进行置换 2. 前 3 个月利率为 LIBOR 加边际利率，此后每 3 个月上升调整一次至最高基点 3. 并购交易完成后 1 年内不会被全部支付，未偿还的部分将转换成交易完成后 8 年到期的定期贷款，并可在满足一定条件下进一步转换为优先级票据（夹层融资）

经过上述环环相扣的四个步骤，双汇国际得以将 SFD 纳入囊中，一举奠定其在国际肉类加工市场的领先地位。

备选的杠杆收购方案

实际上，为降低债务问题引发的系统性风险，在摩根士丹利的协助下，双汇国际为收购 SFD 准备了另外一套截然不同的收购方案，即对 SFD 采取杠杆收购。此方案的主要步骤是：

第一步：双汇国际依旧在 BVI 设立并购壳公司 Sun Merger Sub。

第二步：Sun Merger Sub 以优先级无担保方式融资 8 亿美元，SFD 利用其现金、现有循环贷款额度融资（预计 5 亿美元）与 Rabo 银行贷款额度融资，辅之双汇国际部分现金，共同组成收购资金池，完成对 SFD 所有股份的收购。

第三步：Sun Merger Sub 与 SFD 吸收合并，SFD 存续，Sun Merger Sub 注销。

这种操作方式就是杠杆收购。收购完成后，SFD 账面资金将会减少，负债将会上升，并且由于吸收合并 Sun Merger Sub，后者 8 亿美元的债务也体现在 SFD 的账面上。SFD 的债务具体增加多少，虽然需要看其现金使用情况及双汇国际投入配套资金的多少，但毫无疑问的是，SFD 将背负 48.14 亿美元收购款的绝大部分，其资产负债率将会大幅攀升，甚至有可能出现超过 100% 的情况（截至 2013 年 4 月 29 日，SFD 资产 77.16 亿美元，负债 46.18 亿美元，净资产仅有 30.98 亿美元，与 48.14 亿美元收购款相比有着不小的差距）。

可以肯定的是，若该方案能得以实施，此次收购融资的债务风险将主要由 SFD 承担，双汇国际除 SFD 以外的其他资产将得到隔离，系统性风险将大大降低。但实施这一方案的前提条件是，SFD 的现有债权人同意按照双汇国际的要求对相关贷款条件进行调整。因此，考虑到 SFD 的市场信誉、行业地位及收购完成后的增长趋势，不排除双汇国际在收购 SFD 方案上采取了"声东击西"的策略，即以对 SFD 现有债务进行重组为条件"迫使"债权人同意其调整方案。或许，对 SFD 实施杠杆收购，才是双汇国际的真实想法。

SFD 于 2013 年 7 月 19 日发布公告，Sun Merger Sub 已完成总额高达 9 亿美元的优先级债券的发行。债券由两部分组成，一部分是 2018 年到期，票面利率为 5.25% 的 5 亿美元债券；另一部分是 2021 年到期，票面利率为 5.875% 的 4 亿美元债券。显然，根据这一融资成本，如果 SFD 现有主要债权人愿意继续和 SFD 保持债权债务关系，将不得不同意对相关贷款条件进行调整，这不仅将增加 SFD 的净利润（仅考虑 SFD 在 2007 年发行的、于 2017 年到期的 5 亿美元债券，如果其利率调整为 5.25%，在不考虑所得税因素的前提下，将每年增加 SFD 1250 万美元的利润，约为其 2012 年净利润的 6.8%），而且还能"帮助"双汇国际实施杠杆收购（见表 1-4）。

表 1-4　SFD 主要债券与 Sun Merger Sub 债券简要对比

	SFD	Sun Merger Sub
中期债券	2017 年到期的 5 亿美元债券，票面利率 7.75%（该债券于 2007 年发行，考虑到债务重组可能性及其已发行时间，视为中期债券）	2013 年发行，2018 年到期的 5 亿美元债券，票面利率 5.25%
长期债券	2013 年发行，2022 年到期的 9.95 亿美元债券，票面利率 6.625%	2013 年发行，2021 年到期的 4 亿美元债券，票面利率 5.875%

无论最终采取哪种收购方式，对双汇国际而言，都将要对 SFD 进行整合和调整，因为此时的 SFD 市场竞争力和盈利能力已非同日而语。

资料来源：符胜斌．双汇"非典型"收购肉食品业跨国并购案详解［J］．新财富，2013（9）．

思考题

1. 双汇国际收购 SFD 的交易中，其操作手法涉及了哪些并购概念？请结合本章中所介绍的并购的概念体系和收购的分类来回答。

2. 收购中对目标方的债务重组以及债务融资，既关系交易的达成，也关系交易完成后目标方的财务费用和收购方的风险。请结合本案例分析交易安排对各方的影响。

扩展阅读

1. 关于并购动因的案例研究可以参阅：朱红军，杨静，张人骥．共同控制下的企业合并：协同效应还是财富转移——第一百货吸收合并华联商厦的案例研究［J］．管理世界，2005（4）．

2. 关于双汇国际收购 SFD 之后的资本故事可以参阅：符胜斌．万洲国际急　上市万隆与鼎晖的博弈［J］．新财富，2014（10）．

第二章
并购简史

学习目标

1. 了解美国各次并购浪潮的特征。
2. 理解美国各次并购浪潮的驱动因素。
3. 理解影响中国企业并购发展的关键因素。

第一节 美国的企业并购浪潮

诺贝尔经济学奖得主、美国芝加哥大学经济学教授乔治 J. 斯蒂格勒（George J. Stigler）曾指出："一个企业通过兼并其竞争对手的途径成为巨型企业是现代经济史上的一个突出现象；美国所有的大企业都是通过某种程度、某种方式的并购成长起来的，几乎没有一家大企业是单纯靠内部积累成长起来的。"当众多的企业在某一个时期都参与到并购中来，就会形成总体并购规模显著增大的现象，即形成并购高潮。有高潮就有低谷，由低潮经历高潮又跌入低潮的一个过程即为一个并购浪潮。

迄今为止，美国已经发生了五次并购浪潮，其起止时间分别为1897～1904年（第一次并购浪潮）、1926～1930年（第二次并购浪潮）、1965～1969年（第三次并购浪潮）、1984～1989年（第四次并购浪潮）、1994～2000年（第五次并购浪潮）。自2003年以来，并购活动一直在增加，直到2011年出现下降，但2015年又达到史无前例的高峰，这可能意味着一次新的并购浪潮（事实上已经有人称之为第六次并购浪潮）。

并购浪潮现象背后隐藏着一个有意思的学术问题：为什么并购会在某一个时期爆发？通过对五次并购浪潮的观察我们可以发现，收购活动爆发通常受股票市场牛熊转换和经济周期更迭的影响。收购通常发生在经济复苏时期，它们伴随着快速的信贷扩张，这反过来促进了资本市场的繁荣。收购市场繁荣也经常出现在放松监管之后。最后，收购活动经常是由技术冲击产生的。我们认为，经济的、技术的和监管的冲击因素，构成了客观的并购动因。

下面，我们以美国为观察对象，对前五次并购浪潮进行回顾，希望从中能得到一些对中国经济发展和中国公司并购有益的借鉴。

一、第一次并购浪潮（1897～1904年）

（一）概况

19世纪下半叶，科学技术的巨大进步，大大促进了社会生产力的发展，为以铁路、冶金、石化、机械等为代表的行业大规模并购创造了条件。当时，各个行业中的许多企业通过资本集中组成了规模巨大的垄断公司。在1899年美国并购高峰时期，公司并购达到1208宗（见图2-1），是1896年的46倍，并购的资产额达到22.6亿美元。1897～1904年的并购高潮中，美国有75%的公司因并购而消失。第一次并购浪潮几乎涉及了美国的所有行业。但是，经历了最多并购的是金属、食品、石化产品、化工、交通设备、金属制造产品、机械、煤炭等八个行业，这些行业的并购约占该时期所有并购的2/3。

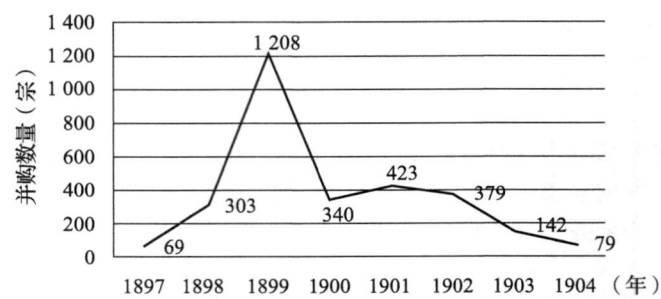

图2-1 美国第一次并购浪潮各年并购数量（1897～1904年）

资料来源：Merrill Lynch Business Brokerage and Valuation. *Merger Stat Review*, 1989.

（二）特征

这阶段并购浪潮的特征为以横向并购为主。在此间的全部并购中，有78.3%的并购为横向并购，12%的并购为纵向并购，其余9.7%的并购为混合并购。其最直接的结果就是垄断的形成。美国许多垄断巨头是在这一时期通过大规模并购获得垄断地位的。譬如，J. P. 摩根创建的美国钢铁公司收购了安德鲁·卡内基创办的卡内基钢铁公司以及其他784家独立公司，最后形成钢铁巨人——美国钢铁集团，它的产量曾一度占美国钢铁行业生产总量的75%。另外，现今仍然作为巨型跨国公司活跃在世界市场的杜邦公司、通用电气、全美烟草公司以及国际收割机公司等都是在第一次并购浪潮结束时就已在业界领先。第一次并购浪潮彻底改变了美国的经济结构，3000家公司的消失，使一些大公司控制了美国许多产品的生产。浪潮结束时，美国工业的集中程度显著提高。一些行业的公司数量急剧下降，有些行业甚至只有一家公司幸存。第一次并购浪潮前后美国各行业的并购情况如表2-1所示。

表2-1 第一次并购浪潮美国各行业并购情况表

部门	垄断公司	并购发生年份（年）	并购公司数目	被并购产量占总产量的比例（%）
汽车	通用汽车	1908～1910	25	—
钢铁	美国钢铁	1901	8	60
电器	美国电器	1890～1904	150	90
烟草	美国烟草	1890～1904	150	90
橡胶	美国橡胶	1892	12	50
罐头	美国罐头	1901	123	65～70

(续)

部门	垄断公司	并购发生年份（年）	并购公司数目	被并购产量占总产量的比例（%）
农机	国际收割机	1902	6	70
石油冶炼	美孚石油	1880	400	84
打字机	联合打字机	1892	5	75
糖业	美国炼糖	1893	55	70～90
缝纫机	胜家	1891	—	100
铝制品	美国制铝	—	—	90

资料来源：邵万钦.美国企业并购浪潮[M].北京：中国商务出版社，2005：62.

（三）动因

第一次并购浪潮产生的动因是多方面的。首要动因是经济步入复苏阶段，企业开始自救图强。19世纪末期资本集中化和大规模生产制造技术的发展形成产能过剩，1893～1896年的大萧条进一步加剧企业生存的困境，在19世纪90年代中期触发了严重的价格战，导致众多企业业绩不佳。许多大公司认为，行业内有很多小又无效率的公司是行业整体业绩不良的重要原因。它们发起成立信托公司，接受公司股东的委托，运用手中掌握的投票权做出了相应的并购决策，希望通过并购扩大企业规模，减少同行的竞争，获得规模效应，改善公司业绩。其中，摩根集团、标准石油公司和花旗集团起了主要的助推作用。摩根集团的摩根银行就曾先后控制了第一国民银行、国民商业银行、第一芝加哥国民银行、自由国民银行、大通国民银行、汉奥佛国民银行和阿斯特国民银行。另外，美国棉籽石油信托和美国领先信托也在相关行业中占据了主导地位。

造成第一次并购浪潮的另一个动因是美国一些州的公司法逐渐放宽。1889年，新泽西州的经济面临严重困难。州政府为了改善财政状况，偿还债务，放弃了反托拉斯政策，对公司法进行了修改，允许公司持有本州其他公司的股票。这对大垄断公司产生了极大的吸引力。当时，托拉斯正遭到人们的强烈抵制，深陷困境。新泽西州公司法确认了一种新的垄断组织形式——控股公司的合法地位。受新泽西州的影响，不久，西弗吉尼亚、特拉华、缅因等州也相继修改了其公司法，允许控股公司在本州存在。新泽西州的公司法吸引了大批外州公司，特别是纽约州的公司。为了扭转公司外流的状况，纽约州在第二年通过公司法修正案，允许公司在有限的几种情况下相互持有股票。1892年，纽约州再次修改其公司法，允许州内所有的公司持有其他公司的股票。然而，到1896年，新泽西州对公司法进行了根本的改革，通过了具有深远影响的公司法修正案，"包括了20世纪各州公司法的实质性内容"，是当时对大公司最具有吸引力的公司法。在1899年的前7个月里，1336家公司在新泽西州领取了执照。在股票和债券超过1000万美元的121家工业公司中，有61家来到了新泽西州。到1915年，各州公司法之间的区别逐渐消失，新泽西州和其他一些州具有很大并购份额的情况才开始变化。公司法的改革使得公司在获得资本、持有其他公司股票、扩大商业运作范围等方面变得更方便、更简易。资本的易于获取进而使得公司在进行并购时更容易筹集到必要的资金。公司控股行为规定的放宽，允许企业为并购目的而收购其他公司的股票。这些都为公司实施并购创造了良好的条件。

第三个动因是美国交通运输系统的发展。南北战争后，美国主要铁路系统的建成使公司能为全国市场而不是地区市场服务。横贯大陆的铁路，例如1869年完工的联合太平洋-中央太平洋铁路，将美国西部和其他地区连接了起来。全国交通运输系统的发展使企业可以方便地以较低的成本向远方市场提供产品和服务。1882～1900年，铁路运输成本平均每年下降3.7%。20世纪初叶，尽管运输服务需求不断增长，但运输成本几乎没有上升。许多公司认识到全国是一个完整的大市场，它们希望通过大幅扩张以充分利用现在更为广阔的市场。而面对来自远方竞争对手的挑战，当地公司选择与同地区的竞争对手合并以维持市场份额。

二、第二次并购浪潮（1926～1930年）

（一）概况

学者对于美国第二次并购浪潮的具体时间没有特别统一的意见，但他们都认可真正的并购高峰发生在1926～1930年，在此期间，共发生了4600宗公司并购案。其中，最活跃的并购领域是钢铁、铝与铝制品、石油产品、食品、化工产品和运输设备行业。

第二次并购浪潮最终被美国历史上最严重的1929年大危机打断。由于美国《反托拉斯法》的立法不断完善，特别是1914年国会通过了《克莱顿法案》，对行业垄断的约束和监管更加严格，反垄断的措施更加具体，执行更加有效。虽然在此次并购浪潮中仍然有很多横向并购的案件，但是发生得更多的是上下游企业之间的并购。美国有许多至今活跃的著名大公司就是在此期间通过并购形成的，譬如通用汽车、IBM公司和联合碳化合物公司。

（二）特征

第二次并购浪潮的主要特征是纵向并购。很多并购案例是通过并购将产品生产的各个环节，各个零部件厂商都整合到一个公司里，各个工序相互结合、连续生产，形成一个统一运行的联合体。这样的并购有助于生产的连续性，减少零部件的流转环节，节省交易费用，更有效地利用资源，提高效率，以获得更多的收益。这样的联合可以更好地利用各个工序产生的副产品，可以综合利用企业的各项资源，更好地分配原料、动力，并解决原材料的后顾之忧。大量的纵向并购极大地促进了美国生产力的整合和发展，大大提高了美国工业的效率。

美国福特汽车公司就是一个典型的例子。该公司在第二次并购浪潮中收购了众多的各类企业，形成了一个庞大的生产联合体。福特公司拥有生产焦炭、生铁、钢材、铸件、锻造、汽车零部件以及汽车用冰箱、皮革、玻璃、塑料、橡胶、轴承、发电器、蓄电池等有关汽车的无所不包的下属企业，它还有完整的运输体系和全国的销售网。

（三）动因

第二次并购浪潮的动因也较复杂。首先，美国的经济在第一次世界大战以后经历了较高的波动性。美国经济从1918年第一次世界大战结束后到1919年持续增长，但1920年却陷入了严重的经济衰退，然而1921年以后美国经济又迅速复苏，直到1929年美国步入大萧条时期。阶段性的经济增长，给第二次并购浪潮的到来创造了一定的条件。此外，1923年经济衰退之后的股票市场步入牛市也起到推波助澜的作用。

其次，美国铁路和公路的发展，火车、汽车的普及，广播的发明及对广告传播的促进，都从技术层面支持了大规模的生产和销售，从而促进企业扩大生产规模，以满足市场的需要，占据更大的市场份额，获得更多的利润。这在一定程度上也促进了公司的并购。

三、第三次并购浪潮（1965～1969年）

（一）概况

第三次并购浪潮发生在20世纪60年代的后半期，具体来说是1965～1969年。这是美国战后经济发展的"黄金时期"。由于战后科技的发展，特别是电子计算机、激光、宇航、核能和合成材料等部门的新成就，对生产力的发展起到了极大的推动作用，促成了20世纪60年代经济的强劲以及股票市场的繁荣。1963～1970年，美国共发生26 509宗并购，其中仅仅1967～1969的三年间就发生了13 544宗并购（见图2-2），其规模显然超过了前两次并购浪潮。

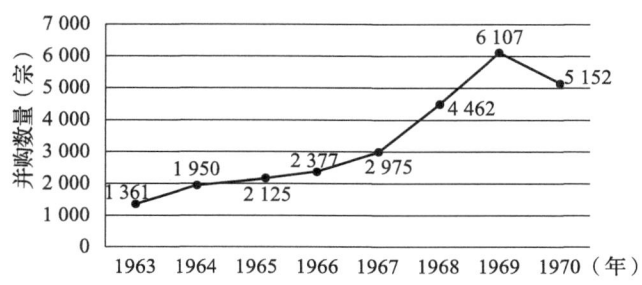

图2-2 第三次并购浪潮美国各年并购数量表

资料来源：帕特里克·高根.朱宝宪，吴亚君，译.兼并、收购与公司重组[M].北京：机械工业出版社，2004：20.

（二）特征

与前两次并购浪潮不同，这次并购浪潮中许多并购案是跨行业的混合并购。据美国联邦贸易委员会的报告，1965～1975年这10年间混合并购占到并购交易总量的80%。

这一阶段美国联邦政府采取了更加强硬的反托拉斯监管。1914年《克莱顿法案》规定，如果收购其他公司的股票造成某一行业的竞争程度降低，那么这种收购就是违法的。但该法案有一个重大的漏洞：它不阻止公司实施反竞争性的资产收购。1950年通过的《塞勒－凯弗维尔法》（Celler-Kefauver Act）弥补了这一漏洞，使得横向并购与纵向并购均受到抑制，混合并购因此成为扩张企业规模的主要手段。

虽然这一阶段并购的数量更多，但对美国各行业的市场集中度没有很大的提高，这与第一次并购浪潮的结果形成了鲜明对比。

（三）动因

第二次世界大战以后，各国经济经过20世纪40年代后期和50年代的逐步恢复，在60年代迎来了经济发展的黄金时期，主要发达国家都进行了大规模的固定资产投资。美国经济在20世纪60年代经历了到那时为止的战后最长的一次景气周期，电子计算机、激光、宇航、核能和合成材料等科技上的发展极大地推动了经济的发展。

另外，战后布雷顿森林体系带来的以美元为核心的双挂钩的固定汇率制度（各成员方货币与美元挂钩，美元与黄金挂钩）、关税与贸易总协定下的各成员方减让关税的安排及长期只有每桶1美元的低石油价格大概可以说是另外几个十分重要的推动因素。

管理理念的变化也可能是第三次并购浪潮的促进因素。这一时期，多元化经营战略受到追捧,其出发点是多元化经营有助于公司的业绩平稳。多元化经营战略的广泛被接受主要由于 20 世纪 60 年代管理学科得到了巨大的发展,各个大学的商学院迅速扩张,人们普遍认为得到最好训练的"最杰出、最优秀"的管理人才无所不能,各种跨行业的业务管理可以做到游刃有余。

四、第四次并购浪潮(1984 ~ 1989 年)

(一)概况

与第三次并购浪潮类似,第四次并购浪潮同样具有规模巨大、数量繁多的特点,同时也是前四次并购浪潮中规模最大的一次。在第二次世界大战以后,世界各国凭借较长期的和平发展以及科技进步,为第四次并购浪潮的到来创造了经济和技术条件。1980 ~ 1988 年,企业并购总数达到 20 000 宗,并于 1985 年达到了最高值。而在美国,此阶段由于受到日本等经济崛起国家的冲击,其传统垄断行业受到越来越多的竞争挑战;而与传统垄断行业受到冲击形成鲜明对比的是新兴行业的出现与发展。新老经济体的碰撞,以及新旧行业的交替,则为并购事件的发生创造了一定的需求。

在此次并购浪潮中,多元化的相关产品间的"战略驱动"并购取代了第三次并购浪潮中兴起的"混合并购"。其不再像第三次并购浪潮那样进行单纯的无相关产品的并购。

(二)特征

此阶段并购浪潮以公司托管、杠杆收购以及垃圾债券融资的交易为主,最为显著的是杠杆收购开始成为并购交易的重要发生形式。20 世纪 70 年代末到 80 年代末,投资银行业务开始多元化发展。由于浮动汇率制度的实施,各种证券工具创新层出不穷。而随着美国金融市场的发展以及多种金融工具的出现,并购方获得了很好的融资平台。

这期间的并购交易与之前经营多样化的并购行为有很大的不同,其主要目标是消除过剩的产能,以及治理效率低下的管理制度。

此外,交易规模巨大、数量众多、海外并购案的逐步兴起,也都是此阶段并购浪潮的特点。

(三)动因

此次并购浪潮发生的最直接动因表现为在高风险的金融政策下所实现的金融市场与金融工具的创新及发展。机构投资者数量的急剧增多导致了一批新增大股东的出现,他们有强烈的意愿将股份交给那些能为企业带来增值利益的竞标者,从而也促进了这种托管交易(Holmstrom and Kaplan,2001)。

此外,《1896 年税务改革法》(Tax Reform Act of 1896)推行后,税收的变化对这次浪潮也起到了推动作用。

五、第五次并购浪潮(1994~2000 年)

(一)概况

20 世纪末 21 世纪初,随着经济全球化和一体化的到来,跨国并购作为对外直接投资

（FDI）的方式之一逐渐替代跨国创建而成为跨国直接投资的主导方式。与之前的并购浪潮类似，第五次并购浪潮在并购发生额上超过了此前兴起的所有并购浪潮。

从总量统计数据看，1987年全球跨国并购发生额仅为745亿美元，1990年增长至1510亿美元，1995年，美国企业并购价值达到4500亿美元，1996年上半年这一数字就达到2798亿美元。2000年全球跨国并购额达到11 438亿美元，出现了较明显的增长势头。

从行业看，1997～2001年，在美国按并购金额排序的前五个行业分别为传播业、金融业、广播业、计算机软件及设备、石油，在这些行业发生的并购案所涉及的并购金额占并购总价值的49%。同期按照并购的数量排序的前五个行业占总的公告的并购的45%，分别为计算机软件及设备、金融业、服务业、电子设备、经纪投行咨询业（见表2-2）。

表2-2　1997～2001年美国交易价值超过1亿美元的前十大行业并购数量

目标行业	1997年	1998年	1999年	2000年	2001年	5年合计	比例（%）
计算机软件及设备	54	69	132	192	69	516	10.9
金融业	84	78	82	53	56	353	7.5
服务业	51	54	65	51	44	265	5.6
电子设备	40	43	66	73	24	246	5.2
经纪投行咨询业	55	46	38	65	36	240	5.1
传播业	27	50	59	64	26	226	4.8
广播业	38	27	49	43	30	187	3.9
公用事业	20	21	54	47	44	186	3.9
保险业	51	35	41	28	26	181	3.8
娱乐业	49	36	43	35	18	181	3.8

资料来源：1997～2001年美国各年度 *Merger Stat Review*。

从跨国并购角度来看，如上文提到的，第五次并购浪潮中跨国并购的案例数量和金额均有明显提高。多数跨国并购发生在美欧之间。伴随这一阶段经济全球化和现代信息技术全球化程度的加深，美国与欧洲各国经济相互渗透、相互整合的程度也在加深。对美国来说，一方面，跨国收购既可以通过在当地生产，绕过国家的贸易和非贸易壁垒，降低汇率风险，扩大生产规模和市场份额，从而大大增强行业的竞争能力；另一方面，其又可以通过海外投资，减少经济周期变化对企业的系统影响，从而降低经营的波动性和风险。

第五次并购浪潮对全球经济的影响主要体现在全球一体化程度的加深。首先，经济一体化会推动并购事件的发生。譬如欧洲的一体化导致欧洲出现了许多大的并购案，企业希望通过并购能更好地适应由于欧洲一体化所带来的更加激烈的竞争态势。

同时，并购事件也促进了经济一体化程度的加深。巨型企业的合并不一定会导致竞争削弱，往往可能会使竞争在更大规模的基础上继续下去。而且，巨型企业之间的竞争往往更加激烈，尤其是在许多行业生产过剩的情况下，竞争失败者将被无情淘汰出局。当然，我们也要看到美国的并购浪潮促进了技术的进步，特别是对电脑技术和网络软件以及数字化技术及其他各类高科技起到了很大的推动作用。

（二）特征

第五次并购浪潮主要表现出跨国并购、巨额并购，以及强强联合的特征。如前文所述，此阶段中，随着经济一体化与全球化的到来，越来越多的企业开始选择跨国并购的方式来走向国际。拥有强大经济网络的跨国公司通过对外直接投资的方式，以实现在世界范围内生产要素的优化配置。企业之间的经营战略，也逐步从基于扩大规模、降低成本、行业转移等传统并购动机，到基于全球经济的资源配置与行业竞争的新并购战略。

（三）动因

1990～1991年经济衰退结束，第五次并购浪潮在美国的兴起，其主要动因是以互联网技术和生物技术为核心的新经济的兴起，这不仅推动了美国经济的繁荣，而且也使得美国经济结构快速升级。信息行业已成为美国乃至全球最具活力的行业之一，为适应信息时代的竞争，传统企业纷纷通过并购活动进入这些行业。当然，这与经济全球化也有紧密关系。在自由贸易的背景下，国家间的竞争更经常地表现为企业间的竞争。面对这种国际形势，美国政府不再以国内市场份额来限制企业的并购活动，从而推动了并购的发展。

另外，与前几次并购浪潮一样，在此次浪潮中，资本市场作用依然不可低估。尤其是亚洲金融危机之后，外国资本的流入和历史性的低利率进一步推动了美国股市上涨。良好的筹资环境不仅吸引大批国外企业来美国上市，同时推动美国本地企业之间，以及美国企业与外国企业之间的并购活动。

因此可以说，第五次并购浪潮的出现不是偶然的，它实质上是全球一体化程度加深、国际竞争加剧、技术进步加快而带来的一次跨国重组和结构调整浪潮，并反过来又促进全球一体化、国际竞争和技术进步。

美国经历的这五次并购浪潮都发生在有力的经济扩张和健康的股票市场中，并且紧跟着一次股票大跌。不同的是，第一次并购浪潮使得新设合并出现在石油、钢铁、采矿和烟草行业，其目的主要在于垄断市场；第二次并购浪潮发生在公用事业和汽车行业，并且由于反垄断法的颁布，大多数企业的并购交易都转向了纵向合并；第三次并购浪潮与前两次并购浪潮截然不同，并购交易开始向不相关行业的整合延伸，以混合兼并为主；第四次并购浪潮出现了大量的恶意收购行为，其数量远大于其他几次并购浪潮（Andrad，2001）；而第五次并购浪潮是经济全球化的产物，经济管制的放松使得跨国并购交易日趋频繁。

第二节 中国的企业并购历程

中国企业并购的发展相对于美国、英国等西方国家的并购浪潮就驱动力而言，经济的作用均功不可没。但它们的不同也是明显的，一个大的背景在于中国的并购同时经历并购主体由工厂到企业化、决策主体由政府干预到企业自主、制度环境由计划经济到市场化等一系列转轨，并购市场本身是在计划经济的边缘外生出来的，因而相对于市场经济制度下内生的控制权市场的演进机制自然存在差别，以至有人称之为"并购的异化"。简而言之，就制度的作用而言，中国的企业并购主要是市场化进程中企业本质属性回归中成长起来的，因而是国有资产管理制度和证券市场监管制度等一系列制度创新推动的，而不是像发达经济体中由市场经济体制和反垄断监管制度推动的。此外，技术变革的作用在中国企业并购发展中的贡献也微不足道。因此，我们将以国民经济增长和现代企业制度建立为背景，以企业怎样从计划经济的工厂转型为市场经济中的企业为暗线，以时间为主线，总结中国的并购实践。

中国的企业并购发端于20世纪80年代中期，至今大致可分为以下几个阶段。

一、萌芽阶段

这一阶段大致从 1984～1987 年。1984 年 7 月,保定纺织机械厂和保定锅炉厂以承担目标方全部债务的方式,分别并购了保定针织器材厂和保定风机厂,开创了中国国有企业并购的先河。同年 9 月,保定市钢窗厂又以出资 110 万元的形式,购买了保定市煤灰砖厂的产权,这是我国集体企业并购国有企业的最早记录。同年 12 月,武汉市牛奶公司出资 12 万元购买了汉口体育餐馆的产权,这是国有企业有偿并购集体企业的较早案例。1984 年鲜见于保定、武汉等少数城市的上述现象,到 1986 年下半年在其他城市,如北京、沈阳、重庆、郑州、南京、无锡、成都、深圳、洛阳等地也普遍出现了。

在理论界,曾有人根据政府在企业并购中的不同作用,把武汉和保定的不同做法称为"武汉模式"和"保定模式"。"武汉模式"采取了自下而上的程序,由企业双方在自愿、自主的基础上充分协商达成协议,报双方主管部门批准,政府不直接干预并购的具体过程。"保定模式"采取自上而下的程序,由政府依据产业政策,以所有者的身份进行干预、引导和牵线搭桥,促进企业间的并购。武汉模式和保定模式分别代表了中国企业并购起步阶段的两种不同做法。

这一时期的企业并购特点是:数量少,而且交易的自发性和政府干预并存。表现在第一,这一阶段企业间的并购是个别企业的自发行为:一些企业有经营优势而扩张受到场地、资金和设备限制,而另一些企业长期亏损、职工工资和福利都得不到保障而又有闲置资源,这种状况引发了并购的原始冲动。第二,政府以所有者的身份积极介入企业并购活动,从而使企业并购有明显的政府干预性。第三,企业并购多在同一地区、同一行业或同一部门中进行。只有这样才可以避开条块分割所设置的障碍,在一定程度上降低企业并购的难度。第四,企业并购的动因是消灭亏损企业。各地的情况表明,企业间实行并购的最初动因和直接目的大都是为了消灭亏损企业,卸掉财政包袱。第五,并购方式多为承债式和出资购买方式。在保定市 1984～1987 年所发生的 11 例产权转让实例中,有 6 例为承担债务式,有 3 例为出资购买式。而武汉市在这一阶段所发生的并购案例中,几乎全部是出资购买式的并购。

二、第一次高涨

企业并购在前几年较快发展的基础上,1988 年并购数量出现了第一次高涨。

1987 年 10 月中国共产党的十三大报告明确小型国有企业产权可以有偿转让给集体或个人。1988 年 3 月七届人大一次会议又明确把"鼓励企业承包企业,企业租赁企业"和"实行企业产权有条件的有偿转让"作为深化改革的两项重要措施。从此,企业并购开始进入高层决策。为了规范全国各地兴起的并购行为,1989 年 2 月 19 日,国家体改委、国家计委、财政部和国家国有资产管理局联合颁布了《关于企业兼并的暂行办法》,这是我国第一部有关企业并购的行政法规。法规的出台对企业并购活动起了积极的推动作用。据统计,全国 25 个省、市、自治区和 13 个计划单列市,20 世纪 80 年代累计共有 6226 户企业并购了 6966 户企业,共转移存量资产 82.25 亿元,减少亏损企业 4095 户,减少亏损金额 5.22 亿元[⊖]。

这一阶段并购的特点是:第一,企业并购由少数城市向全国扩展;第二,企业并购形式

⊖ 窦洪权.企业并购理论与实务[M].北京:企业管理出版社,1994.

由一对一的单个并购向一对多的复合并购方向发展；第三，企业并购的范围由本地区、本行业内的企业并购，向跨地区、跨行业并购方向发展；第四，企业并购的目标由消灭亏损企业为主向自觉优化经济结构方向发展；第五，企业并购方式除承担债务式、出资购买式和无偿划转外，还出现了控股式和参股式；第六，局部产权交易市场开始兴起，使产权活动逐步走向规范化。

三、第二次高涨

经过1989年开始的治理整顿、经济紧缩后，从1992年起，中国又进入了第二次并购高涨。

1992年，邓小平发表了南方谈话，中国经济确立了市场经济的改革方向，产权改革成为企业改革的重要组成部分，产权交易和产权交易市场的培育和发展越来越受到政府的重视，企业并购无论规模还是形式都有了新的突破，企业并购的高潮又一次来临。据1993年全国体改会议资料，1991年年底，全国已有1万多家企业被并购。1993年仅上海、武汉、成都等16个城市就有2900多家企业被并购，转移存量资产60多亿元。

这一阶段中国的企业并购伴随着产权交易和股票市场的发育，企业并购形式更加丰富，出现了上市公司并购、外商并购国有企业以及中国企业的跨国并购事件。具体来讲，其特点如下：第一，产权交易市场普遍兴起，在企业并购活动中起着重要作用。据有关部门统计，截至1994年6月，全国共有各种产权交易机构174家。第二，企业并购规模日益扩大。大型企业并购增加，强强联合事件越来越多。例如一汽集团收购沈阳金杯公司51%的股权，出资额就高达5亿元。第三，上市公司股权收购成为企业并购的重要形式之一。1993年3月深圳政府对因财务欺诈被停牌的原野公司进行重组，开创了重组的先河。1993年9月底深宝安通过二级市场举牌收购延中实业（也称为"宝延事件"），成为新中国证券史上第一例上市公司收购案。1994年4月珠海恒通集团通过协议收购控股上市公司棱光实业并全面接管了棱光实业的经营管理权，成为买壳上市的先锋。此后，又陆续发生了深万科试图控股上海中华、深天极股份试图控股上海飞乐等事件。这些上市公司并购案表明，通过证券市场的并购活动已成为一种重要的并购形式。第四，外商并购国有企业成为中国企业并购的新景观。进入20世纪90年代，外资资本和港、澳、台资本开始进入大陆产权市场。最引人注目的"中策现象"㊀曾引起中国理论界的广泛讨论。1995年日本伊藤忠和五十铃联合收购北旅汽车也是受关注的外资并购事件。第五，一批经济实力强的国有企业开始到国外并购企业。如首钢、华北制药等企业直接去海外并购企业，又如青岛啤酒、上海石化等六家企业1993年在海外共发行H股46.8亿元，筹集外汇资金84.9亿港元。

四、第三次高涨

1997年下半年党的十五大召开后，上市公司并购风起云涌，成为并购活动的历史分水岭。随着买方市场的到来，从1997年起，中国企业并购再次掀起高潮，我国企业并购步入快

㊀ "中策现象"指香港中策公司在1992~1993两年时间内，出资33亿元，获得中国上百家国有企业的控股权，建起了35家合资公司，每家都持股51%以上。其中将山西、杭州的两家轮胎厂在美国注册公司后，筹资9400万美元。

速发展阶段。

党的十五大提出的"以资本为纽带，通过市场形成具有较强竞争力的跨地区、跨行业、跨所有制和跨国经营的大企业集团"的方针，为大规模的并购指明了方向。上市公司开始有意识地通过重组实现产业转移和升级，实现资源优化配置，跨行业、跨地区并购重组的案例增多。1997年1~11月，沪深两地上市公司因实施或计划实施资产重组、并购及股权转让、收购而发布公告的并购案件至少超过150起，覆盖面是全部上市公司的1/5。其中齐鲁石化并购案、中国东联石化集团并购案等一大批涉及石化、冶金的大型国企集团并购在当时发生了很大的影响。1998年上海以龙头股份为代表的五家纺织类上市公司将增发新股与重组相结合，清华同方通过换股方式吸收合并鲁颖电子，因创新的形式而成为热议的焦点。1999年，并购的市场化意识在不断增强，通过公开征集投票权取得上市公司控制权，成为当时市场的热点之一。申能股份还进行了以部分现金和部分应收大股东款，向大股东定向回购国有股的试点。

五、第四次高涨

2001年年底中国正式加入世界贸易组织（WTO），市场开放程度骤然加大，企业竞争意识迅速强化。2003年国务院国资委成立，国资监管体系自上而下迅速建立，国有企业新一轮的整合大范围展开。这些铺垫在2005年年中资本市场启动的股权分置改革以及股票市场进入牛市周期后，终于又促成了一次新的并购高涨。

2008年的全球金融危机非均衡展开，危机初期中国经济成为全球的亮点，中国企业借机出海收购陷于困境的外国企业以及资产价格下跌的资源性资产，海外并购呈现显著性增长。金融危机最初几年，中国企业海外并购的主要领域是油气矿产等自然资源，随后在制造业、科技业和金融业的并购不断增长并逐渐超过在自然资源领域的并购。中国的经济增长率虽然降下来，但海外并购自2008年以来增长的势头不减，至2015年交易规模再达到历史的高峰。

境内并购的规模与资本市场的牛熊转换有一定的关联性，交易规模呈现起伏波动的走势。在政策环境上，促进兼并重组的环境在不断改善。2010年8月发布的《国务院关于促进企业兼并重组的意见》（国发〔2010〕27号）进一步强调国务院各部门加强协调以解决兼并重组中的政策障碍。2013年1月，工信部等12个部门联合发布《关于加快推进重点行业企业兼并重组的指导意见》，提出促进汽车、钢铁、水泥、船舶、电解铝、稀土、电子信息、医药和农业产业化9大行业和领域兼并重组。2015年中国证监会大力度地简化并购重组的审核流程并改善并购融资环境，为上市公司并购重组创造了更为宽松的条件，上市公司并购交易的规模也达到历史新高。

2002~2015年的并购开拓阶段也可以称为市场化阶段，我国并购经历试探、尝试到开拓阶段而日臻成熟，并购行为也从"要我并购"转变为"我要并购"，从政策产物转变为市场化产物。

本章小结

以史为鉴，温故可以知新也。回顾美国和中国的并购简史，可以让我们理解并购浪潮发生的影响因素，而这些动因无论对于并购监管者制定政策还是企业高管制定战略都有重要的含义，它有助于认清当前的并购处于怎样的趋势中。

美国五次并购浪潮的要点总结如下（见表2-3）。从历史的回顾中可以发现，经济的、技术的和监管的冲击构成了并购的客观动因。

表2-3 美国的企业并购浪潮

	时间	并购动因	重点行业	特征	代表案例
第一次	1897～1904年	• 公司认为通过并购增加规模可以降低单位成本，提高效率 • 反托拉斯政策未真正执行 • 美国跨州铁路网络使相关区域形成了一个全国性市场	采矿业和制造业，前后大约有300宗合并案	横向并购为主	美国钢铁公司、卡内基钢铁公司和近800个小钢铁公司合并形成USX公司
第二次	1926～1930年	• 第一次世界大战后经济繁荣 • 公司认为纵向一体化可以最大限度地提高利润 • 《克莱顿法案》和《联邦贸易委员会法》导致FTC诞生并执行反垄断法	采矿业和制造业	纵向并购为主	通用汽车通过这次并购形成了统一联合企业
第三次	1965～1969年	• 20世纪60年代中期消费者信心增加促进了经济繁荣 • 公司在经济繁荣期的投资信心增加 • 《塞勒－凯弗维尔法》加强了反垄断	新兴工业部门，如电子计算机、激光、宇航、核能和合成材料等	混合并购为主	可口可乐的多元化扩张
第四次	1984～1989年	• 高通胀、低增长的20世纪70年代过后，又一轮全球性经济增长期 • 金融买家和战略投资者的兴起	有线电视、无线通信、电脑等新兴行业	金融创新支持并购	KKR竞购雷诺兹·纳贝斯克
第五次	1994～2000年	• 经济全球化及步入经济景气周期 • 公司认为新兴产业及传统产业之间或发达市场与发展中市场之间可创造的盈利模式及空间	有全球化优势的产业，如金融、石油、汽车等行业	全球产业整合	戴姆勒－奔驰合并克莱斯勒；美国在线与时代华纳

中国的企业并购主要是市场化进程中企业本质属性回归中成长起来的，因而是国有资产管理制度和证券市场监管制度等一系列制度创新推动的，而不是像发达经济体中由市场经济体制和反垄断监管制度推动的。当然，国家的高速发展也是重要的推动力量，但它是一种间接的影响因素，而非构成并购高潮起伏的直接影响因素。技术进步的影响则仅在最近的一次高涨中有所体现，特别是在与技术相关的行业中的并购。正如同中国与美国经济发展的驱动力不完全相同，两国的并购驱动力也有显著差异。

关键术语

并购浪潮　　　　　　　　　　　　　　　技术冲击

练习思考题

1. 并购是资本市场的重要主题。请收集数据比较2000年以来每一年中国股票市场并购交易数量与IPO数量、并购交易金额与IPO融资额以及当年股市再融资额。

2. 跨国并购是国际直接投资的主流。从全球FDI的构成来看，跨国并购已超过新建投资

（又称绿地投资，green field investment），请查询 UNCTAD 的 World Investment Report，观察 2000 年以来二者此消彼长的变化趋势。

3. 中国的并购市场有多大潜力？请以上市公司并购交易额与当年股票市场总市值的比构建并购活跃度指标，通过趋势分析对比中国与主要市场经济国家的差异以及中国并购市场未来成长趋势。

4. 请分析技术变革、反垄断监管为何对中国企业并购规模影响甚微。

第三章
并购的价值管理

学习目标

1. 了解实现公司战略的策略类型。
2. 理解接管、内部发展、联盟等策略的优劣。
3. 理解在怎样的情形下接管是一种优选策略。
4. 了解并购流程的 10 个环节。
5. 理解并购流程的每个环节的价值相关性。

第一节 创造价值的策略

一个公司可能只有一种业务，也可能拥有多种业务。关于业务如何发展的战略称为业务战略，也被称为竞争战略，而关于公司业务组合如何构建和发展的战略称为公司战略。实现业务战略和公司战略的手段有多种，粗略地可以分为内部发展策略和外部发展策略，其中并购是一种外部扩张策略。

战略是基于愿景和关键假设而制定的长期行动指引，它指明了方向和边界。从并购的角度审视战略，清晰的战略应清楚地回答公司从事的业务、活动的地域和服务的客户这三个基础问题以及如何创造价值这个核心问题（见图 3-1）。并购对于战略实现的贡献程度首先依赖于战略的合理性，因此我们在评估并购时首先应思考公司战略是不是正确的。

由于战略制定所依赖的关键假设来自于对趋势的判断，而判断可能会随形势而变，所以战略制定应是一个持续的活动，是变化响应式的，而不可能一劳永逸。战略调整可能会引起企业的目标客户、业务范围或产品销售/服务交付的地域范围发生变化，因此战略的制定者要持续反思如何向客户要效益，向业务要协同，向地域要市场。

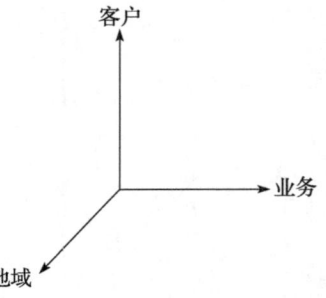

图 3-1 公司战略关注的三个维度

企业的根本目标是创造价值，而战略及为实现战略服务的策略也应指向这一目标。企业为实现价值创造有多种策略可以选择，比如收购、合并、战略投资（少数股权投资）、合资（合作伙伴）、连锁经营、长期协议联盟（如 TD-SCDMA 产业联盟，银行对企业长期授信，分销或代理协议等）、业务外包、资产剥离、分立、分拆上市、管理层收购、员工持股计划（ESOP），这些策略运用得当都可能为股东创造价值。

这些策略相对于研究与开发、物流、制造、营销、售后服务等生产运营策略而言，属于企业资本运营策略。资本运营策略不仅包括企业层面的策略，还包括企业股东层面的策略，后者常见的策略包括私募发行（引入战略投资者）、公开上市、股份制改造（由有限责任公司变更为股份公司）等。股东层面的资本运营策略也被称为股东管理，正日益受到重视。这是因为一个企业优化的股东结构会给企业带来有价值的外部资源和公司治理，对企业的发展也是非常重要的。

管理层决策的基准应是企业价值最大化，而不是企业规模最大化。由于各种资本经营策略均可能为企业创造价值，因此企业管理者并非可以只关注扩张型的并购策略（如收购、合并等），还要关注收缩型的并购策略（如剥离、股权分拆、分立等）。不同的业务可能适宜的策略是不同的，所以在一个时点，企业可能有多种策略在同时运用。通用电气案例反映了多种并购策略并举的实践。

> **示例 3-1** **有收有放的并购策略：通用电气案例**
>
> 最具知名度的跨行业连环收购者当然首推通用电气，单是在 2000~2004 年五年内，它用于收购的资金额近 80 亿美元。通用电气克服了往往与失败收购离不开的内在管理弱点，成功地在并购领域建立起可信度，使收购项目所创造的潜在价值可以充分反映在其股价上。公司的其中一个整体战略目标是，在集中精力抓住业务成长与全球化机遇的同时，在各个市场抢占龙头或强劲的排名第二的地位。然而，在持续实现高回报和强劲绩效的同时，通用电气是如何把收购目标成功融入母公司的？在其高瞻远瞩的战略部署中，首先讲求的是成本控制和资金效率，这反映在其著名的"六西格玛"（Six Sigma）管理哲学和严格的资本报酬率（ROIC）目标中。通用电气拥有一支专责并购工作的团队，负责把新业务迅速融入；而其政策的高透明度和全面披露作风保证了管理层对公司接管新业务的成败与否承担全部责任。也许最为重要的是，通用电气定时地评估属下所有业务，并且会毫不留情地把表现不合格的业务分拆出来：在 2000~2004 年的五年内，被分拆出售的业务总值接近 60 亿美元。通用电气的财务业绩反映了公司的高经营水平。1994~2004 年，股本的年回报平均高达 18%，ROIC 平均有 16%。通用电气在 Stern Stewart 1000 家公司业绩排行榜上排名第一，为市场创造了 2460 亿美元的价值。
>
> 资料来源：Mahmoud Mamdani, David Noah. 并购成功之道 [J]. Journal of Applied Corporate Finance, 2005, 17(1).

并购是实现公司战略的策略。当然，这是对相信战略是有益的并坚持制定公司战略的公司来说的。成熟的并购者是根据战略导向而非机会导向（即抓住撞上门来的便宜货进行收购，或者迫于压力而仓促实施出售，而并非基于长期战略来有计划地实施并购行为）实施并购的。并购不是简单为了扩大规模，或者为了建立新业务，或者为了获得客户，或者为了进入新市场，这些可能都是机会性的诱惑，可能是表面的理由，但这些都不是并购的终极目的。并购不能迷失方向，它始终应指向战略，而战略指向创造价值。因此，并购的使命是创造价值，并购应坚持战略导向。Danaher 案例反映了并购坚持战略导向的实践。

> **示例 3-2**
>
> ### 有规划地搭建业务平台：Danaher 案例
>
> Danaher 公司在执行其战略性兼并事宜上，也有十分出色的表现。该公司战略的一个重要元素是在通过收购搭建初步平台之前，先物色一系列合适的有助于强化业务的收购对象。鉴于其成功的业绩，投资者给予 Danaher 相当的自由度去决定收购目标，并对 Danaher 把业务多元发展至目前的六个平台给予了充分的肯定。
>
> 比如，随着业务向使用如打印、加贴标签、条码和无线射频识别等技术的供应链环节拓展，Danaher 于 2002 年创立了自动识别（automatic identification）业务，为不断成长的追踪及跟踪产品市场提供服务。在确认了这是一个具吸引力和发展潜力的市场后，Danaher 首先于 2002 年 2 月以 4 亿美元的代价收购了 Videojet（出价是 EBITDA 的 6.8 倍）。其时，Videojet 在器具与耗用品方面的年销售额达到 3 亿美元，是主要应用于包装/印标签和打印/邮寄行业的无接触喷墨打印及激光编码系统的全球领先生产商。
>
> 然而首项投资仅仅是其垂直发展全球性自动识别业务的连串收购的第一步。2002 年 11 月，Danaher 收购了器具与耗用品年销售额达 1.1 亿美元的 Willett。由于 Willett 的收入有一半是来自美国以外的地方，故而 Videojet 通过 Willett 扩大了其在欧洲、拉丁美洲和中国市场的业务。与此同时，收购 Willett 巩固了 Videojet 在持续喷墨应用上的市场地位，并提供了 Videojet 拓展条码和标签市场所需的热量转移打印技术。Danaher 之后在 2003 年 11 月以 6300 万美元的代价买入 Accu-Sort。Accu-Sort 每年销售额 9000 万美元，是高速扫描器的全球领先生产商，因此自然而然地扩大了 Videojet 和 Willett 原有业务的产品线。最后在 2004 年 10 月，Danaher 提出一项非请求要约，以现金 1.58 亿美元收购喷墨打印机生产商 LinxPrinting，进一步扩大了其产品系列。
>
> 从这个例子我们可以看到，Danaher 着眼于在战略目标行业建立领先的全球市场份额，并致力于通过收购业内领先的品牌以扩大产品帮助 Danaher 实现高于平均水平的 ROIC。1994～2004 年，Danaher 的年平均股本回报率为 25.5%，ROIC 平均是 13%。Danaher 为市场创造了 98 亿美元的价值，在 Stern Stewart 1000 家公司业绩排行榜上排名第 140 位。
>
> 资料来源：Mahmoud Mamdani, David Noah. 并购成功之道 [J].Journal of Applied Corporate Finance, 2005,17(1)

反过来说，并购策略的价值性并不意味着企业就可以借助目标方建立起新业务，就可以获得客户，就可以进入新市场——虽然并购打开了通向这些目标的大门，交易完成之后的整合是实现战略目标的另一个关键。也就是说，即使并购者获得了战略资源，但是，这些资源是否能够转化为竞争优势，是否能为股东创造价值，不仅取决于并购交易，还取决于并购后的整合。

第二节　企业扩张策略

一、接管

接管（takeover）主要是指收购、合并等扩张型资本策略，在本章中我们用这个概念来指代狭义的并购。通过接管，企业可控制的资源总量迅速扩大，而迅速扩大的企业资源可能有助于企业抢占市场先机并赢得市场优势，是一种以时间（缩短成长时间）换取空间（占有市场地位）的重要手段。这种基于时间成本节约而建立的市场优势在竞争激烈而竞争环境变化大的行业，比如高科技行业，是非常重要的。

即便对于传统的行业，接管也是企业成长的重要战略手段。并购是迅速获取规模优势的手段。这里之所以提规模优势而不是市场势力，是因为市场势力似乎已衍化成一个贬义词。但是，虽然经济学家讨厌市场势力，企业家却总是希望把企业做得最大，甚至永远最大，因为大企业比小企业具有网络规模优势或生产规模优势。

网络规模优势来自在重要的网络节点进行布局，从而较快地获得网络规模扩大的利益。汇丰银行的并购成长历程显示了网络规模优势的作用（见示例3-3）。生产规模优势则来自于通过扩大生产规模来降低生产成本。比如，大规模的采购可能获得更优惠的采购价格以及更及时和方便的供货服务；大规模的制造可能通过降低单位固定资产分摊成本来降低单位产品的制造成本，并有助于获得学习曲线效应[⊖]。

示例3-3　　　　　汇丰的并购成长轨迹

成立于1865年的汇丰银行（"汇丰"，HSBC），正如它的名字Hongkong and Shanghang Banking Corporation一样，是一家致力于中国内地和中国香港市场，并辐射亚太周边地区的银行。

20世纪50年代，"汇丰"开始推行其并购扩张战略：1959年，它并购了印度商人银行和中东的英国银行，成立"汇丰"中东分公司；1965年，它收购了恒生银行51%的股权，成为中国香港地区最大的银行；20世纪80年代，"汇丰"开始"冲"出亚洲，通过收购Marine Midland Banks进入美国市场，继而通过一系列收购成为加拿大第七大银行。

1991年，"汇丰"成立HSBC集团，并将总部由中国香港移至英国。1992年，"汇丰"收购英国的主要银行之一Midland Bank。

1996年，"汇丰"通过收购巴西的银行进入拉美市场；1997年，"汇丰"收购阿根廷第六大银行；1999年12月，"汇丰"收购美国前十五大银行之一的利宝银行。

2000年，"汇丰"收购法国第七大银行CCF；2002年，"汇丰"收购了墨西哥第四大银行；同年，"汇丰"购买了中国平安保险10%的股权，2004年进一步增持至20%，成为第二大股东；2003年，"汇丰"收购美国Household International Inc.，改组成为HSBC金融公司；同年，"汇丰"收购墨西哥最大的消费金融银行；2004年收购了英国的Marksand Spencer Money；同年，"汇丰"还购买了中国交通银行20%的股权；同时，旗下恒生银行购买了兴业银行16%的股权；2005年12月，HSBC金融公司收购了Metris Companies Inc.，成为全美第五大Visa和MasterCard发卡银行。

今天的"汇丰"，已成为一家真正具有全球化背景的银行。目前，"汇丰"在全球82个国家和地区设有1万个分支机构：其中，欧洲有3300个分支机构，中国香港和亚太地

[⊖] 学习曲线效应是指越经常执行一项任务，每次所需的时间会越来越少。从成本的角度看，一家工厂生产某种产品的数量越多，生产者就能更多地了解如何生产该产品，从生产中获得的经验也就越来越多。那么，在以后的生产中，工厂可以有目的地并且较为准确地减少该产品的生产成本。每当工厂的累积产量扩大一倍时，其生产成本就可以降低一定的百分比（该百分比的具体大小因行业不同而有所差别）。这个关系最初于1925年在美国怀特-彼得森空军基地量化，使得航空效率加倍而所需劳动时间下降了10%～15%。随后在其他行业的经验研究得出了不同的值：从百分之几到30%。但在大多数情况下这是一个常量：它不随行为规模的变化而变化。

> 区有 600 个，北美有 4000 个（其中有 1600 个位于墨西哥），南美有 1900 个。
> 　　全球化的战略形成了全球化的资产组合，"汇丰"资产的 30% 左右分布在新兴市场（以亚太地区为主），30% 左右分布在北美，40% 左右分布在欧洲；而利润的 50% 来自于新兴市场，20% 来自于北美，30% 来自于欧洲。
> 　　资料来源：杜丽虹. 汇丰式并购［J］. 证券市场周刊，2007（4）．

二、内部发展

在企业初创期，由于企业规模较小，管理能力较弱，缺乏对外部资源的掌控能力，难以满足并购等外部发展的基本要求，因此中小企业主要采用内部发展的方式来求得发展。在高新技术企业，企业为了保护自身的技术，或者由于技术的难度无法找到适合的合作者，企业也只能采取内部发展方式。

内部发展是指企业依靠自身的资源实现增长的方式，它也被称为内生性增长（endogenous growth）或有机增长（organic growth），这是相对于外生性增长（exogenous growth）或外部发展（outside growth）而言的。它有两种类型：一类是扩建，即通过对现有业务增加投资而扩大生产规模以实现增长。另一类是新建（set-up 或 green field），即通过对新业务的投资而形成新的生产能力以实现增长。

与内部发展相比，并购可以迅速进入目标市场。不论是在国内还是在国外扩张，并购往往是达到目标的最快方式。不断加剧的激烈竞争和不断缩短的产品生命周期使公司不得不加快其对经济环境变化的适应性。同时，当某一个跨国公司在某一地区投资成功时，为防止先行进入的公司独占市场，其他公司会竞相前往同一市场进行投资，此时并购便是最快捷的进入方式。并购之所以具有这一特点是缘于：首先，它可以大大缩减项目的投资周期，节省建厂房的时间，使公司很快在目标市场上获取现有的管理技术人员、生产设备、供应商和营销渠道等。其次，并购可以直接消灭竞争对手，占有目标方原有的市场份额，可以充分利用原公司的销售渠道、商标和原有的管理制度和人力资源，而且不会有新增生产力，不会对行业的供求平衡造成一定影响，因此短期内行业内部的竞争结构保持不变，引起价格战或报复的可能性会较小（见表3-1）。

表3-1　并购与内部发展优劣势比较

	并　购	内部发展
优势	· 能够迅速地参与新产品及市场 · 不增加市场供给，暂时回避与竞争企业的摩擦 · 快速获得人力、技术、品牌、经营知识、销售网络等战略性资产 · 可能产生节税的好处 · 维持企业成长的持续性	· 能够完全符合企业的投资目的 · 投资金额决定的灵活性 · 对企业的控制比较容易 · 遇到的法律问题较少 · 内部成长过程中容易体会技术、知识、了解市场
劣势	· 复杂的并购有更高的失败风险 · 对并购对象的估值较难 · 因企业文化的差异，存在组织适应问题 · 继承现存的企业问题 · 追求短期的利益，反而忽视新产品开发及R&D投资	· 达到投资目的需要较长时间 · 初期经营损失的可能性较大 · 难以找到合适的人力资源 · 增加市场供给，可能存在与现有企业的摩擦 · 销售、顾客等市场开拓行为较难

三、联盟

联盟可区分为协议联盟（contractual alliance）和股权联盟（equity-based alliance）。

协议联盟常见的形式包括特许经营、授权经营（许可证协议）、联合研发、联合营销、战略性供应、战略性分销等。协议联盟与一般市场交易关系的区别在于交易参与双方是不是基于长期的协议。一般的市场交易对特定的交易双方而言，交易频率较少，双方中的任何一方没有为另一方进行专用资产投资，交易双方重复交易的稳定性较差，并且稳定期较短。

股权联盟主要的形式是交叉持股（cross-shareholding）、合资（joint-venture）和战略投资（strategic investment）。

合资是指两家或多家公司间共同出资、利润共享、风险共担，组建新企业进入新的市场领域。合资的特性有以下几点：①可控制性较低。在合资模式下，与合作方相互配合和制衡是内在的机制要求，合资固然享受到对方资源的好处，但同时对于企业的控制力相对受到牵制。少数股权的一方，则应争取否定权。②资源的互补与分散。公司的五大资源包括技术（technology）、市场（market）、管理（management）、人才（man power）、资金（money），其中最重要的是管理，即所谓的经营团队。投资者如果想主导合资公司经营，在取得多数股权后，最重要的是必须取得"最高主管的委派权"。③进入高科技产业的垫脚石。合资企业在高科技产业中尤其明显，这是由于高科技产品生命周期较短的特性，企业彼此间需要采取策略联盟。④进入高度障碍壁垒的产业或区域市场的利器。与已在壁垒保护内企业合资，可以绕过壁垒的限制。⑤合资者的动机有财务性投资、策略性投资。所谓财务性投资是公司出资后，不插手经营，其投资的出发点在于股利收入，此种合资纯粹只为获利性考量。策略性投资是公司出于战略等考虑与目标方联营。

战略投资也称少数股权投资，是指对企业未来产生长期影响的资本支出，具有规模大、周期长、基于企业发展的长期目标、分阶段等特征，影响着企业的前途和命运的投资。企业战略性投资项目包括：新产品开发、新生产技术或生产线的引进、新领域的进入、兼并收购、资产重组、生产与营销能力的扩大等。由于通常资金需求量较大，回报周期较长，伴随较大的投资风险，所以企业战略性投资的风险投资特征非常明显。企业制定战略性投资，目的是建立明显的竞争优势，在国内外市场的竞争中获胜。企业只有加强在市场中的竞争地位，企业价值的实现和增加才有可靠的保证。

并购与联盟均为企业外部发展方式。外部发展方式通常可以较快地获取外部资源，而这些外部资源如果整合效果理想的话，可以支持企业高速增长，从而突破企业发展的资源瓶颈。

并购与联盟的区别在于参与双方中的一方是否获得对另一方资产或权益的控制权。对目标方进行并购后，控制了目标方的经营权和管理权，并购企业可以根据自己的战略意图，对目标方进行整合，将市场行为和契约行为变为内部组织管理行为，企业在实现战略目标上有较大的主动性和控制权，而不会像战略联盟那样，所有行为要受到联盟参与者的牵制。

除了控制权方面的考虑之外，企业选择联盟而不是并购通常还可能基于以下原因：目标方拒绝被收购，而双方存在资源互补、短期而非长期的合作安排、文化差异较大、法律限制并购等。

四、扩张策略选择

资源基础理论认为，企业的资源具有异质性和不完美流动性的特征。资源不完美流动性的根源是资源的市场交易不完美性,即缺乏一个有效的资源市场使资源需求者能容易地获得所需求的资源。资源的稀缺性是导致市场不完善的重要原因。资源过分稀缺将使资源所有者成为垄断者,垄断造成资源供给缺乏而使需求者难以获得满足。并购是克服稀缺资源拥有者不愿意转让稀缺资源的机制,它可以通过获得一个企业全部资源的途径来占有其中的稀缺资源。但并购却又面临一个新的障碍:由于企业是一个资源集合,这个资源集合既有稀缺资源,也有一般资源,甚至冗余资源,企业不得不在稀缺资源的新增收益与非稀缺资源的处置成本之间权衡。企业的这种权衡实际上面临两个问题:一是所谓的稀缺资源是不是对企业有价值的资源,因为资源只有与公司业务战略相匹配才具价值;二是并购所获得的稀缺资源与非稀缺资源与企业现有的资源是否匹配。

稀缺而有战略价值的资源就是企业的战略资源。确定战略资源应以产业分析为起点。与"五力模型"(Porter,1980)所倡导的产业分析方法不同,Amit 和 Schoemaker(1993)提出的"六力模型"更适合于从资源角度考虑产业的趋势,同时也提供了与并购分析一致的接口。"六力"是指竞争者的实力、供货商的实力、客户的实力、潜在竞争者的实力、替代者的实力以及配套企业的实力。他们在这个模型的基础上提出的战略产业要素确定方法对于确定企业的战略资源有重要的参考价值。

战略产业要素分析是对企业竞争环境的扫描性分析,资源缺口分析则是对企业资源与企业战略的扫描性分析。资源缺口分析的焦点是确定实现企业的战略所需要培育和发展的资产和能力,它所确定的资源集合和战略产业要素分析所确定的资源集合的交集,即为企业的战略资源。

为获取战略资源,企业面临四种资源再造策略:市场交易、联盟、并购和内部发展,这五种策略的一个差别在于企业对资源的控制程度依次递进。前四种策略又归属于外部发展策略,其中市场交易如能保证资源供给则最为方便,但市场交易能获得的资源往往不能成为企业的战略资源;联盟、并购和产业整合是获得战略资源的常用策略,它们往往可从局部补充企业所需的资源,提供培养企业核心竞争力所需要的"部件",这些部件性资源比起从零开始培养同样的资源可能效率更高,因此广为运用。但并非所有资源都可以通过外部发展的方式获得,比如优秀的企业文化一般只能通过内部发展的方式来培养。因此,并购只是获取资源的一种途径,企业要在多种途径的比较中确定在何种条件下并购是一种较优的策略选择。企业资源再造过程如图 3-2 所示。

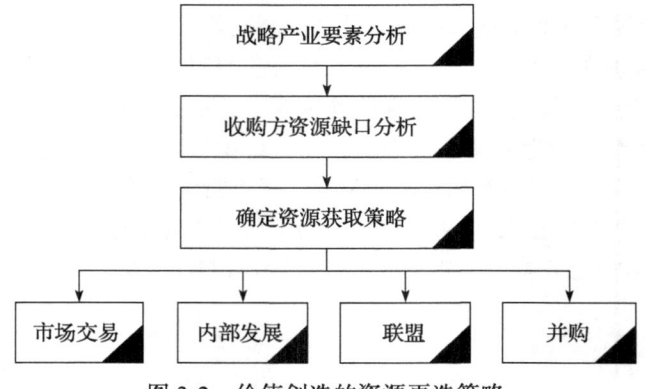

图 3-2　价值创造的资源再造策略

第三节 并购流程

一般来说，企业的并购分为10步：制定并购规划、筛选目标、尽职调查、制订并购方案、价值评估、融资规划、交易谈判、审批与交割、并购后整合以及并购后审计，它们之间的关系如图3-3所示。

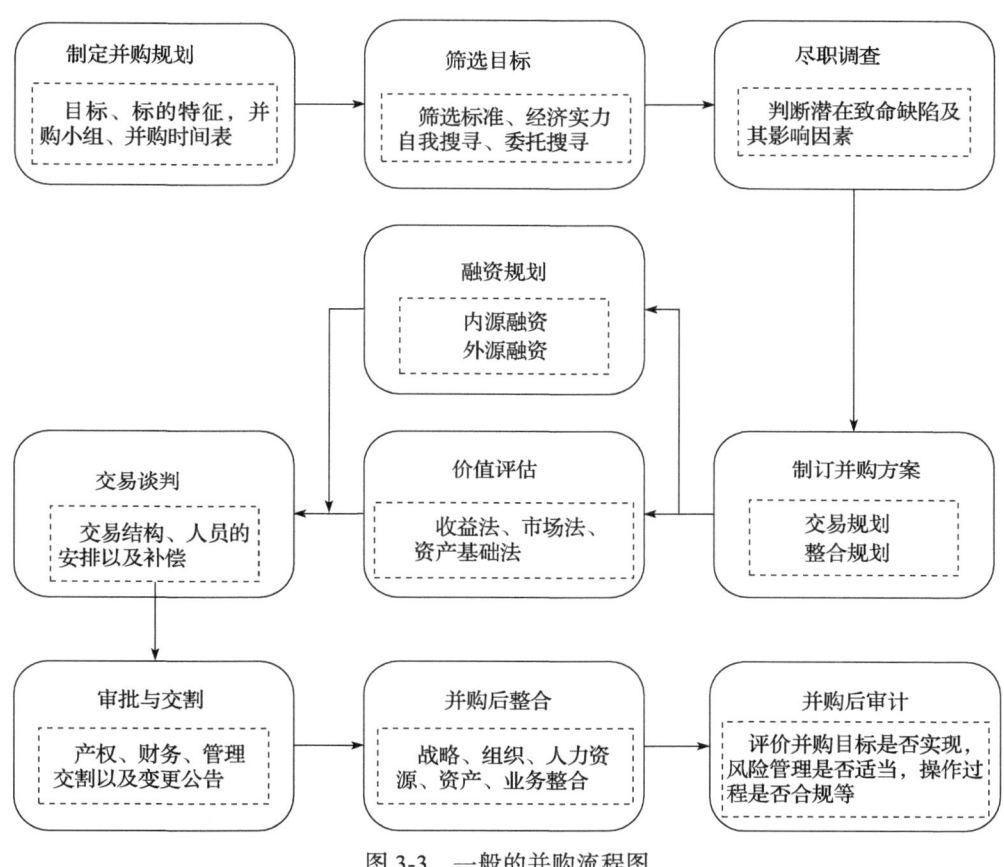

图3-3 一般的并购流程图

一、制定并购规划

在并购规划中，首先，需要分析企业的总体战略和业务战略的要求、可选的发展策略，以及并购作为发展策略的理由。在评价并购策略的合理性时，对并购能力的评估必不可少。

其次，应评估拟进入市场的投资机会。在评估投资机会时，企业应对自身即将通过并购进入的业务或地域做如下了解。

- 了解行业结构以及价值创造点；
- 评估当前市场规模和成长潜力；
- 了解国内外主要竞争对手；
- 关注有关该行业的科技动态；
- 识别进入壁垒。

然后，设定并购目标。应以价值为准绳分三个方面设定并购目标：财务的目标、战略的目标和组织的目标。

再次，确定目标方的筛选标准，可能涉及目标方的规模、价格区间、盈利能力、地理位置等。

最后，组建并购小组，明确并购决策机制。应明确并购小组的责任和分工，筹划可能获得的外部支持以及需要聘请的顾问。此外，并购的决策对时间紧迫性的要求往往比一般的投资决策强，特别是涉及上市公司的并购时，因此可以考虑对并购决策向一个特别决策委员会予以授权，以保证并购决策的效率。

二、筛选目标

选择目标方并没有固定的模式和要求，并购方一般是根据在并购规划中以战略和价值为导向的筛选标准去选择，还需要考虑收购目标是否和本企业的经济实力相匹配，对于所收购的业务是否具有管理能力，被收购的目标在收购后整合潜力有多大等。相对于收购上市公司，非上市公司目标搜索更为困难。在进行搜索目标方时，企业可以由专门的小组进行搜集。公开的互联网、报纸、杂志都是搜集信息的重要来源。公司的客户、供应商、竞争者、消费者、员工也可能提供信息，专业的中介机构也同样是好的建议者。企业需要通过多轮筛选，甚至还可以与潜在的目标进行初步直接或者间接接触，但是在接触时需要签订保密协议。

三、尽职调查

信息的不对称造成了"买的没有卖的精"的现象。因此一份准确、详尽的尽职调查至关重要。尽职调查又称为审慎性调查，是由中介机构在企业的配合下，对企业的历史数据和文档、管理人员的背景、市场风险、管理风险、技术风险和资金风险做全面深入的审核，也就是对企业的经营、财务、合规性等状况做出详细的调查。企业一般会成立尽职调查小组，其目的是判断潜在的致命缺陷以及它们对收购和预期投资收益的可能影响。其中的致命缺陷就是目标方或者它的产品线所面对的，如果不解决或者不恰当的修正就会对企业造成相当程度损害的突出的经营性问题或者市场条件，例如核心人员的流失、主要客户的流失、即将来临的财务危机、汇率的波动等。

通过尽职调查可以确认公司是否具有产品改进或提升的潜能，业务的各个主要方面也需要被考虑。公司合并必须能弥补企业管理能力的差距并能扩展能力，公司的资源应当被扩展到多个方面。

四、制订并购方案

并购方案是并购的"路线图"，有时也被称为并购的可行性研究报告。并购方案的设计通常是围绕降低并购成本、提高并购效率和控制并购风险而展开的，力求维持和增强并购方的资产流动性、盈利性和增值能力。

并购方案一般分为两部分：交易规划和整合规划。交易规划包括并购标的的设定（资产的范围或股权的比例)、交易方式的选择、收购主体的确定、价格区间的估算、并购融资和支付筹划、信息披露方案、债务处置方案等。整合规划主要包括对于目标方在交易达成后的战略、组织、人事、文化、业务、管理等方面调整的通盘计划。与整合执行相关的整合委员会的构成、整合经理的任务以及百日整合计划也应是整合规划的组成部分。

并购方案被确认为可行后，收购方应与目标方签署框架协议，就买卖双方关切的利益形成原则性约定。并购意向书并不包括有关并购的所有相关事项，但是一个包括了关键事项的基本草案。框架协议涉及问题可能包括：

- 卖方是否在并购完成后仍参与公司管理？如果是的话，以什么形式？作为股东之一还是管理层？
- 资产收购还是股权收购？
- 标的资产的范围是否购买目标方的知识产权、敏感性资产（如与军事区邻近的资产）等？
- 只收现金，还是所有预付或收益外购协议均可？
- 哪个实体将作为真正的卖方（在岸交易还是离岸交易）？
- 从收购方的角度，是否需要考虑对目标方以一个特殊的方式持有，以及如何融得并购所需的资金？

从税收的角度，构建框架协议对买卖双方实现共赢非常重要。税收是并购交易中十分重要的一个关键点，因此在构建框架协议的过程中应充分考虑如何节约税收成本。

从监管的角度，反垄断审查、国家安全审查、证券监管部门审批、国有资产监督管理部门审批、商务部和外汇管理局审批等也应在构建框架协议的过程中被考虑，对卖方在监管审核过程中的配合和责任可能需要做出约定。

五、价值评估

价值评估与一般资产评估主要不同在于除了对目标方独立价值的评估外，还涉及对并购双方协同效应的价值评估。

目标方独立价值的评估方法主要有收益法、市场法和资产基础法三类，通常在一宗交易中应使用不少于两种方法相互校验。

协同效应的评估主要方法有整体扣减法和分部加总法。

六、融资规划

在对目标方估值后，就需要一定的融资准备。企业的融资分为内源融资和外源融资。内源融资主要是自身的留存收益、供应商的信用政策、金融资产；外源融资主要是债券融资、股权融资以及夹层融资，例如银行贷款、发行债券、发行股票、可转换债券等。由于企业并购所需要的资金较大，因此多会选择外源融资。在进行融资时，需要考虑企业自身所处的行业、利率的变化状况以及企业自身的经营规模和经营状况。除此之外，企业也可以向专业机构咨询，为企业自身制订一个合适的融资计划。

七、交易谈判

在估值、融资之后就进行的交易谈判，包括交易结构、管理人员的安排、一般员工的安置和补偿、对其他利益相关者的补偿。其中交易结构主要是并购的形式（是收购股权还是资产，还是整个公司），交易价格、支付方式与期限、交接时间与方式。交易结构设计是并购的精华所在，并购的创新也经常体现在交易结构的设计上，对交易结构的影响因素主要有税法、反垄断法、公司法、会计法以及股东的利益。并购双方主要在这四个方面进行一定的协商。

八、审批与交割

制定针对审批方面的相关策略对交易的成功进行非常重要。为了完成一项交易，收购方和目标方需要获得相关监管机构和部门的审批通过。然而这个过程是非常耗用时间的。一个好的审批策略能够促进交易的高效完成。这个过程需要专家帮助企业了解相关监管规定，以使企业主动协调，快速完成审批过程。

有关审批包括如下几个方面。

（1）股东。如果收购方是上市公司，则重大交易发生前须经股东大会同意，尤其是经多数股东表决同意。

（2）政府。在国内，政府审批要求：

- 上市公司的收购往往要经证监会审核。
- 涉及国有股权或资产转让时，须经国有资产监督管理委员会审核。
- 涉及境外企业的收购要获得商务部和外汇管理局的审批。
- 特殊经营业务的企业须经特殊监管部门审批（如银行业、保险业和通信业）。
- 可能形成行业垄断的企业并购须经反垄断局审批。

在审批以及签约之后，并购双方进行产权交割、财务交割、管理权交割以及变更登记和发布并购公告。其中：

- 产权交割，并购双方的资产移交，需要在国有资产管理局、银行等有关部门的监督下，按照协议办理移交手续，经过验收、造册，双方签字后会计据此入账。目标方未了的债券、债务，按协议进行清理，并据此调整账户，办理更换合同债据等手续。
- 财务交割，财务交割工作主要在于并购后双方财务会计报表应当依据并购后产生的不同的法律后果做出相应的调整。
- 管理权的交割，这是每个并购必须交割的事宜，完全取决于并购双方签订并购协议时就管理权的约定。如果并购后，目标方还照常运作，继续由原有的管理班子管理，管理权移交的工作就简单，只需要对外通告即可；但是如果并购后要改变目标方原有的管理班子，则工作较为复杂，这就要涉及管理人员的去留、新的管理人员以及管理权的分配等诸多问题。
- 变更登记和发布并购公告，这项工作主要存在于并购导致一方主体资格变动的情况：续存公司应当进行变更登记，新设公司应进行注册登记，被解散的公司应进行注销登记。只有在政府有关部门进行了这些登记，并购才正式生效。

九、并购后整合

交易的完成并不是并购的终点，要达到并购的目标，实现企业价值的增值，必须经历艰苦的整合阶段。并购的整合一般有五个方面：发展战略整合、组织整合、资产整合、人力资源整合以及业务整合。

- 发展战略整合。企业的经营能力与外部环境都是在不断发展变化的，并购使公司的经营环境和内部运营环境发生了变化，适时的战略调整是对这些变化的反映。两个合并的公司原有的战略依据各自并购前对环境的适应，尤其一些战略性的收购中，被收购的公司原有的战略可能与收购方的战略目标相一致，这就需要进行战略的整合与调整。
- 组织整合。并购后企业的规模增大，业务增多，人员增加，组织整合是一个重新理顺管理结构的过程。组织整合包括组合结构整合和管理制度整合，其中组织机构整合形成企业内部物流、资金流和信息流顺畅流动的网络结构，部门间责权利分明，既相互协作又相互制约；管理制度的整合在原有管理制度的前提下，逐渐将并购企业的管理制度引入并贯彻执行，管理制度设计经营的各个方面：财务会计、营销、人事、生产等。
- 资产整合。需要对双方企业的资产整合、分析等优化组织活动。并购方企业要结合自身的发展战略和目标，对资产进行鉴别、进行吸收或剥离。
- 人力资源整合。在进行尽职调查的时候，应尽可能地收集目标方关键人员信息以作为未来决策的重要参考。当新组织的组织结构确定后，需要多少和什么类型的人员就会变得明确，根据过渡期的表现，就可以决定人员的去留。在决定人员的去留中，对高层管理人员要特别注意，即使有离开的人员，需要尽可能地提供一些帮助和补偿，这些处理可能会对企业未来的道德规范和文化产生重要的影响。在有些国家，劳工法律和工会对裁员有显性或隐性的限制，裁员可能面临较高的补偿和较大的社会压力。
- 业务整合。在横向并购中，双方的技术、生产设备、工艺流程以及员工技术素质等方面具有相似性，从哪方面实施整合比较容易判断。生产能力的优化可根据战略目标重新布局和调整，采购和销售业务整合往往因为易于见到成效而优先推进，其成效可能来自集中采购或统一销售获取的规模效应。而在纵向并购中，一方面要对价值链重新梳理，理顺价值链各环节的衔接；另一方面需要对业务和产品进行选择，不符合战略目标的要进行剥离。

十、并购后审计

企业并购实施后，进行有效的整合对于实现并购目的是至关重要的。因此，企业的并购后审计（post-merger audit）应该围绕企业内部新旧业务串联运行的组织情况、与原有客户关系的处理情况、企业内部组织结构的设置情况、各职能部门和分支机构职权的限定情况、各部门人员的分配情况及各部门间关系的协调情况等方面进行。并购整合阶段就是要让协同效应发挥出来，包括生产协同、经营协同、财务协同、人才协同、技术协同及管理协同等各个方面。

并购是一个十分复杂的过程，企业并购需要随着实践的发展不断优化、完善，以更好地为企业发展决策服务。每个并购案例中，其流程也不尽相同，每个都有自己的着重点，因此流程并不是一致不变的，随着并购方和目标方的不同，流程也有一定的变化。

第四节 并购过程的价值管理

并购作为实现公司战略的重要手段，不能偏离创造价值这个企业发展的总体目标。但是对并购的管理不能只是简单的目标管理，而应是瞄准目标的过程管理。因此我们有必要来考察价值创造的过程，从而把握并购过程中每个环节并使之成为增值的环节。

并购过程的价值管理是由价值战略为起点到价值实现为终点的一系列环环相扣的环节组成的，它是价值管理理念在企业并购中的一种应用。**价值管理**（value management）又称基于价值的管理（value based management，VBM），是一种以整体价值最大化为目标的企业管理方法。价值管理对企业的好处在于不仅能够传达落实公司远景，更能设定企业员工守则和工作信条，在组织内部进行各种层面的沟通，凝聚企业团队和个人的目标成为共同信念，以增加组织成员满意度，最终保持组织的竞争力，获得长久的事业成功。

一、价值管理要素细分

在结合并购流程以及价值管理要素后，我们总结在并购行为发生的过程中所发生的价值管理过程，结合并购价值创造过程，主要将价值管理细分为以下几类。

（一）价值战略规划

价值战略规划是一种独特的、从外向内的战略思考方法。它首先从顾客开始，然后逐步回溯企业战略的各个步骤。这种方法要求决策者从外部环境入手，反思企业的竞争能力和经营方向。以战略为价值导向，对价值创造的所有流程进行全面的梳理和重新定位。企业核心价值的变化要求思维观念的创新，这正是当今时代竞争的关键。新的思维模式应将关注的重点集中于发现当前行业的价值所在以及今后的转移方向和速度。

（二）价值发现

价值发现就是通过调查和分析找出投资标的市场价格所没有充分反映出的潜在价值，或者说是找出价值被低估的投资机会。价值发现所遵循的原理是最经典的市场价值规律，即价格围绕价值波动。价值发现也被称为"逆向投资"，是研究投资标的的现时市场价值，通过价格的运动规律来发现并变现投资标的投资价值的过程。

（三）价值支撑

价值支撑是指价值创造目标得以实现的保障条件。在价值创造的整个过程中，人员、资金、政策等均对价值目标实现产生一定的影响，是价值创造整个过程得以连贯稳定顺利地进行的保障性因素。人员方面要求配备高素养的人才；资金方面要求整个价值创造的过程有足够的资金供应；政策方面应当确保符合企业、政府、社会团体等组织对价值创造行为的政策认可，做到符合政策要求。

（四）价值控制

价值控制是指对价值创造过程中各种风险的控制。价值创造过程面临各种风险，包括系统风险和非系统风险，具体包括信息风险、资产风险、信用风险、税务风险、融资风险、投资风险等。企业应为价值创造过程设立多重防线，有效地识别、评估和控制风险。

（五）价值评估

价值评估是对投资标的价值的评估。主要的价值评估方法包括：考虑货币时间价值的贴现现金流量法、假定收益率为零的内部收益率法、完全市场下风险资产价值评估的 CAPM 模型、考虑资本机会成本的 EVA 评估法、符合"1 + 1 = 2"规律的重置成本法、考虑行业基准的可比公司法和可比交易法等。对不同的行业和不同性质（如是否为上市公司）的企业都有不同的价值评估方法，在评估企业价值时应当根据所在行业和企业情况选择适当的价值评估方法。

（六）价值转移

价值转移本是商品经济中的商品本质，商品经济是一种以交换为目的的经济形势。在交换中不仅商品的使用价值，而且价值都会发生位移。商品之所以有价值，首先是因为它有使用价值。我们把在商品交换中随着使用价值的相互交换而同时发生的价值的相互交换称为价值转移。而在并购中，价值转移主要是通过并购的行为，将价值从收购方转移到了目标方。

Roll（1986）认为价值从收购方转移到了目标方，因为收购方的管理层由于野心、自大或过分骄傲而在评估并购机会时犯了过度乐观的错误，对目标方的竞价过高使收购方陷入了"胜者的诅咒"。价值的转移是在交易过程中完成的。随着并购合同的生效，目标方的价值自然转移到收购方，具有瞬时性特点。在产权主体不同的情况下，这种转移不是无偿的，它是收购方用现金或其他有价证券对目标方资产或产权的购买，具有有偿性特点。并购成功一定会引起存量价值的转移，这是存量价值转移的必然特点。

在 Haspeslagh 和 Jemison 的研究中还将一种价值转移的方式定义为"价值聚集"（value capture），指的是公司的价值从原来的股东或利益相关者那里聚集到合并后的新公司那里。新公司的价值的确是增加了，但从社会来看，价值只是发生了转移，而并未在总量上发生变化。价值聚集是一种一次性的交易活动，其直接目的并不是交易结束后企业能力的重组与整合，而是短期的（更准确地说是眼前的）公司财务业绩的改进或公司内部利益相关者的权利与利益。

（七）价值实现

价值实现是指企业创造的价值被市场认可并接受，从而完成了要素投入到要素产出的转化。在并购中，价值的实现意味着并购事件为企业带来了价值，实现了"1 + 1>2"的效果。如何达到价值实现，完成并购的价值创造一直是一个十分复杂的问题，同时需要多部门多流程的衔接配合。同时如何衡量并购价值是否实现也是一个十分复杂的问题。以往对并购是否创造价值的问题争论不休，对并购绩效的研究也是不胜枚举。本书主要研究在并购流程过程中的价值创造，所以不对并购是否创造价值进行过多的讨论。仅仅针对并购的流程找出会促进并购价值实现的问题。

（八）价值评价

价值评价即价值认识或评价性认识，它是主体对客体可能具有的价值和实践改造客体后的意义、成果等进行的评价。简言之，即对事物价值的评价，它有别于对事物事实的评价。因此，价值评价的前提是价值事实和人们的价值观。事物使人的需要得到满足的情况以及人们自己对这一情况的感受和理解是怎样，他的评价也就怎样，这就是评价所反映的对象。评价反映的对象也叫"价值事实"。评价性认识的基本特点是把主体及其需要的尺度引进认识中，它根据主体的利益、主体的价值需求来评判客体。这种评判不是辨别对象"是什么""怎么样""为什么"，而是判明客体对主体是有害还是有利，是好还是坏。从并购的角度而言，对整个价值创造的价值评价就是对并购完成后，对并购完成情况以及整合效果进行评估。

二、并购过程中的价值管理

（一）制定并购规划

作为并购流程的第一个步骤，制定并购规划对应着价值战略规划的过程。在并购规划制定时以价值为导向的战略，在初步计划并购流程的过程中，通过对自我并购的能力进行评估，制定适合自己的并购战略，明确并购小组的责任和分工，包括外部支持等，能从源头开始保证价值创造的可能性。通过对并购的初步计划，能够发现自身的并购能力，并且根据自身的能力对目标方企业的规模、价格、盈利能力、地理位置等方面进行初步的选定，对目标方企业范围进行初步框定，为下一步的目标寻找做出准备。

（二）筛选目标

筛选目标的过程便是价值发现的过程。目标方的价值未被充分挖掘出来，可能有三方面的原因。一是由于估值偏差，因为资本市场并非总是理性的，可能存在市场大幅调整时股价被顺势压低的个股，使得企业的市场价值暂时被低估。二是由于信息不对称，企业创新的价值（如新技术或新产品的价值）未被市场认可从而企业价值被低估。三是由于资源错配，目标方的资源被低效率运用，而在收购方的整合下可以产生更高的价值回报，因此从高效率管理团队的视角评估目标方存在价值提升的空间。

并购双方的匹配程度影响价值实现。如果目标方盈利能力、资产水平、管理水平、员工素质等方面的水平都很高，同时和企业的匹配度也很好，在收购后为企业创造价值的可能性高；如果选择的目标方整体情况较差，与企业的匹配度不高，那未来极可能会出现价值损毁。

（三）尽职调查

在并购中，尽职调查的过程也是价值发现和价值控制的过程。尽职调查在调查目标方企业的历史数据和文档、管理人员的背景、市场风险、管理风险、技术风险和资金风险做全面深入的审核的过程中，找出潜在风险，进行风险控制，增加价值创造的可能性。通过对目标方的风险的评估能为并购的成效保驾护航，也为后期的交易谈判提供了具体关注点。所以尽职调查工作履行情况在并购流程中是非常关键的一点，而在整个价值创造的过程中也是非常重要的一点。

在整个价值创造中，它具有"承上启下"的作用。一方面，尽职调查是目标方筛选之后的对目标方进行具体调查的工作，而另一方面又为后期方案制订和交易谈判提供必要的准备资料。而通过尽职调查确认目标方是否具有产品改进或业务提升的潜能，也是挖掘目标方价值的价值发现过程。

（四）制订并购方案

制订并购方案的过程是价值战略规划细化的过程。在企业制订并购方案的过程中，围绕降低并购成本、提高并购效率的展开，力求在维持和增强并购方的资产流动性、盈利性和增值能力等方面制订并购方案。在总结上述三个步骤以后，收购方对目标方的情况进行了详细的了解，对目标方进行了系统的分析，发现以及总结了可能发生价值创造的各个方面的活动以及具体的并购方案，比如交易规划和整合规划。

制订并购方案同时应该与流程的第一步——价值战略规划相对应，以价值战略为导向，总结前三步的工作，将目标方企业的所有情况进行研究后，考虑自身的情况以及价值战略对自身企业的影响，制订并购方案。

（五）估值评估

估值这一流程体现了价值创造环节中的价值评估。当发生并购时，收购方投入资本，预期投入的资本在后期能够产生现金流。并购方会通过各种估值方法对目标方估值，而并购的交易价格的确定往往是以并购目标方的评估价值为基础，因此应当对目标方价值进行准确的评估，在某个程度上来看，购买价低于目标方价值时，就能创造价值。企业在并购评估过程中，必须将估价与企业的财务状况分析联系在一起，进行并购协同效应的识别和衡量。不同的估值方法有不同的适用性，企业应该根据并购的实际情况选择合理的估值方法，将静态分析与动态分析相结合，全面地综合地对目标方的价值进行评估，这样才能实现目标方估值的合理化，才能合理地确定交易价格，才能创造更多的价值。

（六）融资规划

充足的资金是并购成功的关键因素。并购流程中的融资环节体现价值创造中的价值支撑以及价值发现。并购是一个需要大量资金投入的投资项目。在并购的前期准备工作中，收购方需要组建专门负责的并购小组，聘请专业的中介机构进行前期的并购规划的制定、并购目标的选择以及尽职调查。这都需要大量的资金对前期的工作进行支持。在并购过程中，并购的支付对价一般也较大，需要较多的资金支持。而有的并购方因为支付资金较多，导致自身企业的现金流出现问题，影响自身的经营问题。因此在并购中，收购方一般以增量融资为主，存量融资为辅。在并购整合时，同样需要大量的资金支持新企业的整合，员工、管理层的离去的补偿，以及招聘新员工的费用。在并购的整个过程中，都是需要大量的资金作为支持的，因此体现了价值的支撑。

除此之外，由于并购需要的资金较多，根据"优序融资理论"，并购方首选内源融资作为融资手段，其次是债务融资，最后是股权融资。在考虑采取何种融资方式使并购价值创造最大化时，必须考虑企业的资本结构和融资成本。资本结构关乎着企业的财务风险，而融资成本可以看成是现金流贴现模型中的资本成本，当资本成本较低时，目标方的估值会更高，企业能够创造更大的价值。因此在并购中，企业的管理层必须重视财务分析，科学决策最优融资结构，综合运用融资渠道，在最低的成本和最小的风险下获得最好的效果。这样的过程体现了价值创造中的价值发现。

（七）交易谈判

交易谈判体现了价值创造环节中的价值发现。在交易谈判时并购双方要尽量遵循交易多赢的原则。整个并购交易参与方不仅仅有买卖双方，还有目标方管理团队、目标方普通员工、行业监管部门、当地政府、重要上下游客户等相关利益方。在最大化满足买卖双方利益的前提下要充分考虑其他各方的利益诉求，只有得到所有各方基本认可的并购交易才是成功的交易。由于政府不支持、目标方管理团队反对、工会阻挠或重要上下游客户威胁等因素而导致并购流产的案例比比皆是。交易谈判是对多方面的谈判，不需要每个部分都能创造价值，但是一旦交易谈判成功，并购整体就能创造更大的价值。在交易谈判阶段，需要根据前期的准备工作、估值、融资等环节，对整个并购进行充分的了解，与目标方进行谈判，再加上一定的谈判技巧，挖掘出一定的潜在价值。例如在交易谈判中的交易结构，一般包括收购方式、交易路径、融资方式、支付安排等方面，交易结构在并购过程中日益重要，合理的交易结构有助于快捷方便地实现交割，使交易成本和后期整合成本更低，并且能够合理地降低交易风险，同样有助于创造价值。或者对其他利益相关者的补偿，会对之后的整合提供便利，能够挖掘出潜在的企业价值。

（八）审批与交割

审批与交割体现了价值创造环节中的价值支持、价值发现和价值转移。

上市公司收购经股东同意之后，还需要由证券交易委员会进行审批监管，涉及国有股权或资产转让时，须经资产管理委员会审核批准。政府一方面要监管并购产生的问题，如避免垄断的产生和限制企业利用并购避税等问题；另一方面要利用并购调整产业结构，促进经济发展。上市公司需要时刻关注政策的变化，在透彻解读政策的基础上，充分利用有利政策、规避政策带来的不利影响，根据自身情况做出有利于企业价值最大化的决策。对政策的解读，发现创造价值的有利条件，体现了价值创造环节中的价值发现。上市公司的收购需要通过审批，如果审批不成功，则这笔并购交易就是失败的，就不会创造价值，因此审批也是对并购价值创造的一个支撑。

而交割则体现在价值创造中的价值交割，即目标方的价值自然转移到收购方。当审批成功后，意味着并购交易初步完成，就会进行产权、财务、管理权的交割。在产权主体不同的情况下，这种转移不是无偿的，收购方用现金或其他有价证券对目标方资产或产权的购买，具有有偿性特点，并购成功一定会引起存量价值的转移。

（九）并购后整合

并购后整合体现了价值创造环节中的价值实现，前面的一系列流程都是对价值实现做支撑、价值的发现等价值创造的工作，在整合的时候，才能将并购创造的价值实现。并购的动因有实现协同效应，只有通过合理的整合，才能实现协同效应，使得并购价值创造最大化，使得并购价值得以实现。企业作为一个系统必须保证各个组织协同运作，由于并购带来的组织调整，企业在一定时期将处于内部机制失调。企业应从人员、财务、技术和管理等方面着手，缩短调整期，减少不必要的损失。并购整合应该是在并购准备工作的前期对目标方的优劣势、机会与风险进行尽职调查的基础上，然后在谈判上将重点问题做出协定，消除壁垒和组织机能失调的可能。并购整合时应注重制定对优秀的关键人才的留用政策和员工的激励政策，充分调动员工的积极性，最大限度地保证协同效用的发挥。

企业并购会向市场传递目标价值被低估的信息，通常会引起目标方的估价上升，同时财务上的一系列整合能够带来价值创造，实现企业并购的价值。企业也能够利用双方税收属性与会计政策的选择不同，进行合法的避税，获得税收上的优惠。通过并购，能够获得技术、资源和管理能力，但是后期不能够充分地整合利用，则不能有效发挥作用。并购企业应制定合理的战略，充分发挥资源的优势互补，提高管理能力，实现并购的持续创造。除了整合以外，对目标方的剥离也能够促进价值的创造以及价值的实现，将目标方中不能盈利的、无法创造价值的部分剥离出售，剩余部分与并购方进行整合，会创造更多的价值，促进并购价值的实现。总体来讲，整合就是将资源重新配置，提高整体效率，以及对战略能力的转移或构建来实现协同效应，当整合成功后，其实就是并购的成功，并购的价值创造以及实现都是在整合这一流程中实现的。

（十）并购后审计

并购后审计体现了价值创造环节中的价值评价。并购后审计其实就是对并购整合协同效用有效的产生，对各个部分新旧交替的审计，是对价值创造以及实现的一个评价，确定在经过并购以及整合后，是否产生了协同效应，是否创造了预期的价值以及预期估计的现金流。如果没有产生，并购后审计应该查找问题的所在，在后期对并购进一步地进行整合以及管理。如果产生了预期的收益，并购后的审计能够找到在既定的资源配置基础上的价值创造与实现的来源，为企业价值经营提供意见。总的来讲，并购后审计能够判断并购交易的成功与否，为价值创造与实现做出一个具体的评价，并对以后的价值经营提供意见与建议。

并购是一个非常复杂的流程，其中每个流程都会涉及价值活动，与价值创造息息相关，掌握了并购流程涉及的价值活动以及对价值创造的影响，在以后的并购交易中，在经过每一个流程中，都应注意与价值创造的影响因素，为企业创造以及实现最大的并购价值。

本章小结

"大就是好，更大为更好，最大则最好！"也许还有人偏爱这样的理念，但这不是并购的合理理由。并购不是为了企业更大，而应是为了创造价值。

企业家为何要实施并购呢？创造价值的发展策略可能不是一个单选，并购不是在什么情况下都是最佳的策略，但确实在有些情形下它优于内部发展或者联盟，这些情形包括但不限于：节省建设的时间成本而快速扩大生产经营规模；提高市场份额而不增加行业的产能；取得稳定的生产原料和劳动力；快速获取知名品牌、先进技术、管理经验、销售网络等战略资产；快速切入新的行业或进入新的市场。

并购的流程可以划分为10个环节，包括制定并购规划、筛选目标、尽职调查、制订并购方案、价值评估、融资规划、交易谈判、审批与交割、并购后整合、并购后审计。在实务中，这些环节难以截然分开，实际上在实施中存在时间上的重叠交叉以及操作上的相互呼应。

针对价值管理要素，在实施并购项目时应有意识地在各个环节关注如何管理以实现更大的价值。

 **关键术语**

价值创造　　　　内部发展　　　　目标筛选　　　　并购后审计
联盟　　　　　　并购流程　　　　并购后整合

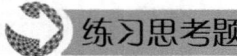 **练习思考题**

1. 请列表比较接管与合资两种策略的优劣。
2. 请以图示的方式说明并购流程的价值管理。

扩展阅读

并购流程所涉及的活动如何影响价值创造？参见下文的第 3 页至第 4 页。Very P，D M Schweiger. The Acquisition Process as A Learning Process：Evidence from A Study of Critical Problems and Solutions in Domestic and Cross-Border Deals [J]. Journal of World Business，2001，36(1)：11–31.

第四章 并购目标筛选

学习目标

1. 了解复杂的并购可能要聘任哪些中介机构。
2. 了解选择目标方的标准有哪些。
3. 了解并购尽职调查中应该关注什么。
4. 理解如何判断并购双方是否匹配。

第一节 选择并购顾问

并购规划获得企业决策机构认可后,并购的牵头部门就要着手准备并购的实施。实施并购的组织机构包括企业内部的并购小组和企业外部的顾问。

并购顾问为并购方提供咨询等服务,不仅可参与并购交易的过程,还可参与公司结构调整、资本充实及破产和陷入困境企业的重组等策划和操作规程。由于并购是一项复杂的交易,其过程往往会涉及众多不同的领域。因此,管理并购过程需要一套系统的方法,为复杂的交易选择称职的顾问是非常有必要的。

称职的顾问可以协助公司制定并购战略,使其与公司的财务目标和企业战略相一致,协助建立并购事项的优先次序,协助管理并购进程。并购顾问会根据企业并购双方所面临的挑战,根据企业的特征为企业提供最为适合的策略。表 4-1 列示了顾问可能帮助企业解决哪些问题。

表 4-1 聘用顾问的原因

公司面临的挑战	并购顾问的功能
无法找到合适的目标方	协助公司制定适当的筛选标准
选定的目标方无法联系或者对被并购无兴趣 选定的目标方可能会拒绝收购,特别是当它们之间是竞争对手时	协助公司处理冲突
目标方不愿意提供足够的、可靠的信息	协助公司通过展开初步的高水平的尽职调查来解决这一问题
目标方的股东提出一个不切实际的报价	运用专业能力协助公司与目标方进行谈判

比较常见的情况是投行担任企业并购的财务顾问,同时财务顾问也将作为协调其他中介机构的牵头顾问。在管理并购过程中,一个牵头顾问(leading advisor)一般负责在四个主要领域实施帮助。

- **协助公司制定并购战略**。并购顾问往往从识别公司价值提升机会入手来打动公司的高管，因而要求并购顾问对行业有深入的洞察以及对公司有贴身的良策。在深入分析的基础上，并购顾问还经常协助公司分析潜在的并购目标、交易的可能性、交易的影响以及交易的风险与风险应对。
- **协助公司委任其他顾问**。复杂的交易通常需要有一个由众多中介机构组成的外部顾问团队，而公司如果缺少相关的社会联系，则可以参考牵头并购顾问的意见选聘律师、会计师、评估师、财经公关等其他顾问，在聘用外部顾问的费用及顾问的责任约定等方面也可获得专业意见。表 4-2 列示了并购中可能需要聘任的外部顾问及其角色和职责。
- **协助公司实施并购交易**。在交易实施的各个环节，并购顾问的经验都可能提升并购的效率，这些环节包括但不限于识别和接近适当的目标方，管理尽职调查，协助并购估值，获得并购融资，设计交易结构，指导谈判策略，提供应对监管机构的建议等。
- **协调外部关系**。当交易组建了一个外部顾问团队时，协调整个团队以及推进公司内部决策进程方面，并购顾问的价值也不可低估。此外，交易可能需要政府审批以及满足各类利益相关者的需求，优秀的并购顾问在处理这些关系时其深厚的人脉关系可能会发挥关键作用。

表 4-2 并购中外部顾问的角色和职责

顾问的角色	职　　责
法律顾问	<li>起草规范的协议（如意向书、购买协议书、股权分配协议、股东协议书等）</li><li>检查所有的法律文件</li><li>协助公司按法定程序召开股东大会（特别是上市公司）</li><li>对目标方进行尽职调查</li><li>协助各项活动获得监督部门的批准</li>
会计师	<li>检查公司盈利质量</li><li>检查公司资产质量</li><li>检查公司负债、所有者权益及重大事项的披露情况</li><li>检查可能会对交易事项产生财务影响的合同和协议书</li><li>根据公司历史表现预测未来财务状况</li><li>评估并购对财务的影响（如并购交易费用、购买价格分配、无形资产预估、商誉、每股收益等）</li><li>检查税务的影响</li><li>寻找可能存在的税收优惠，并评估这些益处是否可以运用在并购之后</li><li>询问有关部门目标方是否存在不寻常的税收待遇</li><li>评估交易的税费</li><li>协助起草具体的税收条款和赔偿条款</li><li>推荐合理的收购方式节税（如融资方式选择等）</li><li>审查现有的公司治理结构，分析收购后的影响，并提出适当的整合或重组的步骤</li>
评估师	<li>评估有形资产，如房地产和机械设备等</li>

选择一家合适的专业顾问机构是十分有必要的。首先，这能够提高整个并购过程的管理水平；其次，这能够为高级管理层制定决策提供专业的建议和指导；最后，这能够从整个技术层面给予帮助。

在聘请一家专业机构时，应考虑其是否具有以下能力。

- 处理问题的水平；
- 掌握充足的潜在目标方资料；

- 专业能力；
- 接触目标方的能力；
- 良好的声誉与并购专业知识；
- 丰富的经验，有成功的国内外并购经历。

第二节 并购目标筛选

一、确定筛选标准

筛选标准的设定应基于并购的战略目标。一旦筛选标准被设定好，收购方将按照重要程度将这些标准进行排序。通过这样一个过程，收购方将对并购交易可能给自己带来的重大利益有一个清晰的认识。

筛选标准的设定还应基于企业自身的战略目标、财务目标、预算和资源需求。筛选标准的设定具体包括：

- 行业，即目标方所处的行业，反映目标方业务与收购方是否可能存在战略匹配；
- 企业规模，即根据市值、收入规模、净资产价值等确定所期望的目标方规模；
- 盈利能力，即目标方的 EBITDA/EBIT、净利润和自由现金流指标；
- 股权结构，即理想的目标方控制权结构和股权性质（如国有还是私有股权），它反映收购方将与谁做交易以及交易的难度；
- 经营地点；
- 交易方式，即股权收购还是资产收购，境内收购还是境外收购；
- 可承受价格范围，即收购方能够负担得起的交易价格。

上述标准中大体分为企业层面的标准和交易层面的标准（后两条标准）。这些标准也被称为交易杀手（胡克，2000：178）[1]。交易杀手是指那些在下一步的筛选过程中候选企业必须具备的特性。除了很少的几个例外，任何不符合交易杀手准则的候选目标方都应该被抛弃，以便将注意力集中到几个可能的目标上来。此外，购买方还应设定一些经营层面的标准，包括以下几点。

- 营销方面，例如生产线、客户群、品牌、地理位置、销售渠道；
- 研究与开发，例如许可证、专利、研究开发中心、产品流水线和研究开发费用等；
- 生产方面，例如设施、劳动力供给、生产技术和能力。
- 管理方面，即考虑目标方管理风格、专业技术、对变化的接受能力、文化的兼容性以及交易完成后的管理模式。

经过以上标准的筛选后，还应进行下一步的筛选。

- 是否符合购买方企业的经营战略；
- 竞争地位和未来发展前景；
- 为收购方创造的价值。

---

[1] 杰弗里 C.胡克.兼并与收购实用指南 [M].陆猛，译.北京：经济科学出版社，2000.

二、圈定候选企业

目标方选择的第一步就是根据交易杀手准则建立一个并购目标候选群。通常在该阶段会将数量众多的企业纳入候选范围,然后通过适当的渠道获得这些候选企业初步评估的关键信息。

目标筛选依赖于高质量的企业数据。在中国搜集真实准确的企业资料有一定的难度,尤其是对民营企业信息的搜集,这时可以考虑聘请财务咨询机构。因为除了运用开放性的可得信息外,财务咨询机构还能够利用它们在国内外的专业资源以获得一些非公开的信息。表 4-3 总结了国内投资者在目标方信息搜集方面所面临的典型困难或问题及其可能的解决方案。

表 4-3 国内投资者面临的数据搜集方面的问题

典型问题	可能的解决方案
数据缺乏,尤其是当目标方为民营企业	需要自行预测
数据完整性(尤其是财务报表的可靠性)	反复核对从多种渠道取得的数据,以确保准确性
缺乏对企业内部和整体行业的研究	需要从公司管理层或业界人士获取信息

找到合适的目标方需要大量的时间和耐心。在找到一家既符合公司战略要求,又价格合理的目标方前,往往需要非常大范围的寻找和调查。

三、筛选候选企业

具体来说,在并购方确定一些候选目标方后,接下来的一步就是研究和分析这些目标方,从而缩小并购目标的筛选范围。

筛选过程中并购方采用一系列的标准对候选目标方进行筛选,使之符合并购(以及公司)战略。这是一个通过迭代过程寻求最优目标方的系统研究方法。成功的目标方筛选能够为交易的执行和交易后的整合奠定基础。图 4-1 列示了目标方筛选的过程。

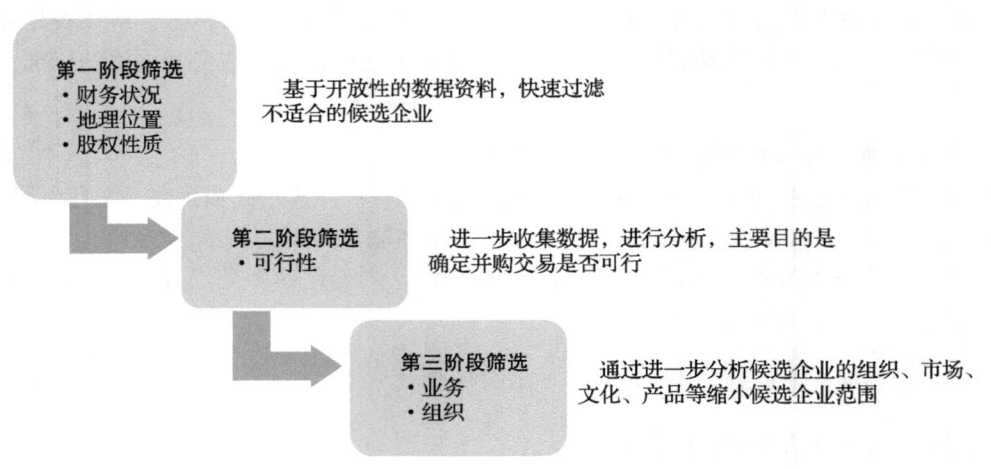

图 4-1 目标方筛选过程

筛选过程的三个阶段具体内容分别如下。

- **第一阶段筛选**：根据事前制定的标准，快速地过滤掉不适合的候选企业。将候选企业的数量减少至一个合理的规模以进行定性分析。这个筛选过程通常基于开放性的数据资料，包括分析候选企业的财务业绩、地理位置和企业组织结构及所有权结构。
- **第二阶段筛选**：进行可行性筛选，判断目标方的实际控制人是否有可能转让控制权。通常可以从如下两个角度分析收购的可行性：①候选企业的财务状况。一般存在现金流短期或沉重债务等财务问题的公司会有被收购的倾向。②候选企业的公司所有权结构。一般情况下，当企业所有者即将退位未有继承人、所有者不在位，或者是投资者欲实行退出战略时，该企业有对外出售的可能性。
- **第三阶段筛选**：进一步分析候选企业的组织、市场、文化、产品等方面，缩小目标方范围。这是整个筛选过程中最耗时的一个阶段。

在对目标方进行初步筛选后，下一步就是对初步入选的目标方进行分析。目标方分析是继第三阶段筛选后对剩下的几家目标方进行综合的、简洁的分析。定制的分析方案应该适合于交易需要，方案的主要部分应该包括以下几个方面。

- 经营战略
- 产品目标（评估）分析
- 重要的新闻报道
- 客户数据（有效的）
- 合并财务数据
- 分部的（或分国内国际市场的）财务业绩数据
- 企业文化
- 组织结构
- 并购方式：吸收合并还是控股合并
- 子公司、合营联营企业、股权性质、董事和高管情况

对初步入选的目标方所进行的分析是将目标方排序的基础，决定着最终几家目标方被选择的优先顺序。

四、排序潜在目标

在获得了分析资料的基础上，收购方的工作将转入分析和排序阶段。收购方应该根据候选目标方跟筛选标准的符合程度对其进行排序。

在这个过程中，收购方需要考虑以下几个问题：目标方的各方面表现如何？我们了解它们的管理特点吗？同时，收购方还要考虑支持这些问题答案的信息可靠性。把这些全部考虑周全后，收购方才能更好地决定先跟哪一家目标方接触。而且，这也能使收购方了解什么情况下放弃一家目标方而转向下一家。

五、接洽潜在目标

不要同时跟所有的候选目标方进行接触是很明智的。因为这不仅会为收购方的管理团队

带来大量的工作，影响日常运营活动，而且很可能造成消息泄露，最终抬高目标方的估价。

在接触一家目标方之前，收购方还应该做一些额外的研究和信息搜集，获得候选目标方的更多信息，例如目标方的所有者和管理团队，包括一些个人因素，如家庭情况、继承情况（如企业继承人对接管企业的意愿）。通常情况下，这些信息的搜集有利于谈判手段的确定。

一家经验丰富的收购方会做好以下几个方面。

- 制定适当的接触目标方的策略。包括：谁负责接触？如何接触？与目标方沟通哪些内容？跟谁接触？出现敌对行为如何处理？
- 制订适当的保密性和排他协议。
- 制订适当的谈判与尽职调查时间计划。

第三节　并购尽职调查

尽职调查（due diligence investigation）又称谨慎性调查，是指在并购交易完成之前对目标方的经营、财务、合规等状况所做的详细调查与深度分析。实施尽职调查的最根本原因在于并购双方的信息不对称。

当获得基本符合收购方发展战略的目标方名单后，收购方应对目标方进行初步评估，并在初步评估的基础上进行初步估价，确定收购的可行性。假如价格方面无法满足，则进一步的收购可能无法进行。经上述评估满足收购方要求后，收购方接下来应实行尽职调查以确保收购建立在全面的信息和周全的分析之上。同时，该程序也将促进后续收购过程的进行。

一、尽职调查的目的

尽职调查的目的在于帮助收购方识别和确认并购的价值以及发现和评估并购的风险。卖方通常会对企业各项风险因素有很清楚的了解，而收购方则往往处于信息劣势。因而，收购方有必要通过实施尽职调查来补救自己的信息不对称。一旦通过尽职调查为并购的可行性提供了充分的判断依据，就可以拟定并购方案（有的企业称之为并购可行性研究报告），并着手准备并购谈判。具体来说，尽职调查的目的主要包括以下两个方面。

（一）识别和确认并购的价值

收购方和卖方站在不同的角度分析企业的内在价值，往往会出现偏差，卖方可能高估也可能低估企业的内在价值。因为企业的内在价值不仅取决于当前的财务账面价值，同时也取决于未来的收益。对企业的内在价值进行评估和考量必须建立在尽职调查基础上。只有能够为收购方带来价值增值的目标方才应当在并购交易中被考虑。

识别具有价值的目标方的一个重要方面是识别目标方和收购方的协同效应。协同效应是指并购后的企业业绩表现优于两家企业作为独立的企业预期能够达到的业绩。简单地说，协同效应或者表现为收入的增加（财源扩充），或者表现为费用的减少（成本节约）。

（二）发现和评估并购的风险

从收购方角度讲，尽职调查是风险管理的第一步。收购方在调查中需要慎防卖方欺诈，关注可能的风险，诸如报表风险、资产风险、或有债务风险、环境责任风险、劳动责任风险、诉讼风险等。这些风险可能具体体现在：目标方过往财务账册的准确性；并购后目标方的主要员工、供应商和顾客是否会继续留下来；相关资产是否具有卖方赋予的相应价值；是否存在任何可能导致卖方运营或财务运作出现问题的因素等。尽职调查有助于发现影响并购价值的重大风险，并定性或定量评估风险的影响，从而最终判断并购的可行性。

尽职调查之后，收购方应能很好地回答下述几个问题。

- 通过初步评估发现的初步问题有哪些？这些问题是否会破坏交易的进行？
- 目标方的财务状况如何？
- 是否对目标方管理团队和所有者的背景进行了调查？
- 目标方的声誉如何？
- 目标方的财务状况和过去的业绩表现是否与收购方的风险承受能力相符？
- 目标方的规章制度对未来运营的影响是什么？

进行尽职调查有助于解决投资者在并购过程中遇到的一些问题。在开始阶段就把这些问题解决是非常有用的，这样能够很好地评估它们对交易和购买价格的影响。下面具体列出了这些问题。

- 完全（或部分）获得外资企业和项目的相关政府或管理机构的支持，这个过程是很漫长和耗费时间的；
- 尽职调查过程中，目标方往往是不愿意合作的，部分原因是目标方的并购经验不足；
- 由会计处理方法不同和会计准则不同（如国内会计准则与国际会计准则或其他会计准则的差异）引起的财务报表信息准确性存在问题；
- 尽职调查过程中，信息并非总是可得的；
- 估价方法的不同：国内公司倾向于使用资产评估法，对国际评估方法不熟悉；
- 目标方持有的一些不可转让资产（如许可证等）；
- 复杂的税收制度和由此引起的纳税风险。

二、尽职调查的原则

在做尽职调查时，以及几个原则在并购实践中极为重要。

- 独立原则：尽职调查的人员能够独立地进行尽职调查并且能够做出自己的判断，而且在尽职调查中能够保持客观公正的态度。
- 透彻原则：尽职调查的人员不仅要对有关的文件资料进行详尽的审核，还要与相关的当事人、政府机构和中介机构等进行调查和沟通。不能仅仅凭企业所提供的资料片面进行定夺。
- 全面原则：尽职调查的内容应该全面，要尽可能搜集到企业的所有资料。
- 区别对待原则：针对企业的不同特征，尽职调查的侧重点也应不同。企业的发展时期、所处的行业以及企业的背景等对尽职调查的侧重点均有重要影响，尽职调查人员应对企业的特征进行充分把握。

三、尽职调查的内容

一般来说,并购尽职调查按照内容可以分为经营尽职调查、法律尽职调查和财务尽职调查。其具体内容一般包括:目标方所在行业的状况、公司股权结构和股东、公司基本情况和历史沿革、管理层与人力资源、营销与销售、研究与开发、采购生产与服务、法律与监管、财务与会计、税务、管理信息系统等。但在实务中,具体的调查内容受交易的具体特征影响而各有侧重,有时还需要根据收购方关注的风险增加专项调查,比如人力资源调查、企业文化调查、环保调查等。

(一) 对目标方运营状况的调查

对目标方运营状况的调查,主要依据收购方的动机和策略的需要,调查并衡量目标方是否符合并购的标准。如果收购方想通过利用目标方的现有营销渠道来扩展市场,则应了解其现有的营销和销售组织及网络、主要客户及分布状况、客户的满意程度和购买力、主要竞争对手的市场占有率;在产品方面,则应了解产品质量,产品有无竞争力,新产品开发能力;还要了解目标方在生产、技术、市场营销能力、管理能力以及其他经营方面与本公司的匹配程度。除要对上述情况进行调查外,更重要的是还要查明并购后原有的供应商及主要客户是否会流失。

如果并购的目的是想利用目标方现有的生产设备及其他生产设施,则应注意了解这些生产设施是目标方自己的还是租赁的、其账面价值和重置价值、目前的使用情况、是否有其他用途等,还可以将自己设立同类工厂(即新建)与并购现有企业两个方案相比较。

(二) 对目标方规章制度、合同等法律方面的调查

(1)调查目标方组织、章程中的各项条款,尤其对重要的决定,如合并或资产出售的认可,须经百分之几以上股权的同意才能进行的规定,要予以充分的注意,以避免并购过程中受到阻碍;也应注意公司章程中是否有特别投票权的规定和限制;还应对股东大会及董事会的会议记录加以审查;如果是资产收购,还应取得股东大会同意此项出售的决议文件。

(2)对目标方的主要财务清单进行审查,了解其所有权归属、使用价格及重置价格,并了解其对外投资情况及公司财产投保范围。该公司若有租赁资产则应注意此类契约的条件对并购后的运营是否有利。

(3)审查目标方的全部对外书面契约。包括审查任何使用外界商标及专利权,或授权他人使用的权利与义务的约定,还有租赁、代理、借贷、技术授权等重要契约。审查中要特别注意在控制权改变后契约是否继续有效。在债务方面,应审查目标方的一切债务关系,注意其偿还期限、利率及债权人对其是否有何种限制。其他问题如公司与供应商和代理销售商之间的契约上的权利义务、公司与员工之间的雇用合同及有关工资福利待遇的规定等,都应给予审查。

(4)还应对目标方过去所涉及的诉讼案件加以了解,弄清这些诉讼案件是否会影响到目前和将来的利益。

(三) 对目标方财务和会计问题的调查

对目标方财务和会计方面的调查,可以聘请会计师事务所协助完成。调查的目的在于确

定目标方所提供的财务报表是否准确地反映了该公司的真实状况，若发现有误，则要求其对财务报表做必要的调整。通过调查还可以发现目标方的一些未透露之事，如透过目标方的律师费支出，可能会发现未被披露的法律诉讼案件。又如，通过对各种周转率（如应收账款周转率、存货周转率等）进行分析，可以发现有无虚列财产价值或虚增收入等现象。

在资产科目的审查方面，应注意在账面上是否存在不能收回的应收账款，是否为疑账、现金及商业折扣、过期的应收账款、销售退回和折让等提供充分的坏账准备。对于长期股权投资则要注意所投资公司的财务状况。对土地、建筑物、设备及无形资产（如专利权、商标、商誉等）的价值评估，应依据双方事先约定的评估方式进行调整。

在负债方面，应尽可能查明任何未记录的债务，对于未列示或列示不足的债务，必要时可要求卖方开立证明，保证若有未列债务出现应由其自行负责。若有些债务已经到期未付，则应特别注意债权人法律上的追索问题以及额外利息的支付。还应进行税务审查，确定应交税款的数额及应由谁来缴纳，过去是否存在偷漏税收，是否存在应交税金。对目标方负债的检查，还应注意是否有对其他人借贷的担保承诺，因为这可能会因负连带责任而导致额外的损失。

此外，还应审查目标方在未来是否存在重大支出的需要，如工厂迁址和扩建、新产品开发等。对于涉及国际业务的目标方，还应注意审查汇率变动、外汇管制等问题。

四、尽职调查的流程

尽职调查是由一系列持续的活动组成的，包括对目标方资料的收集、检查、分析和核实等。对于一个重大投资项目，收购方尽职调查通常须经历以下程序：成立调查小组—与卖方签署保密协议—提供材料清单—实地调查和分析相关资料—撰写调查报告—内部复核—递交汇报—归档管理—参与并购方案设计。

（1）收购方组织会计师和律师等外部顾问和内部经理人共同组成项目组，来对目标方进行全方位的尽职调查。需要指出的是，必须要有内部经理人参与调查。联想并购IBM全球PC业务，并购团队来自企业内部所有部门，包括人力资源、财务、行政、供应链、IT、研发等部门，2003年年底开始聘请第三方机构，先是聘请麦肯锡为战略顾问，开始全面了解IBM个人电脑业务的状况以及整合的可行性；2004年春节过后，又聘请高盛担任财务顾问，针对相关收购方案展开全面探讨。随后，相继聘请安永、普华永道为审计师和税务顾问，奥美为公关顾问，并最终促成了这场并购。

（2）目标方参照材料清单提供相关资料。在尽职调查前，收购方首先要制定尽职调查的目标，并根据并购目的、交易内容等设计制作尽职调查清单，然后由目标方提供有关书面资料。收购方在收到资料后，将复印件与原件核对，由交接双方签字确认。同时要求目标方及其管理层出具说明书，确认其提供的文件和资料内容属实且无重大遗漏。

（3）根据综合获取的目标方信息，结合并购的总体设想，全方位调查。调查渠道包括对目标方及其开发项目进行现场调查，审阅书面资料，约谈其管理层和员工；同时从目标方所在地的工商、税务、国土、规划、房产、劳动、司法等政府部门，目标方的开户或贷款银行、债权人、债务人、供应商、客户等，及各类数据库获取信息，调查目标方及其开发项目的基本情况、合法性等，调查目标方信用状况和重大债权债务状况等。其中实地考察与现场感受是全方位尽职调查中至关重要的一环。有经验的并购经理在数以百计的现场调研中形成一种直觉，发掘出目标方真正的成长点，或者辨别出商业计划书中不真实之处。华视传媒诉 DMG 就是一个典型案例。2010 年年底华视传媒一纸诉讼将 DMG 前股东告上了纽约高等法院。其理由是：DMG 前股东提供虚假财务信息诱使华视高价收购了 DMG，"安永审计报告披露的 DMG 2009 年前 8 个月的收入，与 DMG 管理层所做陈述不符，DMG 管理层对其财务进行了虚假陈述"。华视传媒因为没有进行全方位的尽职调查，只是根据股东提供的财务账面价值分析，而没有进行现场考察或只是流于形式，使其没能够真正地还原 DMG 的真实运营情况，导致其高估 DMG 的内在价值。

（4）评估风险基础上做出尽职调查报告。在广泛调查基础上进行风险分析，找出关键的风险因素，并评价项目的预期财务效益。调查报告应将调查所发现的问题逐一列出，说明问题的性质、存在的风险及应对措施，特别是对目标方存在的可能构成收购重大影响的问题提出初步建议和风险提示。

五、尽职调查报告

尽职调查的结果将形成一份尽职调查报告，总结尽职调查的执行情况及所发现的问题，并对问题的性质进行分析。如果问题的性质比较严重，影响并购交易的达成或影响并购后整合的顺利进行，则需要充分讨论应对措施，并结合企业的风险承受能力考虑是否放弃交易。

第四节　并购匹配分析

一、并购匹配的含义

并购匹配是指收购方确认的目标方资源满足收购方需求的程度，其分析实质是求解一个供求关系问题，即目标方的资源供给能否满足收购方的需求。将目标方的素质作为目标方选择的焦点，似乎成了一个当然的惯例，然而这种观点是一个重要的错误。对并购双方匹配程度缺乏充分考虑的并购在一个竞争的市场中是难以创造价值的。这是因为，单纯从目标方可能为收购方所带来的价值的角度看，目标方对不同的收购方的价值（目标方的独立价值）是相同的，而这种价值会因为竞争市场中的竞价机制更多地为目标方的股东所获得。实际上，这时候目标方如同产品市场中的一件普通商品，拍卖机制使得价格不断上涨，直到其价值被完全竞争掉（compete away）（Capron and Pistre，2002）⊖。但并购市场上还是存在获利的收购方的，Barney（1986）将少数例外的获得超常收益的收购方的收益来源归结为他要么是拥有其他收购方所不具有的私人信息，要么是有更好的运气。

收购方如何可以有更好的运气不在我们研究的范围之内，但他的私人信息的内容却令人感兴趣。假设在一个竞争的市场中关于目标方的信息是充分流动的，那么收购方所能获得的私人信息只能是他所具有而别的收购方所不具有的与目标方协同的信息。他与目标方所能产

⊖　Capron L and Pistre N.When Do Acquirers Earn Abnormal Return？［J］. Strategic Management Journal, 23(9),2002,781-794.

　　Barney J B.Organization Culture:Can It Be a Source of Sustained Competitive Advantage？［J］. Academy of Management, 11(3), 1986, 656-665.

生的独有的协同效应是他值得为目标方比别的收购方多支付的原因。

所以，目标方选择的核心应是并购双方的协同价值的评估。由于协同的价值取决于并购双方的匹配程度，因此目标方的素质不应是目标方选择的焦点，真正有价值的分析焦点应是并购双方的匹配程度。

匹配程度是指从收购方的角度来判断并购双方适宜并购的程度。并购双方的匹配取决于四个方面：从战略角度看，并购双方存在协同效应；从组织角度看，并购双方存在组织相容性；从财务角度看，并购能为并购双方的股东创造价值；从法律角度看，并购不存在法律障碍。简而言之，匹配的并购应满足四个条件：战略匹配、组织兼容、财务可行、法律合规（见图4-2）。

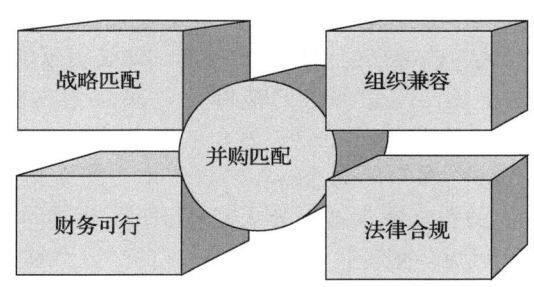

图4-2 并购匹配的四个要素

二、匹配的价值来源

并购双方是否战略匹配这个问题可以分解为三个具体问题：匹配的并购将产生哪类协同？协同将来自哪些资源？资源多大程度上可以被整合？这三个具体问题实际上分别对应着三个关键词：潜在协同、协同来源、转移效率。

资源匹配不仅关注并购双方是否存在潜在协同，而且还关注构成协同来源的优势资源是否可以在并购双方间转移。比如，对客户而言，并购后是否可以向公司的客户交叉销售并购双方的产品；对管理流程而言，一方的优秀流程是否可以移植到另一方。

三、并购匹配的评价

在进行并购匹配度的评价时，以并购方向的确定为例，主要从以下五个方面进行。

- 对收购方自身资源进行分析，了解短缺资源，明确收购方的资源需求，确定并购方向；
- 根据并购方向，从行业、区域、规模和盈利能力方面选取衡量并购匹配度的指标；
- 对潜在目标方的信息进行搜集、分类和整理，区分用于定性和定量分析的数据；
- 分别计算收购方和潜在目标方在行业、区域、规模、盈利能力方面各评价指标间的差距；
- 将计算的综合并购匹配度结果按照从高到低排序，再结合潜在目标方的其他基本信息。例如企业的发展战略、企业文化等，进行综合评价，筛选目标方群。

（一）评价的原则

并购匹配评价应遵循价值导向和未来导向。所谓匹配评价的价值导向是指应以增加企业价值作为匹配程度的判断基准，其核心是对协同效应的价值评估。所谓匹配评价的未来导向是指应以支持企业未来价值增长的资源作为评价的范围，着眼于资源的未来价值贡献而不是其现时所能创造的价值，或者说关注资源的价值增长潜力而不是资源目前的生产能力。

并购匹配的价值导向决定了并购匹配必须具备如下两个特征。一是形成促进持续增长的强劲驱动力，这实际意味着并购双方存在显著的潜在协同；二是并购双方容易整合为新的实体，这实际意味着并购双方之间的资源转移效率比较高。

因此，在判断匹配时，首先应寻找促进持续增长的驱动力，可能会发现若干种驱动力；然后判断这些驱动力对增长的贡献强度，区分谁是强劲驱动力；再次，判断形成这些强劲驱动力需要进行的资源整合难易程度，这种难易程度决定了强劲驱动力的折扣系数。这样最后计算出来的增长贡献度可反映并购带来的预期收益程度，增长贡献度越大，匹配程度越高。

从未来导向这个原则出发，匹配评价的范围可以确定为是对3C的评价，3C即资本（capital）、能力（capability）和文化（culture）。这里的资本是指使用权型资产，即企业的人力资本（human capital）和社会资本（social capital）。资本、能力和文化相比于产权型资产而言，从价值贡献来看，它们的贡献通常被局外人只认识到"浮在水面上的部分"，而更大贡献通常不如产权型资产直观可见。但往往是那些被发现的"隐藏在水面之下的部分"所创造的价值才能支持并购后企业价值的持续增长，所以匹配评价的重点应以对资本、能力和文化这三种资源的匹配为主。3C的特点在于，从价值反映来看，它们不是账面资产，而是账外资源；从价值计量来看，它们的价值有较大的不确定性，而不是根据传统的方法易于进行会计计量。

（二）战略匹配的评价

战略匹配是指并购双方创造经营协同效应和财务协同效应的潜力。目标方并非特别优秀就会形成与收购方的战略匹配，就像不能简单地说靓女一定与帅哥般配。

对潜在协同的评估首先要评估协同效应的真实性，即分析协同效应是否有明确的来源，或者说寻找协同效应的经济动因来自何处。从战略出发，协同效应可以区分为规模协同和互补协同。规模协同来源于并购双方整合所产生的规模经济或市场势力，互补协同来源于并购双方整合后所产生的范围经济、学习经济或交易成本的节约。因此，在战略匹配评价时，可以先区分潜在协同的类别是经营协同还是财务协同，再分别评价每一类协同的经济动因。

其次，要评估协同效应的持续性。比如，裁减冗员或撤销重叠的经营网点（如零售业的店面、银行业的店面等）对成本的影响可能是一次性的，而规模化采购获得的价格优惠可能是持续性的。

（三）组织兼容的评价

并购双方组织结构的整合带来的是原有分工体系的解体或改变，由此形成新的专业分工、工作流程、决策流程、个人角色和职责范围，以及上下级关系的调整。并购后的组织结构应该充分考虑并购双方的组织结构的差异和由此造成的管理模式上的差异，不能一味地强调采用并购方的组织结构，另外，在跨国并购中，必须充分考虑各个地区市场在经营环境和市场特点方面的差异，从而合理划分实现全球化的管理职能、实现区域协调的职能和充分本土化的职能，在实现规模经济和协同效应的同时，使各业务单位能够快速而准确地对市场需求做出反应。此外，并购双方的组织兼容性也会影响协同效应的折扣。

（四）财务可行的评价

财务可行不是体现在收购方的资产负债表上有多少现金，而是反映在收购方的融资能力以及偿付融资的能力。

寻求财务性并购的企业会寻找受管理不善、效益不佳或受经济、产业环境等因素影响，价值被低估的目标方，通过并购对目标方进行重组、包装，然后很快以较高的价格出售以获取价差收益，或获取税收效益等。

（五）法律合规的评价

从律师的角度看，并购是涉及一系列正式约定的法律行为。自然地，并购交易也应符合法规的约束。并购双方规模过大可能违反垄断法，收购方的外资或非国有身份可能禁止在某些行业的并购，收购方对上市公司的收购还会触及证券监管法规。在中国并购所涉及的法规将在第十章介绍。

（六）并购匹配评价指标

对并购匹配评价指标主要从行业、区域、规模和成本四个方面进行。收购方在明确自身的发展战略后，就可以选择与自身所处行业是否相关的企业进行并购；并购双方所处的地理位置等区域因素对目标方的组织结构和文化氛围有很大的影响；只有并购双方的企业规模相匹配时，收购方才有足够能力吸收、消化、转移目标方的资源；拥有较低的成本，股东的回报往往也越高。

本章小结

并购循环始于并购规划。并购规划获得企业决策机构认可后，并购的牵头部门就要着手组建并购的组织机构，包括企业内部的并购小组和企业外部的顾问。外部顾问一般由投行作为财务顾问和牵头顾问，另外还通常包括会计师、律师、评估师等其他中介机构。牵头顾问的主要职责包括：协助公司制定并购战略、协助公司委任其他顾问、协助公司实施并购交易、协调外部关系。

并购如同婚姻，而目标方如同婚姻的伴侣。错误的伴侣注定是失败的婚姻，似乎映射错误的目标方注定是失败的并购。那么如何寻找匹配的目标方呢？这大体包括三个步骤：目标方筛选、对目标方实施尽职调查、并购匹配分析。

目标方筛选的步骤包括确定筛选标准、圈定候选企业、筛选候选企业、排序潜在目标和接洽潜在目标。与潜在目标方接洽之后，双方如果你情我愿，则可以在签署保密协议和框架协议之后，进入尽职调查环节。

尽职调查的目的在于帮助收购方识别和确认并购的价值以及发现和评估并购的风险。并购尽职调查按照内容可以分为经营尽职调查、法律尽职调查和财务尽职调查，有时还需要根据收购方关注的风险增加调查内容，比如人力资源调查、企业文化调查、环保调查等。

并购匹配是指收购方确认的目标方资源满足收购方需求的程度。并购双方的匹配取决于四个方面：从战略角度看，并购双方存在协同效应；从组织角度看，并购双方存在组织相容性；从财务角度看，并购能为并购双方的股东创造价值；从法律角度看，并购不存在法律障碍。

简而言之，匹配的并购应满足四个条件：战略匹配、组织兼容、财务可行、法律合规。

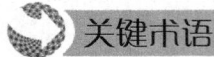

关键术语

并购顾问　　　　　　　尽职调查　　　　　　　并购匹配

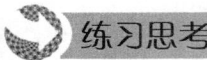

练习思考题

假设联想想通过收购来发展手机业务，黑莓和摩托罗拉移动都列入了候选目标。请从联想的角度拟定手机业务收购目标的筛选标准，并对这两个候选目标进行初步评估，给出哪一个候选目标更值得收购的建议。请根据匹配分析的框架，评价联想收购摩托罗拉移动的匹配程度。

附录 4A　尽职调查报告大纲

第一章　公司简介

1. 公司成立背景及情况介绍；
2. 公司历史沿革；
3. 公司成立以来股权结构的变化及增资和资产重组情况；
4. 公司成立以来主要发展阶段，以及每一阶段变化发展的原因；
5. 公司成立以来业务发展、生产能力、盈利能力、销售数量、产品结构的主要变化情况；
6. 公司对外投资情况，包括投资金额、投资比例、投资性质、投资收益等情况和被投资主要单位情况介绍；
7. 公司员工状况，包括年龄结构、受教育程度结构、岗位分布结构和技术职称分布结构；
8. 董事、监事及高级管理人员的简历；
9. 公司历年股利发放情况和公司现在的股利分配政策；
10. 公司实施高级管理人员和职工持股计划情况。

第二章　公司组织结构调查

1. 公司现在建立的组织管理结构；
2. 公司章程；
3. 公司董事会的构成，董事。高级管理人员和监事会成员在外兼职情况；
4. 公司股东结构，主要股东情况介绍，包括背景情况、股权比例、主要业务、注册资本、资产状况、盈利状况、经营范围和法定代表人等；
5. 公司和上述主要股东业务往来情况（如原材料供应、合作研究开发产品、专利技术和知识产权共同使用、销售代理等），资金往来情况，有无关联交易合同规范上述业务和资金往来及交易；
6. 公司主要股东对公司业务发展有哪些支持，包括资金、市场开拓、研究开发、技术投入等；
7. 公司附属公司（厂）的有关资料，包括名称、业务、资产状况、财务状及收入和盈利状况、对外业务往来情况；

8. 控股子公司的有关资料，包括名称、业务、资产状况、财务状况及收入和盈利状况、对外业务往来情况、内资金客户业务往来情况；

9. 公司与上述全资附属公司（厂）、控股子公司在行政上、销售上、材料供应上、人事上如何统一进行管理；

10. 主要参股公司情况介绍。

第三章 供 应

1. 公司在业务中所需的原材料种类及其他辅料，包括用途及在原材料需求中的比重；

2. 上述原材料主要供应商的情况，公司有无与有关供应商签订长期供货合同，若有，请说明合同的主要条款；

3. 请列出各供应商所提供的原材料在公司总采购中所占的比例；

4. 公司主要外协厂商名单及基本情况，外协部件明细，外协模具明细及分布情况，各外协件价格及供货周期，外协厂商资质认证情况；

5. 公司有无进口原材料，若有，该进口原材料的比重，国家对进口该原材料有无政策上的限制；

6. 公司与原材料供应商交易的结算方式，有无信用交易；

7. 公司对主要能源的消耗情况。

第四章 企业业务和产品

1. 公司目前所从事的主要业务及业务描述，各业务在整个业务收入中的重要性；

2. 主要业务所处行业的背景资料；

3. 该业务的发展前景；

4. 主要业务近年来的增长情况，包括销量、收入、市场份额、销售价格走势，各类产品在公司销售收入及利润中各自的比重；

5. 公司产品系列，产品零部件构成细分及明细；

6. 公司产品结构，分类介绍公司目前所生产主要产品情况和近年来销售情况；产品需求状况；

7. 上述产品的产品质量、技术含量、功能和用途、应用的主要技术、技术性能指标、产品的竞争力等情况；针对的特定消费群体；

8. 公司是否有专利产品，若有，公司有哪些保护措施；

9. 公司产品使用何种商标进行销售，上述商标是否为公司注册独家使用；

10. 上述产品所获得的主要奖励和荣誉称号；

11. 公司对提高产品质量、提升产品档次、增强产品竞争力等方面将采取哪些措施；

12. 公司新产品开发情况。

第五章 销 售

1. 简述公司产品国内外销售市场开拓及销售网络的建立历程；

2. 公司主要客户有哪些，并介绍主要客户的有关情况，主要客户在公司销售总额中的比重；公司主要客户的地域分布状况；

3. 公司产品国内主要销售地域，销售管理及销售网络分布情况；

4. 公司产品国内外销售比例，外销主要国家和地区分布结构及比例；

5. 公司是否有长期固定价格销售合同；

6. 公司扩大销售的主要措施和营销手段；

7. 销售人员的结构情况，包括人数、学历、工作经验、分工等；

8. 公司对销售人员的主要激励措施；

9. 公司的广告策略如何，广告的主要媒体及在每一媒体上广告费用支出比例，公司每年广告费用总支出数额及增长情况，广告费用总支出占公司费用总支出的比例；

10. 请列出公司在国内外市场上主要竞争对手名单及主要竞争对手的主要资料，公司和主要竞争对手在国内外市场上各自所占的市场比例；

11. 公司为消费者提供哪些售后服务，具体怎样安排；

12. 公司的赊销期限一般多长，赊销部分占销售总额的比例多大；历史上是否发生过坏账，每年实际坏账金额占应收账款的比例如何；主要赊销客户的情况及信誉；

13. 公司是否拥有进出口权，若无，公司主要委托哪家外贸公司代理，该外贸公司的主要情况介绍；

14. 后"经济危机时代"，对公司产品有哪些影响。

第六章　研究与开发

1. 详细介绍公司研究所的情况，包括成立的时间，研究开发实力、已经取得的研究开发成果，主要研究设备、研究开发手段、研究开发程序、研究开发组织管理结构等情况；

2. 公司技术开发人员的结构，工程师和主要技术开发人员的简历；

3. 与公司合作的主要研究开发机构名单及合作开发情况；合作单位主要情况介绍；

4. 公司目前自主拥有的主要专利技术、自主知识产权、专利情况，包括名称、用途、应用情况，获奖情况；

5. 公司每年投入的研究开发费用及占公司营业收入的比例；

6. 公司目前正在研究开发的新技术及新产品有哪些；

7. 公司新产品的开发周期；

8. 未来计划研究开发的新技术和新产品。

第七章　公司主要固定资产和经营设施

1. 公司主要固定资产的构成情况，包括主要设备名称、原值、净值、数量、使用及折旧情况、技术先进程度；

2. 按生产经营用途、辅助生产经营用途、非生产经营用途、办公用途、运输用途和其他用途分类，固定资产分布情况；

3. 公司所拥有的房屋建筑物等物业设施情况，包括建筑面积、占地面积、原值、净值、折旧情况以及取得方式；

4. 公司目前主要在建工程情况，包括名称、投资计划、建设周期、开工日期、竣工日期、进展情况和是否得到政府部门的许可；

5. 公司目前所拥有的土地的性质、面积、市场价格、取得方式和当时购买价格（租赁价格）。

第八章　公司财务

1. 公司收入、利润来源及构成；

2. 公司主营业务成本构成情况，公司管理费用构成情况；
3. 公司销售费用构成情况；
4. 主营业务收入占总收入的比例；
5. 公司主要支出的构成情况；
6. 公司前三年应收账款周转率、存货周转率、流动比率、速动比率、净资产收益率、毛利率、资产负债比率等财务指标；
7. 公司前三年资产负债表、利润及利润分配表；
8. 对公司未来主要收入和支出有重大影响的因素有哪些；
9. 公司目前执行的各种税率情况。

第九章　公司主要债权和债务

1. 公司目前主要有哪些债权，该债权形成的原因；
2. 公司目前主要的银行贷款，该贷款的金额、利率、期限、到期日及是否有逾期贷款；
3. 公司对关联人（股东、员工、控股子公司）的借款情况；
4. 公司对主要股东和其他公司及企业的借款进行担保及抵押情况。

第十章　投资项目

1. 本次募集资金投资项目的主要情况介绍，包括项目可行性、立项情况、用途、投资总额、计划开工日期、项目背景资料、投资回收期、财务收益率，达产后每年销售收入和盈利情况；
2. 投资项目的技术含量，技术先进程度，未来市场发展前景和对整个公司发展的影响；
3. 公司目前已经完成主要投资项目有哪些，完成的主要投向项目情况介绍。

第十一章　其　　他

1. 公司现在所使用技术和生产工艺的先进程度、成熟程度、特点、性能和优势；
2. 与同行业竞争对手相比，公司目前主要的经营优势、管理优势、竞争优势、市场优势和技术优势；
3. 公司、公司主要股东和公司董事、高级管理人员目前是否涉及有法律诉讼，如有，对公司影响如何。

第十二章　行业背景资料

1. 请介绍近年来行业发展的情况；
2. 国家对该行业的有关产业政策、管理措施，及未来可能发生的政策变化；
3. 该行业的市场竞争程度，并介绍同行业主要竞争对手的情况，包括年生产能力、年实际产量、年销售数量、销售收入、市场份额、在国内市场的地位；
4. 国外该行业的发展情况；
5. 国家现行相关政策对该行业的影响；
6. 目前全国市场情况介绍，包括年需求量、年供给量、地域需求分布、地域供给分布、生产企业数量，是否受同类进口产品的竞争。

第五章
并购估值

学习目标

1. 了解独立企业价值评估的三类方法。
2. 了解协同效应价值评估的四种方法。
3. 掌握协同效应的分部加总评估法。
4. 理解并购溢价的影响因素。

引导案例

谷歌出售摩托罗拉

《财富》评选的 2014 年最糟糕的几桩并购交易，谷歌转让摩托罗拉位列其中。

摩托罗拉曾是 IT 业界一代翘楚。但自 2007 年，摩托罗拉手机销售直线下滑，其全球手机生产商"老二"的位置也被三星取代，一度被外界大肆赞扬的 CEO 爱德华·詹德黯然下课后，进退维谷的摩托罗拉一直在寻求买主。2011 年，已 83 岁的摩托罗拉手机部门被谷歌收购。

但是，谷歌花费 125 亿美元巨资将摩托罗拉手机业务揽入怀中，经过两年多磨合，却发现摩托罗拉是烫手山芋。谷歌收购摩托罗拉移动业务后，连续两次裁员，又鲜有新产品推向市场，而安卓系统是个开放平台，在全球范围内拥有三星、HTC、LG 等诸多手机硬件厂商合作伙伴。

谷歌收购摩托罗拉移动业务后，公司拥有了庞大的专利库，但在如何平衡安卓阵营合作伙伴的微妙关系方面，谷歌公司如同走钢丝，颤颤巍巍地在旗下的摩托罗拉与其他公司之间寻找平衡。

在收购摩托罗拉后的两年多时间内，谷歌为了避嫌，刻意与摩托罗拉保持一定的距离，甚至将其自有品牌 Nexus 系列第四代、第五代手机交给韩国 LG 公司设计与制造。

为了早日结束尴尬局面，谷歌急于要将摩托罗拉出手。2014 年 1 月 30 日，联想集团以 29 亿美元的价格从谷歌手中收购了摩托罗拉移动，包括摩托罗拉旗下的 3500 名员工、其持有的 2000 项专利、摩托罗拉移动品牌和商标组合，以及全球 50 多家运营商的合作关系。

谷歌在收购这个曾经主导手机市场的品牌时花了 125 亿美元。三年后谷歌把这项业务（除了一些专利）以 29 亿美元的价格转让给了联想公司，是不是真的赔大发了？

2012 年 12 月 19 日，谷歌将摩托罗拉家庭业务部门出售给专注于为全球住宅及企业用户提供宽带设备设计、工程服务的 Arris 公司，这笔交易最终使谷歌获益 25 亿美元左右。同时，谷歌利用摩托罗拉在美国和全球的累计税收亏损减免政策，至今已获取约 31 亿美元收入。况且在并购时，摩托罗拉移动业务带着 30 亿美元现金的"陪嫁"。

更重要的是，在谷歌 125 亿美元的并购中，有 55 亿美元是购买专利和成熟技术，而此次抛售，谷歌保留了 1.8 万项专利中的绝大部分，联想仅获得 2000 项专利。这么一算，这笔交易，谷歌亏了吗？

第一节　目标方估值

一、并购估值的特点

（一）企业价值

从企业的经营角度来看，企业价值表现的是企业在一定时期和一定条件下为利益相关者带来的持续获利的能力。在金融经济学方面，企业价值被定义为由该企业通过加权平均资本成本所贴现的预期自有现金流量的现值。因此，企业价值受到企业财务决策的重要影响，是企业资金的时间价值、投资风险和持续发展能力的重要体现。

在市场经济的作用下，企业作为一种可以交易或买卖的特殊商品，一样具有价值、使用价值以及交换价值。对于企业而言，首先企业中所包含的人力劳动使得其具有价值，同普通商品一样，这种价值也是由凝结于其中的社会必要劳动时间所决定的。另外，企业的使用价值是由其自身属性所决定的，表现在人们通过经营企业来生产商品、提供服务，从而获得一定的利润。但是由于企业能够通过有效的经营来增加自身所获得的价值，企业的使用价值也存在着与普通商品相比的特殊性。最后，在产权交易市场上，企业可以通过并购等方式用货币进行交换，并且直观地表现为价格形式，可以说明企业是具有交换价值的。因此，企业可以说是一种特殊的商品，这种商品同样具备价值、使用价值以及交换价值统一的性质。对于企业的价值来说，它具有以下特征。

（1）持续性：企业的价值是对于企业未来获利能力的一种反映，它的实现是一个长期的过程。企业价值反映了关于企业预期收益以及管理方面的预测，而这两方面都与企业的可持续盈利能力相关。企业如果拥有较强的可持续盈利能力，那么意味着它在可预期的未来将有能力获得超过各项成本数额并且稳定增长的现金流量，进而可以判断企业具有较高的价值。

（2）整体性：企业的价值涵盖的内容十分丰富，它包含了企业所具有的各类别资产的全部状况。在衡量企业整体状况、属性和业绩的指标中，企业价值表现得更为全面和准确。另外，企业价值所包含的也不仅仅只是内部资源配置、管理能力等一些企业内在因素，还包括所有企业外部对企业产生的影响。所以，企业的价值可以说是企业各种资产以及外部影响有机结合所产生的一个整体性的价值概念。

（3）多元性：企业作为众多利益相关者通过契约关系产生的联结体，在经营方面所要追求的就是为众多利益相关者创造财富，获取利益以及承担相应的社会责任。因此，企业价值在反映企业经营状况的同时，也有效地反映出了企业利益相关者的利益。

（4）可估性：由于视角、偏好以及判断能力的不同，不同的信息需求者对同一企业价值的评价可能会得到不同的结果。正是由于这种情况的存在，人们在估测持续经营状态下的企业价值时创造了多种不同的价值评估方法，以便使信息需求者可以多角度地认识和理解企业价值。

（二）并购估值的特点

一般的企业价值评估是对评估对象单体独立价值的评估，而并购情形下，除了目标方的独立价值，收购方还关注并购双方的协同效应所产生的价值。

为并购的目的所评估出来的价值仅是目标方定价的参考，最终的交易价格则取决于交易双方的博弈结果。换句话说，估值的结果不同于定价的结果。

二、常用估值方法[一]

企业估值有三类常用的传统方法，即收益法、市场法和成本法。选择恰当的方法取决于所获得的目标方数据（见图 5-1）。

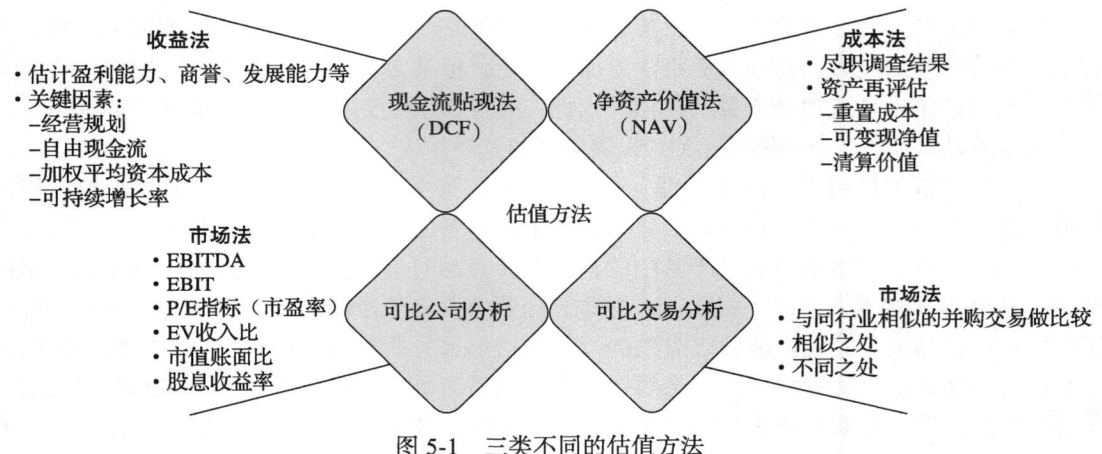

图 5-1　三类不同的估值方法

（一）收益法

企业价值评估中的收益法是指将预期收益资本化或者折现以确定评估对象价值的评估方法。这些预期利益可能包括收入增加、成本节约、税收减免，以及资产处置收益。

现金流贴现法将预期现金流以一个贴现率转为现值，该贴现率包含无风险利率、通货膨胀率以及现金流按时、按金额贴现的风险。被选定的贴现率通常基于其他类似投资的已知贴现率来确定。现金流贴现法所使用的现金流可以选择股权自由现金流或企业自由现金流，相应地在贴现时所使用的贴现率应分别为股权资本成本或加权平均资本成本。

用现金流贴现法评估企业价值时，应当考虑预期未来收入、费用、运营成本、资本支出、债务、经营与财务风险，以及其他投资方案。

使用收益法时应对被评估企业和可比企业财务报表进行必要的分析和调整，以合理反映企业的财务状况和盈利能力。根据评估业务的具体情况，分析和调整事项通常包括：

- 财务报表编制基础；

[一] 关于企业价值评估方法的行业规范可参阅中国资产评估协会于 2011 年发布的《资产评估准则——企业价值》。

- 非经常性收入和支出；
- 非经营性资产、负债和溢余资产⊖及其相关的收入和支出。

综合以上说明，以收益法评估股权价值，基本的计算过程如下：

$$股东全部权益价值 = 企业价值 - 付息债务$$
$$企业价值 = 经营性资产价值 + 溢余及非经营性资产价值$$
$$经营性资产价值 = 未来收益期内各期收益的现值之和$$

收益法的优势在于以未来预期收益为标准，考虑了公司收入来源或费用方面综合变动。这种现金流之间存在的内在关系是该方法最大的优势。

（二）市场法

企业价值评估中的市场法是指将评估对象与可比上市公司或者可比交易案例进行比较以确定评估对象价值的评估方法。市场法常用的两种具体方法是可比公司法和可比交易法，它们都需要计算适当的价值比率。

用市场法评估企业价值时，需要考虑被评估企业相对于其他企业的财务状况和经营业绩。作为对照组的企业应具有以下特点：曾被公开交易的企业，并且满足①经营业务范围相同或类似；②面临相似的经济、环境和政治因素；③能够被认为是合理的投资备选企业。

价值比率通常包括盈利比率、资产比率、收入比率和其他特定比率。在选择、计算、应用价值比率时，应当考虑：

- 选择的价值比率有利于合理确定评估对象的价值；
- 计算价值比率的数据口径及计算方式一致；
- 应用价值比率时对可比企业和被评估企业间的差异进行合理调整。

市场法是三种方法中运用起来最简单的方法。该方法能够很快地估计出目标方的价值，尤其是当市场上有很多公开交易的可比公司时。然而，运用简单也可能导致操纵和滥用。可比公司的选择应该充分考虑到目标方与其存在的不同之处，这一点需要准确的判断与丰富的经验。

（三）成本法

企业价值评估中的成本法（也叫作资产基础法）是指以被评估企业评估基准日的资产负债表为基础，合理评估企业表内及表外各项资产、负债价值，以确定评估对象价值的评估方法。资产价值基础法包括账面价值法、清算价值法、重置成本法、市场价值法、公平价值法。

重置成本法通过确定目标方各单项资产的重置成本，减去其实体有形损耗、功能性贬值和经济性贬值，来评定目标方各单项资产的重估价值，以各单项资产评估价值加总再减去负债作为被并购企业价值的参考。实体有形损耗引起的价值损失是由于长期磨损、零件活动等物理因素而导致的资产寿命和性能降低所致；功能性贬值引起的价值损失是由于内部因素所致，包括过量生产、使用不当以及科技进步等，这些会影响资产本身以及与其他零部件的相

⊖ 企业的所有资产首先可区分为经营性资产和非经营性资产，经营性资产可再细分为必备的经营性资产和溢余的经营性资产。必备的经营性资产是企业现时或未来持续生产经营活动所需的资产，溢余的经营性资产是指超过了企业现时或未来持续生产经营活动必备规模的资产。溢余资产本质上是经营性的，只是相对于预测的收益规模是多余的。

互配合；经济性贬值引起的价值损失是由于外部的经济因素所致，包括外部环境的变化、法律制定的变化和供求关系的变化。

成本法的优势在于该方法相对比较客观，不要求很多的主观判断和假定；劣势在于存在无法取得经济利益的风险。

三、估值方法的选用

企业价值取决于很多因素，具体如下。

- 经营业务性质；
- 经济形势和行业前景；
- 账面价值和财务状况；
- 过去的经营业绩和预期盈利能力；
- 股利分配政策；
- 有形资产和无形资产；
- 以往的并购交易；
- 相同或相似经营范围的其他企业市值。

价值评估是一种艺术与科学的结合。估值过程中计量方法的使用体现了精确性，而定性因素的分析，如财务指标和可比公司的选择又要求主观判断能力和丰富的经验。图 5-2 所示的估值方法旨在评估一个企业的公允价值，尽管该价值可能并非最终的交易价格。在一项并购交易中，交易环境可能影响最终的交易价格；市场情况、行业景气度、交易结构、税收政策以及并购意图等因素都会影响最终的交易价格。同时，最终交易价格还会受到买卖双方的迫切程度、供需关系、支付方式（股票收购还是现金收购）、双方谈判技巧等因素的影响。

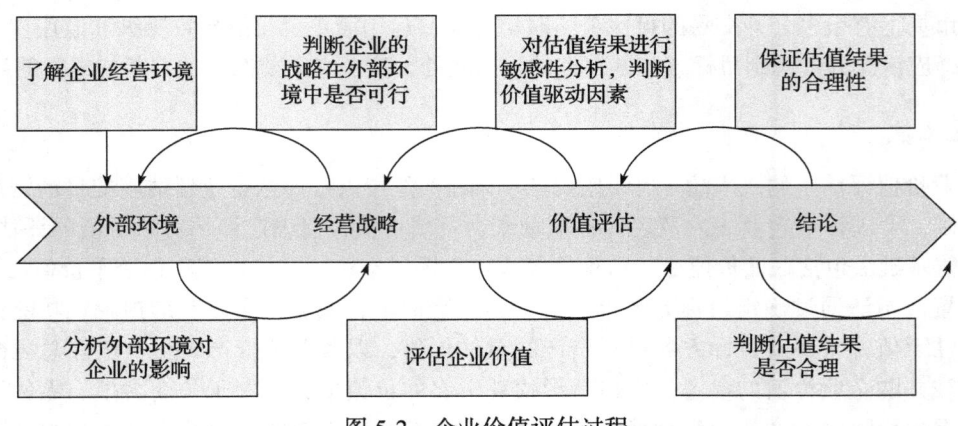

图 5-2　企业价值评估过程

四、购买价格分摊

美国一般会计原则（GAAP）、国际财务报告准则（IFRS）、中国财政部于 2006 年 2 月颁布的企业会计准则都向公允价值趋同。因此，并购交易也须顺应该趋势，评估各项可辨认资产和负债的公允价值，且将收购日目标方可辨认净资产的公允价值与其账面价值之间的差额确认为商誉。

作为整个并购过程的一部分，交易团队应注意到对并购的会计处理及其对收购方盈余信息的影响，包括折旧、摊销等方面（见图 5-3）。

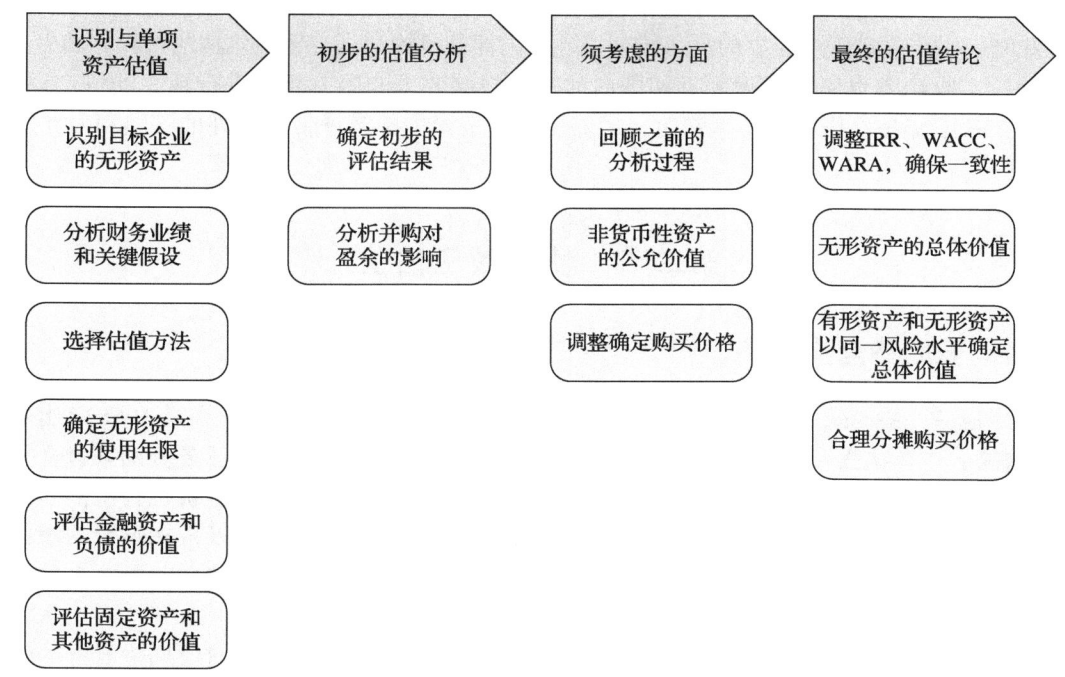

图 5-3　购买价格分摊的基本框架

五、并购估值的挑战

在国内对资产估值是非常具有挑战性的。通常情况下，收购方会发现很难获得准确、可靠的数据信息且难以建立适当的假设条件。表 5-1 所示为国内企业在估值过程中的主要困难以及可能的解决方案。

表 5-1　国内企业估值过程中遇到的主要问题

主要问题	解决方案
市场和监管环境变化引起的评估风险	研究市场和监管环境变化趋势，识别相关的风险
盈余信息质量不可靠 债务信息的收集 费用资本化不恰当 非独立事务 存货或应收账款相关信息不足 隐性成本（如人力成本）	请有经验的并购专业人员通过尽职调查深入地分析问题 解决非独立事务的问题 执行转让定价策略 发现可能存在的财务问题 通过谈判，达成一个好的交易价格
财务预测不被假设所支持 估值模型建立者基本没有接受过专业的训练	聘用专家建立一个好的估值模型，做好敏感性分析和影响因素分析
存在投资非核心业务或者公共事业的情况 重大或有负债（如税费方面、第三方担保等）	重新组织交易结构，排除非相关资产 识别重大或有事项，尽早解决相关问题
相关法定要求	聘请当地评估机构，确保法律方面无问题 复查当地评估机构的工作结果

对涉及国有资产的交易，必须获得相关政府机构的批准。在很多并购案例中，都要求必须聘请经批准的当地评估机构对国有资产进行评估，评估报告必须符合特殊的格式要求，符合相关部门的规定。

无形资产的评估对国内企业来说也是一个挑战，尤其是考虑到相关政府部门的利益时。对一些刚起步、固定资产较少的高科技公司，国内评估机构和国外评估机构的差异尤其显著。

同时，收购方也应该意识到近期国内的并购规则要求非国有企业进行独立的资产评估。因此，在考虑交易价格和交易谈判时，最好能够了解国内资产评估与国外的不同和由此产生的相关问题。

第二节　协同效应估值

一、协同效应的含义

通俗地讲，协同效应就是指 1+1>2 的效应，它是战略管理之父安索夫在其 1965 年出版的《公司战略》中首次提出的概念。假设一个新公司由两项业务组成（两项业务分别来自合并双方），似乎可以认为公司的价值就是两项业务各自独立价值之和，这有时也被称为价值的可加性。但是，如果两项业务之间存在互相支持的联系，这种联系实际上可以带来新增的潜在利益，它使得新公司因这部分潜在利益的存在而更有价值，这种超过两项独立业务之上的价值就对应着业务间的协同效应。

并购中的协同效应是两家公司合并后的经营效益超过它们独立运作时所期望取得的效益之和的部分。并购中的协同效应来源于并购导致新公司的竞争力增强，进而导致现金流量超过两家公司各自预期达到的水平，即来源于并购产生的增量现金流。如果收购方在收购目标公司后可以取得期望收益，那么收购战略的净现值（NPV）就可以用下式表达：

$$NPV = 协同效应 - 并购溢价$$

二、协同效应影响因素

影响并购协同效应实现的因素可以归纳为四大类：宏观因素、行业因素、企业因素、交易因素。

（一）宏观因素

宏观因素是指并购过程中所需要面对的政治、经济、社会、技术和金融市场的整体状况和变化情况。具体的协同效应影响因素可以分为汇率、税率、经济发展水平、信息透明度、公司治理水平、股东保护力度、劳资法规等。

在跨国并购的定价过程中，一般情况下需要对汇率进行选择和估算。由于汇率是瞬息万变的，同时并购金额一般较大，因此，对于汇率的选择和估算就直接影响了以本币计量的并购协同效应。另外，由于并购方与目标方之间在内部转移价格和财务数据合并等问题上也会涉及汇率的绩效影响，因此，也需要在并购计划的实施前对此类问题进行提前的规划并制定相关的应对策略。

在税率方面，如果并购涉及跨区域或跨国的交易双方，就需要深入分析税收制度是否存在差异，税务筹划的空间以及影响有多大，以通过交易结构和并购后的经营活动来规避可能产生的额外税赋，提高并购的协同效应。

除此之外，诸如经济发展水平等宏观因素也影响企业的经营，进而影响未来的现金流和协同效应。

（二）行业因素

与产业组织相关的产业竞争程度或产业集中程度，与产业发展相关的产业成长性、与产业技术相关的技术密集程度和技术转换趋势、与产业布局相关的产业区位分布等，从中观层面上影响企业经营的产业环境以及经营绩效，进而影响并购协同效应。

（三）企业因素

企业并购协同效应是否能实现受到来自企业的并购经验、并购企业规模、企业资源整合能力、与被并购方的文化和管理风格差异度等因素的影响。在并购过程中，通常企业的组织规模，核心竞争力，企业的各项人力、物力、财力资源都将对并购成功与否起重大作用。

企业的并购是一个资源重新配置和整合的过程。企业组织规模能否有效扩张；原有资源能否与被并购方成功对接，从而优化企业效率，改善企业经营绩效；能否具备主导和执行并购和整合的精英人才来进行并购的管理整合等，这些都是在企业制定并购战略的时候需要认真思考的问题。

一般来讲，有并购相关经验的企业再次并购的成功概率较高。这些企业通过在过去的发展过程中所获取的联盟合资、投资或并购累积了一定经验，这些能够帮助它们对并购流程、注意事项以及对目标方积累一定的了解和认识，在并购进程的推行和并购时机的选择上都更趋近于能够提高并购协同效应。

另外，关于制约并购协同效应实现的因素，还来自并购双方企业的管理风格的一致性。一般来讲，双方企业管理风格一致则更能够促进并购后的整合管理，而不一致则有可能导致未能达到并购绩效目标。中外企业在战略决策制定方式、日常管理、信息传导方式、风险偏好上面存在较大差异，则有可能影响到并购整合的进程，影响并降低并购协同效应。

（四）交易因素

并购交易层面的因素也会影响企业并购的协同效应。不同的并购动机直接影响着目标方价值及并购本身价值的创造或毁坏，影响着并购中被并购目标的选择、并购的操作流程及整合的难易，最终则导致并购绩效的差异。其中，协同效应动机是能够创造并购交易价值的动机。在该种动机的指导下，并购双方旨在并购后将彼此的资源整合在一起，包括人力、物力、财力的整合，无形资产的整合等。

除了并购的动因，并购的方式也会影响到并购的协同效应。最常见的并购方式为两种，分别为股权并购和资产并购。其中股权并购使得并购方能够直接控制目标方的经营和发展，将其全权纳入自身的发展之中，此类并购即属于涉及控制权转移的股权类并购。而另一种并购则只涉及部分股权及资产收购，并购方不需要承担目标方的债务，同时也无权过问其经营和发展情况，此类并购则属于控制权未转移的股权或资产并购。第二种并购模式的主要目的是获取更多有利于企业自身发展的资源或处于规避风险的考虑。企业并购则可以通过以上两类不同的并购方式,而呈现出不同的绩效差异。

另外,股权结构、并购类型也是影响并购协同效应的重大因素。其中由于并购企业的股权结构一般会影响到公司的经营决策效果,因此,很有可能影响到公司并购业绩。不同的并购类型也会对并购协同效应产生影响。根据并购协同理论,横向并购能够使企业获得更大的业内规模,提高其在行业内的市场占有率,从而预期能够提高其利润水平;纵向并购有利于降低并购企业的产、供、销成本,从而规避其在产业链中遭受的制约以及提高其盈利能力和利润水平;混合并购则有利于综合降低企业经营风险。

三、协同效应的整体扣减评估法

(1)基本思路。

协同效应的整体评估是并购决策者利用收集到的己方和目标方的过去、目前和预测并购后未来企业发展的各类数据,从协同效应的定义出发,以现金流量折现法分别评估合并后联合企业的价值、并购方和目标方企业各自独立经营的价值,前者与后两者之和的差额即为并购产生的协同效应。在协同效应的整体评估中,最为关键且难度最大、涉及不确定性因素最多的是并购后联合企业的价值评估。其中一些参数的确定必须在定性分析的基础上进行,带有一定的主观性。当 V_{A+B}、V_A、V_B 分别确定之后,运用公式:协同效应 = $V_{A+B} - (V_A + V_B)$ 即可估算出企业并购的协同效应价值。

(2)应用案例。

联科公司是一家搬运设备制造商,重点生产叉式起重车。由于内部收益率过低,并且所处行业内缺乏良好的投资机会,联科公司正在考虑通过并购来获得更为令人满意的成长与获利机会。在对大量公司进行了广泛考察后,它将并购范围缩小到了两家备选公司。其中,布莱克公司是一家农业设备制造商,在研究开发与市场营销方面具有强劲实力,并拥有很高的内部收益率和可观的投资机会。另一家是生产塑料玩具的克拉克公司,它的盈利记录比布莱克公司要好。表 5-2 给出了三家公司的有关数据。市场参数方面的信息包括:无风险利率 R_f,6%;市场预期收益率 $E(R_m)$,11%;每家公司的债务利率均为 10%;税率 T_C 均为 50%;预计超常增长期 n 为 10 年。根据以上信息,我们首先可以给出三家公司的简易资产负债表(见表 5-3)。

表 5-2 截至 2015 年年底有关财务数据比较

	每股账面价值 美元	市盈率 (P/EPS)	普通股股数 (百万美元)	资本债务率 (D/E)%	β 系数 美元	内部收益率 (r)	投资率 (b)	增长率 (g)
联科	10	5.4	5	30	1.2	0.04	0.1	0.004
布莱克	40	11.7	1	30	1.4	0.12	1.5	0.18
克拉克	40	9.88	1	30	1.6	0.14	1.0	0.14

表 5-3 简易资产负债表 (单位:百万美元)

	联 科	布莱克	克拉克
债务	15	12	12
资本	50	40	40
总资产	65	52	52

将内部收益率 r（=税后净营业收入/总资产）除以（$1-T_C$）再乘以总资产，我们便得到了净营业收入。根据净营业收入，我们可以分别得出三家公司的每股市价和资本总市值（见表5-4）。

表5-4 每股市价、资本总值比较 （货币单元：百万美元）

	联 科	布莱克	克拉克
1. 总资产	65	52	52
2. 盈利率 $r÷(1-T_C)$	0.08	0.24	0.28
3. 净营业收入（1）×（2）	5.2	12.48	14.56
4. 债务利息	1.5	1.20	1.20
5. 税前利润	3.7	11.28	13.36
6. 所得税（税率50%）	1.85	5.64	6.68
7. 净利润	1.85	5.64	6.68
8. 普通股股数	5	1	1
9. 普通股每股盈余（7）÷（8）	0.37	5.64	6.68
10. 市盈率（据已提供的信息）	5.4×	11.7×	9.88×
11. 每股市价（9）×（10）	2.00	66.00	66.00
12. 资本总市值（11）×（8）	10	66	66

从并购方的角度来说，是否值得开展并购活动的一个常用衡量标准是判断并购对每股盈余的影响。根据本例给出的数据，表5-5罗列了这些影响的大小。我们可以看到，对联科公司而言，并购任何一家公司都会导致其自身每股盈余下降。若并购布莱克公司，联科公司每股盈余的稀释度是47%；若并购克拉克公司，则稀释度是39%。

表5-5 并购对联科公司每股盈余的影响

	并购布莱克	并购克拉克
1. 发行普通股新股数（百万美元）[①]	33	33
2. 现有普通股股数（百万美元）	5	5
3. 总股数（百万美元）	38	38
4. 税后利润（百万美元）	5.64	6.68
5. 加联科税后利润（百万美元）	1.85	1.85
6. 总税后利润（百万美元）	7.490	8.530
7. 合并后每股盈余（EPS）	0.197	0.224
8. 减联科公司原每股盈余	0.370	0.370
9. 净影响	(0.173)	(0.146)
10. 稀释度（9/8×100）	47%	39%

①布莱克公司与克拉克公司每股市值是联科公司每股市值的33倍，因此用布莱克公司与克拉克公司现有股数（100万股）分别乘以33，即得到联科公司需发行的新股数。

但我们认为这个得到广泛应用的衡量标准其实是错误的。正确的衡量标准应当是看并购后企业市场价值的增值，即并购是否产生大于零的协同效应，而不是每股盈余。

在估值框架中，我们有必要对那些影响公司价值的重要变量在并购发生后的数值进行预测。这就需要根据并购对重要估值因素的影响，对每个并购计划分别做出深入的商业分析。从所提供的背景知识看，我们知道联科公司是一个生产搬运设备的厂家，布莱克公司是一家农业设备制造商,强项在于研究开发和市场营销,而克拉克公司则是一家塑料玩具制造商。尽管克拉克公司的盈利记录要好于布莱克公司,但玩具行业正面临持续创新的压力,否则其成长性与盈利性难以维系。另外由于联科与布莱克同属设备制造商,具有一定的行业相关性,所以就管理能力、生产技术及营销渠道等的相互补充和推动的潜力而言,联科公司与其和克拉克公司合并,不如和布莱克公司合并。尤其是布莱克公司拥有强大的研究开发组织,这将有助于联科公司在搬运设备领域中开发出新产品,提高盈利能力,并且这仅仅是对联科公司与布莱克公司合并后,所能实现的能力转移的一个大概描述。以下估计值是根据企业合并后的财务数据得出的,它反映了上述定性分析的结果(见表5-6)。

表5-6 对合并后公司关键参数的预测

	净营业收入（NOI）	内部收益率（r）	净投资率（b）	成长率（g）
联科/布莱克（AB）	18	0.155 6	0.9	0.14
联科/克拉克（AC）	16	0.144 4	0.9	0.13

现在我们可以分别计算两种不同并购方案产生的协同效应(价值增值)。首先分别计算公司合并后的新 β 值,在此为简化计算量,假定合并后公司的 β 值是各组成公司 β 值市值的加权平均数。然后将新 β 值代入资本资产定价模型中,便可得出两种情形下合并后公司各自的权益资本成本:

$$\beta_{AB} = 1.2 \times [10/(10+66)] + 1.4 \times [66/(10+66)] = 1.37$$
$$K_s(AB) = R_f + [E(R_M) - R_f]\beta_{AB}$$
$$= 0.06 + 0.05 \times 1.37 = 0.2285 = 12.85\%$$
$$\beta_{AC} = 1.2 \times [10/(10+66)] + 1.6 \times [66/(10+66)] = 1.55$$
$$K_s(AC) = 0.06 + 0.05 \times 1.55 = 0.1375 = 13.75\%$$

根据已知债务成本为10%,并假设合并后不变,结合以上计算出的权益资本成本,我们便可分别求出两合并后公司的加权平均资本成本(见表5-7)。

表5-7 公司价值参数预测

	AB	AC
债务，B	27	27
权益资本，S	76	76
价值，V	103	103

由此继续运算可得:

$$WACC = K = K_s(S/V) + K_b(1-T_C)(B/V)$$
$$K(AB) = 0.1285 \times (76/103) + 0.05 \times (27/103) = 10.8\%$$
$$K(AC) = 0.1375 \times (76/103) + 0.05 \times (27/103) = 11.5\%$$

至此,我们已经得出两个合并后公司各自价值所需的全部信息。我们将运用超常增长(超常增长期为10年)后零增长的估值模型来评估公司 AB 和 AC 的价值。这一模型的计算公式为:

$$V = NOI(1-T_C)(1-b)\sum_{t=1}^{n}\frac{(1+g)^t}{(1+K)^t} + \frac{NOI(1-T_C)(1+g)^{n+1}}{K(1+K)^n}$$

则

$$V(AB) = 18 \times 0.5 \times 0.1 \times \sum_{t=1}^{10} \frac{(1.14)^t}{(1.108)^t} + \frac{18 \times 0.5 \times (1.14)^{11}}{0.108 \times (1.108)^{10}}$$

$$= 0.9 \times \sum_{t=1}^{10} (1.209)^t + \frac{9}{0.108} \times (1.029)^{10} \times 1.14$$

$$= 137.01(百万美元)$$

$$V(AC) = 16 \times 0.5 \times 0.1 \times \sum_{t=1}^{10} \frac{(1.13)^t}{(1.115)^t} + \frac{16 \times 0.5 \times (1.13)^{11}}{0.115 \times (1.115)^{10}}$$

$$= 0.8 \times \sum_{t=1}^{10} (1.01345)^t + \frac{8}{0.115} \times (1.001345)^{10} \times 1.13$$

$$= 98.47(百万美元)$$

依据上述结果，表 5-8 反映了对两个并购方案产生的价值增值（协同效应）的详细分析过程。

表 5-8　两个合并方案协同效应的对比分析　　　　　　　　　（单位：百万美元）

联科/布莱克	联科/克拉克	联科/布莱克	联科/克拉克
合并后企业价值 V，137	98	减联科公司合并前市值，10	10
减债务额 B，27	27	减目标方合并前市值，66	66
合并后企业权益资本价值 S，110	71	净市值收益（协同效应），34	（5）

注：此表中在合并后企业价值和合并前双方企业价值中减去了数额相同的债务价值，以权益资本价值增值来衡量并购产生的协同效应，计算结果不变。

由计算结果看出，联科对布莱克的并购计划能够产生 3400 万美元的价值增值（协同效应），而联科对克拉克的并购计划会招致近 500 万美元的净市值损失，即并购的协同效应为负，不满足并购交易达成的基本条件（$V_{A+B} > V_A + V_B$），表明此项并购不合理。对于联科公司与布莱克公司的合并来说，即使联科向布莱克支付超出当前市价 50% 之多的溢价，其依然能够为股东赢得一定的净收益。因此，50% 可以定为支付溢价的上限。

上述案例的分析过程和结果告诉我们，在企业进行并购决策时，对并购协同效应，即并购产生的价值增值的评估，可以帮助决策者合理地判断不同并购方案的可行性和优劣次序，并作为制定收购价格的上限依据。在评估过程中，通常要合理估计各个并购方案下合并后公司的预期回报与风险。尽管可以用历史数据作为变量取值的依据，但依然必须对各种并购情形出现后联合公司的收益、成长及风险水平做出预测。要想让这些预测尽可能贴近实际，对相关产品市场以及组织合并后果的深入研究是必不可少的。然而尽管如此，最终得出的预测结果仍不可避免地会出现误差，误差的幅度有时甚至会非常大，造成协同效应的整体评估结果不甚准确，因此还需要用别的方法来验证。

四、协同效应的分部加总评估法

（1）分部加总法的基本研究思路。

所谓协同效应的分部加总法，就是对协同效应所表现的各主要方面，在详细的定性分析基础之上，分别进行定量分析预测，并按照其作用年限折现后加总。它是评估目标方对收购方价值的重要依据。即使是市值和当前盈利水平完全相同的两个目标方，其对于收购方而言的真正价值也不尽相同，原因就在于任何两个企业的合并所产生的协同效应都有其独特性，无论是协同效应价值的来源，还是协同效应价值的大小都不会完全相同。因此分别评估每一种协同效应的数值和作用年份,并将评估结果汇总加到对目标方的独立预测价值之上以确定交易价值的方法,相对于协同效应的整体评估法而言,其结果可能会更准确,或者说更贴近实际一些。

(2)协同效应的分类确认。

虽然对每一个具体的并购案例而言,协同效应表现的方面不尽相同,但通常可以将其分为两大类:一种我们称之为"有形协同效应",即那些比较容易用货币计量和评估其具体价值的协同效应;另一种则恰恰相反,我们把那些具有不确定性或战略性、全局性,或影响不易短期内显现,从而不可能被精确计量的协同效应,称为**"质量型协同效应"**(quality type synergies),在大多数并购中,它往往是并购的有力动机,并最终显示出其对于并购后整个企业业绩的强大影响力。

表5-9列示的仅仅是大部分经常出现的协同效应类型,并不代表全部,每一起并购案例都可能创造出其他并购中没有的"独一无二"的协同效应。确认这些协同效应的一种方法就是严格地考察收购方的动机,即"为什么我要收购这家公司"?

表 5-9 协同效应的分类确认

协同效应类型			类型	实现前提
管理协同	管理人员削减		有形	1. 一些有规划和控制才能的公司工作人员在一定程度上未被充分利用 2. 两家公司在管理效率上存在差异 3. 处于同一行业或相关行业
	部分高管解职		有形	
	办公机构精简		有形	
	办公地点合并		有形	
	在收购方有效的管理下目标方管理效率提高		质量型	
经营协同	规模经济带来的固定成本摊薄	厂房、设备的折旧	有形	行业中存在着规模经济,并且在合并之前,公司的经营活动水平达不到实现规模经济的潜在要求
		采购费用		
		生产人员工资		
	销售力量合并、营销规模扩张带来的营销费用节约	销售人员裁员	有形	
		销售机构合并		
		广告支出摊薄		
	利用对方销售网络进入新市场带来的销售量增加		有形	
	研究与开发力量合并带来的革新能力提高		质量型	
	管理及劳动专业化水平提高带来的劳动生产率提高		质量型	
	相关产品/服务间投入要素共享带来的成本节约	能源、热力循环利用	有形	1. 不同产品/服务之间存在可以共享的投入要素 2. 一旦这些投入要素被用于生产一种产品/服务,它们就可以被第二种产品的生产过程免费利用
		人才、技术、计算机系统共享		
	技术扩散使得原技术落后企业的资产运营效率和生产效率迅速提高		有形	1. 核心技术相同或相关 2. 技术水平存在显著差异
	市场领导地位增强带来的定价弹性及企业知名度提高		质量型	反垄断法的制约
	交易费用节约	搜寻目标和价格的成本	有形	1. 上下游企业间并购 2. 边际交易费用≥边际组织费用
		签约成本		
		收取货款成本		
		广告成本		
	生产过程一体化带来的技术经济性能直接节约某些生产环节的成本		有形	
	存货的瞬时供应能够降低存货管理成本和资金占用		有形	
	降低资产专用性风险,提高产品稳定性		质量型	

协同效应类型		类型	实现前提
财务协同	"共同保险"效应带来的企业举债能力增强	杠杆率提高，赋税责任减少	有形	1. 双方公司现金流相关性较小 2. 收购方处于低需求增长行业，而目标方所在行业投资机会较多，且现金流量较低
		目标方可以享受收购方较低的贷款利率	有形	
	内部资金替代外部资金带来的综合资本成本下降		有形	
	证券发行与交易成本的规模经济	债券发行利率降低	有形	
		股东要求的风险回报率下降		
		发行证券的固定成本摊薄（注册、法律、印刷费等）		
	利用经营亏损递延		有形	符合证券法规及税法规定
	换股、发行可转换债券带来的纳税递延		有形	

（3）协同效应工作表的编制。

在确认了可能产生的协同效应之后，需要进一步做出若干张协同效应工作表，表中列示预期该协同效应产生的依据、发生作用的年份，并且如果可能，将其影响定量化。这一步在评估协同效应的过程中十分关键。它不仅对评估目标方对于收购方的价值至关重要，而且这些工作表将为决策者描绘出合并后企业未来的战略蓝图。

下面以发生在 1988 年的美国特兰帕克公司（Transpak）对诺福克制造公司（Norfolk Manufacturing）的并购案为例，说明协同效应工作表的组成及编制方法。由于篇幅所限，案例的背景及详细的历史财务数据略去（见表 5-10）。

表 5-10 协同效应工作表系列

协同效应工作表 1
协同效应： 利用 Transpak 的净经营亏损递延，减少 Norfolk Manufacturing 公司税赋。 依据： 截至 1988 年，Transpak 公司累计净经营亏损 $54 000 000，根据税法可递延至 1992 年（即可在税前抵减）。根据目前对 Transpak 公司的经营预测，其在 1992 年之前只能利用 $32 000 000（即 1988～1992 年，Transpak 将产生税前利润 $32 000 000）。因此，Norfolk Manufacturing 公司将有 $22 000 000 的利润可以因享受此项优惠而免于纳税。 作用年份： 立刻产生影响（影响可能随用于收购的资金结构不同而有所差异，这里假设 50% 收购资金为借入资金）。 影响金额： 第 1 年（1989）：$5674K（=12 866K × 44.1%） 第 2 年（1990）：$4028K［=（22 000K − 12 866K）× 44.1%］ 第 3～10 年：$0 注：根据对 Norfolk Manufacturing 公司的经营预测（作为独立企业），其 1989 年预计税前盈利为 $12 866K，1990 年税前盈利为 $14 153K，其适用税率为 44.1%。
协同效应工作表 2
协同效应： 管理人员裁员。 依据： Norfolk Manufacturing 公司与 Transpak 公司的会计及人事部门合并，将产生 24 个员工的冗余，裁掉这 24 个员工将不会使办公效率受到任何不利影响。

（续）
作用年份： 第 2 年（虽然裁员发生在合并后第 1 年，但某些契约解除条款将阻止效益立即产生，因此直到第 2 年才显示出成本的节约）。 影响金额： 第一年 $0 第二年 $720K（1990 年每个管理类员工平均年薪为 $30K × 24） 第 3 ~ 10 年每年增长 10%（假设管理费用同销售收入在预测期内均保持 10% 的增长率）。
协同效应工作表 3
协同效应： 总部合并。 依据： Norfolk Manufacturing 公司总部设在加利福尼亚的圣迭戈，距离 Transpak 的总部只有 30 英里[⊖]。Norfolk Manufacturing 总部的建筑面积大约 15 000 平方米，办公地点的合并将使其对面积的要求降至 6 000 平方米。而 Transpak 的总部有 8 000 平方米的场所可以以很小的转换成本为 Norfolk Manufacturing 公司总部所用。合并可以立即执行。Norfolk Manufacturing 总部的建筑可以用来出租或出售。 作用年份： 立刻。 影响金额： 第 1 年 $250K 经营成本 $300K 出租收入 $550K 总计 第 2 年 +10% 第 3 年 +10% 第 4 年 +10% 第 5 ~ 10 年 $0（随着公司的不断成长，总部合并带来的经营成本的节约和出租收入将被企业扩张成本所抵消）。
协同效应工作表 4
协同效应： 利用 Transpak 的销售网络使 Norfolk Manufacturing 的产品销售规模得到扩张。 依据： Norfolk Manufacturing 目前的产品销售只集中在美国西部的 5 个州，然而 Norfolk Manufacturing 的生产线与 Transpak 目前的生产线路十分吻合。由于 Norfolk Manufacturing 有富余的生产能力，因此合并后可以利用 Transpak 的全国乃至全球销售网络迅速且大幅提高 Norfolk Manufacturing 的销售额。 作用年份： 立刻。 影响金额： 第 1 年：$1000K 第 2 ~ 10 年：+10%（设销售额以每年 10% 的速度递增）。

（4）负协同。

并购在带来这些正面效应的同时，往往还会产生一些不可避免的成本。这些成本中既包括并购时除支付给目标方金额以外的一次性交易费用，也包括一些长期的难以量化的负面影响，如文化冲突等。这些并购带来的负面效应会抵消一部分协同效应带来的企业价值增值，因此也被称作"负协同"。只不过同正面的"协同效应"比起来，其对于并购后联合企业价值的影响程度要小得多，因此在许多评估中（包括整体评估法中）往往被忽略。表 5-11 列示的是较常见的"负协同"，同样可划分为"有形负协同"和"质量型负协同"两大类。

[⊖] 1 英里 = 1609 米。

表 5-11　常见的负协同

有形负协同
1. 交易费用——财务咨询费、法律费用、管理成本、宣传费用等
2. 为监督并购额外雇用管理人员的酬金
3. 并购后对员工薪金及福利政策（水平）的调整
4. 对被并购公司员工的培训
5. 执行收购的程序（手续）
6. 额外的旅行成本
7. 偿还并购所欠债务的成本
质量型负协同
1. 目标方核心成员的不合作或背叛
2. 分散高级管理人员的时间和精力
3. 对目标方民心、士气的不良影响（尤其在敌意收购中）
4. 商业上的冲突（如收购方的客户恰恰是目标方的竞争对手）
5. 形象损失（如采取进攻性战略、收益被稀释等因素给企业形象带来的不良影响）
6. 收购方与目标方员工的关系不融洽

对于以上这些"负协同"，也可以分别做出工作表，能量化的尽量量化，其格式和方法与"协同效应工作表"完全相同，仍以特兰帕克公司对诺福克制造公司的收购为例制作工作表，如表 5-12 所示。

表 5-12　负协同工作表系列

负协同工作表 1
负协同： 交易费用。 依据： 预计交易费用约为支付给目标方总金额的 5%。 作用年份： 立刻。 影响金额： 第 1 年 $4577K（预计购买价格约为诺福克制造公司 1988 年盈利的 14 倍，即为 $91 540K）。 第 2～10 年：$0。
负协同工作表 2
负协同： 对目标方（Norfolk Manufacturing）员工薪金及福利的调整。 依据： 合并前 Transpak 公司员工的薪酬大约比 Norfolk Manufacturing 公司高出 15%。为了保证员工间待遇的公平，以及争取 Norfolk Manufacturing 公司员工的支持与合作，这项调整是必需的。 作用年份： 立刻。 影响金额： 第 1 年 $900K（Norfolk Manufacturing 公司并购前工资/福利成本 $6000K×15%）。 第 2～10 年 +10% 每年（假定员工工资同销售额保持同步增长）。

（5）用协同效应分析结果判断目标方对收购方的价值。

在对协同效应发生作用的各个可能方面分别评估完以后，可以将其计算结果与目标方作为独立企业的预测现金流合并，并按选定的折现率折现，即可得出目标方对于收购方的真正价值，作为判断并购可行性和制定交易价格的依据。这里面涉及两个核心问题，一是折现率的确定，二是对预测期终止时企业终值的估计。

从本质上讲，评估目标方对收购方的价值时使用的折现率反映的是把并购目标方作为一项投资活动，收购方所要求的与其风险相对称的最低回报率。确定该折现率最简单的方法就是根据收购方一贯的财务政策，把以往做投资活动要求的最低收益率照搬过来或稍加调整。还有一种更科学、更精确的方法就是采用资本资产定价模型求得行业折现率之后，根据目标方相对于其所在行业的收益状况、市场状况、收益稳定性、债务结构等可能提高或降低目标方风险水平的具体细节做出相应调整。一些方法还把并购资金的组成情况也作为一个考虑因素：即如果并购所用资金 50% 是借入的，则折现率应为债务成本和要求的权益回报率的加权平均值。然而，一个更简单的方法就是把偿还债务利息的成本及税收好处都包括在对"协同效应"和"负协同"的预测中，从而融入预计合并后的现金流。

至于企业终值的评估方法曾在协同效应的整体评估中提及过，目前主要有三种：收益倍数法、账面价值法和年金价值法，其中最为合理、实际中应用最多的是最后一种。它假设预测期结束后第一年的现金流水平将一直保持到永远，或者以某一固定比例永续增长。把这种持续的现金流按选定的折现率贴现即可得到企业的"终值"。

在此例中，经过评估的折现率确定为 14%，计算过程如下（见表 5-13）。

表 5-13 折现率计算表

无风险收益率（政府国债利率）	8.00%
市场平均风险收益率（证券市场获得）	8.40%
行业 β 系数	0.78
行业折现率 = 8.00 + 0.78 × 8.40 =	<u>14.55%</u>
对 Norfolk Manufacturirg 公司的调整	
市场分销网络匮乏	+1.00%
财务杠杆率偏高（高于行业平均水平）	+0.35%
利润率高于行业平均水平	−0.90%
收益流稳定	−1.00%
总净调整额	<u>−0.55%</u>
调整后的折现率	14.00%

确定 10 年后企业终值时，假设从第 11 年起净现金流将以 10% 的增长率永续增长，即用第 10 年净现金流除以系数 $(R - G)/(1 + g)$ 进行折现，其中 R 代表折现率，G 代表预期的未来净现金流增长率（10%），g 代表从第 n 年到第 $n + 1$ 年的净现金流增长率。

综上所述，诺福克制造公司相对于特兰帕克公司的价值计算如表 5-14 所示。

表 5-14 诺福克公司对于特兰帕克公司的价值计算表　　　　（单位：千美元）

独立现金流										
	1989 年	1990 年	1991 年	1992 年	1993 年	1994 年	1995 年	1996 年	1997 年	1998 年
	2 206	2 550	2 923	3 328	3 770	4 253	4 784	5 366	6 008	6 714
加：协同效应										
1	5 674	4 028	0	0	0	0	0	0	0	0
2	0	720	792	871	958	1 054	1 160	1 276	1 403	1 543
3	550	605	666	732	0	0	0	0	0	0
4	1 000	1 100	1 210	1 331	1 464	1 611	1 772	1 949	2 144	2 358
减：负协同										
1	−3923	0	0	0	0	0	0	0	0	0
2	−900	−990	−1 089	−1 198	−1 318	−1 449	−1 594	−1 754	−1 929	−2 122
终值	0	0	0	0	0	0	0	0	0	21 2340
总现金流	4 607	8 013	4 501	5 064	4 874	5 469	6 120	6 837	7 625	22 0834
折现率	14.00%									
净现值	88 023									

决策者最终应以 88 023 千美元作为制定购买价格上限的依据。从表 5-14 的计算过程可以看出，协同效应产生的现金流在总现金流中所占的比重是相当大的（超过 50%），可见其对于评估目标方对购买方的价值及确定购买价格有至关重要的影响。事实上我们也可单独计算协同效

应所创造的价值，即把每一年协同效应产生的现金流分别折现加总，作为制定控制溢价的依据。

五、协同效应的市场价值评估法

基于股票市场数据计量协同效应的量化计算方法有三种，即市值变动法、每股收益法和超常收益法。

（1）市值变动法。

由于并购信息披露后企业在资本市场的价值通常会发生变化，市值变动法就是以这些价值的变化来计算协同效应。市值变动法是站在股东的立场，根据市场有效性原理，通过观察企业披露重大事件所引起的股票价格、股权种类和交易量的变化，进而计算并购前后收购方和目标方企业市场价值增量之和而得到协同效应值。由此，协同效应的计算式为：

$$V_S = \sum_{i=1}^{n_{A1}} S'_{Ai} P'_{Ai} + \sum_{i=1}^{n_{T1}} S'_{Ti} P'_{Ti} - \sum_{i=1}^{n_{A0}} e^{\hat{R}_{Ai}} S_{Ai} P_{Ai} - \sum_{i=1}^{n_{T0}} e^{\hat{R}_{Ti}} S_{Ti} P_{Ti}$$

式中 S_{Ai} 和 S'_{Ai} ——并购前后企业 A 的第 i 种股票发行流通数量；

          P_{Ai} 和 P'_{Ai} ——并购前后企业 A 的第 i 种股票的对应价格；

          S_{Ti} 和 S'_{Ti} ——并购前后企业 T 的第 i 种股票发行流通数量；

          P_{Ti} 和 P'_{Ti} ——并购前后企业 B 的第 i 种股票的对应价格；

n_{A0}、n_{A1} 和 n_{T0}、n_{T1} ——并购前后企业 A 和 T 的股票发行流通种数；

          $e^{\hat{R}_{Ai}}$ 和 $e^{\hat{R}_{Ti}}$ ——并购期间的终值系数；

          $\hat{R}_{Ai}$ 和 $\hat{R}_{Ti}$ ——以连续复利计算的企业 A 和 T 的股票收益率，它们是假设不发生并购事件，相应股票在考察期间（短期常取并购公告日至宣告完成日的时间段）估计的预期收益率。乘上 $e^{\hat{R}_{Ai}}$ 和 $e^{\hat{R}_{Ti}}$ 这两个系数是为了尽量消除该期间系统风险或股市总体走势对协同效应价值的影响。

如果并购后不产生新股，也不减少原有股票种数，则上述股票种数变量的下标对任一企业都是一样的，而且通常情况下，并购后被并购方的股票不再上市交易，这时：

$$V_S = \sum_{i=1}^{n_{AT}} S_{ATi} P_{ATi} - \sum_{i=1}^{n_{A0}} e^{\hat{R}_{Ai}} S_{Ai} P_{Ai} - \sum_{i=1}^{n_{T0}} e^{\hat{R}_{Ti}} S_{Ti} P_{Ti}$$

其中，S_{ATi} 和 P_{ATi} 为并购后企业第 i 种股票的发行流通量和对应价格。

于是，计算协同效应的关键就在于预测并购后的股票价格、数量的变动。为了使分析更为简单化，假设并购前后企业股票只有一种普通股，且收购方以增发股票来交换目标方的股票作为支付方式，同时取消目标企业 T 的股票上市交易，则协同效应为

$$V_S = S'_A P'_A - e^{\hat{R}_A} S_A P_A - e^{\hat{R}_T} S_T P_T$$

其中，$S'_A = S_A + S_T E_R$，E_R 表示股票交换率，即 T 企业的股票可以交换 A 企业的股票的数量。再假设 E 为企业并购前的盈利，PE 为市盈率，EPS 为每股盈余，则有

$$P'_A = PE'_A \cdot EPS'_A = PE'_A (E_A + E_T + V_S) / (S_A + S_T E_R)$$

带入协同效应计算公式，得

$$V_S = (S_A + S_T E_R) PE'_A (E_A + E_T + V_S) / (S_A + S_T E_R) - e^{\hat{R}_A} S_A P_A - e^{\hat{R}_T} S_T P_T$$

整理后得到：

$$V_S = [e^{\hat{R}_A} S_A P_A + e^{\hat{R}_T} S_T P_T - PE'_A (E_A + E_T)] / (PE'_A - 1)$$

一般正常的情况下，市盈率总是大于1，因此要使协同效应的值大于0，必须使

$$e^{\hat{R}_A}S_A P_A + e^{\hat{R}_T}S_T P_T - PE'_A(E_A + E_T) > 0$$

由于 $S_A \cdot P_A = PE_A \cdot E_A$，$S_T \cdot P_T = PE_T \cdot E_T$，整理后得

$$PE'_A < PE_A \cdot e^{\hat{R}_A}E_A/(E_A + E_T) + PE_T \cdot e^{\hat{R}_T}E_T/(E_A + E_T)$$

当 $\hat{R}_A$ 和 $\hat{R}_T$ 比较小时，$e^{\hat{R}_A} \approx e^{\hat{R}_T} \approx 1$，则上式简化为：

$$PE'_A < PE_A \cdot E_A/(E_A + E_T) + PE_T \cdot E_T/(E_A + E_T)$$

上式说明，只要并购后的市盈率小于并购前以盈利为基础的加权平均市盈率，就会产生正的协同效应价值。因此用股价变动法计量协同效应，关键在于准确估计唯一未知的并购整合后的市盈率 PE'_A。同时要选取合适的考察期间，并排除非并购因素对股票市价的影响。

市值变动法是以并购双方并购前后股票市场价值变化来衡量并购的协同效应，它可运用于并购前对并购可能产生的协同效应的预测计量，有助于为并购预测提供依据。但是这种方法有效性的前提是股票市场的有效性，即并购双方股票的市场价值能公允反映企业内在价值。

（2）每股收益法（EPS）。

Sirower（1997）提出的动态的协同效应概念认为，协同效应是并购后的企业市场价值比假定两家公司这段时间不发生并购、独立发展的价值之和的高出部分。如果以每股收益衡量市场价值，则协同效应的计算公式如下：

协同效应 = 未来的每股收益 −（当前的每股收益 + 当前的每股收益 × 预期增长）

每股收益 = 净利润 / 年末普通股份总数

在市场有效的情况下，这种运用以股价为基础的收益评估方法来计算协同效应，或者分别运用以财务数据为基础和以股价为基础设计的协同效应计算方法都是可行的。根据有效市场假说，在一个有效市场中，股票价格会对任何能影响它的信息做出及时的反应，股票价格充分地表现了股票的预期收益和公司业绩。那么采用以股价为基础的收益评估方法来计算协同效应就是个很好的计算方法。实现协同效应，业绩要比原先预期或者要求的改进高。大部分情况，并购后都会出现业绩改进，但如果这些业绩改进是已经预期到的，那就不应算为协同效应。只有创造出不在预期之列的价值，才是真正实现了协同效应，这就是动态的含义。但是这种方法并不适合我国，因为我国的股票市场目前仍然不是一个有效的市场。

（3）超常收益法。

Bradley、Desai 和 Kim（1988）[①]通过计算超常收益估算并购协同效应。总协同效应被定义为目标方和收购方股东拥有财富的变化总额，即协同效应为：

$$V_S = \Delta W_T + \Delta W_A = \sum_{i=1}^{N}(\Delta W_{Ti} + \Delta W_{Ai})$$

其中，N 为样本的大小，如果只估算一宗交易的协同效应，则 $N=1$；ΔW_T 为目标方股东财富的变动，ΔW_A 为并购方股东财富的变动；ΔW_{Ti} 为第 i 对并购事件中目标方股东财富的变动，ΔW_{Ai} 为第 i 对并购事件中并购方股东财富的变动。

首先基于市场模型法估算由于收购产生的超常收益以及累计超常收益（CAR）。计算出 CAR 之后，再分别计算目标方和收购方的股东收益：

$$\Delta W_{Ti} = W_{Ti} \times CAR_{Ti}$$

[①] M Bradley, A Desai, and E H Kim. Synergistic Gains from Corporate Acquisitions and Their Division between the Stockholders of Target and Acquiring Firms[J]. Journal of Financial Economics, 1988. 21(1): pp. 3-40.

$$\Delta W_{Ai} = W_{Ai} \times CAR_{Ai}$$

式中 W_{Ti}——目标方在并购事件 i 的事件窗口期（t_1, t_2）的前一天，即第（t_1-1）天的股票市场价值；

CAR_{Ti}——目标方在并购事件 i 的事件窗口期（t_1, t_2）的累计超常收益；

W_{Ai}——收购方在并购事件 i 的事件窗口期（t_1, t_2）的前一天，即第（t_1-1）天的股票市场价值；

CAR_{Ai}——收购方在并购事件 i 的事件窗口期（t_1, t_2）的累计超常收益。

这种方法的优点是数据获取方便，比较容易计算，而且这种方法还可以适用于大样本统计分析，但是它仅适用于并购双方都为上市公司的情形。此外，这种方法还受到事件研究法固有的缺陷的影响。一是它依赖于股票市场有效性的前提；二是事件窗口期的选择会影响计算的结果。事件期过长，其他因素的影响作用会干扰计算的结果；事件期过短，又不能真实体现并购的影响。

六、协同效应的线性模型评估法

实证计算模型就是直接应用某些实证模型对协同效应进行评估。尼登（Niden, 1993）曾提出如下计算协同效应相对值的线性模型：

$$V_S = a_0 + a_1 WK + a_2 HOST + a_3 CASH + a_4 MIX + a_5 MULT + a_6 TNDOFR$$

其中，a_i（$i=0, 1, \cdots, 6$）为系数；WK、HOST、CASH、MIX、MULT 和 TNDOFR 都是名义变量，即其取值非 0 即 1。各变量依次序分别代表并购中是否出现白衣骑士、敌意收购、100% 现金支付、一揽子金融工具支付、多个竞争者、标购，若是则取值为"1"，否则为"0"。

尼登得出的结论是：对所有样本，当不考虑多个竞争者和标购两因子时，前四个变量是显著正相关的（显著性水平白衣骑士为 5%，其余为 1%），当加进多个竞争者因子后，白衣骑士和多个竞争者因子都不显著，当再加进标购因子时，白衣骑士、敌意收购和多个竞争者都不显著，而标购因子却显著正相关（1%）；对仅有后续出价的样本，只有标购因子是显著正相关（5%）；最后对所有类型的样本，常数因子的影响都不显著。

该类实证模型是通过对大量的经验资料进行实证分析的基础上建立起来的，在实际应用中要受到不同外部环境的影响，而且实际应用该实证模型时，还要对如何确定因子系数进行大量的研究。因此，这种计算协同效应的模型还有待于进一步的改善。

第三节 并购溢价

2008 年 9 月 3 日，汇源果汁发布公告称，荷银将代表可口可乐公司全资附属公司以约 179.2 亿港元收购汇源果汁集团有限公司股本中的全部已发行股份及全部未行使可换股债券，可口可乐提出的每股现金报价为 12.2 港元，该报价是汇源集团 9 月 2 日香港市场收盘价 4.14 港元的近 3 倍。并购企业为什么会向目标方股东支付市场溢价呢？

一、并购溢价概述

并购溢价是指并购中并购企业支付的高于目标方内在价值的部分。并购企业为什么会向目标方股东支付市场溢价呢?一般有三种理论可以解释。

(1) 价值增值分配论。

企业并购可以通过对并购双方资产的重组和整合产生协同效应,获得价值增值。增值部分(协同价值)是利用并购双方的资源共同创造的。并购活动完成后,并购企业取得了企业控制权,并取得了相应的收益分配权。因此,企业并购后将预期增量收益拿出一部分作为市场溢价支付给目标方股东也就理所当然了。

(2) 诱饵论。

为了诱使目标方股东尽快放弃企业控制权,并购企业通常以高于市价的出价作为诱饵,促使目标方股东尽快脱手其手中持有的股份。近年来愈演愈烈的并购大战,使竞争激烈的并购市场逐步脱离了其本身应有的经济意义。

(3) 控制权溢价论。

如果并购企业通过收购目标方的股份而取得对目标方的相对控制权,就必须为此支付溢价。这是由于并购企业只要取得目标方的相对控股地位,就可以发挥杠杆效应控制目标方100%的资产;可以控制其资源配置、决定其政策、操纵其股票;可以优化其财务结构,改变其经营方式等。因此,控制权本身具有相当的无形价值,购买控股权就必须支付溢价。

二、并购溢价的影响因素[一]

(1) 并购方预期的并购收益。

从理论上讲,并购意愿以及并购成功概率主要取决于并购方对并购收益(相关文献主要采用协同效应来衡量)的预期,即预期与并购前相比,并购后并购双方能够提高公司价值或具有更强的竞争力。但是,实证研究的结果却表明,以协同效应作为并购方愿意支付高额溢价的理由是不充分或令人怀疑的。

Varaiya (1987) 通过分析 1975~1980 年以现金或股票为支付方式进行并购的 77 家美国公司,探讨了并购方预期的并购收益以及目标方的相对谈判能力对并购溢价的影响。一方面,并购方只有预期到并购会为自身带来并购收益才会愿意支付超过市场价值的并购溢价;另一方面,目标方一般也不愿意放弃公司控制权,除非并购方能为它们提供足够高的并购溢价,可以弥补公司控制权丧失带来的损失。因此,Varaiya (1987) 认为,并购溢价与并购方预期的并购收益以及目标方的相对谈判能力正相关。

Varaiya 基于以往的研究成果,认为并购收益主要来源于三个方面:一是由于市场对目标方的低估而给并购方带来的折价收益(underpricing gains),即在并购时市场对目标方的估价偏低,但在并购发生后经过一段或长或短的时间,市场的价格发现功能使目标方的股价上升,从而给并购方带来收益;二是由于目标方管理层经营不善,实现并购后带来的收益(undermanagement gains),即如果目标方管理层经营管理不力,那么由并购方管理层代替目标方管理层,提高目标方运营资产的盈利性和发掘目标方所在行业的未来成长机会,从而提升目

[一] 本部分内容引自:蒋丽娜,薄澜,姚海鑫.国外并购溢价决定因素研究脉络梳理与未来展望 [J].外国经济与管理.2011 (33) 10: 58-65,有改动。

标方先前的股息水平；三是并购产生的协同收益（synergistic gains）。而目标方谈判能力与市场竞争程度以及反收购修正案（anti-takeover amendments）的存在有关。多元线性回归分析表明，目标方谈判能力与并购溢价显著正相关，折价的显著性虽小但仍具有正相关性，而管理不力并不具有显著性。Varaiya 是第一个研究反收购修正案对并购溢价的影响的学者，但他的研究忽略了代表协同收益的变量，因此其无法解释并购溢价是不是为协同效应而支付的成本。

针对 Varaiya（1987）研究的不足，Slusky 和 Caves（1991）通过构建协同效应的代理变量来研究并购溢价与各种协同效应（实际协同效应和财务协同效应）之间的相关性，尤其关注了财务协同效应对并购溢价的影响。他们根据并购双方相似经营活动的销售份额构建了体现并购双方活动相关性的变量来衡量协同效应，并采用并购双方的杠杆比率差来衡量财务协同效应，然后利用 1986～1988 年针对非金融类公司的 100 个美国大型并购案例研究发现，并购溢价与实际协同效应无关，但与财务协同效应显著相关。Homberg 等（2009）具体区分了并购双方在商业、文化、技术和规模方面的相关性，然后利用 67 个并购案例进行 Meta 分析（荟萃分析，指对具备特定条件的、同课题的诸多个体研究结果进行综合的一类统计方法）发现，只有在特定条件下才存在协同效应。Homberg 等（2009）的研究结果进一步佐证了协同效应无法解释高额并购溢价产生的观点。

（2）目标方的抵制或支持策略。

进行并购交易时，一方面目标方通常担心公司控制权转移，另一方面其管理层也会担心自己的前途和地位，因此目标方常会采取一定的策略来影响并购价格。这些策略既有目标方抵制并购的策略，如在 20 世纪 80 年代许多公司采取的毒丸计划，也有目标方支持并购、提高被并购可能性的策略。现有研究普遍认为，目标方采取的影响并购价格的策略，不管是抵制策略还是支持策略，均会不同程度地提高并购溢价水平。

Comment 和 Schwert（1995）利用 1975～1991 年 669 个美国成功并购案例的目标方数据研究发现，在成功的并购案例中，目标方实施的毒丸计划会提高并购溢价。Cotter 等（1997）进一步研究发现，独立董事比例较高的目标方实施毒丸计划可以为自身带来较高的并购溢价。Schoenberg 和 Thornton（2006）基于 1996～1999 年 56 宗英国恶意并购交易数据考察了并购公告后目标方的抵制策略对并购溢价的影响。他们首先研究了单一抵制策略与并购溢价的相关性，发现并购公告后的资产重估会显著提升并购溢价；接着考察了多种抵制策略与并购溢价的相关性，研究发现，引进"白衣骑士"和管理层收购对并购溢价的提升作用虽小，但却非常显著。而 Sokolyk（2011）则研究发现，与其他反并购措施相比，金色降落伞计划和对管理层的补偿计划会提高并购成功概率，而且对管理层的补偿计划会导致更高的并购溢价。

除采取抵制策略外，从保护股东利益的动机出发，目标方还可能采取鼓励竞标者参与并购的策略，如在拟定的并购合同中约定，如果目标方解约，须向并购方支付一笔固定的费用，即解约费用（termination fees）；目标方鼓励竞标者提供有关并购的内部信息，其他竞标者可以免费获得这些信息从而可能向目标方开出更高的价格，因此，解约费用可理解为是目标方承诺的向原来竞标者提供信息的一种补偿。Officer（2003）以 1988～2000 年以获得目标方 50% 以上股份为目标的 2511 家美国公司为样本研究了解约费用在并购交易中的作用。Officer 研究发现，解约费用的存在一般导致并购溢价提高 7%，且该实证结果在不同的检验水平上均是显著的。另外特别指出的是，Officer（2003）的研究还表明，很多控制变量在解释并购溢价上也均是显著的，如产业内的并购相对于产业间的并购会导致更高的溢价，要约并购相对于现金并购可以导致更高的溢价，而预先持股超过 5% 相对于预先持股低于 5% 会导致更低的溢价，等等。

Chahinea 和 Ismail（2007）通过研究 2001～2007 年 1702 份美国并购协议，把解约费用按其占并购交易总额的百分比进行分组，研究发现，中等规模的解约费用（占并购交易总额的百分比为 33%～66%）可以显著地提升高溢价并购成功概率，而较高的解约费用（占并购交易总额的百分比超过 66%）则会降低高溢价并购成功概率。

（3）目标方的行业特征。

当并购涉及不同行业时，行业间的差异也会导致并购收益和成本相异。行业特征，如行业的成长性、盈利性、规模等，以及行业所处的市场环境等因素，均可能影响并购成功概率以及并购溢价。因此，一些学者把研究视角转向具有相似基本特征的目标方，关注目标方的行业特征对并购溢价的影响。

就行业特征而言，现有研究大多以银行业为背景来研究并购溢价的决定因素。Rhoades（1987）基于 1973～1983 年 1835 宗美国银行并购交易研究了银行业并购溢价的决定因素。多元回归分析表明，被并购银行和其所处市场的高成长率以及被并购银行较低的平均资本与资产比率，会吸引银行家支付高额溢价，但是被并购银行的盈利因素对并购溢价的影响并不显著。在欧洲实施单一货币体系——欧元后，银行业并购交易激增，有关银行业并购溢价决定因素的研究方兴未艾。Diaz 和 Azofa（2009）基于 1994～2000 年 81 宗欧洲银行业并购交易研究了欧洲银行业并购溢价的决定因素。他们认为，并购溢价不仅与被并购银行的潜在价值有关，也与并购银行的财务能力有关。因此，他们提出两个假设：一是被并购银行吸引力越大，并购溢价幅度就越大；二是并购银行的财务实力和财务管理能力越强，并购溢价幅度也就越大。实证研究结果表明，被并购银行的权益比例、贷款比例和净资产收益率均显著地影响并购溢价，但地理因素和产品的多样性并不能解释并购溢价，但针对并购银行的并购溢价决定因素的实证研究并未发现统计显著性结果。

另外，还有学者从其他行业特征（如技术特点）来考察并购溢价决定因素。Laamanen（2007）分析了一般公司与技术密集型公司的技术差异，认为与一般公司相比，技术密集型公司自身的特点，如较小的平均规模、专业化性质和较高的市场估值等，决定了其估值受自身资源和能力的影响更深。并提出了如下理论假设：一是目标方的研发投入及投入增长率与并购溢价正相关；二是目标方的市价——账面价值比率与并购溢价负相关。然后，Laamanen 以 1989～1999 年实现 100% 并购的 458 家美国公司为样本，基于一系列控制变量（如目标方的销售额、负债比率、净资产收益率、行业相关度和支付方式等）进行回归分析，获得了与预期假设一致的实证研究结果。

总体而言，学者普遍认可良好的投资者保护环境可以为并购创造较活跃的市场，进而提高并购溢价的观点。

Rossi 和 Volpin（2004）通过比较分析不同国家的法律法规差异（包括投资者保护）来考察跨国并购的决定因素。他们选取 49 个国家在 1990～1999 年公告的，但直到 2002 年才完成的并购交易为研究样本，然后采用目标国家投资者保护程度指数作为自变量，引入一系列控制变量研究发现，目标国家投资者保护程度越高，并购溢价幅度就越高。Rossi 和 Volpin 认为，造成上述结论的原因主要在于两方面，一是投资者保护会降低资本成本，因此加剧并购竞标者之间的竞争，并最终抬高中标者的价格；二是在投资者保护程度较高的国家，公司股权较分散，为了避免目标方小股东搭便车行为，并购方必须支付更高的溢价。John 等（2010）以 1984～2005 年 1525 家美国工业公司为样本，针对上市的目标方研究发现，目标方所在国家投资者保护程度越高，则并购溢价就越高。

（4）目标方管理层持股。

由于存在委托代理问题，因此制定有效的激励制度使管理层的目标与股东目标一致也是公司治理的重点。其中把管理层利益与股东利益联系起来的直接方式就是使管理层持有公司股票或股票期权。

而作为外部市场的控制方式，并购也可以约束管理层。当公司成为被并购对象时，管理层一方面面临着外界对自身经营能力的评价问题，另一方面还要考虑个人前途问题。由此可见，管理层持股也会影响并购活动，进而影响并购溢价。但是，学者就管理层持股对并购溢价的影响并未取得一致的研究结论。

有些学者认为，当目标方管理层持股比例较高时，目标方管理层一般会采取抵制并购的策略，除非并购方能提供较高的交易价格，足以补偿控制权丧失引起的损失。Song和Walking（1993）在检验目标方管理层持股与股东回报率之间的关系时发现，在存在数个竞标者并且最终成功的并购案中，目标方管理层持股对并购溢价具有显著的正效应，因为管理层持股能够使其在并购谈判中表现得更加积极主动。

但是，也有一些学者指出，当目标方的CEO持股比例较高时，CEO为了个人利益，如在并购后继续留任等，往往会在并购谈判中做出损害股东利益的决策，从而抑制并购溢价。Moeller（2005）以20世纪90年代友好并购环境下的388起并购交易为样本研究了股权结构对并购溢价的影响。他从理论上分析认为，如果目标方的管理层持股比例较高，管理层处于强势地位，而相对而言股东处于弱势地位，那么这样的股权结构往往会导致并购溢价下降。然后Moeller采用较低的CEO持股比例、内部董事比例和是否存在外部大股东作为股权结构的代理变量，研究发现，拥有较低CEO持股比例的股权结构与并购溢价正相关。另外特别说明的是，Moeller（2005）通过研究20世纪80年代恶意并购环境下的并购交易案例发现，拥有较低CEO持股比例的股权结构与并购溢价负相关。

还有学者从并购方角度来考察管理层持股对并购溢价的影响。Bargeron（2008）选取1980～2005年完全以现金方式完成的1667宗美国并购交易为样本研究了非上市公司和上市公司这两类并购方参与的并购交易的溢价差异及其决定因素。1667宗并购交易中，其中453宗交易的并购方是非上市公司，1214宗交易的并购方是上市公司。统计分析发现，上市并购方支付的平均溢价为46.5%，而非上市并购方支付的平均溢价为34.4%。然后Bargeron对上述溢价差异的决定因素进行了假设和检验，研究发现即使控制了目标方特征和交易特征也不能降低上述溢价差异。进一步研究得出，当非上市并购方和上市并购方的管理层持股比例均不超过1%时，两者的并购溢价差异达到最大，而当两者的管理层持股比例均超过50%时，并购溢价差异就不显著了，从而表明代理成本是产生非上市公司和上市公司之间并购溢价差异的重要原因。同时Bargeron（2008）还考察了管理层持股比例对不同类型并购方参与的并购交易溢价的影响，研究发现，目标方管理层持股比例的提高会导致上市并购方参与的并购交易的溢价提升，而对非上市并购方参与的并购交易的溢价却没有什么影响。特别指出的是，Bargeron（2008）的研究没有进一步解决是否有未发现的目标方特征可以解释溢价差异的问题。

（5）收购方管理层盲目自大。

管理层盲目自大是指管理层对自己能力所持有的一种极端、过度的自信。管理层盲目自大容易使管理层对结果产生过分乐观的预期，进而导致管理层采取盲目或过度的投资行为。就并购而言，管理层盲目自大可能令管理层相信自己对目标方的估价优于市场估价，并愿意向目标方支付溢价。

基于此，有学者把管理层的盲目自大作为公司进行并购的驱动因素之一，考察管理层盲目自大是如何影响并购溢价的。

早在 1986 年，Roll 就提出了盲目自大假设来解释并购动机。Roll 指出，并购方管理层的骄傲、虚荣心理可用于解释并购溢价产生的原因，其决定性作用甚至超过经济收益动机。Hayward 和 Hambrick（1997）以 1989 年和 1992 年这两年中支付价格超过 1000 万美元的 106 宗并购交易为样本研究了 CEO 盲目自大对并购溢价的作用。Hayward 和 Hambrick 指出，之所以选择这两年是为了检验变化的经济环境的稳健性：1989 年是并购迅猛发展的一年，而 1992 年相对而言是一个经济波谷。并购方管理层通常认为溢价可以用他们将从目标方获取的额外价值抵消，但 Hayward 和 Hambrick 的实证研究结果却表明，过高的并购溢价并没有给并购方带来短期或长期的收益，因此，Hayward 和 Hambrick 认为，并购方支付高额溢价很可能是由并购方管理层的盲目自大，过度相信他们具有从并购中获取额外价值的能力所造成的。进一步地，Hayward 和 Hambrick 采用并购方最近的业绩、近期媒体对 CEO 的正面报道、CEO 自我重要性的衡量以及前三者的综合指标作为 CEO 盲目自大的衡量指标，然后运用多元回归分析法研究发现，并购溢价与 CEO 盲目自大的四个衡量指标显著正相关，并且这种正相关性在董事会对 CEO 的盲目自大缺乏警觉性时会进一步增强。但是，Hayward 和 Hambrick（1997）并未分析管理层盲目自大的长期影响，有关并购方管理层对并购溢价的长期影响还有待进一步探索。Sharma 和 Ho（2002）通过研究 1986 ~ 1991 年 36 宗澳大利亚并购交易发现并购后的公司经营业绩并无明显改善，且研究结果验证了并购方管理层进行并购时存在盲目自大动机。Lin 等（2008）在分析日本并购市场时发现，过度自负的管理层经常对并购活动的回报率产生负面影响，从而佐证了管理层盲目自大假说。

（6）组织间关系。

在现代管理组织关系中，组织成员相互影响，他们通过信息沟通可能会对事件产生一致的判断或评价，分享对未来发展的看法，并通过观察和引进其他成员的做法，实现组织间经验传递或转移。因此，在收购定价问题上，组织中其他成员以往的并购经验也会影响正在进行并购的成员的支付价格。

Haunschild（1994）利用 1986 ~ 1993 年 453 宗美国并购交易研究了组织间关系（interorganizational relationships）对并购溢价的影响，特别关注了连锁董事（director interlocks）和提供并购服务的中介机构的雇用情况对并购溢价的影响。线性回归分析发现，并购方与连锁董事所属的公司支付着相似的溢价，而且如果并购方雇用过一家提供并购服务的中介机构，那么并购方支付的溢价就与以前雇用同一家中介机构的其他并购方支付的溢价正相关；随后 Haunschild 通过构建泊松回归（Poisson regression）模型研究发现，随着对目标方资产估值的不确定性增加，并购方雇用的并购中介机构数量也会增加；并购溢价与连锁董事的相关性会由于不确定性的存在而得到增强。Haunschild（1994）的研究为组织间的行为转移提供了直接的实证经验，但他只分析了两种关系（连锁董事和中介机构）对并购溢价的影响，组织间其他关系对并购溢价的影响还有待进一步挖掘。

Beckman 和 Haunschild（2002）把组织间关系对并购溢价影响的探索又扩展到网络学习（network learning）领域。他们利用 1986 ~ 1997 年 300 家美国服务业和制造业上市公司的并购数据进行回归分析发现，如果公司所处的网络中其合伙人拥有多样化的并购溢价经验，那么其有可能支付较少的溢价；合伙人并购经验异质性对并购溢价的影响还体现在以下方面：当网络中合伙人支付过不同的溢价，或经历过不同规模的并购交易等均会降低并购方当前支付的溢价。Beckman 和 Haunschild（2002）的研究结果也从侧面说明网络中知识传播可以影响公司战略决策和经济活动。

（7）其他影响因素。

在并购活动中，除了并购双方外，围绕着并购活动的展开还有其他参与者，如机构投资者、专业咨询公司和政府管理部门等。从利益相关者角度看，其他并购参与者与并购双方之间存在着千丝万缕的联系，其他参与者的特征、并购经验或者参与程度均会影响并购成功概率、并购双方的谈判能力以及并购价格的支付意愿等方面，最终影响并购溢价。

Chahine 和 Ismail（2009）基于 1985～2004 年 635 宗美国成功并购交易数据，以并购咨询费用作为投资银行参与程度的代理变量研究了参与并购的投资银行的努力程度对并购溢价的影响。研究发现，目标方的咨询费用对并购溢价具有显著正效应，而并购方的咨询费用对并购溢价则有着显著的负效应，而且并购方相对于目标方支付的咨询费用越多，则最终支付的溢价就越低。另外特别指出的是，Chahine 和 Ismail（2009）验证了咨询费用与投资银行服务质量之间的正相关性，证明了以并购咨询费用作为投资银行参与程度的代理变量的合理性。

Wan 和 Wong（2009）以 2005 年中国海洋石油公司（CNOOC）并购美国石油生产商 Unocal 失败的案例为背景，采用事件分析法研究了政治壁垒对并购溢价的影响。通过研究短期窗口下美国石油和天然气市场的股价波动发现，跨国并购的传言和公告会提升并购溢价的预期，而随着政府反对外国并购的政治壁垒的出现，并购成功的概率降低，并购方的并购成本大幅提高，而目标方能获得的溢价的预期反而降低。

本章小结

并购估值相对于一般的资产评估，主要差别在于不仅要评估目标方独立的价值，还要评估并购双方联合企业的价值，而后者的焦点是并购双方协同效应的估值。

独立企业的估值有三种基本的方法，即收益法、市场法和成本法。三种方法的技术细节在前面均已涉及，本书不做深入介绍，但我们应关注在企业并购中三种估值方法选用的经验。

协同效应估值有四种方法，包括整体扣减法、分部加总法、市场价值法和线性模型法。前两种方法在实务中应用较多。

并购溢价是指并购中并购企业支付的高于目标方内在价值的部分。价值增值分配论、诱饵论和控制权溢价论分别解释了并购溢价形成的原因。影响并购溢价水平的因素包括：并购方预期的并购收益、目标方的抵制或支持策略、目标方的行业特征、目标方管理层持股、收购方管理层盲目自大、组织间关系以及诸如利益相关者等其他因素。

关键术语

协同效应　　　　　　　　　　　　　　　并购溢价

练习思考题

1. 请找一个并购双方均是上市公司的案例（如东方航空并购上海航空、百视通并购东方明珠等），根据交易所披露的并购双方的资料及其他媒体的相关资料，采用分部加总评估法，估算交易的协同效应。

2. 请找一个最近发生的上市公司作为目标方的收购案例，计算交易的并购溢价。请思考并购前目标方市场价值怎样计算更合理。

第六章
并购融资

学习目标

1. 了解每一种融资方式下可以选用的融资工具。
2. 理解并购特殊融资方式及其工具。
3. 了解并购融资决策选择需要考虑的因素。
4. 了解并购再融资的方式。
5. 了解中国并购融资的特殊问题。

引导案例

京东方海外收购的融资安排

现代电子产业株式会社（HYNIX 的前身）创立于 1983 年，于 1996 年上市，主营业务包括半导体、通信、LCD 三大部分。因债务原因，2000 年现代电子产业株式会社更名为韩国 HYNIX 半导体株式会社（HYNIX），并对业务进行了调整，决定将通信（已出售给韩国公司）和 LCD 业务独立出来分别出售，只保留并专注于半导体业务发展。2001 年 7 月，HYNIX 设立全资子公司韩国现代显示技术株式会社（HYDIS），并将与 LCD 相关的业务全部转至 HYDIS。

2002 年 11 月 29 日和 2003 年 1 月 17 日京东方与韩国现代半导体株式会社、韩国现代显示技术株式会社（HYDIS）分别签订《资产销售与购买协议》《建筑物销售与购买协议》《土地租赁协议》和《关于"资产销售与购买协议"的补充协议》，由京东方的韩国全资子公司 BOE-HYDIS 技术株式会社收购韩国现代显示技术株式会社的 TFT-LCD 业务，收购价格约为 3.8 亿美元。这是时至当时我国金额最大的一宗高科技产业海外收购。

京东方 2001 年的销售收入是 54.8 亿元人民币，如果以 3.8 亿美元（约合人民币 32 亿元）现金进行海外收购，无疑是行不通也是不明智的。基于此，京东方采取了多样化的融资安排：①动用公司自有资金 6000 万美元；②通过国内银行借款 9000 万美元，借款期限均为 1 年，利率为 1.69%～1.985%；③BOE-HYDIS 以资产抵押方式，向韩国产业银行、韩国外换银行、Woori 银行以及现代海商保险借款折合 1.882 亿美元，利息率由提款日前一天的市场利率决定。该笔贷款从 2005 年 10 月 22 日开始按季度分十次等额偿还本金。

京东方不断寻求灵活多样的融资渠道，而这种多样化的融资安排突破了京东方此次收购的资金瓶颈。并购融资是并购交易中收购方要考虑的关键问题,企业要扩张,实现成功并购,就必须有好的融资策略。融资企业需要根据自身经营、财务状况,寻找最适合的融资方式和融资结构安排,以达到整个并购融资的成本和风险最小化的目的。应该筹集多少资金,运用哪些融资工具,从哪些渠道获得资金,怎样控制融资的成本以及平衡资本结构,都应在交易中通盘筹划。

第一节 融资工具

并购融资通常是指收购方为并购交易和并购后整合而筹集所需要的资金,后者也被称为并购再融资[一]。从融资期限来看,并购项目的资金循环具有长期投资的属性,所以并购融资除过桥贷款外,主要为中长期融资。从融资来源来看,并购融资包括内源融资和外源融资,但多数并购融资因融资规模较大而更考验企业的外源融资能力。

一、内源融资

并购的内源融资是从企业内部筹措并购所需资金。一般内源融资的非长期融资渠道因融资期限的限制而不适用于并购融资,因而并购内源融资渠道主要有两类:一是留存收益,二是资产变现收益。

企业资产负债表中的留存收益是企业股东投入的原始资本所创造的收益历年来累积的未分配的留存,包括盈余公积和未分配利润,其实质为原股东对企业追加的投资。从资金的形态而言,留存收益对应的形态可能体现为现金,也可能体现为其他类别资产,因而不能简单地以留存收益的金额判断它能为并购提供的资金量,而是要考虑扣除企业日常经营所占用的现金量之后的闲置现金余额。当企业有为近期并购融资的需求时,可以考虑当期不分配或少分配股利,从而留存更多的利润为并购备存资金。

筹划并购的企业还可能在实施并购前预先出售闲置资产而预备并购所需的资金。可以观察到,当企业的资产负债表较长时期有大量现金余额时,往往是为固定资产投资或并购项目投资而预留的资金。因此,当企业有并购融资需求时,可以考虑在资产估值较高的时期(比如股票市场的繁荣期)预先出售资产而获得备用资金。

如果收购方在收购前有充足的甚至过剩的闲置资金,当然可以考虑使用内部资金支持并购。但是,由于并购活动所需的资金数额往往非常巨大,因而内源融资一般难以独自满足融资额的要求,甚至在有的并购中几乎不动用内源融资而主要诉诸外源融资。

二、债务融资

并购的**外源融资**(external financing)是指向企业以外的经济主体筹措并购所需的资金,可分为债务融资、权益融资和夹层融资。较常用的并购的债务融资工具有商业贷款、发行债券、售后回租等方式。权益融资主要包括公开增发、非公开增发(也称定向增发)和配股三种方式,但配股较少在并购权益融资中采用。夹层融资工具包括可转换债券、认股权证等。混合型融资安排指在一项并购交易中多种融资工具结合使用。

[一] 实务中不仅存在为收购融资,还存在为反收购融资。因此,从广义的角度来看,并购融资包括收购融资和反收购融资。不过,本章中未涉及反收购融资。

债务融资指公司向资本市场发行债券或票据以及向金融机构申请贷款的融资方式。债务融资具有吸引力的原因在于它的财务费用通常可以从应纳税所得额中扣除，因而产生利息税盾效应。债务融资工具主要有贷款、证券和以资产为基础的融资。其中贷款融资工具主要包括定期贷款、周转性贷款；证券融资工具又包括票据和债券；以资产为基础的融资则主要有售后回租、资产证券化等。

（一）并购贷款

2008年中国银监会发布《商业银行并购贷款风险管理指引》（以下简称《指引》），重新允许商业银行为企业并购发放专项贷款⊖，2015年又对上述法规进行了修订，进一步加强了对并购的支持力度。

并购贷款是指商业银行向并购方或其子公司发放的，用于支付并购交易价款和费用的贷款，属于优先级贷款。这里所指的子公司可以是壳公司，即由并购方专门设立的无其他业务经营活动的全资或控股子公司。

2015年修订的《指引》规定，并购交易价款中并购贷款所占比例不应高于60%（第二十一条）；并购贷款期限一般不超过七年（第二十二条）。与一般的定期贷款需要由借款人提供担保不同的是，并购贷款还可以以目标方股权质押作为担保形式。

并购贷款按照客户评价主体和风险控制侧重点不同，分为公司融资类并购贷款、结构融资类并购贷款和其他类并购贷款三类。

公司融资类并购贷款指以并购方企业及其并购完成后整体情况为评价主体，包括并购方企业直接申请的并购贷款，或由"子公司"申请，但由并购方企业提供担保的并购贷款两种情况。

结构融资类并购贷款指以"子公司"及并购完成后公司为评价主体，以目标方（或未来并购完成后新设企业）资产抵押、股权质押及其他担保方式（不包括并购方企业担保）作为风险缓释手段的并购贷款。这类并购贷款不是以借款人的偿债能力作为借款的条件，而是以被并购对象的偿债能力作为条件，将还款的风险由并购方转移给了目标方，贷款人对并购方无追索权，可以较大程度地减少收购方的融资压力。

为并购交易提供信贷融资是业务多元化银行的一项重要业务。商业银行在提供并购贷款的同时，有时还可以直接担任并购交易的财务顾问，参与交易的全过程。

（二）定期贷款

定期贷款条件十分严格，充分显示了"固定"的特性，诸如支取贷款的用途固定、归还期限固定、动用金额固定；只要借方与银行的协议一经签订，就不能随意变动，但定期贷款也并非是一成不变的。如贷款利率就可以随市场的变化而上下浮动。

对于规模较大的融资，可能会涉及由多家银行联合提供定期贷款的银团贷款。

（三）银团贷款

银团贷款又称辛迪加贷款，是由获准经营贷款业务的一家或数家银行牵头，多家银行与非银行金融机构参加而组成的银行集团，采用同一贷款协议，按商定的期限和条件向同一借

⊖ 1996年中国人民银行发布的《贷款通则》（第二十条第三款）规定：不得用贷款从事股本权益性投资，国家另有规定的除外。

款人提供融资的贷款方式。[注]银团贷款的特点有：

- 贷款金额较大：一般每笔交易在2000万美元以上；
- 贷款期限较长：一般是中长期贷款，贷款期限可在1～15年，多数为3～10年；
- 贷款风险小：各贷款人按提供贷款的份额承担相应的风险。

银团贷款融资的过程中，涉及的合作行的职能包括：牵头行、副牵头行、安排行、代理行和参加行。

- 牵头行：牵头行也是参加行，其认购股份比一般的参加行要多。它是银团贷款的组织者和领导者。
- 副牵头行：协助牵头行工作，并保证负债包销一定比例的银团贷款份额。
- 安排行：协助牵头行做一些事务性的工作。一般在较小的金额的银团贷款中不设安排行。
- 代理行：由银团参加行推选并经借款人同意，选定的在贷款期限内执行银团协议的管理者。
- 参加行：银团贷款的成员行。

根据各个参加行在银团中承担的权利和义务的不同，银团贷款的融资形式可分为直接型银团贷款和间接型银团贷款。

直接型银团贷款是指在牵头行的统一组织下，由借款人与各个贷款银行直接签订同一个贷款协议，通过委托代理行向借款人发放、收回和统一管理银团贷款。

其特点有：

（1）牵头行的有限代理作用。牵头行的确立仅是为了组织银团，一旦贷款协议签订，银团组成，牵头行便失去代理作用，与其他参加行地位平等。

（2）参加行权利与义务相对独立。每个参加行的权利与义务是独立的，没有连带关系。

（3）银团参与行的相对稳定性。即债务在借款人所熟悉的债权人之间变动。

（4）代理行责任明确。代理行统一发放、收回和管理贷款，代理行责任非常明确。

间接型银团贷款是指由牵头行直接与借款人签订贷款协议，向借款人单独发放贷款，然后再将参与的贷款权分别转售给其他愿意提供贷款的银行，事先不必经借款人的同意，全部贷款的管理工作均由牵头行负责。

其特点有：

（1）牵头行同时是代理行，身份具有多重性。

（2）参加行与借款人之间不存在直接的债权债务关系，对债务人不享有直接的请求权。参加行承担着来自借款人和牵头行的双重风险。

（3）缺乏比较完善的法律保证。这种条款在有些国家（比如美国）是无效的。

（4）操作相对简单，工作量较少。由于借款人只和牵头行直接关系，因而较容易达成共识，有利于缩短时间，节省费用。

（四）循环信用贷款

循环信用贷款是作为贷方的银行或其他金融机构对借方做出的一项正式承诺，同意在一

[注] 肖翔，刘天善. 企业融资学 [M]. 北京：清华大学出版社，北京交通大学出版社，2007年。

定期限（通常是 1～8 年）内提供一定额度的贷款。借方可随时提取使用，也可提前归还。这种信贷方式的主要特点在于，它对预期将要出现而尚未发生的债务提供了可靠的保证。所以，对申请贷款的并购交易买方来说，可算是一种"债务保险"，只要并购交易谈成而须付款，买方便可及时向贷方提取其所需的资金。不仅如此，还显示了它具有很大的灵活性。例如借方资金宽裕，贷方可以提前偿还，不算违约；如果还清后又遇急需，只要循环信用证不失效，仍可继续要求贷款而无特殊限制。

（五）过桥贷款

过桥贷款是指投资银行向收购者提供的由投资银行自有资本支持下的贷款。过桥贷款的期限通常为 3～9 个月，但也可应收购者要求再延期 180 天。过桥贷款通常可以达到以下效果：获得应急资金；优化资产负债表；使杠杆收购避免受制于第三者融资；提高杠杆收购的速度，大大提高了交易成功的可能性。

过桥贷款的特点在于：

- 由财务顾问提供。作为财务顾问的投资银行为收购方提供临时性短期融资，不仅在财务顾问业务的基础上增加了资本业务服务的收入，通常还可以在后续的替换融资中，优先获得股权或债券融资的承销业务机会。
- 属于短期贷款。过桥贷款的期限通常为 180 天。利率设计采取攀升式，如第一个季度利率为基准利率，以后每个季度加若干点。投资银行提供过桥贷款时，一般先要收取 1% 左右的承诺费，然后再按过桥贷款的实际支付金额，加收 1% 左右的附加费用。
- 过桥贷款具有及时性，可以暂时解决并购融资的燃眉之急。

在并购时安排临时性过桥贷款，后期再以长期性股权或债务融资替换，或出售部分资产所筹的资金偿还，是发达市场中常用的并购融资方式。这种融资方式尤其在收购上市公司和具有时间和竞争力压力的交易中被经常使用。在涉及收购上市公司时，买方在交易宣布之前通常不愿联系多家银行寻求贷款，以免消息泄露引起股价波动。在这种情况下，由参与交易服务的财务顾问提供的过桥贷款就起到了促进交易的作用。

（六）债券

债券融资包括抵押债券，即以实物资产作为还本付息保证的债券；担保债券，即不用企业实物资产作为抵押，但要求除了发行企业信用担保外，还有其他企业、组织或机构的信用担保的债券；垃圾债券，即除了一般的企业债券外的高风险、高收益的债券。下面重点介绍在发达市场并购融资中经常用的垃圾债券。

垃圾债券（junk bond）指信用评级很低的公司所发行的债券。一般而言，BB 级或以下的信用评级属于低评级。信用评级低的企业所发行的债券的投资风险较大，因此，需要以较高的利率来吸引投资者认购。由于并购活动的风险很大，而企业大部分优质资产的抵押权又被一级银行贷款所得，为了给投资者承担的高风险提供较高的回报率，垃圾债券作为一种新型的融资工具应运而生，为并购企业的收购特别是杠杆收购提供了重要的资金来源。垃圾债券对那些内部资本不足而又无法通过银行贷款等传统渠道融资的并购者而言尤为重要。

垃圾债券作为融资工具在杠杆收购领域的使用是推动美国第四次并购浪潮发展的一个重

要因素。20 世纪 80 年代末，美国垃圾债券市场的崩溃是当时第四次并购浪潮降温的重要原因之一。其后，并购不再像以前那样和敌意收购密切相关，垃圾债券主要偏重于为信用不佳的公司提供所需资本。

垃圾债券的主要特征是高风险和高收益。传统贷款需要有现实资产的保证，大部分债权人都能及时而有保证地收回贷款，而垃圾债券是以并购其他企业的新公司作为抵押的，即以未来资产作为保证，具有很大的不确定性，因此风险很大。效率低、信誉低的企业发行具有吸引力的高利率债券，吸引那些在资本市场上寻求高额收益的游资。这可以使发行者筹集大量资金，而购买者为了获得高利息也愿意购买这种高风险债券。垃圾债券到期时间比较长，多在 10～15 年。

发行垃圾债券融资以支持收购一般要经历如下过程：

步骤 1：收购方通常先建立一家子公司，这家子公司通常只是一个壳公司，它将负责对目标方进行收购操作。

步骤 2：壳公司向目标方发出收购要约，要约通常需要附有融资安排，由收购方的投资银行开具高度确信函，说明可以募集所需资金。

步骤 3：投资银行需要得到一旦壳公司发行垃圾债券，投资者将会投资购买的承诺。

步骤 4：投资银行还可以安排过桥贷款以提供完成收购必需的资金。过桥贷款将在壳公司发行垃圾债券后偿还。使用过桥贷款的优点在于投资银行可以自由选择发行垃圾债券的最佳时机。

步骤 5：一旦融资安排落实，接着将进行债券发售，获得资金用以收购目标方的股票。

步骤 6：收购后，收购方和下属的壳公司都将遭受垃圾债券发行带来的巨额利息支出的困扰。收购方会尽快设法减少偿债支出，通常会将目标方的部分资产售出，以偿还收购所欠债务。

三、权益融资

权益融资是指由一家公司通过发行额外的普通股或优先股给现有或新股东来筹集资金。股权融资的金额将主要取决于现有的或新股东愿意购买的股权数量。企业并购中最常用的权益融资方式即股票融资，这包括普通股融资和优先股融资两种。

（一）普通股

发行普通股融资是企业最基本的融资方式。其优点在于：

- 普通股融资没有固定的股利负担。企业有盈余，并认为适合分配股利，就可以分配给股东；企业盈余较少，或虽有盈余但资金短缺或有更有利的投资机会，就可以少支付或不支付股利；
- 普通股没有固定的到期日，不需要偿还股本。利用普通股筹措的是永久性资金，它对保证企业最低的资金需求有重要意义；
- 利用普通股融资风险小。由于普通股无固定到期日，不用支付固定的股利，因此，实际上不存在不能偿付的风险。
- 普通股融资能增强企业的信誉。

普通股融资的缺点在于：

- 分散企业控制权。新股的发行使公司的股权结构发生变化，稀释了公司的控制权，导致了公司被收购的风险。
- 普通股的发行成本较高，包括审查资格成本高、成交费用高等因素。
- 公司总股份数会增加，每股收益要视并购后所产生的效益而定，可能会给股东带来每股收益下降的风险。
- 由于股利需税后支付，故公司税负较大。

（二）优先股

优先股是企业专为某些获得优先特权的投资者设计的一种股票。从法律角度讲，优先股是企业权益资本的一部分。优先股是不享有公司控制权，但享有优先索偿权的股票。优先股虽然没有固定的到期日，不用偿还本金，但往往需要支付固定的股利，成为企业的财务负担。其优点在于：

- 可以固定融资成本，将未来潜在利润保留给普通股股东，并可防止股权分散。
- 同样可取得长期资本，相对于负债而言，不会造成现金流量问题。

其缺点在于：

- 优先股的税后资金成本较负债高。
- 优先股的收益不如普通股和负债，发行较为困难。

四、夹层融资

许多融资及税法最基本的观念之一就是债务和权益的区别，这两种工具就像白天和黑夜一样截然不同。债务是一种无条件的偿还本金及利息的义务，有固定的到期日，并且不能转换成或附属于任何其他工具（证券）；债务需偿还的本金和利息都与利润或其他可变因素无关。对比而言，所有者权益代表公司股份的所有权，其价值通过交换实现——低价买入，高价卖出。在清算情况下，所有权益就是公司在偿清所有债务之后所剩下的净值，所以它代表一种对资产的剩余要求权。

所有这些区别在理论上非常明显，并且现实中也运作得不错。但是除债务和权益之间这种"黑和白"似的显著区别之外，还有一块非常大的灰色领域——带有权益特征的债务证券（工具）和带有债务特征的权益证券（工具）。这种被称为夹层融资工具的东西在并购融资中扮演着关键性的角色。

（一）可转换债券

可转换证券是一种金融工具，它可以以一个设定的价格兑换成设定数量的股票。它的主要形式包括可转换债券和可转换优先股票两类。对于发行者来说，可转换证券可以节约发行费用（债券的利率或优先股的股息率可以低于同类信用债券），降低筹集资金的成本。对于投资者来说，可转换证券可以在一定范围内规避风险但又获得回避收益的选择权。

可转换债券就是一种具有购买期权的债券，持有者可以选择将其兑换成股票，也可以到期获取本息。目前我国尚未允许发行可转换优先股○。

关于可转换债券，其要素有许多，其中最主要的是转换比例、转换期限和转换价格。

（1）转换比例。

转换比例是指每一份可转换债券可以换取多少股普通股股票。从实质上看，转换比例也是转换价格的另一种表现。

（2）转换期限。

转换期限是指可转换债券持有者有权将债券转换成公司股份的有效时间区域。从实际看，转换期限通常为可转换债券发行日之后的若干年起至债券到期日止。

（3）转换价格。

转换价格是指在发行可转换债券时即已确定的、将可转换债券转换为股票的价格。转换价格一般不做任何调整，除非发生诸如发售新股、配股、送股、派息、股份的拆细与合并，以及公司兼并、收购等特殊情况。

可转换债券具有以下特征。

（1）它是附有认股权的债券，兼有公司债券和股票的双重特征。

（2）具有双重选择权的特征：持有人具有是否转换的权利；发行人具有是否赎回的权利。

（3）有效期限、转换期限、票面利率或股息率：

- 有效期限：债券发行之日至偿清本息之日的时间。
- 转换期限：转换起始日至结束日。
- 我国现行法规规定：可转换公司债的最短期限为 3 年，最长为 5 年，发行后 6 个月可转换。
- 利率由发行人根据市场利率水平、公司债券资信等级和发行条款确定。

（4）转换比例、转换价格、赎回条款、回售条款：

- 转换比例 × 转换价格 = 可转换证券面值。
- 赎回是发行人提前赎买回未到期的发行在外的可转换债券。前提往往是公司股票价格连续高于转股价格一定幅度。
- 回售是公司股票在一段时间内连续低于转换价格达到一定幅度时，可转债持有人按事先约定的价格卖给发行人。
- 转换价格修正条款：由于公司送股等原因导致股票名义价格下降时需要调整转化价格。

（二）可交换债券

可交换债券或称可换股债券，是一种复合型衍生债券。可交换债券的投资人可在约定的期限之后，将债券按比率转换为股票，转换标的为发行公司所持有的其他公司的股票。该债券的持有人在将来的某个时期内，能够按照约定的条件以持有的公司债券交换获取大股东发债时抵押的上市公司股权。可交换债券的条款设计与可转债券非常相似，发行要素通常是：

○ 《优先股试点管理办法》（中国证监会 2014 年第 97 号令）第三十三条规定：上市公司不得发行可转换为普通股的优先股。但商业银行可根据商业银行资本监管规定，非公开发行触发事件发生时强制转换为普通股的优先股，并遵守有关规定。

票面价格、利率、换股比例、发行期限、可回售条款、可赎回条款等。

可交换债券具有如下特征：发行可交换债券一般并不增加上市子公司的总股本；对于债券发行人而言，是一种低利率成本融资的方式；对投资者而言，是一种债权转换成股权的期权或选择权；可以成为筹资者（母公司）降低其持有上市公司国有股比例的有效工具。

更具体地来看，可交换证券相对于可转换证券的主要区别如下。

（1）发行主体有所不同。可转换证券的发行主体必须是上市公司，而可交换证券的发行主体可以是上市公司，也可以是其他允许发行的企业或机构，如国家国有资产管理局、重点国有企业等。

（2）可转换的标的物不同。可转换证券可转换的标的物是发行可转换证券的发行公司所发行的本公司的股票，而可交换证券可转换的标的物是发行可交换证券的发行公司所持有的其他公司的股票。

（3）影响转换的因素不同。影响可转换证券转换的因素主要是发行公司的资金利用效果、未来生产经营情况和财务状况及本公司的股票价格，而影响可交换证券转换的因素，除了发行可转换证券公司自身的一些因素外，更重要的是要受所要转换成标的股票的那个发行公司的未来各种情况和股票本身价格的影响。

可交换债券的特征也决定了自身的缺点和优点。其缺点主要表现在：股票发行人的股东性质发生变化可能会影响公司的经营；发行方案的设计比较复杂，要求投资人具有更为专业的投资技能，而其优点则表现在如下方面。

（1）可交换债券可以为发行人获取低利率成本融资的机会。由于债券还赋予了持有人标的股票的看涨期权，因此发行利率水平与同期限、同等信用评级的一般债券相比要低。由于可交换债券给投资者一种转换股票的权力，因此即使可交换债券的转换不成功，其发行人的还债成本也不高，对上市子公司也无影响。

一般而言，可交换债券的转股价均高于当前市场价，因此可交换债券实际上为发行人提供了溢价减持子公司股票的机会。例如，A 公司希望转让所持 B 公司 5% 的普通股以换取现金，但目前股市较低迷，股价较低，此时，A 公司就可以考虑发行可交换债券，一方面可以以较低的利率筹集所需资金，另一方面可以以一定的溢价比率卖出 B 公司普通股期权。

（2）与可转债相比，可交换债券融资方式还有风险分散的优点，这使得可交换债券在发行时更容易受到投资者青睐。由于债券发行人和转股标的的发行人不同，债券价值和股票价值并无直接关系。债券发行公司的业绩下降、财务状况恶化并不会同时导致债券价值或普通股价格的下跌，特别是当债券发行人和股票发行人分散于两个不同的行业时，投资者的风险就更为分散。由于市场不完善、信息不对称，在其他条件不变的情况下，风险分散的特征可使可交换债券的价值大大高于可转债价值。

（3）与发行普通公司债券相比，由于可交换债券含有股票期权，预计的还本压力较普通债券减少，且在债券到期时一般不影响公司的现金流状况，因此可以降低发行公司的财务风险。在成熟的资本市场，可交换债券比可转债更容易被分拆发售，即将嵌入的认股权证与债券拆开并且作为单独的交易工具出售。

此外，它使得债券签发者可以借机摆脱持有其他公司股票的负担，并经常会给签发者带来税收上的节约。例如，资本收益可以一直延期到赎回这些票据的时候再进行计算。

五、卖方融资

在并购中一般都是买方融资，但当买方没有条件从贷款机构获得贷款时，或是市场利率太高而买方不愿意按市场利率获得贷款时，卖方为了出售资产也可能愿意以低于市场利率的利率为买方提供所需资金，买方暂不全部偿付价款，而是承诺在未来一定时期分期分批偿还价款给卖方，且买方在全部付清贷款以后才得到该资产的全部产权，如果买方无力支付贷款，则买方可以收回该资产。这种方式被称为卖方融资，它是并购融资中特殊融资方式中的一种。

比较常见的卖方融资是通过分期付款以或有支付方式购买目标方。它是指双方完成并购交易后，购买方并不全额支付并购的价款，而是支付其中的一部分，在并购后的若干年内，再分期支付余下的款项。分期支付的款项根据目标方未来若干年内的实际经营业绩而定，业绩越好，所支付的款项也越多。从融资的角度来看，这一支付方式无异于卖方（即目标方）向并购方提供了一笔融资。由于购买方在未来期间的实际付款额需视目标方的经营业绩而定，这种支付方式实质上可以看成一种或有支付（contingent payment）。

卖方融资方式最初出现于一些亏损企业的并购案中，这些企业因获利不佳，卖方为急于脱手，因此不得不采取这种有利于收购者的支付方式。

在卖方融资方式中，并购企业虽然没有直接获取资金用于收购，但卖方许可对支付期限的延长，实际上已阶段性地缓解了并购企业当期的资金需求，并能通过这种支付形式最终取得对目标方的控制权。因此来看，或有支付同企业通过其他融资渠道获取资金进行并购，最终的效果是相同的。

卖方融资的利弊分析如下。

或有支付方式对于并购企业在资金不足的情况下实施并购无疑是一种有力的支持。目标方为并购企业提供的卖方融资，可以免去并购企业为支付价款而必须寻求各种渠道融资所引起的成本增加和融资时间的耗费。对于目标方的股东而言，由于价款是分期收到的，因而可以享受到递延税负的好处，这一点也是目标方愿意为并购企业提供融资的原因之一。卖方融资代表了简单而低成本的并购融资方式，这种方式可以用来缩小收购差价，因为买方考虑到卖方融资的成本较低而愿意支付较高的收购价格。

越来越多的换股并购交易采用或有支付方式，这种方式一方面可以减少并购企业当期的融资需求量，另一方面在避免股权价值稀释的问题上也起到了重要的作用。并购企业在购入高速成长型的企业的时候，因为目标方往往具有较高的市盈率，如果一次发行换股交易所需的全部股票，很可能导致自身每股盈余立即被稀释。而如果是分期进行或有支付，由于并购日发行的股票数量减少，因而就可以避免这种情况的发生。

尽管或有支付有很多优点，但这一方式在运用上也受到了很多限制。从目标方的角度来看，对未来期间付款额度的设定在很大程度上取决于并购后的经营业绩，有很多的不确定性，也会影响价款收回的可靠性。因而目标方在为并购企业提供卖方融资时往往会采取比较保守的态度，例如，可能要求并购企业在并购完成后的当期支付较高的数额，或是对融资条件，如或付期限的长短（计算收付价款时使用的资本化因子等）进行调整。这些情况都可能使或有支付方式相对并购企业进行外源融资的优势发挥受到影响。另外，目标方为保证自身的利益，可能会要求并购企业为未来的付款提供某些抵押担保，或规定一些严格的违约制裁条款，因而也给并购企业选择这种方式增加了困难。

从并购企业的角度来看，由于收购价款的支付期一般只有短短的几年，目标方的经营者可能会为了提高支付期内的业绩以获取有利的支付价款,而有意采用种种不当的会计政策,以致危及企业的长期发展。这一方面导致并购企业支付价款的增多,另一方面引起未来经营风险的增加。因此,为了消除或有支付方式下的各种不利因素的影响,并购方企业应当尽可能地采取换股方式进行并购,这样,目标方的股东为了日后换取到的股票能进一步升值,在经营上会趋向于采用有利于集团整体优化的政策。并购企业还应在并购之前就业绩的计量标准做出严密的界定,对日后企业在付款期内所应保持的与经营规模相应的酌量性支出做出规定,以避免目标方的短期经营行为和自身成本的提高。

第二节　并购融资决策

一、融资规模

购买一家公司所需要的融资额主要包括三个方面:收购成本、收购后公司的运行成本、收购后改进和扩大业务的成本。

（1）估算收购成本。

收购成本的具体内容有:目标方股票或资产的买价（减去公司中的现金和从出售资产中获得的现金)、必须承担或到期时进行再融资的现时债务、收购的管理和税务成本、付给专业人士的费用（会计师、评估师、投资银行、律师等）。其中,最主要的部分是目标方股票或资产的买价,这将通过对标的企业的价值评估来得到。

（2）估算运行成本和改进成本。

融资额的另一个部分为收购后的运行和改进成本。其中运行成本包括以下几个方面:目标方立即需要的周转资金（现在应支付的金额)、由于诉讼结案在并购后支付的资金（如果收购方在对目标方进行详尽调查时发现了未结诉讼案例)、解聘和提前退休支付（一次性补偿)。收购后改进和扩大成本包括:未来发展的资本性投资（新项目、研发费用等）与营销成本。

总体而言,对于维持、改进与扩大经营的资金,主要通过财务报告预测来进行估计。

二、融资结构

面对各种各样的融资方式来进行选择的时候,企业需要根据各种影响因素来综合做出判断。这些影响因素大体可以分为企业内部因素和外部因素（见图6-1),它们也可以理解为并购融资的约束条件。其中,支付方式被视为外部因素是因为它通常是交易双方协商的结果而不是收购方内部确定的。

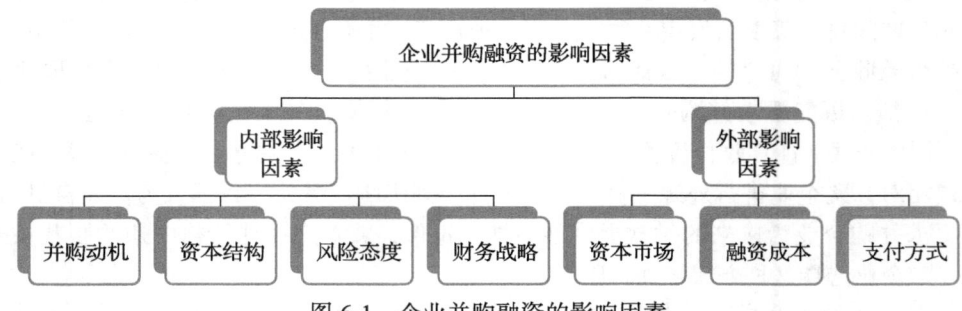

图6-1　企业并购融资的影响因素

企业的全部资产由股东权益和债务资本两部分组成，股东权益与企业债务的比例称为企业的融资结构，而股东权益与长期债务的比例则称为资本结构。由于并购项目经常需要两年以上的整合期，所以通常并购融资一般着眼于长期资金，涉及债务融资的通常会考虑五年期限的贷款或债券。

在考虑并购融资的资本结构时，如果收购方有选择余地，通常会以企业目标资本结构作为并购融资结构安排的目标。研究发现，在收购前收购方的资本结构低于目标资本结构时，并购融资趋向于使用更多的负债融资；反之，则使用更多的权益融资。

三、融资工具

企业并购需要在短期内投入庞大的资金，如果单纯依靠企业内部积累是很难筹措的，因此收购方融资方式的选择是并购成功与否的关键因素。

在实践中，收购方的并购动机、资本结构、支付方式等因素都会影响并购时所需资金的结构和数量。适合债务筹资的供暖公司应该是稳定市场上的基础产品和服务的生产者，其稳健适中的增长有利于进行杠杆交易，卡车公司等含有众多个人所有权的产业中发生了一系列小合并案的公司也适用于这种筹资方式。而适合权益筹资的公司应该是新兴的和有高度周期性的公司以及一些经营的成功取决于超出管理控制力的公司，同样地，一些波动性的产品也适用于权益性筹资，例如石油天然气经常会依赖于燃料价格。

选择债券、股票或两者的组合取决于许多因素。

- 宏观经济形势；
- 金融因素，例如现金流、杠杆比率、信用评级、税收；
- 管理文化，如在业务上倾向于保持灵活性；
- 股东的偏好；
- 该公司是否上市。

上市公司也应该考虑最近的股价表现和目前的市场情况。筹集资金时应该考虑的问题包括：

- 分析师目前准备增持还是减持公司的股票？
- 公司的股票价值被低估还是高估了？
- 目前市场有怎么样的发展趋势？
- 目前是不是发行股票的好时机？
- 当前的股东是否会因为新发行的股票稀释其股权而失望？

四、融资成本

并购融资工作期望的目标是能在限定的时间内筹措到足够的资金，当然还希望融资的成本尽量低。在进行融资成本分析时，并购融资所涉及的个别资金成本计算方法与一般经营条件下或投资项目下的方法没有太大区别。两者的主要不同之处就在于并购融资项目所涉及的融资方式远远多于一般融资项目，因此更侧重于对加权平均资本成本率的分析。

具体的操作中，并购企业的融资部门通常是在确定一个合理的资本结构的基础上对每笔所要筹集的资金进行核算。资本成本是企业为了获取并使用资金而付出的代价，包括支付给股东的股利和支付给债权人的利息等。对资金成本的计算使用较多的是相对数,即资本成本率,它表示使用不同的融资方式筹集相同数量的资金所需付出的代价,其计算公式为:

$$资本成本率 = \frac{资本占用费}{融资总额 \times (1 - 融资费率)}$$

不同的融资方式,其成本的形成、核算和支付方式各不相同。分析资本成本既要分析不同融资方式的个别成本,又要分析一定资本结构中不同融资方式的综合成本。因此,可以说资本结构影响资本总成本的构成和水平。而获取不同来源的资金所需付出成本的高低,也将影响融资方式的选择,从而影响资本结构。一般采用以下方式来计算各种不同融资方式的资本成本率。

(1)企业以税后利润投资时的机会成本

$$机会成本总额 = 利润额 \times 资本成本率$$
$$资本成本率 = 当时企业的平均资金利润率$$

(2)企业从金融机构借入资金的利息成本

$$利息总额 = 借入资金总额 \times 资本成本率$$
$$资本成本率 = 借款利率$$

(3)企业债券融资的利息成本

$$利息总额 = 债券融资总额 \times 资本成本率$$

$$资本成本率(不计税) = \frac{债券利率}{1 - 发行费率} \times 100\%$$

$$资本成本率(计税) = \frac{债券利率 \times (1 - 所得税税率)}{1 - 发行费率} \times 100\%$$

(4)企业股票融资的股息成本

(a)
$$优先股股息总额 = 优先股股本总额 \times 资本成本率$$

$$资本成本率 = \frac{年股息率}{1 - 融资费率} \times 100\%$$

(b)
$$普通股股利总额 = 普通股股本总额 \times 资本成本率$$

$$资本成本率 = \frac{每股预期年股息率}{股票现期市价 \times (1 - 融资费率)} \times 100\% + 预期股利年平均增长率$$

由上可知,企业以不同融资方式获取的资金,其资本成本是各不相同的。由于种种原因,企业通常是从多个渠道以多样化的融资方式来获取资金的。为了估计并购融资的资本成本,我们以各种融资方式取得的资金占融资总额的比例为权数,乘以相关的资本成本率,然后相加,求出加权平均资本成本。其公式表达如下:

$$WACC = \sum_{i=1}^{n} W_i R_i$$

其中,W_i 为第 i 种资金占用资金总额的比例,即权数;R_i 为第 i 种资金的资本成本率。

五、根据融资约束调整交易

融资规划不是单向地根据收购标的来安排融资,有时在允许的情况下还会根据融资约束来调整交易,实质是根据融资约束调整投资规模以及交易结构。调整的思路包括但不限于:

- 调整支付方式，减少现金支付的压力；
- 调整支付进度，减少前期支付的压力；
- 与其他合作方联合收购，减少己方融资的规模；
- 减小收购规模，以减少融资规模；
- 争取卖方融资或实施分步收购，延长支付期限。

第三节　并购再融资

并购再融资总体来说是对并购初始融资所签订的一个或多个协议条款的改变。贷款、债券、股票等融资工具都是建立在某种协议基础之上的，无论是贷款协议、债券契约或股票凭证。这些协议中通常都包括一些条款，允许协议一方或双方当事人有权变动协议中的某些特殊条件。当执行这些新的条件，增加新的条款，或者取消或终止现有的条款时，就会发生再融资。具体来说，引发并购再融资的原因主要有以下几个方面。

（1）并购初始融资由于急需资金，往往出现仓促的融资协议，按协议中的规定，收购方往往需要支付较高的融资成本。在初始融资资金到位以后，收购方需要通过再融资手段，降低融资成本。

（2）并购前可能会存在一些短期的贷款（如过桥贷款），收购方公司需要偿还，这种情况下也需要进行再融资。

（3）并购结束后，收购方公司也需要通过再融资的方式，补充运营资金。

并购再融资广义的定义包括了公司用以满足初始融资需求的任何外源融资。更广泛的意义上的再融资还包括收购后通过销售资产来支付并购价款的活动。还有一种现象通常也被称为是并购再融资，即在并购后整合时调整目标方的流动负债结构。

一、负债再融资

（一）贷款再融资

并购贷款再融资是在并购交易达成后对交易前为并购融资的贷款协议中的一项或多项条件的变更。债务人可通过再融资偿还初始融资的负债或减轻负债压力，保障并购后公司业务的运营，或者扩大并购后公司的业务。

再融资贷款中，涉及贷款协议条款的变更。债务人有再融资意愿时，可与债权人商定签署的变更条件包括：

（1）弱化或取消某些特殊条款（如债务人承诺不出售或必须取得资产销售许可等限制，又如强制保留某一现金流以维持偿债比率）；

（2）通过延长还款时间降低还款速度；

（3）降低还款利息率；

（4）通过原始债权人或其他债权人增加贷款资金数量；

（5）免偿部分或（恶化情况下）全部贷款。

从债权人的角度来说，也需要在同意条件变更的时候寻求自己的利益。例如，债务人可以要求更多的时间及更多的资金，而债权人可在增加利息率的前提下同意债务人的要求。

改变再融资贷款协议的条款，并不总是要得到债权人团体的全部成员的许可。一般情况下，在贷款条件中对某些基本条件（如利息率、到期日、本金数量）的变化需要全部债权人同意，但有些变动只需要持有全部外发贷款及债权款项的 51%（有些情况下需 66.6%）的银行审批即可。涉及银行或银团内部事项的条款的变更，如解除债务，通常在相关文件（有时被称作参与协议）中会注明需要债权人同意的百分比。在文件中债务人不是当事人，并且一般情况下文件内容是对债务人保密的。

（二）债券再融资

几乎所有的公债发行都附有允许公司在有回购溢价的前提下强制回购证券的提前回购条款，公司通过发行新债券回购已发行债券的过程就称为债券再融资。

债券再融资是一项资本预算决策，涉及如下程序。公司需要计算出提前回购已发行债券的净现值，并以同等到期日和风险的新债券进行替代。对于税后现金流的变化应按照适当的税后折现率进行折现。在这种情况下，适当的折现率就是等同风险负债的税后利息率。我们用税后利息率是由于假设全部的再融资成本（如回购溢价）都是由负债资本引发的，负债利息有避税的作用，因此，相关折现率应该是税后利息率。

要注意的问题有两点：第一，新发债务的市场价值可能会使公司的资本结构稍有变化，并会产生纳税收益。第二个问题是可提前收兑的债券不能以回购价加上很少一部分溢价（大约等于执行回购的浮动成本）进行发售，因为没有投资者愿意支付 1100 元购买回购价只有 1050 元的债券。

（三）票据再融资

票据再融资也是一种常见的融资方式。使用票据进行再融资主要是为了并购后维持标的公司业务的正常运营。通常，使用票据进行并购再融资与使用票据进行并购融资在操作上没有太大的区别。

（四）负债再融资工具比较

贷款、债券和票据是主要的负债再融资工具。从偿还期限来看，债券的偿还期限比较长，票据的偿还期限较短，而贷款则有长期贷款也有短期贷款。一般来说，长期的再融资用以处理长期负债，短期的再融资用以处理流动负债。从融资成本来说，贷款的成本低，票据的成本也较低，而债券的发行成本则比较高。从这个意义上讲，企业更倾向于选择并购贷款再融资方式。

二、权益再融资

并购后权益再融资实际上是并购中签署的持股人协议中某些条件的改变，或由该协议引起的一项行动。并购后权益再融资的最典型的例子是发行新股以替换并购中发行的一系列特殊股票（由于股票发行的限制，这种方式在中国尚不可行）。

从广义上来看，权益再融资应该包括通过增加权益以完善公司资产负债表状况的活动。例如，将目标方的一部分股权出售给第三方（典型的是向私募股权基金定向增发新股）以获得营运资本。这种权益再融资方式的优点在于有一定的财务灵活性——公司发行股票可以获取现金，而且不会发生使用上的限制，相当于获得了自有资金。当然这样的做法也是需要权衡的，因为股权的出售可能导致原有股东控制权和每股盈余的降低。

三、销售资产

在并购活动中,有时通过销售资产来偿付并购负债也是一个不错的方法。对于债务人来说,剥离公司(常见的是剥离标的公司)中与自己主业无关的那部分资产,能使收购方企业更有效的运营,同时也能减轻负债压力。对于债权人来说,在控制好债务人偿付现金流的前提下这种做法也能减轻贷款风险。许多杠杆收购方在其收购策略计划中都包括了经债权人认可的特殊资产出售内容。只要这种出售是有计划的并能合理地定价,通常都可以得到债权人的批准。

但是我们会发现,在一些并购案例中,剥离资产是被禁止的,这样规定主要基于两方面的原因:首先,收购方在并购融资的时候,需要用资产作为抵押的,如果剥离资产,反倒给债权人带来更大的风险;其次,资产销售会带来员工的失业或需要重新安置的问题。这时候,采用再融资的方式来偿还贷款是较好的选择。

假如债权人不希望债务人在交易完成后销售任何资产,那么,保持公司完整但又能使资产产生现金流的一个方法就是采用售后回租。也就是资产的所有者将资产售出后再向购买方租回使用的活动,这是小型企业筹措资金常用的一种方法,在大规模的现金筹措活动中也常常使用。

本章小结

并购融资相对于企业生产经营中的融资而言,除过桥贷款外主要涉及中长期融资。按融资来源分类,并购融资方式可分为内源融资和外源融资,内源融资工具主要有留存收益和资产变现收益。并购的外源融资是指向企业以外的经济主体筹措并购所需资金,可分为债务融资、权益融资和夹层融资。并购的债务融资工具较常用的有并购贷款、债券、售后回租等。并购的权益融资工具主要包括公开增发、非公开增发(也称定向增发)。并购的夹层融资工具包括可转换债券、认股权证等。上述融资工具都是买方融资工具,但当买方融资困难时,有时可以寻求卖方融资,即卖方向收购方提供的分期偿付并购对价的安排。混合型融资安排指在一项并购交易中多种融资工具结合使用。

并购融资决策涉及融资规模、融资结构、融资工具、融资成本以及根据融资约束调整交易等内容。融资决策是一个对各方面因素权衡的过程。

并购再融资是对并购初始融资所签订的一个或多个协议条款的改变。并购再融资广义的定义包括了公司用以满足初始融资需求的任何外源融资。更广泛的意义上的再融资还包括收购后通过销售资产来支付并购价款的活动。

关键术语

并购融资   并购再融资   内源融资   外源融资

练习思考题

1. 查询吉利收购沃尔沃轿车的案例,分析交易的并购融资安排。结合交易后续贷款偿付的实际情况,分析并购贷款的偿付风险及利息税盾效应。
2. 查询联想收购 IBM 个人电脑业务的融资安排,分析其并购融资及并购再融资的具体做法。

案例研究：PAG 杠杆收购"好孩子"

一、案例回顾

2006 年 1 月底，总部设在东京的私募股权基金太平洋联合（Pacific Alliance Group，PAG）以 1.225 亿美元购得原来由中国香港第一上海等持有的 67.6% 好孩子集团股份。至此，PAG 集团成为好孩子集团的绝对控股股东，而好孩子集团总裁宋郑还等管理层持 32.4% 股份，为第二大股东。这是中国第一例外资金融机构借助外资银行贷款完成的杠杆收购案例。

"好孩子"在 17 年前还只是浙江一家校办工厂。1989 年，陆家镇中学的副校长宋郑还当上了这个校办工厂的厂长，奉命挽救这个曾是五金件厂的烂摊子。偶然的机遇让宋郑还发现了"童车"的市场机会。4 年后的 1993 年，好孩子集团的销售收入已经过亿，成为中国第一大童车企业。

1994 年，处于急速扩张阶段的"好孩子"为了新建厂房和引进高端设备，吸收了香港上市公司中国置业 450 万美元的投资，后者获得"好孩子"33% 的股权。

1996 年，"好孩子"再遇扩张瓶颈，宋郑还再次卖出 33% 股权，中国置业的母公司"第一上海"以 670 万美元吃进，同时以 1000 万美元的价格受让了中国置业手中股权，从而以 66% 的持股取代昆山教育局成为"好孩子"第一大股东。

1999 年，"好孩子"再获注资，分别来自日本软银和美国国际集团（AIG）各 1000 万美元。

2001 年，宋郑还和他的管理团队发动了 MBO，以 5780 万元获得昆山教育局手中的全部 22.4% 股权。

在 PAG 接手前，好孩子集团控制人为在 2000 年 7 月注册于开曼群岛的吉奥比国际公司（Geoby International）。香港上市公司第一上海持有吉奥比的 49.5% 股权，其他股东包括美国国际集团（AIG）旗下的中国零售基金（CRF）持股 13.2%，软银中国（SB）持股 7.9%，PUD 公司持股 29.4%。其中，PUD 公司是好孩子集团管理层在英属维尔京群岛（BVI）注册的投资控股公司，股东包括宋郑还、富晶秋、王海烨、刘同友等高管及好孩子集团的其他中高层雇员。

二、交易结构

PAG 通过注册于英属维尔京群岛的"纸上公司"G-Baby，向好孩子集团原有股东购入所有股份，收购价格为每股 4.49 美元。如果依照"好孩子"2004 年 6070 万港元的净利润计算，此次收购 1.2 亿美元的总价，相当于 14.4 倍的市盈率。

与向 PAG 转让股权协议同日签署生效的，还有另外一份协议：第一上海、软银等，向 PUD（即好孩子管理层）售出 82.78 万股股份，每股价格 2.66 美元。该协议起因于管理层与原股东在 2003 年签署的一份期权协议，但那份协议在法律上并没有执行，原股东最终还是履行了当初的承诺。PUD 购入这些股份后，持股比例升至 32.5%。

由于 G-Baby 有一定负债，因此 PAG 付给 PUD 的代价，由现金和发行 G-Baby 股份两部分组成。也就是说，好孩子集团管理层在这次交易之后，不仅提升了 3 个百分点的股权，而且还有额外的现金收益。

收购让原股东得到丰厚的投资回报，第一上海卖出的价格接近收购时的 5 倍，现金入账 4.49 亿港元，整个项目收益 8170 万港元。而软库和美国国际集团卖出的价格接近收购时的 2 倍。此外，这次收购还厘清了好孩子集团的股东结构，股东减少到两个，将使好孩子公司内部的决策更有效率。

PAG本次收购是一起典型的杠杆收购，在并购融资方面，PAG经过精心的测算和设计，通过资产证券化及间接融资等手段，设计了一个颇为漂亮的杠杆。在确定收购意向后，PAG先通过"好孩子"管理层组成的集团筹集收购价10%的资金，然后以好孩子公司的资产为抵押，向银行借入过渡性贷款，相当于整个收购价50%的资金，并向PAG的股东推销约为收购价40%的债券。PAG借助外资银行贷款完成了此次杠杆收购交易，交易所需部分资金来自台北富邦商业银行（Taipei Fubon Commercial Bank）的贷款，贷款金额5500万美元。

三、PAG为何看中"好孩子"

作为国内最知名的童车及儿童用品生产企业，好孩子集团已经成功地占领了消费市场。其产品进入全球4亿家庭，在中国也占领着童车市场70%以上的份额。2005年，好孩子集团的年销售收入达到25亿元，净利润率约5%。在过去5年内，"好孩子"的年增长率达到20%～30%。

"好孩子"的销售额有将近80%来自海外市场，部分产品在海外市场占有率近50%。在占有美国学步车和童车1/3的市场的同时，"好孩子"在国内还占有超过70%的市场份额。区别于其他单纯的供应商，"好孩子"还拥有良好的自建销售渠道。在中国迅速发展的巨大商业市场背景下，拥有1100多家销售专柜的"好孩子"拥有让资本青睐的本钱。

最重要的是，由于"好孩子"所在的消费品行业基本不存在产业周期，能够创造稳定的现金流，具有持续的业绩增长能力，而且拥有良好的零售渠道以及强大的市场份额，这正是PAG投资信心的来源。

通过此次交易，第一上海、软银和美国国际集团获利退出，好孩子集团的股东减少到两个。PAG进入"好孩子"后，对"好孩子"的法人治理结构进行了改造。好孩子集团的董事会从原来的9人缩为5人：PAG方面3人，"好孩子"管理层2人，董事长还是由"好孩子"的创始人宋郑还担任，PAG没有更换"好孩子"的CFO，也没有派出参与管理层的执行董事。2010年，好孩子国际控股有限公司获批准上市，PAG获得了退出通道和投资回报。

四、杠杆收购的标的

20世纪80年代，华尔街著名的投资公司KKR（Kohlberg Kravis Roberts）创造了名为"杠杆收购"（LBO）的交易模式。这种收购模式是指收购者用自己很少的本钱为基础，以目标方的经营现金流或部分乃至全部业务的变现值为抵押，从其他金融机构筹集、借贷足够的资金进行收购活动。收购后公司的收入刚好支撑目标方因收购而产生的高比例负债，这样就能够达到"以很少的资金赚取高额利润"的目的。根据业界惯例，收购者只需要有10%的自有资金即可完成收购。因此，杠杆收购造就了很多"小鱼吃大鱼"的收购案例。

但杠杆收购并不是在所有的并购交易中都适用。"好孩子"的收购案中，可以反映出杠杆收购中目标方的特点。

（1）有稳定的、可预计的现金流（意味着通常是传统行业）。

（2）有加大负债比例的空间（意味着现有的负债比例相对比较低）。

（3）有提高运营效率的空间（意味着目前的管理还存在改善的余地或者业务中有更多的协同效应可以榨取）。

（4）行业中的知名企业（意味着有一定的规模、品牌和市场占有率）。

第七章 并购支付

学习目标

1. 了解并购支付方式的类型。
2. 了解并购支付方式选择的影响因素。
3. 掌握换股比率计算方法。

第一节 并购支付方式

常见的并购支付方式（mode of payment）有现金支付、证券支付和综合支付三种，其中证券支付中最常见的方式是股票支付。在实践中，公司并购的各种支付方式各有其自身的优缺点，选择何种方式要视具体情况而定。

一、现金支付

现金支付是指收购方通过支付一定数量的现金来购买目标方的资产或股权，从而实现并购交易的一种支付方式。

现金支付的优越性主要表现在：

（1）利用现金可迅速直接达到并购目的。首先，在激烈的市场竞争条件下，选择一个目标方并不容易，这就使收购方要果断利用现金这一支付工具迅速达到并购目的；否则，竞购的对手公司可能让交易节外生枝。其次，在进行并购交易时，如果目标方的股东和管理层怀有敌对情绪，目标方很可能会进行反收购布防，而现金并购可以隐藏收购方的准备工作，使对手措手不及。

（2）现金支付方式估价简单，可以减少收购方的决策时间，避免错过最佳并购时机。

（3）现金支付方式可确保收购方控制权稳定。一旦目标方股东收到对其所拥有股份的现金支付，就失去了对目标方的任何利益。对于并购方而言，用现金收购公司，现有的股东权益不会因此稀释，更不会产生控制权转移的反向并购。

（4）现金是一种支付价值稳定的支付工具。现金不存在流动性变化或变现问题，目标方的股东所获取的支付价值是确定的。这一方面利于这些股东权衡利弊尽快促成交易完成；另一方面，股东也不必承受因证券支付而带来的收益不确定性。而往往这些不确定性影响到目标方股东接受并购交易的意愿和积极性。

当然，采用现金支付也有其弊端，主要表现在：

（1）受即时付现能力的限制。因为它要求并购方必须在确定的日期支付相当大数量的货币，这就受到公司本身现金头寸的制约。

（2）由于收购方在市场结构中占据的地位不同，获现能力差异较大，交易规模必然受到限制。

（3）在跨国并购中，采用现金支付方式意味着并购方面临着货币的可兑换性风险以及汇率风险。

（4）如果目标方所在地的国家税务准则规定，目标方的股票在出售后若实现了资本收益就要缴纳资本收益税，那么用现金购买目标方的股票就会增加目标方的税收负担。

二、股票支付

股票支付是指收购方以自身或控股企业的股票作为支付手段来购买目标方的资产或股权，从而实现并购交易的一种支付方式[⊖]。股票支付是并购支付中证券支付方式中最常用的方式，如果以股票支付的方式购买目标方的股票，这类交易也称为换股收购或换股合并。相应地，换股收购是就支付方式而言的，不是就融资方式而言的。

股票支付不同于并购融资中的股票融资，股票融资无论是公开增发还是定向增发均是以增发股票的方式融得现金，这些现金可能是并购现金支付中现金的来源。

股票支付的优点主要表现在：

（1）股票支付可以应对规模较大的交易。目前并购交易的目标方规模越来越大，若使用现金并购方式来完成并购交易，对收购方的即时获现能力和未来的现金回收率要求很高。而采用股票并购方式，通过股票这一支付工具，收购方无须另行筹资来支付并购，从而不会使公司的营运资金遭到挤压，减轻了现金压力。

（2）股票并购交易完成后，目标方的股东不会失去其所有者权益，只是目标方所有权转移到收购方所有权中去。并购后的公司由并购双方股东共同控制，但是大多数原收购方股东仍握有经营的主导控制权。

（3）目标方股东享受延期纳税和低税率的优惠。与现金并购相比较，股票并购无须过多地考虑当地的税务准则及其对出价安排上的制约。如果并购方业绩优良，给目标方股东支付股票可能比支付现金更受欢迎。按照规定，目标方股东在未来出售其换来的股票时，才对其收入纳税，这样持股股东可根据自己的需要，自主地决定收益实现的时间，享受税收优惠政策。

（4）采用股票并购可使原目标方股东与并购方共同承担估价下降风险。比如 B 公司很难对目标 T 公司进行估价，若用现金并购，并购后发现 T 公司内部有一些"家丑"，那么，全部亏损都由 B 公司股东承担；但若采用股票并购，T 公司股东将同样分担亏损。

其不足主要表现在：

（1）采用股票支付方式，必然使并购方现有的股权结构发生变化，使老股东拥有的公司权益比率下降，在股权变动数量足够大的情况下，老股东将面临失去公司控制权的风险。

⊖ 股票支付中所使用的投票是上市公司的股票。当收购方支付的是本企业或控股企业非上市的股权时，这种支付方式称为股权支付。

（2）增发新股可能会使每股权益下降，特别是在目标方的盈利状况较差或是支付价格较高的情况下，必然会稀释老股东的原有收益。

（3）增发新股同样会使每股净资产值减少，这会对股价产生不利影响。这种不利影响制约了老股东的流动性需求和持有该股票的良好预期。

（4）收购成本的不确定，加大了并购交易中的风险，同时也会招来风险套利者。他们抬高目标方的股价，打压并购方股价，以便在并购后对冲抵补获利，这种情况必然会导致并购方收购成本增加。

（5）股票并购由于受上市规则的制约，加上其处理程序相对复杂，可能会延误并购时机，给怀有敌对情绪的目标方组织反并购布防提供便利，也使竞争对手有机会参与竞争。

三、综合支付

综合支付方式是指利用多种支付工具的组合，从而实现并购交易的一种支付方式。这些支付工具不仅包括上述的现金和股票，还可能包括优先股、认股权证、公司债券和可转换债券等多种形式。

（一）优先股

优先股股东的特别权利在于可优先于普通股股东以固定的股息分取公司收益并在公司破产清算时优先分取剩余资产，但参与公司决策管理等权利受到限制[⊖]。可转换优先股是指在一定条件下允许持有者将它转换成普通股或另一种优先股票的优先股[⊜]。这里重点讨论可转换优先股。

使用优先股作为支付工具，对收购方而言，不会挤占营运资金，具有避免即时付现约束的优点。其次，优先股无表决权，避免了发行股票时产生控制权转移。另外，优先股也避免了像公司债券那样在并购后有无盈利都应支付利息的不足。如果优先股为可转换优先股，当其转换为普通股时的执行价格通常要高于普通股当前市价，对并购方更是有利可图。

对于目标方股东而言，优先股在发行人可分配税后利润的情况下能获得固定股息，对希望获得长期稳定收益的股东有一定吸引力。当优先股为可转换优先股时，优先股具有转换期权，对希望获得转股收益的股东有一定吸引力。

（二）认股权证

认股权证是一种由上市公司发行的，能够在有效期内赋予持有者指定价格购买该公司发行一定数量新股权利的证明文件。由于权证允许持有人有权利但无义务以约定价格在约定时间购买或者出售约定数量标的资产的有价证券，因此并不会在发行权证之初就改变上市公司的股本结构和股东结构。

对并购方而言，发行认股权证的好处是既可以达到筹资和用于置换目标方资产的目的，

⊖ 《优先股试点管理办法》[证监会第97号令]第26条第1款第2项明确了上市公司可以公开发行优先股作为支付手段收购或吸收合并其他上市公司。

⊜ 《优先股试点管理办法》[证监会第97号令]第33条规定：上市公司不得发行可转换为普通股的优先股。但商业银行可根据商业银行资本监管规定，非公开发行触发事件发生时强制转换为普通股的优先股，并遵守有关规定。

也可以因此延期支付股利，从而为公司提供额外的股本基础。但是，一旦认购权予以行使，会涉及公司控制权的稀释。为此在发行认股权证时要保障并购方原股东的利益，按控股比例派送给股东。

目标方的股东和其他认股权证的持有人，本身不能被视为公司股东，不能享受正常的股东权利，更不可能获得公司控制权。购入认购证后，持有人所获得的是一个换股权利而不是责任，行使权利与否，不受任何约束。而认股权证之所以具有吸引力，一方面是由于对并购后公司的发展前景有较好的预期；另一方面，在价格上比股票便宜，认购款项可延期支付，机动性较强，获利的可能性较大。

（三）公司债券

公司债券作为一种支付工具，首先要具备在证券交易所或场外交易市场上流通的前提。相对股票来说，发行公司债券节省了不少融资成本。对收购方来说，并不改变其控制权结构；对目标方股东来说，债券可减少信息不对称的问题，使目标方股东减轻因市场预期而带来的烦恼。

（四）可转换债券

可转换债券是指发行公司向其购买者提供一种选择权，在某一给定时间内，可以按某一特定价格将债券转换为股票。

从收购方的角度看，采用可转换债券这种支付方式的好处是：①通过发行可转换债券，公司能以比普通债券更低的利率和比较宽裕的契约条件发售债券；②提供了一种能以比现行价格更高的价格出售股票的方式。

对目标方股东而言，采用可转换债券的好处是：①具有债券的安全性和股票可使本金增值的特性相结合的双重性质；②在股票价格较低的时期，可以将它的转换期延迟到预期股票价格上升的时期。

（五）资产支付

存货、固定资产等资产有时也作为支付方式。资产作为支付方式，实际上是交易双方先将资产作价再互相出售资产，这类交易也被称为资产置换，即收购方用一定的资产收购等值资产的产权交易。

四、零支付

零支付经常出现在无偿划拨以及承债式收购中，属于特殊支付方式。

无偿划拨一般是指政府通过行政手段将一家国有企业的控股权直接划给另一个国有资产管理主体，而接受方无须向出让方支付现金、证券及票据等任何补偿。

承债式收购实际上是以承担债务作为支付方式的收购。在承债式收购中，由于收购方承接了目标方的债务，资产总额如果等于债务总额，即净资产为零的情形下，在收购协议中可约定零支付。在资产收购中，承担债务的支付方式属于股权支付还是非股权支付，曾是一个有争议的问题。将收购方承担的债务认定为股权支付，意味着目标方股东不需要确认收益并进而不需要承担纳税义务，这被称为净资产观点。与此相对立，将收购方承担的债务认定为非股权支付,则目标方股东需要承担纳税义务,这被称为资产观点。我国的税务法规采取资产观点[1]。

在有的交易中,收购方仅有象征性的小额支付,也接近于零支付。例如,2008年华尔街投行雷曼兄弟破产时,野村证券以1欧元的价格收购了前者在法国的投资银行业务。

> **示例 7-1　郴电国际承债收购股东资产**
>
> 湖南郴电国际发展股份有限公司(600969)拟以承债方式向发起人股东宜章县电力有限责任公司、临武县水利电力有限责任公司、汝城县水电有限责任公司、永兴县水利电力有限责任公司以及郴州市电力有限责任公司收购供电经营性资产,协议收购价格为0元。根据有关评估报告书,该项资产总额为36 624.8万元;负债总额为35 829.4万元,其中农业银行专项贷款为25 823.97万元(以向用电户加价征收的农网改造还本付息专项基金逐年进行还本付息,偿还期限为20年),流动负债10 005.43万元。除承担债务外公司不再支付任何费用。上述事项构成关联交易(公告日期:2009-6-6)。

第二节　并购支付决策

一、并购支付决策的影响因素

(一)并购方的资金状况和股票市值

如果并购方是非上市公司,一般只能用现金收购;如果并购方是上市公司,除现金外还可选择股票、债券或综合证券等支付方式。

对于上市公司,在拥有充足的自有资金[2]和稳定的现金流且股票被市场低估的情况下,并购方通常会选择现金支付方式。因为采取股权支付方式需要增发股票,当并购方的股票被低估时将摊薄其每股收益,对企业业绩和股东财富会产生较大的负面影响。

反之,当并购方资产的流动性较差且股票市值被高估时,并购方通常会选择股权支付方式。因为现金支付方式不仅要受到即时支付能力的制约,而且要受到并购后能否迅速获得稳定现金流的制约,若无足够的现金流,必然会影响到并购后企业的发展,而采取股权支付方式则不仅可以缓解现金流的压力,还可以将有泡沫的股票转成实际资产。

(二)并购方的并购目的

并购方在选择支付方式时,应当以考虑并购目的为主、综合考虑其他因素为辅。

(1)以买壳上市为目的,主要是为了获得目标方能够直接从证券市场上融资的资格。并购方如果以现金支付,可能会对企业的经营周转带来资金压力,还会因为目标方的业务质量不高,并购后很难形成偿还债务的现金流优势,此时就应该将目标方的原有业务进行整体剥离。因此,并购方最好选择资产置换方式,以置入自身优质业务。

(2)以财务性重组为目的,这是基于目标方管理不善或治理结构存在缺陷,导致其市值

---

[1] 参见《关于企业重组业务企业所得税处理若干问题的通知》(财税 [2009]59 号文)第二条。

[2] 当前的学术研究更关注融资约束而非现金持有量。

远远低于经营能力所创造的价值。财务性重组意味着并购方将旨在获取这部分管理收益或治理收益。此类并购一般选择现金支付方式。因为并购方的目的在于获得控制权，重新构造企业治理结构，一般不接触具体经营事宜的非合作性并购，而且并购方持有的多为金融资本，缺乏产业基础，采用资产置换或股权支付方式会使重组工作复杂化，甚至根本不可能实施整合。

（3）以战略性重组为目的，即以并购双方利益相关者尤其是管理层的通力合作为前提，谋求业务的整合价值最大化。因为是合作性重组，并购双方的利益要从并购后存续企业的持续经营活动中实现，所以这种并购采用股权支付方式，可以减少并购时的支付压力，同时与转让方共同承担风险。

（三）并购方股东的要求

并购方股东关心的是保持控制权和增加公司价值。现金支付方式虽然不影响并购方主要股东的持股比例，可继续保持其控股地位，但以自有资金支付可能会影响企业以后的发展和并购后企业的有效整合，若以举债方式进行现金支付又会使企业和股东面临还本付息的财务压力和风险。

而股权支付方式可以使并购方免于承受巨大的融资和即时支付现金的压力，有利于并购后企业的有效整合和快速发展。但股权支付方式改变了企业的股权结构，如果并购方的股权分散，主要股东持股比例偏低而又要保持并购后的相对控股地位，那么并购方的主要股东就不会选择股权支付方式。此外，如果并购后企业的业绩没有相应幅度的增长，那么就会摊薄每股收益。

并购方股东的多角度权衡可能导致股东持股比例与支付方式之间的关系不是简单线性的。Faccio 和 Masulis（2005）[1]以欧洲 1997～2000 年来自 13 个国家的收购方公司为样本，实证研究发现并购方的最大股东的持股水平与支付方式之间非线性关系：当收购方的控股股东直接持股水平在 15.79%～61.67% 两个转换点之间时，维护控制权动机对现金支付的激励最强，现金支付的可能性最大，而在其他比例区间则没有这样的结论。

（四）并购方管理层的要求

支付方式对并购方管理层的影响在于如何既能保持其在经营管理方面的控制权和资源的分配权，又尽可能减少股东对其权力的监督和制约。

当管理层不持股时，若以股权支付方式并购，增发新股则会稀释原股东对企业的所有权，可能导致单一大股东对管理层的控制力减弱而管理团队的自由裁量的权力增加。此外，现金支付通常意味着更多的负债并使管理团队增加了债权人的约束。因此，并购方管理层不持有本企业的股权时，股权支付可能成为管理层的优先选择。

当管理层持股时，Martin（1996）[2]发现管理层股权与支付方式之间的非线性关系，在管理层股权比例低于 5% 和高于 25% 时，管理者股权与股票支付显著不相关，但是，在管理层

---

[1] Faccio M, Masulis R W. The Choice of Payment Method in European Mergers and Acquisitions [J]. Journal of Finance. 2005, 60（3）: 1345-1388.

[2] Martin K J. The Method of Payment in Corporate Acquisitions, Investment Opportunities, and Management Ownership [J]. Journal of Finance, 1996, 51（4）: 1227-1246.

持股比例处在中等区间（5%～25%）时，与股票支付显著负相关，管理层持股比例越高，越不愿采用股票支付。

（五）目标方股东和管理层的意图

目标方股东同样会考虑采取什么支付方式对自己有利。为了保证并购交易的顺利完成，支付工具的选择应对目标方完成并购后的资本结构有利，应能诱使目标方股东出让股份，获得目标方董事会和管理层的支持，同时也要考虑支付方式对目标方股东的税收影响。

如果并购方支付的并购交易价格高于目标方的实际价值，则目标方股东会更愿意接受现金，以免分担并购方由于"支付过多"而可能导致的风险。如果并购方支付的并购交易价格低于目标方的实际价值，而且目标方股东相信通过并购后双方的整合可以取得更多的未来收益，则目标方股东更愿意接受股权支付方式，以换取并购方的部分股权，分享并购后企业未来增加的收益。

目标方管理层则更加关注自身在并购后企业中的地位和发展机会。因为在股权支付方式下，目标方股东可以以其在并购后企业中持有的股权为条件与并购方交涉，要求以适当的人事安排增强其在并购后企业中的发言权和知情权。但若以现金支付方式进行并购，那么目标方管理层的个人地位和发展机会则完全取决于其个人能力以及并购方对于并购后企业的未来发展计划和安排。Ghosh 和 Ruland（1998）[①]从目标方的角度研究了管理层拥有的控制权和支付方式的关系，他们发现：目标公司经理对于自己在合并后公司中的影响很看重的话则更倾向接受股票支付，这样做更容易保住他们的工作职位，因此，目标公司管理层拥有的控制权和股票支付呈现强的正相关关系。他们也发现，相对于现金支付，接受股票支付的目标公司的管理者更容易保留住他们在合并后的公司中的职位。

（六）税收安排

对于并购方而言，以借款或发行债券的方式筹集资金来支付并购价款，其利息的成本可以在税前列支，而股权资本的成本则只能在税后列支。对于目标方股东而言，若并购方向目标方股东支付现金，则必须在收到现金后立即缴纳所得税，若采取股权支付方式，则只有在未来出售所换来的股票时才需纳税，因而持股股东可以推迟收益实现的时间并享受推迟纳税或低税率的税收优惠。可见，只有当以现金支付的并购交易价格足以弥补目标方股东在税收方面的损失时，现金支付方式才是可接受的。

尽管采用股权支付方式可以递延纳税，但根据税法的规定这通常是有条件的：①并购必须是出于商业目的，而不仅仅是税务目的；②并购完成后，目标方必须以某种可辨认的形式持续经营，即不能出售自己的主要资产；③在目标方股东收到的补偿中，至少有 50% 的部分是并购方发行的有表决权的股份。

（七）市场的发育程度

一个国家资本市场、并购市场的发育程度以及直接融资、间接融资所占比重的大小对并购支付方式的影响较大。资本市场的发育程度直接影响到并购的融资方式、支付手段和规模；

[①] Ghosh A, W Ruland. Managerial Ownership, Method of Payment for Acquisitions, and Executive Job Retention [J]. Journal of Finance. 1998, 53 (2): 785-798.

而并购市场的发育程度则直接影响企业是采取现金支付方式还是选择股权支付方式。

金融市场发达的融资环境中，收购方能够根据自身需要选择融资工具。而在发展中国家，普遍存在"金融压抑"现象，融资工具种类短缺，即金融产品供给少，导致金融产品供需失衡，限制了公司并购支付手段的选择。

二、并购支付方式决策的原则

对于并购支付方式的选择，并购方在筹划时应考虑以下情况。

（1）严格制定并购资金需要量及支出预算。并购企业在实施并购活动之前，应对并购各环节的资金需求进行周密预测及核算，并据此制定详尽的预算。以预算为依据，并购企业还应依据并购资金的支付时间确定并购资金支付程序和支付数量，并据此制定并购资金支付预算。这样做可以帮助企业合理安排资金使用，降低财务风险，保证并购活动和企业生产经营的顺利进行。

（2）合理安排支付时间。融资支付环节的财务风险在很大程度上来源于资产负债的期限结构上不匹配。对此，并购企业应认真分析资产负债的期限结构，利用合理手段降低这一风险。以下为两种常用的控制支付财务风险的措施。一是分期支付。采取分期支付的方式虽然可能会增加并购总成本，但这一方式可以减轻并购企业一次性支付所带来的大量短期现金需求负担，并购后企业的营业收入可以成为后期的支付金额的融资来源。此外，并购企业还可利用分期支付的缓冲期避免由于目标方隐瞒债务所造成的潜在财务风险。二是主动与债权人达成偿债协议。国内并购实践中，一些并购企业往往由于并购后无法按时清偿到期债务而陷入财务困境，主要原因在于其并购前没有与目标方债权人沟通。为防止这一情况的发生，应在并购前通知目标方债权人，并与其达成债务偿还协议。

（3）尽量减少现金支出，降低流动性风险。为降低并购过程中的流动性风险，并购企业可以采取一些灵活的并购方式减少现金支出。一是效益补偿式并购。并购企业收购时，对于目标方资产超过负债的余额，不马上支付现金，而是与对方达成协议，用并购后企业实现的利润按协议基数和年限进行清偿。二是先破产后并购。并购企业在目标方宣布破产后再与破产企业清算组订立收购协议，以承担法院裁定的破产企业债务的方式并购目标方。这一方式既避免了潜在的债务风险，又减轻了现金支出负担。三是承债控股并购。在目标方债务主要来自银行贷款且无力偿还时，并购企业可与银行达成协议，以承担目标方银行债务的方式进行并购，减少现金支出。四是增资扩股式并购。并购企业不直接购买目标方资产，而是与其所有者或主管机构协商，将目标方净资产以增资入股方式并入并购企业。这既可缓解并购企业资金不足的问题，也可加快目标方的改造进程。

（4）结合融资能力和资本市场状况选择支付方式。并购支付与并购融资紧密相关，现金支付要求并购方具有相应的内源融资和外资融资的能力，而股票支付则与资本市场的牛熊相关。

第三节　换股比率确定

在换股并购中，**换股比率**（exchange ratio）的确定是关键的一环。换股比率的高低，直接影响到并购双方的股东在并购之后的主体中所拥有的权益份额。但是，究竟什么样的换股比率才是最合理的，至今尚无定论。本节所介绍的各种基准所确定的换股比率均是"理论换股比率"，而"实际换股比率"则是在"理论换股比率"的基础之上进行讨价还价的结果。当然，它在很大程度上取决于并购双方在谈判中的能力、地位和技巧。

换股比率是指为了换取目标方的一股普通股股票，收购方需要发行并交付的普通股股数。如"换股比率为5"或"换股比率为1∶5"意味着目标方的1股普通股可以交换收购方的5股普通股。

本节所应用的主要符号的含义如表7-1所示。

表7-1 主要符号的含义

	并购之前		并购之后（预期）
	A公司（并购企业）	B公司（目标方）	AB公司（联合企业）
税后利润	E_1	E_2	E_{12}
普通股股数	S_1	S_2	S_1+S_2
每股收益	EPS_1	EPS_2	EPS_{12}
每股市价	P_1	P_2	P_{12}
P/E值	M_1	M_2	M_{12}
市场总价值	$S_1 \cdot P_1(M_1 \cdot E_1)$	$S_2 \cdot P_2(M_2 \cdot E_2)$	$S_1 \cdot P_1+S_2 \cdot P_2$

此外，我们以 ER 表示"换股比率"，ER_A 表示"A公司股东可接受的最大换股比率"，ER_B 表示"B公司股东可接受的最小换股比率"。

下面介绍换股比率确定的五种主要方法，各方法的最主要差别在于确定换股比率的基准。其中，每股净资产基准、每股市价基准和每股收益基准，都是以收购方和目标方的基准指标之比来确定换股比率，每股收益不稀释基准通过确定收购方和目标方股东都能接受的每股收益不被稀释的区间来确定换股比率，L-G模型则是以并购双方股东财富不减少为基准来确定换股比率。相比较而言，L-G模型的基准更接近现代财务理念。

一、每股净资产基准

该方法公式为：

$$ER = \frac{目标方的每股净资产}{收购方的每股净资产}$$

该种方法的支持者认为账面价值因具有明确的可追溯性而更为客观。该法的反对者则认为：①账面价值在很大程度上受会计政策的影响，而会计政策的选择则主要取决于会计人员的"偏好"和"主观判断"；②账面价值是建立在历史成本基础之上的，它没有反映货币购买力的变化；③账面价值与真实价值（经济价值）往往相去甚远。

二、每股市价基准

该方法公式为：

$$ER = \frac{目标方当前的每股市价}{收购方当前的每股市价} = \frac{P_2}{P_1}$$

运用该方法的前提是：并购双方的股票均在健全、有效、充分竞争的市场上"活跃地交易"（actively traded）。在满足以上条件的资本市场上，股票价格不但反映了公司当前的盈利能力，而且还反映了其未来的增长率（发展前景）及风险特征。换言之，股票价格反映了公司的内在价值。此时，以股票市价之比作为换股比率容易为双方股东所接受。

三、每股收益基准

以每股收益之比作为换股比率的理论依据是：股票的价值取决于公司的盈利能力（earnings power），而每股收益则是公司盈利能力的反映。确定换股比率所应用的每股收益可能是并购双方当前（并购之前）的每股收益额，也可能是并购双方的预期未来每股收益额（projected future EPS）。

1. 当前每股收益之比

$$ER = \frac{目标方当前的每股收益额}{收购方当前的每股收益额} = \frac{EPS_2}{EPS_1}$$

这种方法最大的缺点在于：没有考虑并购双方的盈利额在预期增长率和相关风险方面的差异，但即使最简单的"股价决定模型"（stock-price determination model）也会告诉我们：预期增长率和风险是决定公司股票价格的两个最重要的因素。

2. 预期未来每股收益之比

$$ER = \frac{目标方的预期未来每股收益额}{收购方的预期未来每股收益额}$$

那么，在上式中，"未来"是指"何年何月"？是 1 年以后，还是 5 年以后？这要由并购双方协商而定。不过，时间不能定得太远，因为预测数据的可靠性会随着预测期的延长而逐渐降低。假定在未并购状态下，A 公司每股收益的年增长率为 g_1，B 公司每股收益的年增长率为 g_2，双方商定以 n 年之后的预期每股收益作为确定换股比率的基础，则有：

$$ER = \frac{EPS_2 \cdot (1 + g_2)^n}{EPS_1 \cdot (1 + g_1)^n}$$

这种方法考虑了并购双方在盈利增长率方面的差异，但仍未考虑并购双方在预期风险方面的不同。

3. 以每股收益之比确定换股比率的主要缺点

无论是以当前每股收益还是以预期未来每股收益作为确定换股比率的基础，均存在下列一些显而易见的缺点。

（1）未考虑并购所带来的增量收益（这些增量收益主要来源于并购的协同效应和并购企业对目标方所进行的重组）。

（2）每股收益可能不代表公司正常的盈利能力。如在公司的报告收益中，可能计入了某些非常项目。

（3）未考虑并购双方在"风险"方面的差异。

（4）在并购一方或双方的每股收益为"负"的情况下，这种方法就无法应用了。

四、每股收益不稀释基准

本方法以 EPS 不被稀释为约束条件确定临界换股比率，它的假定条件：①并购双方的股东特别重视他们所持股票的每股收益,因而导致 EPS 被稀释的换股比率会受到股东的抵制;②并购企业的经理人员也不希望每股收益被稀释,因为每股收益是衡量经理人员业绩的重要尺度。

基于以上假设,我们以"EPS 不被稀释"为约束条件来确定"临界换股比率"(break-even exchange ratios)。因为对收购方股东来说,换股比率越小越好;而对于目标方的股东来说,换股比率越大越好。所以"临界换股比率"就是"A 公司股东可接受的最大换股比率"或"B 公司股东可接受的最小换股比率"。

对"EPS 不被稀释"这一约束条件有两种解释:①指并购之初的每股收益应至少保持并购之前的水平;②并购完成若干年后的每股收益应至少达到未并购状态下的水平。基于以上两种不同的解释,临界换股比率的确定可分为以下两种情况。

1. 以"并购之初的 EPS 不被稀释"为约束条件

假定:并购的协同效应所产生的增量收益为 $I\%$(例如,增量收益率为 10% 意味着:并购之初联合企业的总收益将比并购之前两个独立企业的收益之和高 10%)。

(1)并购之后,联合企业"AB"公司的初始每股收益(EPS_{12})为:

$$EPS_{12} = \frac{合并之初联合企业的税后利润}{联合企业普通股数量} = \frac{(E_1 + E_2) \cdot (1 + I\%)}{S_1 + ER \cdot S_2}$$

(2)确定 A 公司股东可接受的最大换股比率(ER_A)。

并购之前,A 公司的每股收益为 EPS_1,并购之后,A 公司的每股收益变为 EPS_{12}。由上式可知:换股比率(ER)越大,EPS_{12} 越小,根据上文的假设,A 公司股东希望并购之后的每股收益应至少保持并购前的水平,故 A 公司股东可接受的最大换股比率(ER_A)可通过解下列方程求得:

$$EPS_1 = EPS_{12}$$

即

$$EPS_1 = \frac{(E_1 + E_2) \cdot (1 + I\%)}{S_1 + ER \cdot S_2}$$

解得:

$$ER_A = \frac{(E_1 + E_2) \cdot (1 + I\%) - E_1}{EPS_1 \cdot S_2}$$

以上论述可通过下列函数图(见图 7-1)来表示。

在上面的坐标系中,横轴表示换股比率(ER),纵轴表示联合企业的初始每股收益(EPS_{12})。图中两条线段的含义已经给出,它们相交于 P 点。P 点的横坐标表示 A 公司股东可接受的最大换股比率,纵轴表示并购之前 A 公司的每股收益。显然,若以"并购之初的 EPS 不被稀释"为约束条件,则对 A 公司股东来说,可行的换股比率区间为 $[0, ER_A]$。

(3)确定 B 公司股东可接受的最小换股比率(ER_B)。

并购之前,B 公司的每股收益为 EPS_2;若换股比率为 ER,则并购之初,每股 B 公司股票的等价收益为 $ER \cdot EPS_{12}$。按照上文的假设,B 公司

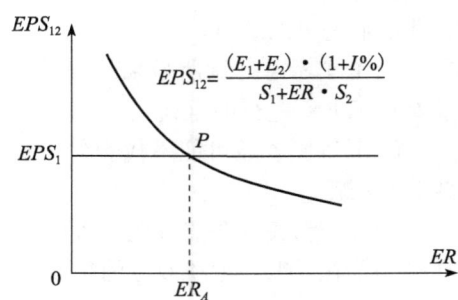

图 7-1 以"并购之初的 EPS 不被稀释"为约束条件确定换股比率

股东要求并购之后的每股收益应至少达到并购之前的水平。因而，B 公司股东可接受的最小换股比率可通过解下列方程求得：

$$EPS_2 = ER \cdot EPS_{12}$$

即

$$EPS_2 = ER \cdot \frac{(E_1 + E_2) \cdot (1 + I\%)}{S_1 + ER \cdot S_2}$$

解得：

$$ER_B = \frac{EPS_2 \cdot S_1}{(E_1 + E_2) \cdot (1 + I\%) - E_2}$$

此处可用函数图求得对 B 公司股东来说，可行的换股比率区间为 $[ER_B, +\infty)$，因原理同前，此处不赘述。

综上所述：若并购双方的股东均不希望并购之初的 EPS 被稀释，则实际换股比率（用 AER 表示）必须满足以下条件：$ER_B \leq AER \leq ER_A$。

2. 以"并购完成若干年后的 EPS 应至少达到未并购状态下的水平"为约束条件

假定：并购的协同效应（或并购企业对目标方进行的重组）所产生的增量收益率为 $I\%$；并购企业、目标方、联合企业之盈利额的年增长率分别为 g_1、g_2、g_{12}。

（1）并购完成之后的第 n 年，联合企业的每股收益（EPS_{12}^n）为：

$$EPS_{12}^n = \frac{合并完成后第 n 年的总收益}{联合企业普通股的总数} = \frac{(E_1 + E_2) \cdot (1 + I\%) \cdot (1 + g_{12})^n}{S_1 + ER \cdot S_2}$$

（2）在未并购状态下，A 公司 n 年之后每股收益（EPS_1^n）为：

$$EPS_1^n = EPS_1(1 + g_1)^n$$

（3）令 $EPS_{12}^n = EPS_1^n$，得出 A 公司股东可接受的最大换股比率（ER_A）：

$$ER_A = -\frac{S_1}{S_2} + \frac{(E_1 + E_2)(1 + I\%)(1 + g_{12})^n}{EPS_1 \cdot (1 + g_1)^n \cdot S_2}$$

（4）同理，在未并购状态下，B 公司 n 年之后的每股收益（EPS_2^n）为：

$$EPS_2^n = EPS_2(1 + g_2)^n$$

（5）设换股比率为 ER，令 $EPS_2 = ER \cdot EPS_{12}^n$，得出 B 公司股东可接受的最小换股比率（$ER_B$）：

$$ER_B = \frac{S_1 \cdot EPS_2 \cdot (1 + g_2)^n}{(E_1 + E_2)(1 + I\%)(1 + g_{12})^n - S_2 \cdot EPS_2 \cdot (1 + g_2)^n}$$

综上所述：若并购双方的股东均希望并购完成若干年（设为 n 年）后的每股收益不低于未并购状态下的水平，则实际换股比率（AER）必须满足下列条件：$ER_B \leq AER \leq ER_A$。

五、股权价值不稀释基准

（一）L-G 模型简介

1969 年 10 月美国的《会计评论》刊登了由得克萨斯大学的 Kermit D. Larson 和芝加哥大学的 Nicholas J. Gonedes 联合撰写的文章：《企业联合：一个换股比率确定模型》。两位学者所提出的决策模型被后人称为"L-G 模型"。自诞生之日起，该模型便受到了财务学者的高度重视,直到今天,它仍然被认为是最正规、最合理的换股比率确定模型。该模型有如下三个特点。

(1) L-G 模型以"并购双方股东之财富不能因并购而减少"作为确定换股比率的约束条件,它的基准也可以概括为股东财富不缩水。Larson 和 Gonedes 抛弃了那种以"EPS 不被稀释"为约束条件来确定换股比率的传统做法。

(2) 用普通股的现行市价来衡量双方股东在并购之前的财富状况。并购之后的财富状况通过联合企业的预期股票市价来计量。

(3) 在 L-G 模型中,联合企业的预期 P/E 值受到高度重视,因为它是确定联合企业预期市价的一个重要因素。

那么,如何确定联合企业的预期 P/E 值呢?Larson 和 Gonedes 首先通过一个较为复杂的股价决定模型分析了影响公司 P/E 值的主要因素。无论采用何种股价决定模型来分析,所得出的结论都是相同的,即盈利的"预期增长率"和"风险"是决定 P/E 值的两个主要因素。

Larson 和 Gonedes 进一步指出,如果满足以下两个条件,则联合企业的 P/E 值将等于并购双方 P/E 值的加权平均数:

(1) 联合企业的盈利增长率是并购双方盈利增长率的加权平均;
(2) 联合企业的盈利风险是并购双方盈利风险的加权平均。

(二) L-G 模型的推导

(1) 并购之前,A 公司股票的每股市价可表示如下:

$$P_1 = M_1 \cdot EPS_1 \tag{7-1}$$

(2) 并购之前,B 公司股票的每股市价可表示如下:

$$P_2 = M_2 \cdot EPS_2 \tag{7-2}$$

(3) 并购之后,"AB"公司的预期每股市价可表示如下:

$$P_{12} = M_{12} \cdot EPS_{12} (M_{12} \text{ 和 } EPS_{12} \text{ 均为预期值}) \tag{7-3}$$

假设并购的当期下会产生协同效应,所以式(7-3)又可变为:

$$P_{12} = M_{12} \cdot EPS_{12} \left(\frac{E_1 + E_2}{S_1 + S_2 \cdot ER} \right) \tag{7-4}$$

(4) 若下式成立,则 A 公司股东的财富不会因并购而减少:

$$S_1 \cdot P_{12} (\text{并购后的财富状况}) \geq S_1 \cdot P_1 (\text{并购前的财富状况})$$

即

$$P_{12} \geq P_1 \tag{7-5}$$

显然,对 A 公司股东而言,P_{12} 越大越好。而根据式(7-4)可知:在并购之后预期 P/E 值(即 M_{12})一定的情况下,P_{12} 与 ER 成反比:ER 越大,P_1 就越小。以上分析表明:ER 越小,对 A 公司股东就越有利。满足下式的换股比率是 A 公司股东"可接受的最大换股比率"(用 ER_A 表示):

$$P_{12} = P_1 (\text{即并购后的财富状况保持并购前的水平}) \tag{7-6}$$

将式(7-4)和式(7-1)代入式(7-6):

$$M_{12} \cdot \left(\frac{E_1 + E_2}{S_1 + S_2 \cdot ER} \right) = M_1 \cdot EPS_1$$

解得：

$$ER_A = \frac{M_{12}(E_1 + E_2) - M_1(S_1 \cdot EPS_1)}{M_1 \cdot EPS_1 \cdot S_2}$$

$$= \frac{M_{12}(E_1 + E_2) - M_1 \cdot E_1}{M_1 \cdot (E_1/S_1) \cdot S_2} \quad (7\text{-}7)$$

$$= \frac{M_{12}(E_1 + E_2) - M_1 \cdot E_1}{M_1 \cdot E_1} \cdot \frac{S_1}{S_2}$$

在式（7-7）的右边，唯一的变量是 M_{12}，余者皆可视为常量。因而可以说：A 公司股东"可接受的最大换股比率"（ER_A）是并购之后预期 P/E 值（M_{12}）的函数，即 $ER_A = f(M_{12})$。经验证，该函数的形态为：ER_A 是 M_{12} 的线形函数（斜率为正，截距为负），如图 7-2 所示。

图 7-2 表明：并购之后的预期 P/E 值越大（即"AB"公司的预期增长率越大，或者预期风险越小），则 A 公司股东可接受的最大换股比率就越大；反之则越小。

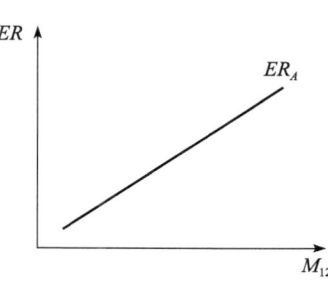

图 7-2　可接受的最大换股比率

（5）若下式成立，则 B 公司股东的财富不会因并购而减少：

$$S_2 \cdot ER \cdot P_{12}（并购后的财富状况） \geqslant S_2 \cdot P_2（并购前的财富状况）$$

即

$$ER \cdot P_{12} \geqslant P_2 \quad (7\text{-}8)$$

显然，对 B 公司股东来说，换股比率越大越好。满足下式的换股比率是 B 公司股东"可接受的最小换股比率"（用 ER_B 表示）：

$$ER \cdot P_{12} = P_2（并购后的财富状况保持并购前的水平） \quad (7\text{-}9)$$

将式（7-4）和式（7-2）代入式（7-9），便可得出 ER_B：

$$ER \cdot M_{12} \cdot \left(\frac{E_1 + E_2}{S_1 + S_2 \cdot ER}\right) = M_2 \cdot EPS_2$$

解得：

$$ER_B = \frac{M_2 \cdot EPS_2 \cdot S_1}{M_{12}(E_1 + E_2) - M_2 \cdot S_2 \cdot EPS_2}$$

$$= \frac{M_2 \cdot (E_2/S_2) \cdot S_1}{M_{12}(E_1 + E_2) - M_2 \cdot E_2} \quad (7\text{-}10)$$

$$= \frac{M_2 \cdot E_2}{M_{12}(E_1 + E_2) - M_2 \cdot E_2} \cdot \frac{S_1}{S_2}$$

在式（7-10）的右边，唯一的变量是 M_{12}，余者皆可视为常量。因而可以说：B 公司股东"可接受的最小换股比率"（ER_B）是并购之后预期 P/E 值（M_{12}）的函数，即 $ER_B = f(M_{12})$。

经验证，ER_B 是一条斜率为负的凹形曲线，如图 7-3 所示。

图 7-3 表明：并购之后的预期 P/E 值越大（即 AB 公司的预期增长率越大，或者预期风险越小），则 B 公司股东"可接受的最小换股比率"就越小。

（6）根据以上分析，欲使并购对双方股东利益均无损害，

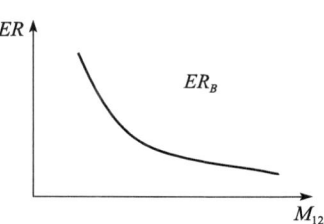

图 7-3　ER_B 曲线图

换股比率 ER 必须满足以下条件：

$$ER_B \leq ER \leq ER_A$$

将直线 ER_A 与曲线 ER_B 置于同一坐标系，如图 7-4 所示。

直线 ER_A 与曲线 ER_B 将整个坐标系分为四个部分。不难看出，实际换股比率只有落入第 1 象限，才不会损害双方股东的利益。若换股比率落入其他象限，则至少有一方股东的利益遭受损害。

闭区间 $[ER_B, ER_A]$ 通常被称为"换股比率谈判区间"（ER-bargaining range）。位于这一区间之内的任何一个换股比率均不会对并购双方股东之利益造成损害。最终达成的换股比率取决于以下几个因素。

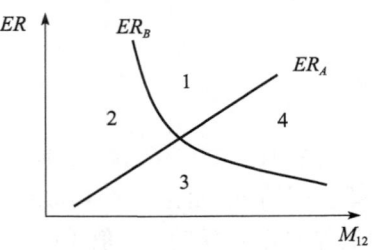

图 7-4　换股比率谈判区间示意图

- 并购双方对并购之后"AB"公司之 P/E 值（M_{12}）的预期。
- 并购双方分别为并购的预期增量价值做出的贡献之大小。
- 并购双方讨价还价的能力和地位。

本章小结

所谓并购支付方式是指收购方为了得到对目标公司的控制权采用的支付方式，即收购方拿什么来换取对目标公司的控制权。现金和股票是并购中最常见的两种支付方式，除此之外，公司债券、可转换公司债券、优先股、认股权证等在实务中也有应用，甚至还有零支付及资产支付等特殊支付方式。在本章中，我们还分析了几种常见的并购支付的优缺点。并购支付方式的选择受到如下因素的影响：并购方的状况和并购目的、并购方股东要求、并购方管理层的要求、目标方股东和管理层的意图、税收安排、市场的发育程度。

确定换股比率的五种方法有不同的基准，这些基准包括每股净资产、每股市价、每股收益、每股收益不稀释、股权价值不稀释等。前三种方法可以计算出单一的换股比率，后两种方法计算的是换股比率区间。方法虽多，但只有股权价值不稀释的基准才更符合现代财务学的理念。

关键术语

支付方式　　　　　　　　　　　　换股比率

练习思考题

请思考以下几个案例中用到了哪些支付方式，在具体的实践中各有什么优缺点。

案例一

1995 年 9 月 29 日，江铃汽车（000550）获准定向增发 B 股 1.74 亿股，其中 138 642 800 股向战略投资者福特汽车定向增发，福特汽车以 15% 的净资产溢价率，即 4000 万美元的价格认购了其增发的 80% 的股份；1998 年 11 月 11 日，江铃汽车以私募配售的方式再次增发 B

股 174 亿股，其中福特公司以 87% 的净资产溢价率，即 5450 万美元的价格认购 1.2 亿股。至此，战略投资者共计持有江铃汽车 30% 的股权，另有福特公司的董事在江铃汽车董事会中占据 45.5% 的席位。

案例二

2002 年 9 月，青岛啤酒（600600）与美国 AB 集团签署战略合作协议，青岛啤酒分三次向 AB 集团定向增发可转换债券，债券将在 7 年内根据双方的转股安排，全部转成青岛啤酒 H 股。全部股权转让完成后，AB 集团将持有青岛啤酒 27% 的股份，与其第一大股东青岛国资局的持股量仅有 3.6% 的差额。但 AB 集团对于其持有股份 27% 中的 7% 仅享有收益权，该部分的表决权通过信托方式由青岛啤酒的大股东持有。

案例三

1999 年 11 月，同仁铝业的第一大股东青海省同仁县国有资产管理局将其持有的同仁铝业 52.46% 国家股股权，以每股 2.18 元的价格分别转让给西安东盛集团有限公司和陕西东盛药业股份有限公司，股权转让完成后，西安东盛集团有限公司持有同仁铝业 28.92% 的股权，为同仁铝业的第一大股东，陕西东盛药业股份有限公司持有同仁铝业 23.54% 的股权，为同仁铝业的第二大股东。2000 年，同仁铝业将其所属的铝冶炼、铝型材加工及销售相关的资产、负债及对黄南铝业有限公司、中色（南海）恒达发展公司、青海省庆泰信托投资有限公司的投资，与同仁铝业的第二大股东陕西东盛药业股份有限公司所属的部分存货、固定资产、在建工程、无形资产累计 17 150.08 万元进行置换，差额部分由同仁铝业以现金补足。2000 年 3 月 10 日，同仁铝业正式将股票简称更名为"东盛科技"。

案例四

1999 年 4 月，华联商城与安徽新长江签订股权转让协议书，华联商城用 1.06 亿元收购新长江网络的 100% 股权，随后新长江网络作为被收购来的公司，在华联商城占据了董事会的席位。2000 年 8 月，华联商城第一大股东秦皇岛华联商厦集团有限公司向安徽新长江集团投资有限公司转让其持有的华联商城 21.86% 股权，转让价格为 1.14 亿元，新长江集团成为第一大股东。考虑到华联商城收购新长江网络所用的 1.06 亿元，安徽新长江集团实际只用了 800 万元现金，而主要用资产——子公司新长江网络获得了华联商城的控股权。

案例五

国泰颜料收购民丰农化的合资收购过程如下。

（1）组建合资公司。

按照化医控股和国泰中国签署的双方合同约定，化医控股与国泰颜料组建"中外合资重庆农药化工（集团）有限公司"（以下简称"合资公司"），新的合资公司注册资本为 2980 万美元，合营的期限为 30 年。在合资公司中，化医控股将农化集团经评估的净资产（包含民丰农化的国有法人股股权）作价 980 万美元作为出资，占合资公司注册资本的 32.89%；国泰中国以现金 2000 万美元作为出资，占合资公司注册资本的 67.11%。

（2）合资公司组建方式。

合资公司的组建方式是在民丰农化母公司农化集团的基础上，通过对农化集团实行增资完成的。在"中外合资重庆农药化工（集团）有限公司"组建完成后，国泰中国将通过对合资公司的控制，从而实现对民丰农化（000950）的控制。

附录 7A EPS 稀释的分析模型

关于并购稀释的经济学在尤卫·莱因哈特的著作（Uwe Reinhardt，1972）中进行了讨论。它表明买方收购目标公司后每股收益最初的稀释程度可以用等式（7A-1）和它更为简洁的版本——式（7A-2）描述。给定以下变量：

E_i —— 公司 i 当期税后盈余；

S_i —— 公司 i 发行在外的股票数量；

EPS_i —— 公司 i 每股收益；

P_i —— 公司 i 股票市场价格；

$M_i = \dfrac{P_i}{EPS_i}$ —— 公司 i 的市盈率；

g_i —— 没有并购的情况下预期的盈余年增长率；

ER_i —— 换股比率，买方为交换每股目标公司股票发行的股数；

ΔS_i —— 买方用于交换目标公司股票所新发的股票数量（即 $ER_1 \cdot S_1$）；

$A = \dfrac{E_2}{E_1}$ —— 目标公司总盈余与买方总盈余的比率；

B —— 支付给目标公司的市盈率与买方公司市盈率之比；

D —— 收购后对买方 EPS 造成的稀释或增值百分比。

$$D = \frac{\dfrac{E_1 + E_2}{S_1 + \Delta N_1}}{\dfrac{E_1}{N_1}} - 1 \tag{7A-1}$$

$$D = \frac{A(1-B)}{1+AB} = \frac{1+A}{1+AB} - 1 \tag{7A-2}$$

莱因哈特从对这些等式的检验中得出结论：

只要 B 大于 1 或 AB 大于 A，D 将为负值。因而等式（7A-2）将引出如下更为直观动人的规则：在换股收购交易中，只要支付给目标公司盈余的市盈率比率超过买方公司股票市场价格的市盈率比率，收购公司的每股收益就会立即被稀释。

由式（7A-1）可知，这条规则的另一条表述是：在换股收购交易中，只要合并导致买方公司发行在外的股票数量增加的百分比大大超过收购后盈余和收购前增长的百分比，收购公司的每股收益就会立刻被稀释。[⊖]

[⊖] Reinhardt（1972），page 20.

第八章 合并会计

学习目标

1. 理解同一控制下合并的会计处理。
2. 理解非同一控制下合并的会计处理。
3. 理解合并商誉的本质。
4. 理解权益结合法与购买法会计处理对并购双方的影响。

引导案例

中兵光电业绩大增

大股东注入资产已成为上市公司业绩增长的主推力,中兵光电就是一个典型的例子。据该公司 2008 年三季报显示,前三季度亏损 1922 万元。2008 年 11 月底,该公司通过向大股东定向增发,实现了大股东军工业务的整体上市。本以电脑刺绣机为主业的中兵光电华丽转身,转型为以军工制造业为主、纺织机械制造业为辅,迅速改变了上市公司盈利状况。

大股东向上市公司注入资产,还获得了新会计准则的"鼓励"。在 2007 年实施的新准则下,上市公司向大股东购买子公司,属于"同一控制下的企业合并",合并利润表包括参与合并各方从期初至合并日所发生的收入、费用和利润。这意味着,注入资产交割前产生的利润,也由上市公司笑纳。中兵光电年报中"同一控制下企业合并产生的子公司期初至合并日的当期净损益"为 9049 万元,超过全部净利润 1.67 亿元的一半。而若按 2006 年以前的会计准则的规定,购买日前产生的这些利润与中兵光电无关。

第一节 企业合并准则

2006 年 2 月 15 日,我国财政部颁布了《企业会计准则第 20 号——企业合并》。20 号准则明确了企业合并的定义,规定了企业合并的两种类型及其相应的合并会计处理方法。

一、企业合并的概念

会计准则中所称的企业合并是指将两个或者两个以上单独的企业合并形成一个报告主体

的交易或事项。包括以下几层含义：第一，企业合并是会计报告主体的合并；第二，企业合并可以是一个企业对另一企业，也可以一个企业对多个企业；第三，企业合并可以是购买企业整体，也可以购买企业的某项业务；第四，企业合并后，被合并企业可以保留法人资格，也可以不保留法人资格，但合并后的报告主体只有一个。

20号准则所称企业合并不包括下述形式：①两方或者两方以上形成的合营企业的企业合并。合营企业主要是通过合同方式实现的合作经营企业，其合并应按国家相关合营企业法的规定执行；②仅通过合同将两个或者两个以上单独的企业合并形成一个报告主体的企业合并。这种合并可能是为实现一定经营目标而实行的一种松散型的临时性的合作关系，并不是通过产权纽带实施的实质性的合并，所以应将其排除在规定的企业合并之外。

二、企业合并的分类

企业合并的方式包括控股合并、吸收合并和新设合并。其中，吸收合并和新设合并与我们的一般理解没有差异。控股合并是指合并方（或购买方）在企业合并中取得对被合并方（或被购买方）的控制权，被合并方（或被购买方）在合并后仍保持其独立的法人资格并继续经营，合并方（或购买方）确认企业合并形成的对被合并方（或被购买方）的投资[⊖]。控股合并的概念基本等同于法律意义上收购的概念。

根据参与合并的企业合并前后是否受同一方或相同多方的最终控制，企业合并可分为同一控制下的企业合并和非同一控制下的企业合并。

同一控制下的企业合并，在合并日取得对其他参与合并企业控制权的一方为合并方，参与合并的其他企业为被合并方。合并日是指合并方实际取得对被合并方控制权的日期。

非同一控制下的企业合并，在购买日取得对其他参与合并企业控制权的一方为购买方，参与合并的其他企业为被购买方。购买日是指购买方实际取得对被购买方控制权的日期。

简单地说，合并日或购买日是指合并方或购买方实际取得对被合并方或被购买方控制权的日期，即被合并方或被购买方的净资产或生产经营决策的控制权转移给合并方或购买方的日期。同时满足下列条件的，通常可认为实现了控制权的转移：

（1）企业合并合同或协议已获股东大会等通过。

（2）企业合并事项需要经过国家有关主管部门审批的，已获得批准。

（3）参与合并各方已办理了必要的财产权转移手续。

（4）合并方或购买方已支付了合并价款的大部分（一般应超过50%），并且有能力、有计划支付剩余款项。

（5）合并方或购买方实际上已经控制了被合并方或被购买方的财务和经营政策，并享有相应的利益，承担相应的风险。

企业合并涉及一次以上交易的，例如，通过逐次取得股份分阶段实现合并，企业应于每一交易日确认对被投资企业的各单项投资。"交易日"是指合并方或购买方在自身的账簿和报表中确认对被投资单位投资的日期。分步实现的企业合并中，购买日是指按照有关标准判断购买方最终取得被购买企业控制权的日期。

⊖ 参见《企业会计准则第20号——企业合并》应用指南（财会[2006]18号）。

第二节 同一控制下的企业合并

一、概念

同一控制下的企业合并是指参与合并的各方在合并前后均受同一方或相同的多方控制且该控制并非暂时性的。同一方是指对参与合并的企业在合并前后均实施最终控制的投资者。相同的多方，通常是指根据投资者之间的协议约定，在对被投资单位的生产经营决策行使表决权时发表一致意见的两个或两个以上的投资者。控制并非暂时性，是指参与合并的各方在合并前后 1 年以上（含 1 年）受同一方或相同的多方最终控制。同一控制下企业合并的判断，应当遵循实质重于形式原则的要求。

一般情况下，同一企业集团内部各子公司之间、母子公司之间的合并属于同一控制下的企业合并。

同一控制下的企业合并，在合并日取得对其他参与合并企业控制权一方为合并方，参与合并的其他企业为被合并方。合并日是指合并方实际取得对被合并方控制权的日期，即合同或者协议生效的日期。通过一次交换交易实现合并的，交易完成日即为购买日；通过多次交换交易实现的合并的，购买方最终确认被购买方的投资或者取得净资产的日期为购买日。

同一控制下的企业合并具有以下特点：①从最终实施控制方的角度来看，其所能够实施控制的净资产，没有发生变化；②由于该类合并一般均发生于关联方之间，因此，交易作价往往存在不公允，很难以双方协定的价格作为核算基础。

二、会计处理方法

我国会计准则对同一控制下的企业合并规定采用权益结合法的会计处理方法。

（一）权益结合法的含义

权益结合法（pooling of interest method），亦称股权结合法、权益联营法，是指参与合并的双方通过股权的结合，将两个或多个会计主体合并成一个报告主体，且合并前后股东权益保持不变，参与合并的各企业的资产和负债继续按原有会计基础保持不变，合并后的报告主体不仅包含合并当期已实现的利润，还应反映以前年度累计的留存利润，即视同报告主体在以前期间一直存在。

通过上述描述可以看出权益结合法是参与合并的主体间权益的结合，属于权益与权益的整合，其实质是一种权益性交易，而非资产的交易，因此权益结合法下的企业合并不会确认资产的处置损益，也不会产生新的资产和负债，更不会产生商誉。

由于合并后的报告主体中不仅反映被合并企业在合并当期期初至合并日的利润，还包括以前年度累计实现的剩余利润，因此相比另一种合并处理方法——购买法，合并财务报表中的利润额要大于购买法下的利润额，同理，当在被并企业有亏损的情况下，结果正好相反。此外由于被合并企业的资产负债按照原有的会计基础保持不变，一般情况下由于价值变动的影响，其计算的折旧摊销等费用会低于购买法下的金额，此时也会导致权益结合法下计算的利润较大。

出于上述种种原因，2001 年国际财务报告准则正式取消了权益结合法的应用，在我国由于资本市场发展相对不成熟，为了防止该种方法的滥用，企业会计准则规定只有在同一控制下的企业合并中才允许采用权益结合法。

（二）权益结合法的会计处理

1. 合并日会计处理需要考虑的事项

权益结合法下的合并日，是被合并方的净资产和经营的控制权实质上转入合并方的日期。由于同一控制下的企业合并是将两个或两个会计主体通过权益联合形成一个会计主体，合并日合并方在编制报表时，需要按照合并的会计政策对被合并方的会计政策进行调整。类似地，参与合并的企业之间的所有交易的影响，无论发生在权益结合之前还是之后，都应在编制合并实体的财务报表中消除。

2. 合并资产和负债的确认

合并方在企业合并中取得的资产和负债，应当按照合并日在被合并方的账面价值计量。合并方取得的净资产账面价值与支付的合并对价账面价值（或发行股份面值总额）的差额，应当调整资本公积或留存收益。在编制报表时，一般只需将被合并方资产、负债直接加在合并日资产负债表上即可。

3. 合并费用的处理

合并方为进行企业合并发生的各项直接相关费用，包括为进行企业合并而支付的审计费用、评估费用、法律服务费用等，应当于发生时计入当期损益（管理费用）。

4. 合并前收益的确认

在权益结合法下，合并企业在编制财务报表时，合并后企业的收益不仅包括参与合并的企业在合并发生当期合并日后的收益，还包括合并日前的收益，在编制比较会计报表时还包括所披露的任何可比期间的财务报表项目，犹如从列报的最早期间起就已经合并在一起。

5. 合并报表

企业合并形成母子公司关系的，母公司应当编制合并日的合并资产负债表、合并利润表和合并现金流量表。合并资产负债表中被合并方的各项资产、负债，应当按其账面价值计量。

第三节　非同一控制下的企业合并

一、概念

非同一控制下的企业合并是指不存在一方或多方控制的情况下，一个企业购买另一个或多个企业股权或净资产的行为。参与合并的各方，在合并前后均不属于同一方或多方最终控制。非同一控制下的企业合并，在购买日取得对其他参与合并企业控制权一方为购买方，参与合并的其他企业为被购买方。购买日是指购买实际取得对被购买方控制权的日期，即双方所签合同或协议生效的日期。

非同一控制下企业合并具有以下特点：一是一般为非关联的企业之间进行的合并；二是以市价为基础，交易对价相对公平合理。

二、会计处理方法

根据我国会计准则的规定，非同一控制下的企业合并采用购买法的会计处理方法。

(一) 购买法的含义

购买法指并购企业以现金或其他代价购买另一家企业的方式，它把企业并购视为普通资产的购置，与企业购置普通资产如机器设备存货等的交易基本相同。

(二) 购买法的会计处理

1. 合并成本的确认

购买方在购买日对作为企业合并对价付出的资产、发生或承担的负债应当按照公允价值计量，公允价值与其账面价值的差额，计入当期损益。

一次交换交易实现的企业合并，合并成本为购买方在购买日为取得对被购买方的控制权而付出的资产、发生或承担的负债以及发行的权益性证券的公允价值。购买方为进行企业合并发生的各项直接相关费用也应当计入企业合并成本。

当购买涉及一项以上交易时，购买的成本为各单项交易成本的合计数。如果购买是分阶段进行的，区分购买的日期与交易的日期就非常重要。如果对购买的核算从购买日开始，那么应采用每一个交易日期的成本或公允价值的资料。

支付对价的方式不同，合并成本确定的方法也不同，具体如下。

（1）以现金和非现金资产作为支付对价的，合并成本应为合并对价的现金及非现金资产的公允价值。

（2）以发行的权益性证券作为支付对价的，合并成本应为发行的权益性证券在购买日的公允价值。确定所发行权益性证券的公允价值时，如果不是由于市场过于动荡或狭小而使市价不可靠，应以其公允价值，即交易当日的市价来计量。当在特定日期的市场价格不可靠，且用其他的证据和估价方法能够更好地计量公允价值时，则应考虑宣告购买条款的前后适当期间的价格、波动的影响，合理采用其他的证据和估价方法。当市场不可靠或者没有牌价时，购买方所发行的证券的公允价值应参照它要购买方的公允价值中所占的股份的份额，或是参照它在购买企业的公允价值中所占股份的份额，按照两者之中较明显的一个确定。

（3）以合并发生或承担债务作为合并对价的，合并成本应为合并发生或承担债务的公允价值。因企业合并而承担的各项负债，应采用按照适用利率计算的未来现金流量的现值作为其公允价值，预期因企业合并可能发生的未来损失或其他成本不是购买方为取得被购买方控制权而承担的负债，不构成企业合并成本。[一]

2. 购买资产和负债的确认

购买日并购方要按目标方的可辨认资产和负债的公允价值计入其资产负债表中，其支付的对价与取得或控制的可辨认净资产的公允价值的差额，确认为商誉。

3. 对并购前收益的确认

在购买法中，将企业合并看作一种通过转让资产、承担债务或发行股票方式，由收购方

[一] 崔永梅，张秋生，袁欣. 企业并购与重组 [M]. 大连：大连出版社，2013.

获得对目标方净资产和经营活动控制权的行为，因而在购买日，目标方没有留存收益项目余额，其合并利润表中包括收购方自收购实现的利润，从而在合并期末的合并利润表中包含的是收购方全年的利润和目标方在购买日后所实现的收益。

4. 并购费用的确认

并购费用指合并方为进行企业合并发生的各项相关费用，如为进行企业合并支付的审计费用、资产评估费用以及有关的法律咨询费用等，相关直接费用计入当期损益。但如果以发行权益性证券方式支付并购对价，则与发行权益证券有关的佣金、手续费等直接从发行权益性证券取得的收入中扣减。

合并过程中发生的其他间接费用，包括维持一个收购部门的费用，以及其他不能直接归属于此项特殊购买的核算范围的费用，均不应包括在购买成本中，而应在发生时作为费用处理。

5. 商誉的处理

（1）非同一控制下的控股合并。

该合并方式下，购买方一般应于购买日编制合并资产负债表，合并中取得的被购买方各项可辨认资产、负债应以其在购买日的公允价值计量，长期股权投资的成本大于合并中取得的被购买方可辨认净资产公允价值的差额，体现为合并财务报表中的商誉；长期股权投资的成本小于合并中取得的被购买方可辨认净资产公允价值的差额，计入合并当期损益，因购买日不需要编制合并利润表，该差额体现在合并资产负债表上，应调整合并资产负债表的盈余公积和未分配利润。

（2）非同一控制下的吸收合并或新设合并。

购买方在购买日应当将合并中取得的符合确认条件的各项可辨认资产、负债，按其公允价值确认为本企业的资产和负债；作为合并对价的有关非货币性资产在购买日的公允价值与账面价值的差额，应作为资产处置损益计入合并当期的利润表；确定的企业合并成本与所取得的被购买方可辨认净资产公允价值之间的差额，视情况分别确认为商誉或是计入企业合并当期的损益。

有两点值得说明，一是企业合并中取得的有关资产、负债由于账面价值和计税基础不同产生所得税的暂时性差异，要调整商誉的价值；二是商誉确认后，由于账面价值和计税基础之间的差额所形成的应纳税暂时性差异，不确认为递延所得税负债。

（3）合并商誉的减值核算。

按照准则要求，"企业合并所形成的商誉，至少应当在每年年度终了进行减值测试，商誉应当结合与其相关的资产组或者资产组组合进行减值测试"。商誉的减值损失一经确认，不得在以后的会计期间转回。

对合并商誉应用减值测试，首先面临的问题是如何在单独情形下确定商誉所在的资产组或资产组组合。由于商誉不能独立于其他资产产生现金流量，其减值测试必须结合相关的资产组或资产组组合。为此，新准则要求企业应当自合并日起将合并产生的商誉按合理的方法分摊至相关的资产组；难以分摊至相关资产组的，应当将其分摊至相关的资产组组合。所谓资产组和资产组组合，是资产减值准则的两个重要概念，前者实质上是企业中能够独立产生现金流入的一系列资产的最小组合，后者则是由若干个资产组组成的最小资产组组合。而所谓与商誉减值测试相关的资产组或资产组组合，就应当是能够从企业合并的协同效应中受益的资产组或者资产组组合。

在实际的减值测试过程中,当与商誉相关的资产组或者资产组组合存在减值迹象时,对于商誉减值的确定应分两步进行:第一步,先对不包含商誉的资产组或者资产组组合进行减值测试,计算可收回金额,并与相关账面价值相比较,确认相应的减值损失。第二步,对包含商誉的资产组或者资产组组合进行减值测试,比较这些相关资产组或者资产组组合的账面价值(包括所分摊的商誉的账面价值部分)与其可收回金额,如后者低于前者,应当确认商誉的减值损失。在做账务处理时,商誉减值损失的金额首先应抵减分摊至资产组或资产组组合中的商誉账面价值;不足抵减时,再根据资产组或组合中除商誉外的其他各项资产的账面价值比重,按比例抵减其他各项资产的账面价值。

第四节 权益结合法与购买法的比较

一、理论基础的差异

权益结合法和购买法最本质的区别在于:前者是同一企业中股东内部之间的交易行为,而后者是企业与企业之间的购买与被购买行为。

权益结合法主要的理论基础是:企业之间的合并是合并企业的股东之间进行的对等交换经济资源的结合,而不是一种购买交易行为。权益结合法下的企业合并没有购买价钱,采用的是历史成本计量。因此判断合并财务报表是采用权益结合法还是购买法的关键指标是合并企业之间是否存在经济资源的流动、控制权的转移等。

购买法主要的理论基础是:企业合并是指购买方通过购买方式取得被购买方的净资产,并承担被购买方债务的一种交易。该种合并必然会导致购买方一方流出经济资源,而另一方流入经济资源的现象。这些资源可能为现金、其他资产或是其他权利等形式。

二、会计处理的差异

2006年颁布的《企业会计准则》规定对同一控制下的企业合并采取类似权益结合法,而对非同一控制下的企业合并采用购买法,这两种会计处理方法的主要区别如表8-1所示。

表 8-1 权益结合法与购买法会计处理方法的比较

企业合并会计方法	权益联合法	购买法
实施依据	同一控制	非同一控制
目标方资产负债的确认	合并日的账面价值	购买日的公允价值
合并对价的确认	现金、资产、债券或发行权益的账面值	现金、资产、债券或权益的公允价值(市值)+合并直接费用(评估、审计和法律费用等)
合并溢价或折价的处理	调整资本公积或留存收益	确认为商誉或是营业外收入
合并直接相关费用处理	计入当期损益(管理费用)	计入合并成本
合并间接相关费用处理	计入当期损益(管理费用)	发行费用冲减发行溢价,其他间接费用计入当期损益
合并利润表与现金流量表	合并利润表与现金流量表应从合并期初开始	不需编制合并利润表

三、报告效应的差异

（一）对经营成果的影响

权益结合法下，被合并企业全年的损益都并入合并企业的年度利润表，而在购买法下仅仅将被合并企业在合并日后产生的损益并入合并企业的利润表。因此，只要企业合并发生在会计年度期中，被合并企业在合并日又有利润，则权益结合法下编制的合并企业利润一定大于购买法下编制的合并企业利润表利润。

另外，由于通货膨胀的影响，被合并企业可辨认资产的评估价值往往大于其账面价值，所以在权益结合法下，合并企业仅仅需要将被合并的资产按市价出售便可获得资产份额的收益，直接增加当期的收益。因此，权益结合法就存在着利润操纵的可能，而这一点也是权益结合法被质疑的关键。

（二）对合并财务报表影响的差异

1. 对合并资产负债表影响的差异

权益结合法下，合并企业的资产负债表是根据账面价值来反映的。而往往在实践中，被合并企业的总资产的账面价值要低于其公允价值。购买法下，合并企业的资产负债表是根据被合并企业的可辨认资产、负债的公允价值来进行计量的。那么相比购买法，权益结合法在合并后的资产往往要偏低，股东权益很有可能引起变动。而在购买法下，合并后的股东权益却保持不变。

2. 对合并利润表影响的差异

权益结合法下，要将被合并企业的合并当年整个年度的损益纳入合并利润表中，那么，对于利益相关者在对企业进行盈利分析时，就应该扣除合并前实现的净利润的那一部分。购买法下，合并企业的利润表仅仅只是将合并日后被合并企业实现的利润纳入合并利润表中，而且购买法通常采用现金或债务方式收购被购买方，而权益结合法通常采用换股合并，因此利息负担购买法要大于权益结合法。权益结合法下的收益偏高，而购买法下的收益偏低，因为购买法下由合并产生的直接费用作为被合并企业的合并成本。

3. 对合并现金流量表影响的差异

权益结合法下仅仅是股东之间换股的合并形式，没有涉及相关的现金流量，那么在合并现金流量表中并不予以反映。企业合并之后的现金流量就是合并企业与被合并企业的现金流量的加总。而购买法下会产生现金流量，不是简单的合并企业与被合并企业现金流量的相加，因为通过购买发生合并，购买方从被购买方取得的按公允价值计量的净资产应该纳入合并现金流量表中投资活动的现金流量，而由于合并行为所产生的相关成本应该纳入合并现金流量表中筹资活动的现金流量，企业之间的合并行为发生的当年，合并日后产生的现金流量都应该纳入合并现金流量表。

（三）对财务指标影响的差异

1. 对流动比率影响的差异

权益结合法下的流动比率要低于购买法下的流动比率。因为购买法下企业资产价值是通过公允价值来计量的，加上通货膨胀的影响，流动资产的自身账面价值要低于其公允价值，假设企业的流动负债变动幅度不大，那么权益结合法下的流动比率要低于购买法下的流动比率。

2. 对资产负债率影响的差异

权益结合法下的资产负债率要高于购买法下的资产负债率。因为购买法下在合并日就需要重新评估被合并企业的各项资产价值，受通货膨胀的影响，评估后的资产价值一般要高于其账面价值，但是企业的债务账面价值和公允价值相差不大。因此权益结合法下合并集团的总资产价值要低于购买法下合并集团的总资产价值，进而权益结合法下的资产负债率要高于购买法下的资产负债率。

3. 对净资产收益率影响的差异

第一，权益结合法下的所有者权益要低于购买法下的所有者权益。因为权益结合法下的所有者权益合并只是将其进行简单相加。第二，权益结合法下的净资产收益率要高于购买法下的净资产收益率。因为根据以上分析可知，权益结合法下的合并利润要高于购买法下的合并利润。

4. 对合并公司每股收益影响的差异

权益结合法下的合并当年每股收益要高于购买法下的合并当年每股收益。因为权益结合法将被合并企业的合并当年的整个年度的损益纳入合并利润表中，而购买法仅仅只是将合并日后被合并企业实现的利润纳入合并利润表中。因此，权益结合法下企业集团的利润一般要高于购买法下的利润，但是合并当年的股东权益要小于购买法下的股东权益。因此权益结合法下的合并当年每股收益要高于购买法下的合并当年每股收益。

本章小结

并购的会计处理在《企业会计准则第 20 号——企业合并》中有专门的规定，该准则中所指的企业合并实际上是法律意义上的收购与合并。企业合并准则将合并分为同一控制下企业合并和非同一控制下企业合并，虽然与国际会计准则的分类不一致，但照顾到了中国仍存在较多的同一控制下企业合并的国情。

同一控制下的企业合并，合并前后参与合并的企业仍然受同一最终控制方控制，是实际控制人未发生变更的合并，实质是企业重组。同一控制下的企业合并规定采用权益结合法的会计处理方法。权益结合法认为企业合并是参与合并的主体间权益的结合，参与合并的各企业的资产和负债继续按原有会计基础保持不变，其实质是一种权益的交易，而非资产的交易，因此权益结合法下的企业合并，参与合并的各方均按其净资产的账面价值合并，不会确认资产的处置损益，也不会产生新的资产和负债，更不会产生商誉。

非同一控制下的企业合并，被合并企业在合并后最终控制方发生变更，应采用购买法的会计处理方法。购买法将企业合并视为合并企业购买被合并企业净资产的一种资产交易行为，这种交易行为与企业购买设备、原材料等资产并无本质区别，其净资产的交易价格需要经过购买企业与被购买企业讨价还价确定，也就是公允价值，此时可能会产生两个差额，一个差额是被购买企业账面净资产的价值与公允价值的差额，另一个差额是购买企业合并对价公允价值与被购买企业账面净资产公允价值的差额。第一个差额来源于被购买企业自身资产的真实市场价值，属于会计历史成本计量原因引起的，表现为评估增值或减值。另一个差额是被购买企业作为一项资产整体出售所形成的，表现为商誉或营业外收入。

权益结合法和购买法的差异体现在理论基础、会计处理和报告效应等三方面。

关键术语

企业合并　　　　　　　　　　　　合并商誉
同一控制下企业合并　　　　　　　权益结合法
非同一控制下企业合并　　　　　　购买法

练习思考题

国际会计准则取消了权益结合法，而中国会计准则却保留了这种方法，原因何在？

第九章
企业重组税务

> **学习目标**
> 1. 了解中国税务法规中规定的企业重组的六类形式。
> 2. 了解企业重组中企业所得税特殊税务处理的适用条件。
> 3. 了解企业重组中各环节的税务筹划原则。
> 4. 了解企业重组中各税种的税务筹划原则。

第一节 企业重组的形式

中国在与并购相关的税务法规中使用了企业重组而非并购的概念，为了便于理解这些税务法规，本章沿用这些法规的概念体系。在中国的税务法规中，企业重组是指企业在日常经营活动以外发生的法律结构或经济结构重大改变的交易，包括企业法律形式改变、债务重组、股权收购、资产收购、合并、分立等六种形式。

（一）企业法律形式改变

这是指企业注册名称、住所以及企业组织形式等的简单改变，但符合本通知规定的其他重组的类型除外。

（二）债务重组

债务重组指在债务人发生财务困难的情况下，债权人按照其与债务人达成的书面协议或者法院裁定书，就其债务人的债务做出让步的事项。

（三）股权收购

股权收购指一家企业（以下称为收购方）购买另一家企业（以下称为目标方）的股权，以实现对目标方控制的交易。收购方支付对价的形式包括股权支付、非股权支付或两者的组合。

（四）资产收购

资产收购指一家企业（以下称为受让企业）购买另一家企业（以下称为转让企业）实质经

营性资产的交易。受让企业支付对价的形式包括股权支付、非股权支付或两者的组合。

实质经营性资产，是指企业用于从事生产经营活动、与产生经营收入直接相关的资产，包括经营所用各类资产、企业拥有的商业信息和技术、经营活动产生的应收款项、投资资产等。

（五）合并

合并指一家或多家企业（以下称为被合并企业）将其全部资产和负债转让给另一家现存或新设企业（以下称为合并企业），被合并企业股东换取合并企业的股权或非股权支付，实现两个或两个以上企业的依法合并。

（六）分立

分立指一家企业（以下称为被分立企业）将部分或全部资产分离转让给现存或新设的企业（以下称为分立企业），被分立企业股东换取分立企业的股权或非股权支付，实现企业的依法分立。

第二节 企业重组税务处理

一、所得税的处理

2008年企业所得税法实施后，财政部、国家税务总局先后出台《关于企业重组业务企业所得税处理若干问题的通知》（财税[2009]59号）（以下简称"59号文"）和《企业重组业务企业所得税管理办法》（2010年国家税务总局第4号公告）。上述两个文件都借鉴了企业重组税收政策和征管模式的国际经验（如美国税法中商业目的、持续经营以及股东利益持续等要求），初步建立和规范了企业重组过程适用的企业所得税法规体系，特别体现在对符合特定要求的企业重组适用特殊性税务处理[①]。

59号文的精髓在于把所有参与重组的业务主体和全部持续经营期作为一个整体看待，采用中性的"递延纳税"技术手段，保证整体的企业所得税税负不因重组而改变。企业重组的所得税税务处理分为一般性税务处理和特殊性税务处理。一般性税务处理就是即期征税，特殊性税务处理就是递延纳税。递延纳税简而言之就是交易当期不征税，只有待嗣后有收益时才征纳税，嗣后无收益不征税。举个例子理解递延纳税，甲企业把某资产转让给乙企业，假如符合特殊税务重组条件，则适用特殊性税务处理，交易当期甲企业无须转让资产所得交税，该项纳税义务递延至乙企业，待乙企业再处理该资产时才纳税，不处理就不纳税。

企业重组有关企业所得税处理的要点如表9-1所示。

---

① 所得一般于实现时即加以确认，这是所得课税处理的一般规则，但有时候根据税法中的特殊规则，所得实现了但不加以确认，美国税法将这种特殊税收规则称为所得不确认规则，以下简称不确认规则（non recognition rules）。采取不确认规则对兼并重组进行税务处理，我国将其称作特殊性税务处理，美国称作所得不确认处理，欧盟称作递延纳税处理，理论上多俗称为免税处理（tax-free treatment）。

表 9-1　企业重组有关企业所得税处理的要点

	一般性税务处理	特殊性税务处理
债务重组	①以非货币资产清偿债务，应当分解为转让相关非货币性资产、按非货币性资产公允价值清偿债务两项业务，确认相关资产的所得或损失 ②发生债权转股权的，应当分解为债务清偿和股权投资两项业务，确认有关债务清偿所得或损失 ③债务人应当按照支付的债务清偿额低于债务计税基础的差额，确认债务重组所得；债权人应当按照收到的债务清偿额低于债权计税基础的差额，确认债务重组损失 ④债务人的相关所得税纳税事项原则上保持不变	①企业债务重组确认的应纳税所得额占该企业当年应纳税所得额50%以上，可以在5个纳税年度的期间内，均匀计入各年度的应纳税所得额 ②企业发生债权转股权业务，对债务清偿和股权投资两项业务暂不确认有关债务清偿所得或损失，股权投资的计税基础以原债权的计税基础确定。企业的其他相关所得税事项保持不变 ③交易中股权支付暂不确认有关资产的转让所得或损失的，其非股权支付仍应在交易当期确认相应的资产转让所得或损失，并调整相应资产的计税基础 ④非股权支付对应的资产转让所得或损失=（被转让资产的公允价值－被转让资产的计税基）×（非股权支付金额/被转让资产的公允价值）
股权收购	①目标方应确认股权转让所得或损失 ②收购方取得股权的计税基础应以公允价值为基础确定 ③目标方的相关所得税事项原则上保持不变	①目标方的股东取得收购方股权的计税基础，以被收购股权的原有计税基础确定 ②收购方取得目标方股权的计税基础，以被收购股权的原有计税基础确定 ③收购方、目标方的原有各项资产和负债的计税基础和其他相关所得税事项保持不变
资产收购	①目标方应确认资产转让所得或损失 ②收购方取得资产的计税基础应以公允价值为基础确定 ③目标方的相关所得税事项原则上保持不变	①双方企业均不确认所得 ②划入方企业取得转让企业资产的计税基础为被划转股权或资产原账面净值 ③划入方企业取得转让企业资产，按其原账面净值计算折旧扣除
合并	①合并企业应按公允价值确定接受被合并企业各项资产和负债的计税基础 ②被合并企业及其股东都应按清算进行所得税处理。即，按照财税〔2009〕60号文件规定进行清算 ③被合并企业的亏损不得在合并企业结转弥补	①合并企业接受被合并企业资产和负债的计税基础，以被合并企业的原有计税基础确定 ②被合并企业合并前的相关所得税事项由合并企业承继 ③可由合并企业弥补的被合并企业亏损的限额=被合并企业净资产公允价值×截至合并业务发生当年年末国家发行的最长期限的国债利率 ④被合并企业股东取得合并企业股权的计税基础，以其原持有的被合并企业股权的计税基础确定
分立	①被分立企业对分立出去资产应按公允价值确认资产转让所得或损失 ②分立企业应按公允价值确认接受资产的计税基础 ③被分立企业继续存在时，其股东取得分立企业股权的对价应视同被分立企业分配进行处理 ④被分立企业不再继续存在时，被分立企业及其股东都应按清算进行所得税处理。即，按照财税[2009]60号文件规定进行清算 ⑤企业分立相关企业的亏损不得相互结转弥补	①分立企业接受被分立企业资产和负债的计税基础，以被分立企业的原有计税基础确定 ②被分立企业已分立出去资产相应的所得税事项由分立企业继承 ③被分立企业未超过法定弥补期限的亏损额可按分立资产占全部资产的比例进行分配，由分立企业继续弥补 ④被分立企业的股东取得分立企业的股权（以下简称"新股"），如需要部分或全部放弃原持有的被分立企业的股权（以下简称"旧股"），"新股"的计税基础应以放弃"旧股"的计税基础确定。如不需要放弃"旧股"，则其取得"新股"的计税基础可从以下两种方法中选择确定：直接将"新股"的计税基础确定为零；或者以被分立企业分立出去的净资产占被分立企业全部净资产的比例先调减原持有的"旧股"的计税基础，再将调减的计税基础平均分配到"新股"上

根据 59 号文第五条的规定，特殊性税务处理须同时满足以下条件。

（1）具有合理的商业目的，且不以减少、免除或者推迟缴纳税款为主要目的。

（2）被收购、合并或分立部分的资产或股权比例不低于标的整体的 75%。

（3）企业重组后的连续 12 个月内不改变重组资产原来的实质性经营活动。

（4）重组交易对价中涉及股权支付金额不低于其交易支付总额的 85%。

（5）企业重组中取得股权支付的原主要股东，在重组后连续 12 个月内，不得转让所取得的股权。

2014 年 3 月 7 日，国务院发布的《关于进一步优化企业兼并重组市场环境的意见》（国发 [2014]14 号）对进一步落实 59 号文的实施起到了引导作用。根据 14 号文的精神，财政部、国家税务总局联合发布了《关于促进企业重组有关企业所得税处理问题的通知》（财税 [2014]109 号），将适用特殊性税务处理的股权收购和资产收购中，被收购股权或资产比例由不低于 75% 调整为不低于 50%，降幅高达 1/3，这一比例在国际上处于中等偏下水平，大大扩展了适用特殊性税务处理的企业重组范围。该政策还明确了对集团内 100% 直接控制的居民企业之间按照账面净值划转股权或资产的行为，给予特殊性税务处理待遇，交易双方均不确认所得。这将大大降低集团内企业内部交易的税收成本。

另外，财政部、国家税务总局发布的《关于非货币性资产投资企业所得税政策问题的通知》（财税 [2014]116 号）规定："企业发生非货币性资产投资符合 59 号文等文件规定的特殊性税务处理条件的，也可选择按特殊性税务处理规定执行。"

2015 年 5 月底，国家税务总局又发布了《关于资产（股权）划转企业所得税征管问题的公告》（2015 年第 40 号），明确了资产（股权）划转适用特殊性税务处理的 4 种情形，将资产（股权）划转"免税"政策的适用扩大到所有性质的企业。2015 年 6 月，国家税务总局发布了《关于企业重组业务企业所得税征收管理若干问题的公告》（2015 年第 48 号），对企业重组特殊性税务处理的申报管理和后续管理事项进行了规范和修订，优化了征管流程，明确了征收管理的相关要求。

二、增值税的处理

2011 年 2 月，国家税务总局颁布了《国家税务总局关于纳税人资产重组有关增值税问题的公告》（国税函 [2011]13 号），规定："纳税人在资产重组过程中，通过合并、分立、出售、置换等方式，将全部或者部分实物资产以及与其相关联的债权、负债和劳动力一并转让给其他单位和个人，不属于增值税的征税范围，其中涉及的货物转让，不征收增值税。"

根据《国家税务总局关于纳税人资产重组增值税留抵税额处理有关问题的公告》（国家税务总局公告 2012 年第 55 号）规定：增值税一般纳税人在资产重组过程中，将全部资产、负债和劳动力一并转让给其他增值税一般纳税人，并按程序办理注销税务登记的，其在办理注销登记前尚未抵扣的进项税额可结转至新纳税人处继续抵扣。

根据财政部、国家税务总局《关于土地增值税一些具体问题规定的通知》（财税字 [1995]48 号）规定："在企业兼并中，对被兼并企业将房地产转让到兼并企业中，暂免征收土地增值税。企业分立过程不涉及增值税；对转让企业而言，在转让资产中涉及存货、固定资产等内容，则需要缴纳增值税，若涉及无形资产、不动产等则需要缴纳土地增值税。"

三、营业税的处理

《国家税务总局关于纳税人资产重组有关营业税问题的公告》（国家税务总局公告 2011 年第 51 号）规定："纳税人在资产重组过程中，通过合并、分立、出售、置换等方式，将全部或者部分实物资产以及与其相关联的债权、债务和劳动力一并转让给其他单位和个人的行为，不属于营业税征收范围，其中涉及的不动产、土地使用权转让，不征收营业税。"

基于此规定，纳税人合并、分立、出售、置换等重组方式中，其中涉及的不动产、土地使用权转让，不征收营业税的，必须同时具备两个条件：一是企业将全部或者部分实物资产转让给其他单位和个人；二是与转让资产相关的债权、债务和劳动力也转移给接受全部或部分实物资产的其他单位和个人。如果企业只把全部或部分实物资产转让给其他企业和个人，但是，没有把与该实物资产相关的债权、债务和劳动力进行转移的，对其涉及的不动产、土地使用权转让必须依法缴纳营业税。

四、印花税的处理

《财政部国家税务总局关于企业改制过程中有关印花税政策的通知》（财税 [2003]183 号）第三条规定"企业因改制签订的产权转移书据免予贴花"，该条的意思是指将原有企业的全部或部分产权转移到改制后的新企业所签订的产权转移书据免予贴花，其他产权转移书据均应按规定贴花。

《财政部、国家税务总局关于企业改制过程中有关印花税政策的通知》（财税 [2003]183 号）第一条第（一）项规定："实行公司制改造的企业在改制过程中成立的新企业（重新办理法人登记的），其新启用的资金账簿记载的资金或因企业建立资本纽带关系而增加的资金，凡原已贴花的部分可不再贴花，未贴花的部分和以后新增加的资金按规定贴花。公司制改造包括国有企业依《公司法》整体改造成国有独资有限责任公司；企业通过增资扩股或者转让部分产权，实现他人对企业的参股，将企业改造成有限责任公司或股份有限公司；企业以其部分财产和相应债务与他人组建新公司；企业将债务留在原企业，而以其优质财产与他人组建的新公司。"第一条第（二）项规定："以合并或分立方式成立的新企业，其新启用的资金账簿记载的资金，凡原已贴花的部分可不再贴花，未贴花的部分和以后新增加的资金按规定贴花。合并包括吸收合并和新设合并。分立包括存续分立和新设分立。"

五、契税的处理

根据《关于进一步支持企业事业单位改制重组有关契税政策的通知》（财税 [2015]37 号）规定，公司合并、分立、资产划转、股权转让等交易免征契税。具体规定如下。

公司合并。两个或两个以上的公司，依照法律规定、合同约定，合并为一个公司，且原投资主体存续的，对合并后公司承受原合并各方土地、房屋权属，免征契税。

公司分立。公司依照法律规定、合同约定分立为两个或两个以上与原公司投资主体相同的公司，对分立后公司承受原公司土地、房屋权属，免征契税。

企业破产。企业依照有关法律法规规定实施破产，债权人（包括破产企业职工）承受破产企业抵偿债务的土地、房屋权属，免征契税；对非债权人承受破产企业土地、房屋权属，凡按照《中华人民共和国劳动法》等国家有关法律法规政策妥善安置原企业全部职工，与原企业全部职工签订服务年限不少于三年的劳动用工合同的，对其承受所购企业土地、房屋权属，免征契税；与原企业超过 30% 的职工签订服务年限不少于三年的劳动用工合同的，减半征收契税。

资产划转。对承受县级以上人民政府或国有资产管理部门按规定进行行政性调整、划转国有土地、房屋权属的单位，免征契税。同一投资主体内部所属企业之间土地、房屋权属的划转，包括母公司与其全资子公司之间，同一公司所属全资子公司之间，同一自然人与其设立的个人独资企业、一人有限公司之间土地、房屋权属的划转，免征契税。

债权转股权。经国务院批准实施债权转股权的企业，对债权转股权后新设立的公司承受原企业的土地、房屋权属，免征契税。

划拨用地出让或作价出资。以出让方式或国家作价出资（入股）方式承受原改制重组企业、事业单位划拨用地的，不属于上述规定的免税范围，对承受方应按规定征收契税。

公司股权（股份）转让。在股权（股份）转让中，单位、个人承受公司股权（股份），公司土地、房屋权属不发生转移，不征收契税。

六、土地增值税的处理

《关于企业改制重组有关土地增值税政策的通知》（财税 [2015]5 号），明确企业在改制重组过程中涉及的土地增值税优惠政策。

（1）合并。按照法律规定或者合同约定，两个或两个以上企业合并为一个企业，且原企业投资主体存续的，对原企业将国有土地、房屋权属转移、变更到合并后的企业，暂不征土地增值税。

（2）分立。按照法律规定或者合同约定，企业分设为两个或两个以上与原企业投资主体相同的企业，对原企业将国有土地、房屋权属转移、变更到分立后的企业，暂不征土地增值税。

第三节 企业重组纳税筹划

一、基于交易的纳税筹划

纳税筹划是纳税人依据所涉及的税境和现行税法，遵循国际税收惯例，在遵守税法、尊重税法的前提下，依据税法中的"允许""不允许"以及"非不允许"的项目和内容等，对企业涉税事项进行的旨在减轻税负，实现企业财务目标的谋划、对策和安排。

企业重组的纳税筹划除了具备纳税筹划一般特征之外，还有其特殊性：第一，企业重组方式的选择对税负影响较大；第二，企业重组过程中可能需有不同的筹划方案，要求技术性较高；第三，企业重组中交易支付方式和支付时间的选择对重组双方所得税影响较大。

在企业并购重组过程中，根据企业并购重组流程，将纳税筹划主要划分为五个主要环节。第一，选择并购方式的纳税筹划；第二，选择并购目标的纳税筹划；第三，选择并购支付方式的纳税筹划；第四，选择并购融资方式的纳税筹划；第五，并购后整合的纳税筹划。

各阶段的纳税筹划要点不同，需要对税收政策灵活掌握，充分利用不同企业的税收优惠政策来进行纳税筹划。在确定拟并购对象环节，不同行业、地区的目标企业的税收制度差异、弹性与目标企业的亏损及未来发展状态所带来的税负不同，这为税收筹划奠定基础。在确定筹集资金时，融资成本是否计入财务费用决定不同方式的税负差异。在制订支付计划环节，现金支付比例决定并购是否免税，直接影响当期所得税税负。在并购后财务整合环节，由于税收依据的影响，并购后企业业绩不同。

（一）目标方选择的纳税筹划

重组企业选择在同一行业从事同类生产经营活动的企业作为目标方，即横向重组。横向重组的主要目的是为了消除竞争对手、扩大市场份额、增强垄断实力、形成规模效应等。从税收角度看，由于重组后企业的经营行业不变，且经营范围一般不发生变化，横向重组一般不改变重组企业的纳税税种与纳税环节的多少。从纳税主体属性上看，由于企业重组后规模的变化，其适用的增值税税率和所得税税率可能会相应提高。

按照我国税法，不同规模的企业税收待遇是有差别的。如增值税中规定有小规模纳税人和一般纳税人，小规模纳税人的征收率为3%，无进项税额扣除；一般纳税人的税率通常为17%，可以扣除进项税额。再如企业所得税税法规定企业所得税税率为25%，符合条件的小型微利企业，减按20%的税率征收。由此看来，由于企业重组后规模的变化，其适用的增值税税率和所得税税率可能会相应变化。因此在选择横向重组时，必须同时考虑纳税人身份和属性的可能变化带来相关税率的变化，计算综合成本和收益。

重组企业选择其供应厂商或客户等处于不同生产经营阶段的企业作为目标方，即纵向重组。纵向重组可以通过将市场交易转变为企业内部交易降低交易成本，对重组企业来说，由于原来向供应商购货或向客户销货变成企业内部购销行为，其增值税纳税环节可以减少。但是由于纵向重组使企业延伸到了其他领域，还可能会改变其纳税主体属性，增加其纳税税种和纳税环节。

重组企业选择与自己没有任何联系的行业中的企业作为目标方，即是混合重组。在这种重组行为中，由于企业跨入其他行业，因此可能会面对与以前企业不同的一些税种，企业的应税种类也可能大大增大。另外，纳税主体的属性也可能发生变化。这种重组将视目标方所在的行业的情况，对重组企业的纳税主体属性、纳税税种、纳税环节产生影响。

除此以外，由于我国税收优惠在地区之间的差异，决定了在重组不同地区相同性质和经营状况的目标方时，可以获得不同的收益。我国现行税法规定的税收优惠政策中有一类是地区性优惠。例如：

- 对设在西部地区的国家鼓励类产业企业，在2011年1月1日至2020年12月31日期间，减按15%的税率征收企业所得税；
- 自2014年1月1日起至2020年12月31日止，对设在横琴新区、平潭综合试验区和前海深港现代服务业合作区的鼓励类产业企业，减按15%的税率征收企业所得税；
- 民族自治地方的自治机关对本民族自己地方的企业应缴纳的企业所得税中属于地方分享的部分，可以决定减征或者免征。

重组企业可以利用我国现行税法中的地区性优惠政策，将目标方选择在上述能够享受优惠政策的地区，重组后改变注册地或将重组企业的利润转移到低税地区，从而降低企业的整体税收负担，使重组后的纳税主体能够取得此类税收优惠。

(二) 重组支付方式选择的纳税筹划

1. 现金重组

现金重组是企业重组中最简单、最直接的重组方式。并购方企业支付协商数量的现金并购目标方，目标方的股东失去对其控制权。现金重组的并购方根据对目标方的资产重新评估后，可以取得新的资产重置价值，这能够为并购方带来较大的折旧，抵减以后年度的应纳税所得额，并且不会造成股权稀释。但是在重组时，并购方通过支付现金购买目标方的资产时，目标方需要支付增值税、营业税、城建税等附加税、企业所得税。若目标方存在亏损，重组后的企业不能继续利用弥补亏损这项税收优惠政策。

2. 股票重组

企业采用股票交换来进行重组属于免税重组，双方均不缴纳所得税。对目标方股东来说，在重组过程中，不需要立即确认其因交换而获得并购企业股票所形成的资本利得，直到并购方出售所有股份取得收入时，才缴纳企业所得税，由于货币具有时间价值，这种延期纳税相当于企业降低了税负。若目标方存在亏损，双方并购后成为一个企业，并购方可以继续享受弥补亏损的税收优惠政策。

3. 综合证券重组

综合证券重组就是企业利用"现金+股票（或债券）"模式进行重组，该种重组较为灵活，因为股份支付额是否超过对价的85%决定了重组的税负。若目标方不存在亏损，采用非股份支付额高的方式重组，不但能够重新评估资产，还可以用评估后的资产入账，企业可以得到较大的折旧额抵税。企业重组方式灵活，且重组风险小。

4. 承担债务重组

在重组中，当目标方几乎资不抵债或净资产为零时，并购方可以采用承担债务的重组方法。并购方承担目标方的债务，支付很少或者不支付现金或其他资产，可以免税重组，减少重组支付额，但是会承担过多债务，影响企业未来发展。

二、基于税种的纳税筹划

(一) 企业重组中企业所得税的纳税筹划

1. 所得税筹划思路

企业分立时，选择免税分立，待分立后进行股权运作，进而达到企业重组的目的。

企业合并时，选择有利于合并后企业所得税抵扣原则合并，并优先选择股权支付，降低重组后合并企业的所得税税收负担，同时延迟被合并企业原股东缴纳所得税的时间。

企业资产收购时，优先考虑股权支付，利益的分回优先采用股息、股利模式。企业采用股权支付达到交易对价的85%即可符合特殊税务处理的一个要件，如果其他四个要件也同时满足，则并购双方均不缴纳所得税。其优点主要在于：第一，对目标方股东来说，不需要立即确认其因交换而获得并购企业股票所形成的资本利得，直到并购交易的转让方出售所有股份取得收入时，才缴纳企业所得税；第二，若目标方存在亏损，双方并购后成为一个企业，那么并购方可以继续享受弥补亏损的税收优惠政策;第三,若并购方利用可转换债券支付对价,那么在该种债券转换为股票前,还有利息税盾的作用。但如果资产收购中收购方税收负担明显低于目标方时,应反其道而行之,即利息的分回应尽量转化为目标方成本、费用的分配以减少纳税。

无论企业是进行股权转让还是清算被投资企业,应事先对被投资企业进行利润分配,且尽力做到在法律允许的范围内分光分净,避免股息、股利收入被转变为资产处置收入而被动缴纳企业所得税。

2. 所得税筹划方法

以下处理方式均可能产生节约所得税的效果。

目标方资产评估增值。企业资产的账面价值往往会因为通货膨胀等原因导致与其实际价值产生较大差异。通过并购评估,使目标方的资产价值发生变化,产生折旧税盾的利益空间。并购之前,企业资产计提的折旧额是以资产的历史成本为基础的,按照历史成本与折旧期间采用各种折旧方法进行计算。若并购过程中,企业的资产价值发生了变化,并且资产当前的价值产生的折旧额大于采用历史成本所产生的折旧额,那么并购企业可以享受的折旧额就大于目标方在同样资产上所获得的折旧额,相应的应纳税所得税额就会减少,同时目标方因为并购企业支付其资产的价值大于其资产的账面价值,也获得了一定的利益。

不同利润水平的企业合并纳税。并购扩张的企业一般拥有较多的自由现金流,如果这部分的利润不用于投资的话,势必要向股东发放股利,而股东获得股利会面临二次征税的问题,企业的实际税负很高。处于成长期的企业因为进行产业扩张,需要大量的资本进行投资,利润留存很少,甚至有一定的负债,所得税负很轻。因此一个成熟的企业并购处于成长中的企业,就会形成优势互补的结果,有利于成熟企业的资本对成长型企业进行投资,双方税负都会有所下降。

并购亏损企业产生税收抵扣效应。若并购企业净利润较多,而目标方处于亏损状态,则二者合并可以减少并购企业的应纳税额。根据相关法律规定,处于亏损状态的企业如果还有以前年度的亏损需要弥补,那么目标方也可以利用以前年度的亏损来抵免其应纳所得税额。倘若目标方仅仅是由于外部经济原因导致亏损,但生产等内部方面运行良好,通过并购行为可以得到并购企业的大量投资,很快就能产生良好的效益,因此通过并购亏损企业可能为并购企业带来较多的利益。

贷款融资以获得利息抵税。债务融资的一大优势在于利息税盾,即公司支付的债务利息可以抵减应纳税额,而现金股利和留存收益则不能。但是,由于并购贷款是并购方将从商业银行获得的贷款用于收购目标方的股权,贷款利息费用发生收购方层面(上面)。相反,要缴纳税务的经营利润则发生在目标方层面(下面),如收购方没有足够的应纳税所得吸收可税前抵扣的并购贷款利息,就无法实现并购贷款的税收挡板作用,即无法获得利息节税收益。而且,支付并购贷款本息的现金流也要从目标方上缴,供并购方支付贷款本息。如果资金不能配对,就有违约的风险。为了解决这一矛盾,可以通过合理的财务、税收筹划,例如采用转移债务安排(debt push down schemes),即将并购贷款债务从并购主体"下压转移"到目标方层面实现利息税前抵扣。

并购过程中的其他税收因素。如高新技术企业适用15%的所得税率,若目标方为一般企业,通过并购可以使目标方同样享受15%的优惠税率,通过该并购行为,企业税负明显降低;

再如，目标方处于成长期，有大量的固定资产进项税额等待抵扣，而本期销项税额不够抵扣的时候，则并购企业可以使用其未抵扣的进行税额抵扣销项税，起到纳税筹划的作用。

（二）跨境重组的所得税筹划

对跨境重组的税务处理有直接影响的《关于加强非居民企业股权转让所得企业所得税管理的通知》（国税函[2009]698号），重申了中国税务机关可视情执行一般反避税原则来否定境外中间控股公司存在的权力，即意味着在非居民企业通过转让中间控股公司股权（另一非居民企业）从而间接转让中国居民公司股权的情形下，如果中间控股公司缺乏在当地的商业实质，则可能被认定为是通过"滥用组织形式"来"规避企业所得税纳税义务"，最终该股权转让会被视为非居民企业直接转让中国居民企业股份而负有缴纳企业所得税的义务。甚至，同一控制下的跨境集团内部重组即使没有任何现金流收入，也必须适用698号文件作为企业所得税处理的依据，作为股权转让方的非居民企业必须就股权转让产生的评估收益缴税。

698号文件规定境外投资方（实际控制方）间接转让中国居民企业股权，如果被转让的境外控股公司所在国（地区）实际税负低于12.5%或者对其居民境外所得不征所得税的，应自股权转让合同签订之日起30日内，向被转让股权的中国居民企业所在地主管税务机关提供股权转让合同或协议等资料，由当地税法机关判定是否属于要缴纳企业所得税的情况。但是，《一般反避税管理办法（试行）》（国家税务总局令[2014]第32号）做出了关于避税安排的反向规定，文件第四条描述避税安排的主要特征是：①以获取税收利益为唯一目的或者主要目的；②以形式符合税法规定，但与其经济实质不符的方式获取税收利益。对避税安排的特征描述分别强调安排目的和交易实质两个重点。

若参照之前的文件，而不符合现行文件规定，在重组之后被要求补缴税款，此种情况下，税务机关倾向于通过股权评估的办法来确定（特别是采用收益法），这就往往大幅提高视同股权转让价格，负面影响企业现金流。除补缴税款后果外，对于完全发生在国内的股权重组和非居民企业直接转让境内企业股权的行为，如未及时缴纳企业所得税，税务机关可加收滞纳金；对于非居民企业间接转让境内企业股权的，由于转让行为是否属避税行为须呈报总局审核确定，因此在主管税务机关缴纳税款通知书下达前，通常不会被加收滞纳金。

《财政部、国家税务总局关于促进企业重组有关企业所得税处理问题的通知》（财税[2014]109号）对100%直接控制的居民企业之间，以及受同一或相同多家居民企业100%直接控制的居民企业之间按账面净值划转股权或资产，凡具有合理商业目的、不以减少、免除或者推迟缴纳税款为主要目的，股权或资产划转后连续12个月内不改变被划转股权或资产原来实质性经营活动，且划出方企业和划入方企业均未在会计上确认损益的，可以选择按以下规定进行特殊性税务处理。

- 划出方企业和划入方企业均不确认所得。
- 划入方企业取得被划转股权或资产的计税基础，以被划转股权或资产的原账面净值确定。
- 划入方企业取得的被划转资产，应按其原账面净值计算折旧扣除。

（三）企业并购重组中增值税的纳税筹划

依据国家税务总局下发的《关于纳税人资产重组有关增值税问题的公告》（国家税务总局公告2011年第13号文件），纳税人在资产重组过程中，合并、分立、出售、置换所涉及的货物转让，不征收增值税。通过合并、分立、出售、置换等方式，将全部或者部分实物资产以及与其相关联的债权、负债和劳动力一并转让给其他单位和个人，不属于增值税的征税范围。本条的关键词有两个，即"实物资产"和"一并"。即资产重组的纳税人，在合并、分立、出售、置换过程中，必须将实物资产以及与其相关联的债权、负债和劳动力"一并"转让给其他单位和个人，才是不属于增值税的征税范围，不征收增值税。否则单纯的资产转让行为，无论单笔转让的资产金额多大，都应当征收增值税。

根据增值税的相关政策法规，企业重组过程中可以采用以下几种思路进行操作，以达到节税效果：①根据纳税人的规模不同，可以在一般纳税人和小规模纳税人中进行选择，以选取最低税负的征管形式；②根据企业的经营范围，根据适用税率情况，在企业重组时灵活运用分散经营法、联合经营等办法，降低企业总体税负；③企业进行重组时，充分利用重组优惠政策，将资产重组上升为产权重组，资产转让转化为免税转让。

下面就债务重组中增值税的税务筹划进行具体说明。通常，债务重组会涉及纳税成本，因此企业必须在不影响债务重组的情况下进行纳税筹划，以减轻债务重组的税负。

1. 以旧货抵债的债务重组

以物抵债的物品，一般来讲，有很多是使用过的旧货。对于旧货的纳税，财政部、国家税务总局在《关于旧货和旧机动车增值税政策的通知》（财税[2002]29号）中有明确的规定："纳税人销售旧货（包括旧货经营单位销售旧货和纳税人销售自己使用过的应税固定资产），无论其是增值税一般纳税人还是小规模纳税人，也无论其是否为批准认定的旧货调剂试点单位，一律按4%的征收率减半征收增值税，不得抵扣进项税额。"根据《国家税务总局关于印发〈增值税问题解答（之一）〉》（国税函发[1995]228号）规定："纳税人销售自己使用过的属于货物的固定资产（属于应征消费税的机动车、摩托车、游艇除外）同时具备以下一个条件的免征增值税：一是属于企业固定资产目录所列货物；二是企业按固定资产管理，并确已使用过；三是售价不超过原值。否则属于应税固定资产。"基于以上规定，企业以旧货清偿债务时便有了增值税的筹划空间。

2. 债权人给予债务人货款折扣让步的债务重组

债权人给予债务人货款折扣让步的债务重组，债权人要考虑债务重组损失是否涉及增值税计税依据发生变化。债务人要考虑债务重组所得是否涉及进项税额的转出，否则会带来纳税风险。对债权人来说，按照《增值税暂行条例实施细则》第十一条规定："一般纳税人因销货退回或折让而退还给购买方的增值税额，应从发生销货退回或折让当期的销项税额中扣减。"多缴纳的增值税虽然会在所得税之前扣除，但还是造成了损失，所以，双方可以达成如下协议：债权人将在以后销售给债务人货物时，分期分批给予折扣，即将债务重组事项转为后期销售折扣，可以减少债权人增值税损失，也不会给债务人带来增值税处罚风险。债权人在开具发票时，将折扣额与销售额开具在同一张发票上，可按折扣后的销售额计算征收增值税。

债务重组中，按照债务重组准则的规定一般是通过损益进行处理的。但是对于债转股的情况，企业重组的所得税处理有特殊规定，即如果是应税重组，发生债权转股权的，应当分解为债务清偿和股权投资两项业务，确认有关债务清偿所得或损失。如果是免税重组企业发生债权转股权业务，对债务清偿和股权投资两项业务暂不确认有关债务清偿所得或损失；股权投资的计税基础以原债权的计税基础确定，企业的其他相关所得税事项保持不变。所以，企业在进行债务重组时，也可以通过应税重组与免税重组的界限进行节税操作。另外，作为债务人支付的债券利息只要符合规定可以作为费用在税前扣除。作为债权人在可转换债券转化为新股之前，没有形成事实上的资本利得（股票的市价与转换价格的差额），所以不需要缴纳所得税；所得税的缴纳直到可转换债券形成新股时才实际发生，从而取得了延期纳税的节税效果。

（四）企业重组中土地增值税的纳税筹划

1. 股权转让

股权转让是股东间交易，目标方并不涉及房屋产权和土地使用权转让，单纯的股权转让是不征收土地增值税的。而对于特殊的以转让房地产为盈利目的股权转让是否征收土地增值税则应予以重视。如何判断股权转让是否以转让房地产为盈利目的，文件中有两点判定依据：其一，判断目标方的资产是否主要是土地使用权、地上建筑物及附着物；其二，股东的转让股权比例。

财政部、国家税务总局《关于土地增值税一些具体问题规定的通知》（财税字[1995]48号）第三条规定："在企业兼并中，对被兼并企业将房地产转让到兼并企业中的，暂免征收土地增值税。"《公司法》第一百八十四条规定，公司合并可以采取吸收合并和新设合并两种形式。一个公司吸收其他公司为吸收合并，被吸收的公司解散。两个以上公司合并设立一个新的公司为新设合并，合并各方解散。被合并企业的法人资格消灭。因此，财税字[1995]48号文件企业兼并应当是公司法中的企业合并。

对合并企业将上述房地产再转让的情况，应征收土地增值税。其中将上述房地产再转让的涉及土地增值税扣除的问题。合并企业将上述房地产再转让多为旧房，而旧房的土地成本扣除额是按土地使用权所支付的地价款确定。笔者观点为：兼并企业将上述房地产再转让所扣除的地价是兼并企业取得被兼并企业的地价，而不是被兼并企业购置的土地使用权的地价。被兼并企业将房地产转让到兼并企业时，暂免征收土地增值税，不能因为兼并企业将上述房地产再转让而征收已经免征的部分。

2. 资产收购

关于资产收购，公司法中没有规定，财税[2009]59号文件给出的定义是：资产收购是指一家企业（受让企业）购买另一家企业（转让企业）实质经营性资产的交易。资产收购和企业合并不同，企业合并后被合并企业的法人资格消灭，资产收购不论是部分资产收购还是整体资产收购，目标方法人资格仍然保留。资产收购不是财税字[1995]48号文件中所说的企业兼并。因此，目标方将房地产转让到收购方中的，应按规定征收土地增值税。

3. 企业分立

公司分立主要是指将一家公司分成两个以上具有相互独立的法律地位而互不具有股权连接关系的公司。企业分立过程中，可能涉及房产、土地的分割。《土地增值税暂行条例》（国务院令[1993]第138号）第二条规定："转让国有土地使用权、地上的建筑物及其附着物并取得收入的单位和个人，为土地增值税的纳税义务人，应当依照本条例缴纳土地增值税。"《土地增值税暂行条例实施细则》（财法字[1995]第6号）第五条对收入明确规定为"转让房地产的全部价款及有关的经济收益"。土地增值税是对企业转让土地及地上建筑及附着物时所实现的增值额进行征税。企业分立过程中，被分立公司在对房产、土地的分割过程中未取得相应的收入和其他经济利益,也没有产生土地转让增值额。因此,企业分立对房产、土地的分割不是土地增值税的征税范围,无须缴纳土地增值税。

(五)企业重组中营业税的纳税筹划

根据营业税税收政策及对重组业务营业税的特殊规定,营业税的纳税筹划一般从以下几个方面进行。

(1)企业重组中对资产的重组特别是对含不动产、无形资产的重大资产重组尽量采用投资方式进行,充分利用股权投资不缴纳营业税的规定。

(2)企业对资产的重组尽量转化为股权交易。

(3)企业对全部或者主要资产进行重组无法利用产股权交易时,应利用企业产权进行重组,即交易不仅包含企业资产、负债,还应包含企业劳动力,使资产的交易行为转变为企业产权的交易,而产权交易不属于营业税的征收范围。

(4)企业重组后产业链条中避免营业税的重复缴纳,企业产业链中需要缴纳营业税的环节越少越好。

(六)纳税筹划的风险规避

财税59号文首次定义了一般重组和特殊重组,由于特殊重组相当于税收递延或免税重组,因此企业要特别注意特殊重组的税务风险,包括以下几个方面。

1. 提升尽职调查质量,及早发现税务问题

根据《中华人民共和国公司法》第175条和《企业会计准则第2号——长期股权投资》的规定,被合并企业应尽而未尽的纳税义务和承担的债务,在合并之后,由于承继关系的存在,合并后的企业就会面临承担合并前企业债务(包括欠税或可能的偷逃税)的风险。在长期股权投资应采用权益法核算下,如果并购前的目标方未履行其应尽的纳税义务,并购后再履行的话,显然会负面影响并购后企业的损益。因此需要加强对重组交易税务风险的识别、评估和应对,全面提升尽职调查质量。

应当在全面了解被兼并企业的信息基础上,对被兼并企业税务合规性进行详细调查。首先,全面收集目标方所处行业、运营模式和交易对手的信息,对其财务状况进行全面复核。在账证相符、账实相符基础上查核目标方否存在应计未计费用、应提未提折旧、应摊未摊资产等虚增损益的情况;其次,专项核查企业经营活动中的税务风险,在合理税收风险管理流程基础上,重点交叉比对交易合同、纳税申报表、税收缴款书等相关的信息,察觉是否存在欠缴税款、偷逃税或不适当享受税收优惠等不合规情形,形成关于目标方税收风险控制和纳税义务履行情况的全面评估报告。

2. 企业重组业务要有合理的商业目的

在规划股权架构时,要重视商业实质,防范未来的反避税调查。由于对合理商业目的的判断具有一定的主观性,税务部门的理解可能和企业不完全一致。但是,税务机关在处理重组事项时,越来越关注相关方企业重组交易是否以逃避应缴税收作为交易的唯一或主要目的。因此,在规划重组安排时,必须充分考虑如何合理安排企业的商业实质。虽然目前找不到商业实质达到何种程度即为安全港的明确规定,但在实践中必须充分认识到以OECD为代表的国际社会致力于反对税基侵蚀和利润转移（BEPS）的大气候，重新审视和确定所有相关经济实体的经济实质，以有效控制和降低未来税务风险。

3. 在重组资产或股权比例符合规定的前提下，合理匹配重组对价的支付方式

根据规定，重组业务适用特殊性税务处理规定要求收购、合并和分立资产比例不低于75%，而且要求股权支付比例不低于全部交易金额的85%，因此，企业在选择价款支付方式时，应合理匹配其股权支付比例和非股权支付比例，并且要特别注意时间的要求，企业重组中取得股权支付的原主要股东，在重组后连续12个月内，不得转让所取得的股权。因此，重组后，企业在11个月的第29天卖掉股权和12个月的第1天卖掉股权，就可能有完全不同的税务处理。

4. 与税务机关保持良好沟通，不断增长税务管理能力

如果看起来很完美的重组规划不被主管税务机关认可，不能适用特殊重组规定，这个规划就会变得没有任何意义。考虑到各地税务机关理解和执行重组法规的差异性，重组相关方需要与主管税务机关保持良好的沟通，充分知晓税务机关的关注点和倾向性，同时也包括纠正税务机关某些人员对重组法规的理解偏差。此外，应当通过国内外税务管理部门经验交流、政府各部门加强合作机制建设、金税三期系统升级推广等措施知晓税务机关征管能力绝不能以一成不变的态度看待。考虑到兼并重组涉及法律、财会、管理等众多专业，规划与实施专业性较强，最好聘请专业权威人士进行处理。

本章小结

企业重组是指企业在日常经营活动以外发生的法律结构或经济结构重大改变的交易，包括企业法律形式改变、债务重组、股权收购、资产收购、合并、分立等六类形式，涉及的税种包括：所得税、增值税、营业税、印花税、契税、土地增值税等。

企业重组的所得税税务处理分为一般性税务处理和特殊性税务处理。一般性税务处理就是即期征税，特殊性税务处理就是递延纳税。递延纳税就是交易当期不征税，只有待嗣后有收益时才征纳税，嗣后无收益不征税。

纳税人在资产重组过程中，通过合并、分立、出售、置换等方式，将全部或者部分实物资产以及与其相关联的债权、负债和劳动力一并转让给其他单位和个人，不属于增值税和营业税的征税范围。企业因改制签订的产权转移书据免予贴花。

纳税筹划的目的是旨在减轻税负。基于交易的纳税筹划从目标方的选择和支付方式的选择两方面进行阐述。目标方选择应考虑横向重组、纵向重组和混合重组以及地区税收优惠差异的影响。支付方式选择应考虑现金、股票、综合证券、承担债务等不同支付方式的影响。

基于税种的纳税筹划包括企业所得税、增值税、土地增值税、营业税的纳税筹划以及风险规避。所得税纳税筹划可从目标方资产评估增值、不同利润水平的企业合并纳税、并购亏损企业产生税收抵扣效应、贷款融资以获得利息抵税、考虑并购过程中的其他税收因素等方面进行税务筹划。增值税可从以旧货抵债的债务重组、债权人给予债务人货款折扣让步的债务重组两方面进行税务筹划。土地增值税在股权转让、资产收购和企业分立等形式上考虑税务筹划。营业税的纳税筹划时应尽量将交易构造成股权交易或产权交易。

关键术语

纳税筹划　　　　　　　　　企业重组　　　　　　　　　债务重组
股权收购　　　　　　　　　资产收购　　　　　　　　　合并分立

练习思考题

请对照税务法规思考，如果要构造免税的并购交易，交易设计上应注意哪些方面？

案例研究：并购支付方式的税务影响○

根据我国企业并购所得税相关政策，合并过程中，合并方支付给被并企业股东的价款方式不同，将影响被并企业是否对转让资产所得缴税、亏损是否继续弥补以及固定资产折旧计提基数差异，因此会导致不同的所得税负担。

如果合并企业支付给被并企业或其股东的合并价款中，股权支付金额不低于其交易总价款的85%，被并企业股东收到股票是免税的，只有在股票出售时才就资本利得征税。在通常情况下，由于资本利得率的税率比一般所得税的税率要低，被并企业的股东因此可以达到推迟并减少纳税的目的。如果合并企业有高额利润，通过合并有累积亏损的企业，还可以用被并企业的亏损冲减合并企业的利润，从而达到减少所得税的目的。这样，企业一方面可以为自己过剩的资金找到投资机会，同时通过降低利润水平，减轻企业当期所得税税负。

如果股权支付金额低于其交易支付总额的85%，合并企业接受被并企业的有关资产可以按经评估确认的价值确定计税成本。相对于前面一种方法，如果被并企业的资产账面价值被低估，这种方式下，被并企业的固定资产折旧计提的基数加大，从而使合并企业在固定资产使用期间内可以多提折旧，减少应税所得。

两种方式相比，第一种方式下合并企业要发行更多的股票来支付，这样虽然可以节省合并企业合并当期的现金流量，但由于股票发行量较大，一方面造成现有股东控股权的稀释，同时也加重了合并企业以后支付股利的负担。因此，应当进行综合分析，选择最优的支付方式。现举例分析如下。

例：2011年3月，甲公司欲收购不具有同一控制关系的乙公司，相关资料如下。

（1）甲公司发行在外的股票1000万股（每股面值1元，市价2.5元），估计并购后甲公司每年未弥补亏损前的应纳税所得额为4000万元，企业所得税税率为25%。假设合并后甲公司新增固定资产的平均折旧年限为5年。

（2）乙公司合并前账面价值净资产为1000万元，评估确认的价值为1500万元。2007年亏损100万元，以前年度无亏损。企业所得税税率为25%。

经双方协商，甲企业可以通过以下方式合并乙企业。

方式一：甲公司发行580万股票并支付50万元现金购买乙公司。

方式二：甲公司发行400万股票并支付500万元现金购买乙公司。

采用第一种方式，甲公司的股权支付金额占交易支付总额的96.67%[=(580×2.5÷(580×

○ 李佳. 企业合并中会计和税务处理的差异及税收筹划研究[D]. 武汉：武汉科技大学，2011：31-33.

2.5 + 50)) > 85%]。根据税法规定，被合并企业股东取得合并企业股权的计税基础，以其原持有的被合并企业股权的计税基础确定。股权支付暂时不确认资产的转让所得或损失。

非股权支付应在交易当期确认相应资产转让所得或损失，并调整相应资产的计税基础。乙公司合并之前的全部企业所得税纳税事项由甲公司承担。以前年度的亏损，如果未超过法定弥补期限，可由甲公司继续按规定用以后年度实现的与乙公司资产相当的所得弥补。

则：乙公司应纳税额 = (1500 − 1000) × 50 ÷ 1500 × 25% = 4.17（万元）

甲公司应纳税额 = (4000 − 100 + 100) × 25% = 1000（万元）

甲公司税后利润 = 4000 − 100 − 1000 − 4.17 = 2895.83（万元）

甲公司在进行账务处理时，对乙公司的资产按评估确认价值入账，而税法上只能以资产的原账面价值为基础确定计税成本，因此，合并后甲公司要进行纳税调整，即对合并资产公允价值1500万元和原账面价值1000万元的差额，按5年时间进行调整，每年调增的应纳税所得额为100万元。

采用第二种方式，甲公司的股权支付金额占交易支付总额的66.67%[= (400×2.5 ÷ (400×2.5 + 500)) < 85%]，根据税法规定，乙公司应视为按公允价值转让、处置全部资产，计算资产的转让所得，依法缴纳所得税。乙公司以前年度的亏损不得结转到甲公司弥补。甲公司接受乙公司的有关资产，计税时可以按评估的公允价值确定其成本。

则：乙公司转让所得 = 400×2.5 + 500 − 1000 = 500（万元）

乙公司应纳税额 = 500×25% = 125（万元）

甲公司应纳税额 = 4000×25% = 1000（万元）

甲公司税后利润 = 4000 − 1000 − 125 = 2875（万元）

可以看出：第一种方式下甲公司负担的应纳税额总计为1004.17万元，税后利润为2895.83万元；第二种方式下甲公司负担的应纳税额总计为1125万元，税后利润为2875万元。所以应该选择第一种方式。

如果考虑到甲公司合并后若干年内要支付原乙公司股东的现金股利因素，则结果可能出现不同。假如甲公司每年税后利润计提10%法定盈余公积金，10%的任意盈余公积金，其余的全部分配给股东，计算甲公司合并乙公司后5年内的现金流量的现值（假定折现率为10%）。

第一种合并方式下，甲公司合并后第一年的税后利润先弥补乙公司100万元的亏损，再按10%计提法定盈余公积、10%计提任意盈余公积后，分配给原乙公司股东的现金股利：

2895.83 × (1 − 10% − 10%) × 580 ÷ (1000 + 580) = 850.42（万元）

甲公司合并后第二年至第五年支付给原乙公司股东的现金股东计算如下：

税后利润 = 4000 − (4000 + 100) × 25% = 2975（万元）

可供分配利润 = 2975 × (1 − 10% − 10%) = 2380（万元）

支付给原乙公司股东的现金股利 = 2380 × 580 ÷ (1000 + 580) = 874（万元）

综合考虑甲公司合并后5年内的现金流出情况，分析如下：

合并时甲公司支付的现金 = 50（万元）

合并后第一年甲公司应纳税所得额 = 1004.17（万元）

合并后第一年甲公司支付给原乙公司股东的现金股利 = 850.42（万元）

合并后第二年至第五年甲公司应纳税所得额 = (4000 + 100) × 25% = 1025（万元）

合并后第二年至第五年甲公司支付给原乙公司股东的现金股利 = 874（万元）

甲公司合并后 5 年内的现金流出现值 = 50 + (1004.17 + 850.42)×(1 + 10%) − 1 + (1025 + 874)×(1 + 10%) − 2 + (1025 + 874)×(1 + 10%) − 3 + (1025 + 874)×(1 + 10%) − 4 + (1025 + 874)×(1 + 10%) − 5 = 7208.33（万元）

第二种合并方式下，甲公司合并后第一年的税后利润按 10% 计提法定盈余公积，10% 计提任意盈余公积，分配给原乙公司股东的现金股利为：

2875×(1 − 10% − 10%)×400÷(1000 + 400) = 657（万元）

甲公司合并后第二年至第五年支付给原乙公司股东的现金股利计算如下：

税后利润 = 4000×(1 − 25%) = 3000（万元）

可供分配利润 = 3000×(1 − 10% − 10%) = 2400（万元）

支付给原乙公司股东的现金股利 = 2400×400÷(1000 + 400) = 686（万元）

综合考虑甲公司合并后 5 年内的现金流出情况，分析如下：

合并时甲公司支付的现金 = 500（万元）

合并后第一年甲公司应纳税所得额 = 1125（万元）

合并后第一年甲公司支付给原乙公司股东的现金股利 = 657（万元）

合并后第二年至第五年甲公司应纳所得税税额 = 4000×25% = 1000（万元）

合并后第二年至第五年甲公司支付给原乙公司股东的现金股利 = 686（万元）

甲公司合并后 5 年内的现金流出的现值 = 500 + (1125 + 657)×(1 + 10%) − 1 + (1000 + 686)×(1 + 10%) − 2 + (1000 + 686)×(1 + 10%) − 3 + (1000 + 686)×(1 + 10%) − 4 + (1000 + 686)×(1 + 10%) − 5 = 6978.54（万元）

可以看出，如果考虑未来现金流出，应当选择第二种合并方式。

附录 9A　企业重组税务法规

法规名称	文号	法规要点
财政部、国家税务总局关于企业重组业务企业所得税处理若干问题的通知	财税 [2009]59 号	（一）企业由法人转变为个人独资企业、合伙企业等非法人组织，或将登记注册地转移至中华人民共和国境外（包括港澳台地区），应视同企业进行清算、分配，股东重新投资成立新企业。企业的全部资产以及股东投资的计税基础均应以公允价值为基础确定 （二）企业债务重组，以非货币资产清偿债务，应当分解为转让相关非货币性资产、按非货币性资产公允价值清偿债务两项业务，确认相关资产的所得或损失 （三）企业股权收购、资产收购重组交易，目标方应确认股权、资产转让所得或损失，收购方取得股权或资产的计税基础应以公允价值为基础确定 （四）企业合并，合并企业应按公允价值确定接受被合并企业各项资产和负债的计税基础，被合并企业及其股东都应按清算进行所得税处理，被合并企业的亏损不得在合并企业结转弥补 （五）企业分立，被分立企业对分立出去资产应按公允价值确认资产转让所得或损失，分立企业应按公允价值确认接受资产的计税基础，企业分立相关企业的亏损不得相互结转弥补
国家税务总局关于债务重组所得企业所得税处理问题的批复	国税函 [2009]1 号	2003 年 3 月 1 日前，企业债务重组中因豁免债务等取得的债务重组所得，应按照当时的会计准则处理，即 "以低于债务账面价值的现金清偿某项债务的，债务人应将重组债务的账面价值与支付的现金之间的差额；或以债务转为资本清偿某项债务的，债务人应将重组债务的账面价值与债权人因放弃债权而享有股权的份额之间的差额" 确认为资本公积

（续）

法规名称	文号	法规要点
企业重组业务企业所得税管理办法	国家税务总局公告 2010 年第 4 号	企业重组业务在报送《企业清算所得纳税申报表》时，应附送的各种资料
财政部、国家税务总局关于促进企业重组有关企业所得税处理问题的通知	财税 [2014]109 号	企业重组业务适用特殊性税务处理的，申报时，当事各方还应向主管税务机关提交重组前连续 12 个月内有无与该重组相关的其他股权、资产交易情况的说明，并说明这些交易与该重组是否构成分步交易，是否作为一项企业重组业务进行处理
财政部、国家税务总局关于非货币性资产投资企业所得税政策问题的通知	财税 [2014]116 号	（一）居民企业（以下简称"企业"）以非货币性资产对外投资确认的非货币性资产转让所得，可在不超过 5 年期限内，分期均匀计入相应年度的应纳税所得额，按规定计算缴纳企业所得税 （二）企业以非货币性资产对外投资，应对非货币性资产进行评估并按评估后的公允价值扣除计税基础后的余额，计算确认非货币性资产转让所得
关于企业重组业务企业所得税征收管理若干问题的公告	国家税务总局公告 2015 年第 48 号	企业重组业务适用特殊性税务处理的，申报时，应从以下方面逐条说明企业重组具有合理的商业目的：重组交易的方式；重组交易的实质结果；重组各方涉及的税务状况变化；重组各方涉及的财务状况变化；非居民企业参与重组活动的情况
关于非货币性资产投资企业所得税有关征管问题的公告	国家税务总局公告 2015 年第 33 号	（一）实行查账征收的居民企业以非货币性资产对外投资确认的非货币性资产转让所得，可自确认非货币性资产转让收入年度起不超过连续 5 个纳税年度的期间内，分期均匀计入相应年度的应纳税所得额，按规定计算缴纳企业所得税 （二）关联企业之间发生的非货币性资产投资行为，投资协议生效后 12 个月内尚未完成股权变更登记手续的，于投资协议生效时，确认非货币性资产转让收入的实现
关于资产（股权）划转企业所得税征管问题的公告	国家税务总局公告 2015 年第 40 号	（一）交易双方应在企业所得税年度汇算清缴时，分别向各自主管税务机关报送《居民企业资产（股权）划转特殊性税务处理申报表》和相关资料（一式两份） （二）交易双方应在股权或资产划转完成后的下一年度的企业所得税年度申报时，各自向主管税务机关提交书面情况说明，以证明被划转股权或资产自划转完成日后连续 12 个月内，没有改变原来的实质性经营活动 （三）交易一方在股权或资产划转完成日后连续 12 个月内发生生产经营业务、公司性质、资产或股权结构等情况变化，致使股权或资产划转不再符合特殊性税务处理条件的，发生变化的交易一方应在情况发生变化的 30 日内报告其主管税务机关，同时书面通知另一方。另一方应在接到通知后 30 日内将有关变化报告其主管税务机关

注：法规整理时间截至 2015 年 7 月。

第十章 并购法规

学习目标

1. 了解中国并购法规体系四个基本层次的内容。
2. 了解权益变动披露规范。
3. 了解要约收购的规范。
4. 了解国有产权交易制度。

第一节 中国的并购法规体系

中国公司并购的法律规范主要有法律、行政法规、部门规章、规范性文件四个基本层次。

第一，全国人大及其常委会颁布的法律。《公司法》（2006年1月1日起施行）第四章"关于股份有限公司的股份发行和转让"，对公司股份的发行和转让及上市做了规范。《证券法》（2006年1月1日起施行）第四章共十七款条例专门对上市公司并购进行规范，将上市公司收购分为要约收购和协议收购方式，对要约收购和协议收购的方式、程序、期限以及公告披露等都做了原则上的规范。《企业破产法》（2007年6月1日起施行）规定了破产重整制度。《反垄断法》（2008年8月1日起施行）第四章明确了经营者集中是指下列情形：①经营者集中；②经营者通过取得股权或者资产的方式取得对其他经营者的控制权；③经营者通过合同等方式取得对其他经营者的控制权或者能够对其他经营者施加决定性影响。并且规定，经营者集中达到国务院规定的申报标准的，经营者应当事先向国务院反垄断执法机构申报，未申报的不得实施集中；对外资并购境内企业或者以其他方式参与经营者集中，涉及国家安全的，除进行经营者集中审查外，还应当按照国家有关规定进行国家安全审查。

第二，国务院颁布的行政法规。较早规范上市公司并购的行政法规是1993年4月22日发布的《股票发行与交易管理暂行条例》（国务院令第112号），该条例第47条至第52条集中规定了法人对上市公司的收购程序，从规定的表述看，其精神与国际规范比较一致。但这些规定不够详尽，对上市公司兼并收购操作缺乏具体的指引。

第三，相关部委制定的部门规章。由于上市公司的收购兼并行为涉及一些具体的操作性问题，部门规章较多涉及了这方面的内容。1989年12月，国家体改委、国家计委、财政部、国家国有资产管理局联合发布了《关于企业兼并的暂行条例》，第一次明确对并购行为做出规范。中国证监会于1993年6月发布的《公开发行股票公司信息披露实施细则（试行)》中第五章"临时报告——公司收购公告"中对上市公司的股权变动以及收购兼并活动的信息披露要求做了详细的规范；1993年8月发布的《禁止证券欺诈行为暂行办法》，对证券发行人收购、合并、分立行为中的欺诈行为进行了规范，这是我国最早对上市公司重组并购活动的信息披露和欺诈行为进行规范的部门规章。2001年颁布的《关于上市公司重大购买或出售资产行为的通知》和《关于上市公司重大购买、出售、转换资产若干问题的通知》，首次界定了上市公司重大购买、出售、置换资产行为，强化重组方注入资产质量并要求完善的信息披露，目标在于鼓励绩优公司通过重组做大做强，主动进行业务整合。同时，为提高上市公司重大购买、出售、置换资产审核工作的透明度，保证审核工作按照公开、公平、公正的原则进行，中国证监会组成了股票发行审核委员会和重大重组审核工作委员会，并颁布了委员会的工作程序。2002年12月1日正式实施的《上市公司收购管理办法》和《上市公司股东持股变动信息披露管理办法》，这两项部门规章既是与《证券法》和《公司法》中有关重组并购的相关章节相互衔接，又对涉及上市公司收购兼并的相关重要法律问题做了较为详细的规定。

2005年《中华人民共和国公司法》和《中华人民共和国证券法》相继修订，两部法律中关于公司收购的规范纠正了以前立法中的一些不足，在这些新的法律出现突破后，2006年中国证监会又先后修订了《上市公司收购管理办法》和关于上市公司收购兼并的一系列信息披露细则，并在2008年对《上市公司收购管理办法》第六十三条关于收购豁免的规则做了修订。2014年证监会再次修订并发布了《上市公司重大资产重组管理办法》和《上市公司收购管理办法》。修订内容主要包括：第一，大幅取消对上市公司重大购买、出售、置换资产行为审批；第二，完善发行股份购买资产的市场化定价机制；第三，完善借壳上市的界定，明确对借壳上市执行与IPO审核等同的要求；第四，进一步丰富并购重组支付工具；第五，取消向非关联第三方发行股份购买资产的门槛要求和相应的盈利预测补偿强制性规定；第六，丰富要约收购履约保证制度，强化财务顾问责任；第七，明确分道制审核制度，加强事中事后监管，督促中介机构归位尽责。

2014年6月27日，中国证监会发布《非上市公众公司收购管理办法》，并于2014年7月23日正式实施，拉开了中小企业在全国股份转让系统中并购的序幕。

第四，中国证监会及其他主管部门制定的规范性文件。规范性文件重点是指引性的，如中国证监会对进行并购重组的上市公司信息披露内容与格式制定准则，并就上市公司股东持股变动报告书、上市公司收购报告书、要约收购报告书、目标方董事会报告书以及豁免要约收购申请文件进行规范，这些操作指引更完善的法律规范执行。

第二节　上市公司收购管理办法

一、基本规范

(一)《上市公司收购管理办法》适用的收购行为

《收购办法》适用于投资者对在境内证券交易所上市交易的上市公司的收购行为，不适用于收购仅在境外发行并上市的H股、N股等公司。在内地和香港两地上市的A股加H股公司适用于《收购办法》。有关上市公司收购及相关权益变动的信息披露，要按照从严原则，遵守两地监管部门的规定；两地监管规定不一致的，将由两地监管部门协商解决。

(二) 对收购主体资格的规定

针对上市公司收购中存在的收购方无实力、不诚信甚至掏空上市公司的行为，《收购办法》从保护投资者利益和加强市场诚信体系建设出发，对收购方的主体资格进行了规范。

《收购办法》明确规定，收购方存在到期不能清偿的数额较大债务且处于持续状态的，最近三年有重大违法行为、涉嫌有重大违法行为或有严重证券市场失信行为的，不得收购上市公司。同时，收购方必须提供最近两年控股股东或控制人的未变证明、最近三年的诚信记录及财务顾问的核查意见。

此外，针对现阶段有的收购方不诚信、利用收购恶意侵占上市公司利益的问题，《收购办法》对收购方提出了足额付款的要求，以避免分期付款安排导致收购方先行控制上市公司后转移上市公司资金作为收购资金来源的风险。

(三) 收购方收购上市公司可以采取的方式

《收购办法》规定收购方可以依收购股份多少的不同而采取多种方式收购上市公司，比如通过证券交易所交易（即二级市场举牌收购）、要约收购、协议收购、定向发行、间接收购、行政划转等。这些方式既可以单独采用，也可以组合运作。

(四) 对一致行动人的界定

针对实践中有的收购方通过一致行动来规避信息披露义务和要约义务的情形，《收购办法》除对一致行动人做出概括性界定外，还采取列举方式对构成一致行动人的情形做了较为详尽的规定。投资者认为自己不属于一致行动人的，可以提出反证。由投资者承担举证责任，有利于增强上市公司控制权变化的透明度。

(五) 信息披露义务

考虑到要约收购、协议收购、间接收购的复杂性，《收购办法》对这三种收购方式应履行的程序、信息披露的时点和内容及如何履行要约收购义务等做了明确规定，如图 10-1 所示。

（1）持有、控制一个上市公司股份 5% 以上的，应该编制权益变动报告书。

（2）如果可能取得该上市公司实际控制权的，收购方应当在达成协议的次日向中国证监会报送《上市公司收购报告书》，并对收购报告书摘要做出提示性公告。

（3）中国证监会在收到《上市公司收购报告书》后 15 日内未提出异议的，收购方可以公告《上市公司收购报告书》，并履行收购协议。

（4）以协议收购方式进行上市公司收购，收购方拟持有、控制一个上市公司股份超过该公司已发行股份的 30% 的，应当向该公司的所有股东发出收购其所持有的全部股份的要约，并向中国证监会报送《要约收购报告书》和目标方编制的《董事会报告书》；符合条件的，可以向中国证监会申请全面要约收购义务豁免。

（5）收购方不申请豁免或者豁免申请未获得批准的，收购方应当履行全面要约收购义务。申请豁免获得批准的，收购方可以免于全面要约收购，而以协议收购或者集中竞价交易等方式增持股份，或者要约收购部分股份，在特殊情况下，可免于向目标方的所有股东发出收购要约。

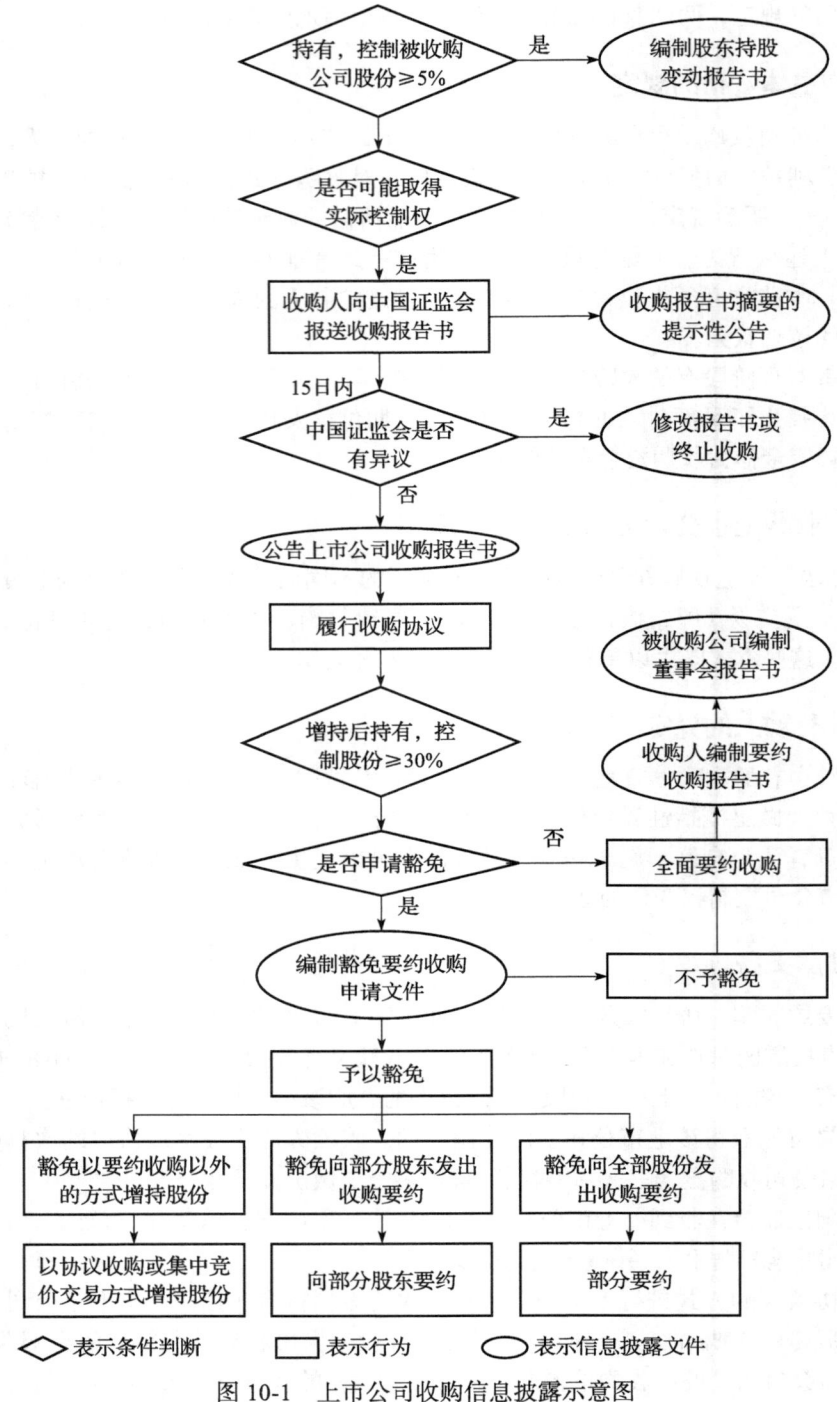

图 10-1　上市公司收购信息披露示意图

二、权益变动规范

《收购办法》中"权益披露"章节主要是在非控制性股权（不超过30%）的收购情形下，针对投资者及其一致行动人股权变动达到法定比例时，须于持股变动达到法定比例日（T）起3日内

（即 T+3 日）做出的信息披露义务规定。法定比例是持有上市公司的股份比例达到 5% 及以后每达到 5% 的整数倍。权益变动信息披露要求如表 10-1 所示，权益变动披露流程如图 10-2 所示。

表 10-1 权益变动披露汇总表

信息披露要求	适用情形	
	持股份额 P	是否为第一大股东或实际控制人
编制详式权益变动报告书 + 财务顾问核查	30% ≥ P ≥ 20%	是
	特例：国有股行政划转或者变更、股份转让在同一实际控制人控制的不同主体之间进行、因继承取得股份的可免于聘请财务顾问；若投资者及其一致行动人承诺至少 3 年放弃行使相关股份表决权的，可免于聘请财务顾问和提供详式权益变动报告书的协议收购申请文件	
编制详式权益变动报告书	30% ≥ P ≥ 20%	否
	20% > P ≥ 5%	是
	因公司减少股本可能导致投资者及其一致行动人成为公司第一大股东或者实际控制人的	
编制简式权益变动报告书	20% > P ≥ 5%	否
	持股 5% 以上的股东减持	
无须编制报告书	P < 5%	不限
	因上市公司减少股本导致投资者及其一致行动人取得目标方的股份达到 5% 及之后变动 5% 的	
	6 个月内持股变动达到法定比例	

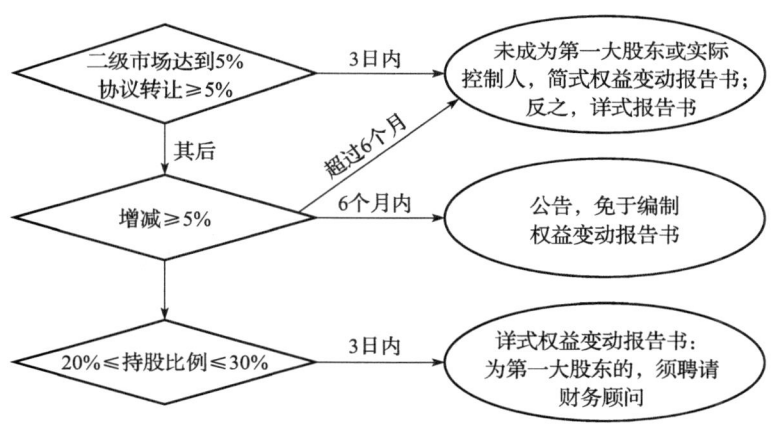

图 10-2 权益变动披露流程图

三、协议收购规范

（一）协议收购中要约收购

收购人拥有权益的股份达到该公司已发行股份的 30% 时，继续进行收购的，应当依法向该上市公司的股东发出全面要约或者部分要约。符合本办法第六章规定情形的，收购人可以向中国证监会申请免除发出要约。

收购人拟通过协议方式收购一个上市公司的股份超过 30% 的，超过 30% 的部分，应当改以要约方式进行，但符合本办法第六章规定情形的，收购人可以向中国证监会申请免除发出要约。收购人在取得中国证监会豁免后，履行其收购协议；未取得中国证监会豁免且拟继续履行其收购协议的,或者不申请豁免的,在履行其收购协议前,应当发出全面要约。

(二)管理层协议收购条件

(1)该上市公司应当具备健全且运行良好的组织机构以及有效的内部控制制度,公司董事会成员中独立董事的比例应当达到或者超过 1/2。

(2)公司应当聘请具有证券、期货从业资格的资产评估机构提供公司资产评估报告,本次收购应当经董事会非关联董事做出决议,且取得 2/3 以上的独立董事同意后,提交公司股东大会审议,经出席股东大会的非关联股东所持表决权过半数通过。

(3)独立董事发表意见前,应当聘请独立财务顾问就本次收购出具专业意见,独立董事及独立财务顾问的意见应当一并予以公告。

(4)上市公司董事、监事、高级管理人员存在《公司法》第一百四十八条规定情形的,或者最近 3 年有证券市场不良诚信记录的,不得收购本公司。

(三)协议收购信息披露

1. 权益变动报告书

收购人通过协议方式在一个上市公司中拥有权益的股份达到或者超过该公司已发行股份的 5%,但未超过 30% 的,按照本办法第二章的规定办理,披露权益变动报告书。

2. 上市公司收购报告书

(1)披露日期。

收购人自取得中国证监会的豁免之日起 3 日内公告其收购报告书、财务顾问专业意见和律师出具的法律意见书;收购人未取得豁免的,应当自收到中国证监会的决定之日起 3 日内予以公告。

(2)披露内容。

①收购人的姓名、住所;收购人为法人的,其名称、注册地及法定代表人,与其控股股东、实际控制人之间的股权控制关系结构图;

②收购人关于收购的决定及收购目的,是否拟在未来 12 个月内继续增持;

③上市公司的名称、收购股份的种类;

④预定收购股份的数量和比例;

⑤收购价格;

⑥收购所需的资金额、资金来源及资金保证,或者其他支付安排;

⑦公告收购报告书时持有目标方的股份数量、比例;

⑧本次收购对上市公司的影响分析,包括收购人及其关联方所从事的业务与上市公司的业务是否存在同业竞争或者潜在的同业竞争,是否存在持续关联交易;存在同业竞争或者持续关联交易的,收购人是否已做出相应的安排,确保收购人及其关联方与上市公司之间避免同业竞争以及保持上市公司的独立性;

⑨未来 12 个月内对上市公司资产、业务、人员、组织结构、公司章程等进行调整的后续计划;

⑩前 24 个月内收购人及其关联方与上市公司之间的重大交易;

⑪前 6 个月内通过证券交易所的证券交易买卖目标方股票的情况;

⑫中国证监会要求披露的其他内容;
⑬收购协议的生效条件和付款安排。
（3）备查文件。
收购人公告上市公司收购报告书时，应当提交以下备查文件。
①中国公民的身份证明，或者在中国境内登记注册的法人、其他组织的证明文件;
②基于收购人的实力和从业经验对上市公司后续发展计划可行性的说明，收购人拟修改公司章程、改选公司董事会、改变或者调整公司主营业务的，还应当补充其具备规范运作上市公司的管理能力的说明；
③收购人及其关联方与目标方存在同业竞争、关联交易的，应提供避免同业竞争等利益冲突、保持目标方经营独立性的说明;
④收购人为法人或者其他组织的，其控股股东、实际控制人最近两年未变更的说明；
⑤收购人及其控股股东或实际控制人的核心企业和核心业务、关联企业及主营业务的说明；收购人或其实际控制人为两个或两个以上的上市公司控股股东或实际控制人的，还应当提供其持股5%以上的上市公司以及银行、信托公司、证券公司、保险公司等其他金融机构的情况说明；
⑥财务顾问关于收购人最近3年的诚信记录、收购资金来源合法性、收购人具备履行相关承诺的能力以及相关信息披露内容真实性、准确性、完整性的核查意见；收购人成立未满3年的，财务顾问还应当提供其控股股东或者实际控制人最近3年诚信记录的核查意见。
境外法人或者境外其他组织进行上市公司收购的，还应当提交以下文件。
①财务顾问出具的收购人符合对上市公司进行战略投资的条件、具有收购上市公司的能力的核查意见；
②收购人接受中国司法、仲裁管辖的声明。

（四）上市公司收购过渡期

以协议方式进行上市公司收购的，自签订收购协议起至相关股份完成过户的期间为上市公司收购过渡期。

在过渡期内，收购人不得通过控股股东提议改选上市公司董事会，确有充分理由改选董事会的，来自收购人的董事不得超过董事会成员的1/3；目标方不得为收购人及其关联方提供担保；目标方不得公开发行股份募集资金，不得进行重大购买、出售资产及重大投资行为或者与收购人及其关联方进行其他关联交易，但收购人为挽救陷入危机或者面临严重财务困难的上市公司的情形除外。

（五）上市公司协议收购活动的基本流程

（1）持有、控制一个上市公司股份5%以上的，应该编制股东持股变动报告书。
（2）如果可能取得该上市公司实际控制权的，收购人应当在达成协议的次日向中国证监会报送上市公司收购报告书，并对收购报告书摘要做出提示性公告。
（3）中国证监会在收到收购报告书后15日内未提出异议的，收购人可以公告上市公司收购报告书，并履行收购协议。
（4）以协议收购方式进行上市公司收购，收购人拟持有、控制一个上市公司股份超过该公司已发行股份的30%的，应当向该公司的所有股东发出收购其所持有的全部股份的要约，并向中国证监会报送要约收购报告书和目标方编制的董事会报告书；符合条件的，可以向中国证监会申请全面要约收购义务豁免。

四、要约收购规范

（一）要约义务触发条件

（1）通过证券交易所的证券交易，收购方持有一个上市公司的股份达到该公司已发行股份的30%时，继续增持股份的，应当采取要约方式进行，发出全面要约或者部分要约。

（2）协议收购：收购方拥有权益的股份达到该公司已发行股份的30%时，继续进行收购的，应当采取要约方式。收购方拟通过协议方式收购一个上市公司的股份超过30%的，超过30%的部分，应当改以要约方式进行；未取得豁免且拟继续履行其收购协议的，或者不申请豁免的，在履行其收购协议前，应当发出全面要约。

（3）间接收购：收购方拥有权益的股份超过该公司已发行股份的30%的，应当向该公司所有股东发出全面要约；收购方预计无法在事实发生之日起30日内发出全面要约的，应当在前述30日内促使其控制的股东将所持有的上市公司股份减持至30%或者30%以下；其后收购方或者其控制的股东拟继续增持的，应当采取要约方式。

（4）要约收购的底线：5%。

（二）要约收购价格的确定原则

对同一种类股票的要约价格，不得低于要约收购提示性公告日前6个月内收购方取得该种股票所支付的最高价格。要约价格低于提示性公告日前30个交易日该种股票的每日加权平均价格的算术平均值的，收购方聘请的财务顾问应当就该种股票前6个月的交易情况进行分析，说明是否存在股价被操纵、收购方是否有未披露的一致行动人、收购方前6个月取得公司股份是否存在其他支付安排、要约价格的合理性等。

（三）要约收购的有效期

要约收购的有效期不得少于30日，不得超过60日，但是出现竞争要约的除外。

（四）要约收购的支付方式

收购方可以采用现金、证券、现金与证券相结合等合法方式支付收购上市公司的价款。收购方聘请的财务顾问应当说明收购方具备要约收购的能力。

（1）以现金支付收购价款的，应当在做出要约收购提示性公告的同时，将不少于收购价款总额的20%作为履约保证金存入证券登记结算机构指定的银行。

（2）收购方以证券支付收购价款的，应当提供该证券的发行人最近3年经审计的财务会计报告、证券估值报告，并配合目标方聘请的独立财务顾问的尽职调查工作。

（五）要约收购信息披露：要约收购报告书

以要约方式收购上市公司股份的，收购方应当编制要约收购报告书，并应当聘请财务顾问向中国证监会、证券交易所提交书面报告，抄报派出机构，通知目标方，同时对要约收购报告书摘要做出提示性公告。

要约收购报告书应当载明下列事项：①收购方的姓名、住所；收购方为法人的，其名称、注册地及法定代表人，与其控股股东、实际控制人之间的股权控制关系结构图；②收购方关于收购的决定及收购目的，是否拟在未来12个月内继续增持；③上市公司的名称、收购股份的种类；④预定收购股份的数量和比例；⑤收购价格；⑥收购所需的资金额、资金来源及资金保证，或者其他支付安排；⑦收购要约约定的条件；⑧收购期限；⑨报送收购报告书时持有目标方的股份数量、比例；⑩本次收购对上市公司的影响分析，包括收购方及其关联方所从事的业务与上市公司的业务是否存在同业竞争或者潜在的同业竞争，是否存在持续关联交易；存在同业竞争或者持续关联交易的，收购方是否已做出相应的安排，确保收购方及其关联方与上市公司之间避免同业竞争以及保持上市公司的独立性；⑪未来12个月内对上市公司资产、业务、人员、组织结构、公司章程等进行调整的后续计划；⑫前24个月内收购方及其关联方与上市公司之间的重大交易；⑬前6个月内通过证券交易所的证券交易买卖目标方股票的情况；⑭中国证监会要求披露的其他内容。

（六）要约收购的基本流程

上市公司要约收购的基本流程如下（见图10-3）。

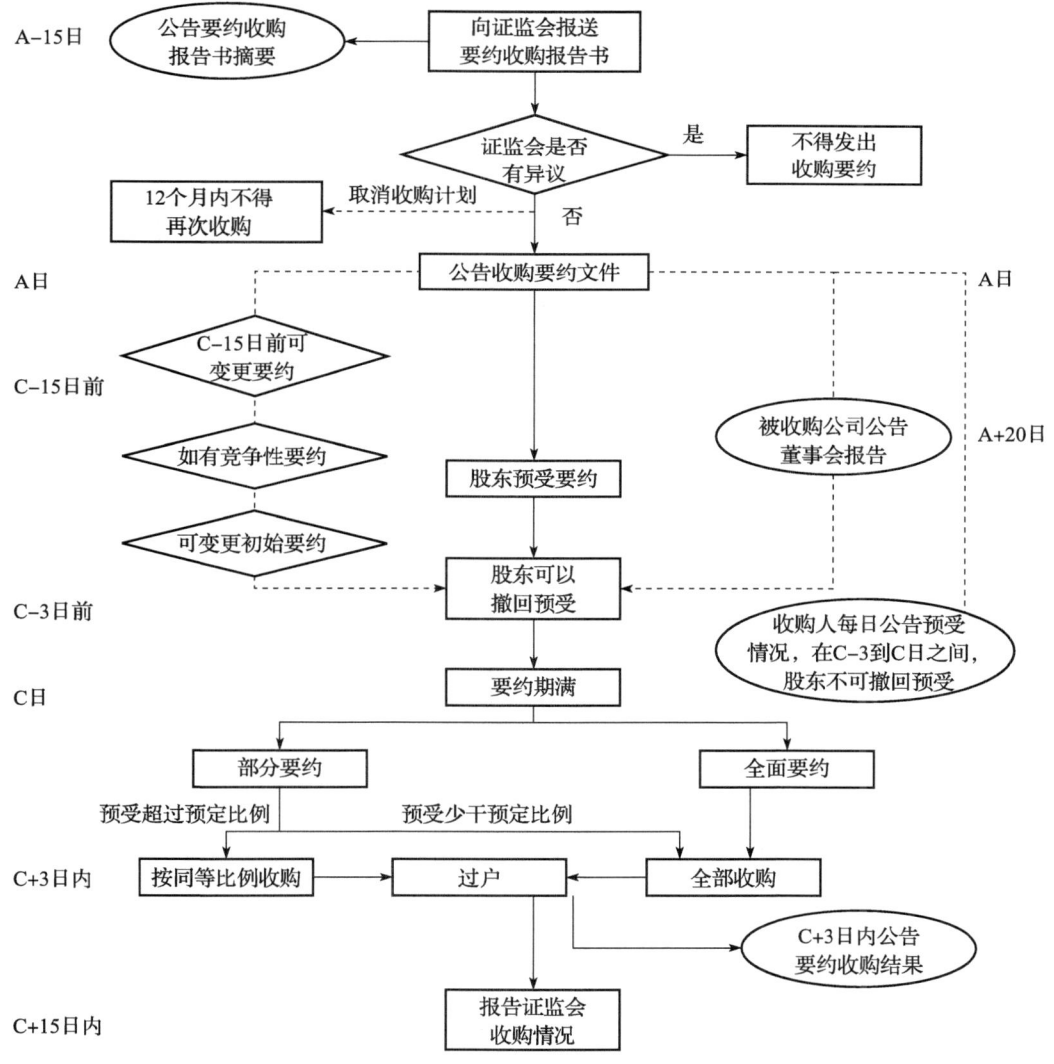

图10-3 要约收购的基本流程图

（1）收购方向中国证监会报送要约收购报告书，并同时对要约收购报告书摘要做出提示性公告。

（2）中国证监会在收到要约收购报告书后 15 日内未提出异议的，收购方可以公告其收购要约文件；提出异议的，收购方不得发出收购要约。收购方向中国证监会报送要约收购报告书后，在发出收购要约前可以申请取消收购计划，但是在向中国证监会提出取消收购计划的书面申请之日起 12 个月内，不得再次对同一上市公司进行收购。收购要约有效期不得少于 30 日，不得超过 60 日，但是出现竞争要约的除外。

（3）在收购方公告要约收购报告书后 20 日内，目标方董事会应当将目标方董事会报告书与独立财务顾问的专业意见报送中国证监会，同时抄报派出机构，抄送证券交易所，并予公告。

（4）收购方如果要更改收购要约条件的，必须在收购要约期满前 15 日之前向中国证监会报送书面报告，经中国证监会批准后，方可执行，并予以公告，但是出现竞争要约的除外。出现竞争要约时，如果初始要约人更改收购要约条件距收购要约期满不足 15 日的，应当予以延长，延长后的有效期不应少于 15 日，但不得超过最后一个竞争要约的期满日。

（5）拟发出竞争要约的收购方，最迟不得晚于初始要约期满前 15 日，向中国证监会报送要约收购报告书，并对要约收购报告书摘要做出提示性公告；中国证监会在收到要约收购报告书后 15 日内未提出异议的，收购方可以公告其收购要约文件。

（6）在要约收购期限届满 3 个交易日前，预受股东可以委托证券公司办理撤回预受要约的手续，证券登记结算机构根据预受要约股东的撤回申请解除对预受要约股票的临时保管。在要约收购期限届满前 3 个交易日内，预受股东不得撤回其对要约的接受。在要约收购期限内，收购方应当每日在证券交易所网站上公告已预受收购要约的股份数量。

（7）收购期限届满，发出部分要约的收购方应当按照收购要约约定的条件购买目标方股东预受的股份，预受要约股份的数量超过预定收购数量时，收购方应当按照同等比例收购预受要约的股份；以终止目标方上市地位为目的的以及未取得中国证监会豁免而发出全面要约的收购方应当购买目标方股东预受的全部股份。在要约期满后 3 个工作日内，完成对上述购买股份的过户结算，并解除对超过预定收购比例股票的临时托管。

（8）收购期限届满后 15 日内，收购方应当向中国证监会报送关于收购情况的书面报告，同时抄报派出机构，抄送证券交易所，通知目标方。

（七）要约收购豁免

收购方提出豁免申请的，应当聘请财务顾问等专业机构出具专业意见。

1. 申请豁免的事项

收购方可以向中国证监会申请豁免的事项有：

（1）免于以要约收购方式增持股份。

（2）存在主体资格、股份种类限制或者法律、行政法规、中国证监会规定的特殊情形的，可以申请免于向目标方的所有股东发出收购要约。

未取得豁免的，投资者及其一致行动人应当在收到中国证监会通知之日起 30 日内将其或者其控制的股东所持有的目标方股份减持到 30% 或者 30% 以下；拟以要约以外的方式继续增持股份的，应当发出全面要约。

2. 申请免于以要约方式增持股份的条件

有下列情形之一的，收购方可以向中国证监会提出免于以要约方式增持股份的申请。

（1）收购人与出让人能够证明本次股份转让是在同一实际控制人的不同主体之间进行，未导致上市公司的实际控制人发生变化；

（2）上市公司面临严重财务困难，收购人提出的挽救公司的重组方案取得该公司股东大会批准，且收购人承诺3年内不转让其在该公司中所拥有的权益；

（3）中国证监会为适应证券市场发展变化和保护投资者合法权益的需要而认定的其他情形。

收购人报送的豁免申请文件符合规定，并且已经按照本办法的规定履行报告、公告义务的，中国证监会予以受理；不符合规定或者未履行报告、公告义务的，中国证监会不予受理。中国证监会在受理豁免申请后20个工作日内，就收购人所申请的具体事项做出是否予以豁免的决定；取得豁免的，收购人可以完成本次增持行为。

第三节 上市公司重大资产重组管理办法

2014年10月24日，中国证券监督管理委员会（以下简称"证监会"）正式发布了修订后的《上市公司重大资产重组管理办法》。

一、基本概念

上市公司重大资产重组是指上市公司及其控股或者控制的公司在日常经营活动之外购买、出售资产或者通过其他方式进行资产交易达到规定的比例，导致上市公司的主营业务、资产、收入发生重大变化的资产交易行为（以下简称"重大资产重组"）。

上市公司及其控股或者控制的公司购买、出售资产，达到下列标准之一的，构成重大资产重组。

（1）购买、出售的资产总额占上市公司最近一个会计年度经审计的合并财务会计报告期末资产总额的比例达到50%以上；

（2）购买、出售的资产在最近一个会计年度所产生的营业收入占上市公司同期经审计的合并财务会计报告营业收入的比例达到50%以上；

（3）购买、出售的资产净额占上市公司最近一个会计年度经审计的合并财务会计报告期末净资产额的比例达到50%以上，且超过5000万元人民币。

中国的并购法规体系中，上市公司收购和上市公司重大资产重组这两个概念选择了一个特别的分类基准，即以上市公司为基准来区分收购和重组。具体来说，以上市公司股权为标的的交易界定为上市公司收购，而上市公司所实施的收购或剥离均界定为上市公司资产重组。因此，一家上市公司收购另外一家公司，不能称为上市公司收购，而应属于上市公司资产重组，当交易规模达到一定标准时就称为重大资产重组。在反向收购（即借壳上市）中，上市公司是法律形式上的收购方，交易因导致控制权变更，因而归于重大资产重组。

二、重大资产重组的程序

重大资产重组的程序如图10-4所示。

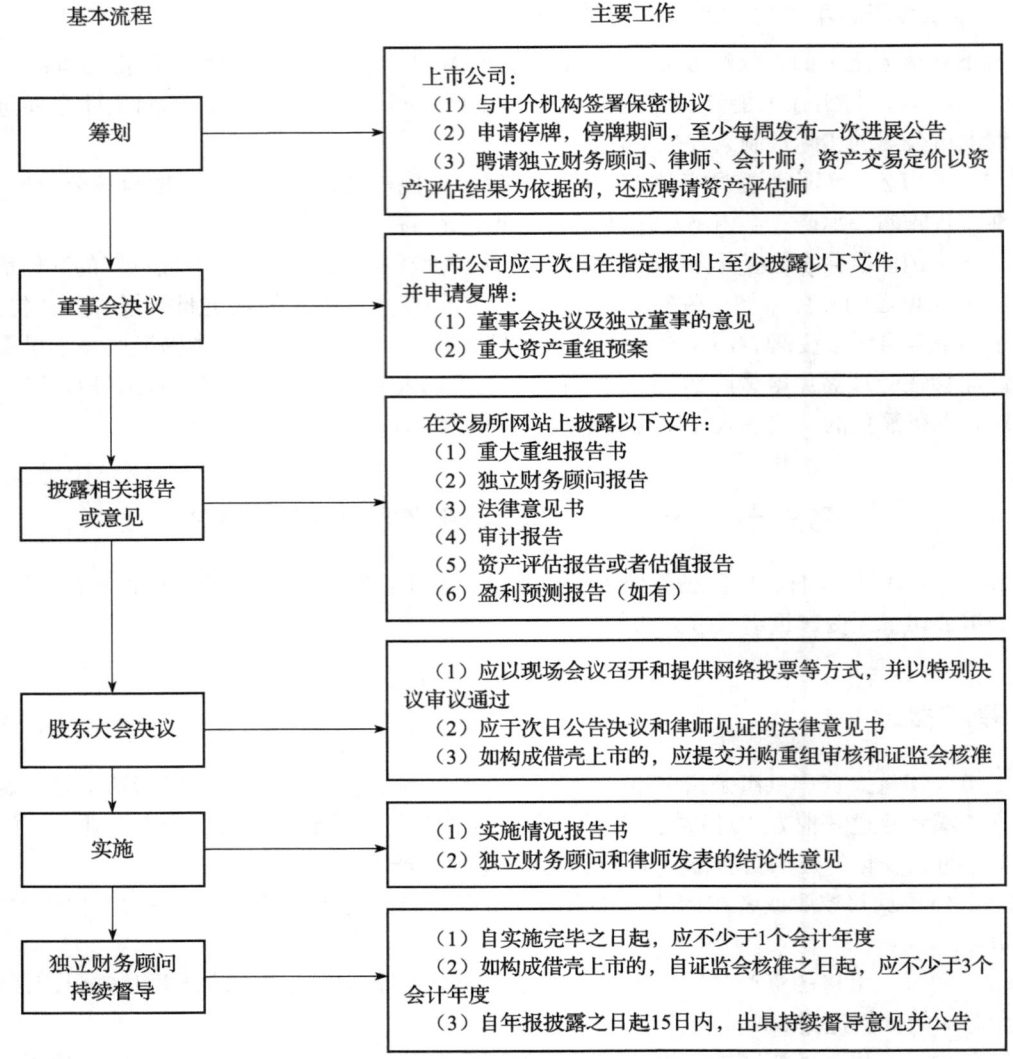

图 10-4 重大资产重组的程序

（一）初步磋商

上市公司与交易对方就重大资产重组事宜进行初步磋商时，应当立即采取必要且充分的保密措施，制定严格有效的保密制度，限定相关敏感信息的知悉范围。

（二）聘请证券服务机构

上市公司应当聘请独立财务顾问、律师事务所以及具有相关证券业务资格的会计师事务所等证券服务机构就重大资产重组出具意见。

独立财务顾问和律师事务所应当审慎核查重大资产重组是否构成关联交易，并依据核查确认的相关事实发表明确意见。重大资产重组涉及关联交易的，独立财务顾问应当就本次重组对上市公司非关联股东的影响发表明确意见。

(三)盈利预测报告的制作与相关资产的定价

（1）盈利预测报告的制作。上市公司购买资产的，应当提供拟购买资产的盈利预测报告。上市公司拟进行"上市公司出售资产的总额和购买资产的总额占其最近1个会计年度经审计的合并财务会计报告期末资产总额的比例均达到70%以上"或"上市公司出售全部经营性资产，同时购买其他资产"等重大资产重组行为以及发行股份购买资产的，还应当提供上市公司的盈利预测报告。盈利预测报告应当经具有相关证券业务资格的会计师事务所审核。

（2）相关资产的定价。重大资产重组中相关资产以资产评估结果作为定价依据的，资产评估机构原则上应当采取两种以上评估方法进行评估。

(四)董事会决议

（1）董事会做出决议。

（2）独立董事发表独立意见。

（3）有关文件的披露与上报。重大资产重组的首次董事会决议经表决通过后，上市公司应当在决议当日或者次一工作日的非交易时间向证券交易所申请公告。在次一工作日至少披露下列文件，同时抄报上市公司所在地的中国证监会派出机构（以下简称"派出机构"）：①董事会决议及独立董事的意见；②上市公司重大资产重组预案。

(五)股东大会决议

上市公司董事会就重大资产重组做出的决议，应提交股东大会批准。

（1）股东大会的召开。上市公司股东大会就重大资产重组事项做出决议，必须经出席会议的股东所持表决权的2/3以上通过。上市公司重大资产重组事宜与本公司股东或者其关联人存在关联关系的，股东大会就重大资产重组事项进行表决时，关联股东应当回避表决。

（2）股东大会决议内容。上市公司股东大会就重大资产重组做出的决议，至少应当包括下列事项：①本次重大资产重组的方式、交易标的和交易对方；②交易价格或者价格区间；③定价方式或者定价依据；④相关资产自定价基准日至交割日期间损益的归属；⑤相关资产办理权属转移的合同义务和违约责任；⑥决议的有效期；⑦对董事会办理本次重大资产重组事宜的具体授权；⑧其他需要明确的事项。

（3）股东大会决议的公告与上报。上市公司应当在股东大会做出重大资产重组决议后的次一个工作日公告该决议，并按照中国证监会的有关规定编制申请文件，委托独立财务顾问在3个工作日内向中国证监会申报，同时抄报派出机构。

上市公司全体董事、监事、高级管理人员应当出具承诺，保证重大资产重组申请文件不存在虚假记载、误导性陈述或者重大遗漏。

(六)中国证监会审核

中国证监会依照法定条件和法定程序对重大资产重组申请做出予以核准或者不予核准的决定。

（1）中国证监会反馈意见的处理。中国证监会在审核期间提出反馈意见要求上市公司做出书面解释、说明的，上市公司应当自收到反馈意见之日起30日内提供书面回复意见，独立财务顾问应当配合上市公司提供书面回复意见。逾期未提供的，上市公司应当在到期日的次日就本次重大资产重组的进展情况及未能及时提供回复意见的具体原因等予以公告。

（2）审核期间有关事项发生变更的规定。中国证监会审核期间，上市公司拟对交易对象、交易标的、交易价格等做出变更，构成对重组方案重大调整的，应当在董事会表决通过后重新提交股东大会审议，并按照《重组管理办法》的规定向中国证监会重新报送重大资产重组申请文件，同时做出公告。在中国证监会审核期间，上市公司董事会决议终止或者撤回本次重大资产重组申请的，应当说明原因，予以公告，并按照公司章程的规定提交股东大会审议。

（3）提交并购重组委员会审核的情形。①上市公司向收购人及其关联人购买的资产总额，占上市公司控制权发生变更的前一个会计年度经审计的合并财务会计报告期末资产总额的比例达到100%以上的；②上市公司申请发行股份购买资产。

（4）召开审核会议的公告。上市公司在收到中国证监会关于召开并购重组委员会工作会议审核其重大资产重组申请的通知后，应当立即予以公告，并申请办理并购重组委员会工作会议期间直至其表决结果披露前的停牌事宜。

上市公司在收到并购重组委员会关于其重大资产重组申请的表决结果后，应当在下一个工作日公告表决结果并申请复牌。公告应当说明，公司在收到中国证监会做出的予以核准或者不予核准的决定后将再次公告。

（5）审核结果公告。上市公司收到中国证监会就其重大资产重组申请做出的予以核准或者不予核准的决定后，应当在下一个工作日予以公告。中国证监会予以核准的，上市公司应当在公告核准决定的同时，按照相关信息披露准则的规定补充披露相关文件。

（七）重组的实施

（1）重组的正常实施。中国证监会核准上市公司重大资产重组申请的，上市公司应当及时实施重组方案，并于实施完毕之日起3个工作日内编制实施情况报告书，向中国证监会及其派出机构、证券交易所提交书面报告，并予以公告。

（2）重组未能正常实施情况的处理。自收到中国证监会核准文件之日起60日内，本次重大资产重组未实施完毕的，上市公司应当于期满后次一工作日将实施进展情况报告中国证监会及其派出机构，并予以公告；此后每30日应当公告一次，直至实施完毕。超过12个月未实施完毕的，核准文件失效。

（3）利润预测数与实际盈利数出现差异的披露与处理。根据《重组管理办法》规定提供盈利预测报告的，上市公司应当在重大资产重组实施完毕后的有关年度报告中单独披露上市公司及相关资产的实际盈利数与利润预测数的差异情况，并由会计师事务所对此出具专项审核意见。资产评估机构采取收益现值法、假设开发法等基于未来收益预期的估值方法对拟购买资产进行评估并作为定价参考依据的，上市公司应当在重大资产重组实施完毕后3年内的年度报告中单独披露相关资产的实际盈利数与评估报告中利润预测数的差异情况，并由会计师事务所对此出具专项审核意见；交易对方应当与上市公司就相关资产实际盈利数不足利润预测数的情况签订明确可行的补偿协议。

（4）独立财务顾问核查意见的出具、上报与公告。上市公司重大资产重组发生下列情形的，独立财务顾问应当及时出具核查意见，向中国证监会及其派出机构报告，并予以公告：①中国证监会做出核准决定前，上市公司对交易对象、交易标的、交易价格等做出变更，构成对原重组方案重大调整的；②中国证监会做出核准决定后，上市公司在实施重组过程中发生重大事项，导致原重组方案发生实质性变动的。

(八) 重组实施后的持续督导

按照中国证监会的相关规定，独立财务顾问应当对实施重大资产重组的上市公司履行持续督导职责。持续督导的期限自中国证监会核准本次重大资产重组之日起，应当不少于1个会计年度。独立财务顾问应当结合上市公司重大资产重组当年和实施完毕后的第1个会计年度的年报，自年报披露之日起15日内，对重大资产重组实施的下列事项出具持续督导意见，向派出机构报告，并予以公告。

（1）交易资产的交付或者过户情况。
（2）交易各方当事人承诺的履行情况。
（3）盈利预测的实现情况。
（4）管理层讨论与分析部分提及的各项业务的发展现状。
（5）公司治理结构与运行情况。
（6）与已公布的重组方案存在差异的其他事项。

三、发行股份购买资产

（一）实施发行股份购买资产需满足的条件

（1）充分说明并披露本次交易有利于提高上市公司资产质量、改善财务状况和增强持续盈利能力，有利于上市公司减少关联交易、避免同业竞争、增强独立性。

（2）上市公司最近一年及一期财务会计报告被注册会计师出具无保留意见审计报告；被出具保留意见、否定意见或者无法表示意见的审计报告的，须经注册会计师专项核查确认，该保留意见、否定意见或者无法表示意见所涉及事项的重大影响已经消除或者将通过本次交易予以消除。

（3）上市公司及其现任董事、高级管理人员不存在因涉嫌犯罪正被司法机关立案侦查或涉嫌违法违规正被中国证监会立案调查的情形，但是，涉嫌犯罪或违法违规的行为已经终止满3年，交易方案有助于消除该行为可能造成的不良后果，且不影响对相关行为人追究责任的除外。

（4）充分说明并披露上市公司发行股份所购买的资产为权属清晰的经营性资产，并能在约定期限内办理完毕权属转移手续。

（5）中国证监会规定的其他条件。

特定对象以现金或者资产认购上市公司非公开发行的股份后，上市公司用同一次非公开发行所募集的资金向该特定对象购买资产的，视同上市公司发行股份购买资产。

（二）发行股份的价格

上市公司发行股份的价格不得低于市场参考价的90%。市场参考价为本次发行股份购买资产的董事会决议公告日前20个交易日、60个交易日或者120个交易日的公司股票交易均价之一。本次发行股份购买资产的董事会决议应当说明市场参考价的选择依据。

交易均价的计算公式为：董事会决议公告日前若干个交易日公司股票交易均价 = 决议公告日前若干个交易日公司股票交易总金额 / 决议公告日前若干个交易日公司股票交易总数量。

（三）认购股份的锁定期

（1）认购而取得的上市公司股份，自股份发行结束之日起 12 个月内不得转让。

（2）属于下列情形之一的，36 个月内不得转让：

①特定对象为上市公司控股股东、实际控制人或者其控制的关联人；

②特定对象通过认购本次发行的股份取得上市公司的实际控制权；

③特定对象取得本次发行的股份时，对其用于认购股份的资产持续拥有权益的时间不足 12 个月。

（3）认购股份的特定对象应当在发行股份购买资产报告书中公开承诺：本次交易完成后 6 个月内如上市公司股票连续 20 个交易日的收盘价低于发行价，或者交易完成后 6 个月期末收盘价低于发行价的，其持有公司股票的锁定期自动延长至少 6 个月。

四、重大资产重组后再融资

重大资产重组后上市公司拟发行新股或公司债券，涉及以下事项。

（一）重大资产重组前的业绩在审核时可以模拟计算的条件

（1）进入上市公司的资产是完整经营实体。

（2）本次重大资产重组实施完毕后，重组方的承诺事项已经如期履行，上市公司经营稳定、运行良好。

（3）本次重大资产重组实施完毕后，上市公司和相关资产实现的利润达到盈利预测水平。

上市公司在本次重大资产重组前不符合中国证监会规定的公开发行证券条件，或者本次重组导致上市公司实际控制人发生变化的，上市公司申请公开发行新股或者公司债券，距本次重组交易完成的时间应当不少于一个完整会计年度。

（二）上述规定的完整经营实体应当符合的条件

（1）经营业务和经营资产独立、完整，且在最近两年未发生重大变化。

（2）在进入上市公司前已在同一实际控制人之下持续经营两年以上。

（3）在进入上市公司之前实行独立核算，或者虽未独立核算，但与其经营业务相关的收入、费用在会计核算上能够清晰划分。

（4）上市公司与该经营实体的主要高级管理人员签订聘用合同或者采取其他方式，就该经营实体在交易完成后的持续经营和管理做出恰当安排。

第四节 国有产权交易制度

企业国有产权交易制度是比较具有中国特色的一项交易制度，我国企业国有产权交易制度，与国有企业改革息息相关。伴随着改革开放和国有企业改制，产权交易市场发展的道路历经坎坷，产权交易的制度也在发展中逐渐成熟。目前，企业国有产权进场交易的基本制度已经以法律的形式得以确认，一系列规章制度明确了国有企业进行产权交易的基本条件和程序。

企业国有产权交易制度规范的内容大致可以分为准备阶段、实施阶段和履约阶段等三个阶段（见图10-5）。准备阶段包括决策批准、清产核资、财务审计、资产评估、法律鉴证等内容，实施阶段包括信息公开、项目推介、尽职调查、组织竞价、合同签约等环节，履约阶段包括工商变更、价款支付、结算税费等。其中，实施阶段是产权交易的重要环节，主要在产权交易市场完成，在整个企业国有产权交易制度中处于核心地位，起着承上启下的关键作用。

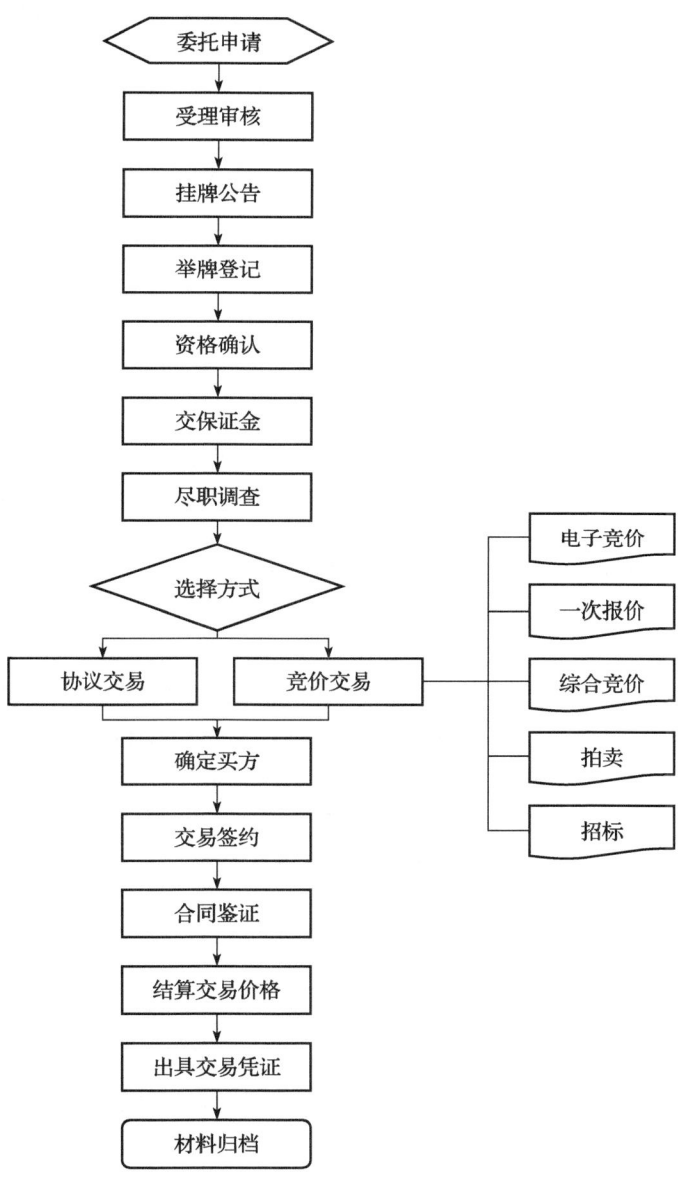

图 10-5　企业国有产权交易流程

一、立项审批

内部决策程序。企业国有产权转让应当做好可行性研究，并按内部决策程序进行审议，包括确定转让目的及企业未来战略发展规划的影响分析、转让标的的价值分析、转让标的企业的基本情况、对受让方的要求，以及提出两个以上的转让方案，并对方案进行优选。内部决策程序应当包括职工安置以及债权债务处置两个重要事项，职工安置方案需要经过职代会批准，债权债务处置方案需要经过债权人同意。在公司制企业中，内部决策程序由股东会做出；在国有独资公司和中外合资企业中，内部决策程序由董事会做出；在一些未改制的国有独资企业中，内部决策程序由总经理办公会议做出。

  转让行为的审批。国有产权的转让仅有转让方的内部决策同意是不够的，其转让行为还需要经过有权主体的批准。根据相关法律法规规定，国资监管机构对以下两类企业国有产权转让行为做出批准：一是对所出资企业的国有产权转让事项，即国资委直接出资的一级集团公司的转让事项；二是对所出资企业的重要子企业的重大产权转让事项。除了由国资监管机构直接批准的企业转让行为以外，其他企业国有产权的转让行为均按照所出资企业所规定的内部产权管理的有关办法确定，在现实操作中，大多数企业国有产权转让行为均由所出资企业直接审批。除此之外，企业国有产权转让涉及公共管理、劳动保障、涉外投资等事项的，还需要报其他有关政府主管部门审批同意。

二、清产核资

  根据《国有企业清产核资办法》："清产核资是指国资监管机构根据国家专项工作要求或者企业特定经济行为的需要，按照规定的工作程序、方法和政策，组织企业进行账务清理、财产清查，并依法认定企业的各项资产损益，从而真实反映企业的资产价值和重新核定企业国有资本金的活动。"按照《企业国有产权转让管理暂行办法》（以下简称"3号令"）的规定，企业国有产权转让事项经批准或决定后，产权出让方应当组织标的企业按照有关规定开展清产核资，根据清产核资的结果编制资产负债表和资产移交清册，为财务审计提供基础性材料。清产核资的目的是：通过规定的工作程序、方法和政策，组织企业进行账务清理、财产清查，依法认定企业的各项资产损益，核实标的企业各类资产、债权债务和权益的真实情况；真实、完整地反映企业资产状况、财务状况和经营成果；核实企业各项资产损失情况，根据国家清产核资政策规定进行处理；明晰企业产权；为财务审计和资产评估奠定基础；促进国有产权交易顺利进行，防止国有资产在产权交易过程中流失。

三、财务审计

  财务审计是指由具有相应资质的独立机构及其人员接受委托或授权，对被审计单位的会计报表及其他有关资料的真实性、公允性以及经济活动的合规性、合法性和效益性进行审查，通过监督、评价和鉴证，为确定并报告某些信息与既定标准之间的相符程度而收集证据的活动。在企业国有产权转让事项得到批准后，企业按照有关规定开展清产核资，并委托会计师事务所对转让标的企业进行财务审计。审计的对象包括被审计单位基准日的会计报表、会计凭证、账簿等会计资料，以及相关的计划、预算、经济合同等反应被审计单位财务收支以及经营成果的有关资料。当标的企业的法定代表人或管理层参与产权受让时，还需要对其进行额外的经济责任审计。

四、资产评估

  资产评估是指注册资产评估师依据相关法律、法规和资产评估准则，对评估对象在评估基准日特定目的下的价值进行分析、估算并发表专业意见的行为和过程。经过核准或备案的资产评估结果是确定企业国有产权转让价格的参考依据。资产评估在产权交易中十分重要，首先，资产评估价值是真实反映企业产权价值的基础；其次，资产评估是维护产权交易双方利益的重要保障；最后，资产评估是加强国有资产监管的重要手段。一般情况下，企业产权转让事项涉及的评估工作，由企业的出资人及其上级单位，按照一定的原则，根据项目不同的情况，选聘具有相应资质的资产评估机构。资产评估机构应当按照相关规范要求对标的企业进行评估。在产权转让项目中，标的企业的评估结果还需要报一级集团公司进行备案。

五、法律鉴证

法律意见书是监管机构批准国有产权转让行为必须审查的重要文件之一。法律意见书应当包括标的企业的基本属性，转让主体资格的合法性、交易内部决策的履行情况、转让方案的合法性等内容，需要详细说明的特别事项，需要单独列入予以明示，另外，法律意见书必须给出结论性意见。

六、进场交易

2009年《企业国有产权交易操作规则》出台后，各地产权交易机构的交易规则基本统一①，虽然不同交易所的交易程序可能在细节上还有所不同，但一般说来，都可分为以下六个步骤：受理转让申请、发布转让信息、登记受让意向、组织交易签约、出具交易凭证、结算交易价款等。

七、支付价款

依据进场结算制度中，交易市场承担了中间人的角色，即产权交易合同签订后，受让方先将交易价款支付至交易平台的中间账户，随后，交易双方共同办理有关产权变更的相关手续，待有关手续变更完毕后，交易平台将款项支付至出让方账户以完成交易。这种制度的实行保障了交易双方的合法利益，增强了交易的安全性。从价款支付的相关法律法规来看，企业国有产权交易的价款支付方式分为一次性支付和分期支付两种，在分期支付方式下，国家相关规定明确首付比例不得低于30%，期限最长不得超过一年，另外，还需要提供担保。在分期付款的模式下，只对首付款部分进行场内结算。

八、工商变更

当产权交易的标的是公司股权的情况下，产权交易就会涉及工商登记注册等事项，一般包括企业设立、变更、注销等情形。其中，最普遍的是变更登记，包括转让产权所涉及企业的名称、住所、经营范围、企业章程、股东、法定代表人、注册资本等方面的相关信息变更。根据规定，有限责任公司变更股东应当在决议做出之日起30日内申请变更登记，并应当提交股东会关于同意向股东以外的人转让股权的决议、变更后股东名录、修改后公司章程以及产

---

① 目前产权交易过程中，最基本的交易方式有以下四种：协议转让、网络竞价、拍卖、招投标。

权交易凭证等材料。办理工商变更手续比较简单，涉及费用较低。

九、结算税费

股权变更除了涉及工商变更事项，还应当依法缴纳相关税收，主要涉及以下几类税收。

（一）所得税

企业所得税，当转让股权的出让方是企业时，有可能发生此项费用。企业所得税的计算较为复杂，根据国家有关规定，企业股权投资转让所得应并入企业的应纳税所得，依法缴纳企业所得税；投资企业取得股息性质的投资收益，凡投资企业适用的所得税税率高于被投资企业适用的所得税税率的，除国家税收法规规定的定期减税、免税优惠以外，其取得的投资所得应按规定还原为税前收益后，并入投资企业的应纳税所得额，依法补缴企业所得税。个人所得税，根据个人所得税法规的有关规定，个人转让股权应按"财产转让所得"项目依20%的税率计算缴纳个人所得税。财产转让所得，以转让财产的收入额减除财产原值和合理费用后的余额为应纳税所得额。

（二）印花税

非上市公司不以股票形式发生的企业股权转让行为，属于财产所有权转让行为，应按照产权转移书据缴纳印花税。印花税税目税率表第十一项规定，产权转移书据应按所载金额的万分之五贴花。但这里的企业股权转让所立的书据，是指未上市公司股权转让所书立的书据，不包括上市公司的股票转让所书立的书据。上市企业股权转让的印花税，由政府另行规定。

十、交易审批

在一些产权交易合同中，法律规定合同生效必须经相关政府部门批准，在股权交易中，主要涉及中外合资合作企业的股权变更合同。另外，向外国人转让专利权的合同也需要经过有关部门批准后才能生效。在这种交易模式下，产权交易市场出具交易凭证以后，还需要获得外资委等部门的批文。另外，一些产权交易行为可能涉及不同地区的政府职能管理范围，在签订合同后，需要经过土地、环境、劳动等部门的批准合同才能够开始履行。需要经政府部门批准的产权交易合同往往耗时较长，在产权交易后还存在一定的不确定性。

本章小结

我国现行公司并购重组的法律规范全面详细，对我国企业并购重组起到了很好的指引、规范、监督作用，有效保护了重组并购相关者的利益，保证了重组并购交易的正常进行。随着我国企业重组并购的发展，相关的法律法规必将更加完善。

我国公司并购的法律规范包括相关法律、行政法规、部门规章、规范性文件四个基本层次。其中部门规章所涵盖的《上市公司收购管理办法》和《上市公司重大资产重组管理办法》起到了至关重要的承上启下的作用，是并购实务中核心的法规。

《上市公司收购管理办法》关于权益变动的规定，界定了举牌收购的行为规范。协议收购与要约收购的规范特别关注信息披露、程序和相关人的义务。

《上市公司重大资产重组管理办法》规定对不涉及发行股份且不构成借壳的重组完全取消审核，因此发行股份购买资产的重组方式所涉及的规范性内容成为重点。发行股份购买资产重组实施的条件、发行股份定价以及认购股份锁定期等在文件中均予以明确规定。

企业国有产权交易制度规范的内容大致可以分为准备阶段、实施阶段和履约阶段等三个阶段，涉及立项审批、清产核资、财务审计、资产评估、法律鉴证、进场交易、支付价款、工商变更、结算税费、交易审批等十项内容。

关键术语

经营者集中　　　　　重大资产重组　　　　　上市公司收购　　　　　一致行动人

练习思考题

1. 了解美国的并购法律，指出中美并购法律体系的差异，并思考这些差异的原因。
2. 随着中国外资并购的发展，现行的并购相关法律规范已经不能满足需要。请查阅相关资料，指出现行中国外资并购法律的缺陷，并提出改进建议。

附录 10A　美国的并购法律

（一）并购审查法律与执行机构

美国是世界上并购活动（包括国内并购和跨国并购）最活跃的国家，也是并购法律体系最为复杂的国家。由于美国的并购法律体系并未对外国人和美国人进行区别对待，而且美国没有独立的外国投资法律体系，因此，美国的并购法律体系同时适用于国内企业并购和外国公司对美国公司的并购。

美国的并购法律体系主要由三个部分组成：联邦反托拉斯法、联邦证券法和州一级的并购法律。

1. 联邦反托拉斯法

反托拉斯法的主要立法意图是反对垄断，维护美国市场的有效竞争局面，保护消费者利益。在美国联邦反托拉斯法中，有关控制企业并购的主要法律有1890年的《谢尔曼法》（Sherman Antitrust Act of 1890）（第1条）、1914年的《克莱顿法》（The Clayton Antitrust Act of 1994）（第7条）、1950年的《塞勒－凯弗维尔法》（Celler-Kefauver Antitrust Act of 1950）、1976年的《哈特－斯各特－罗蒂诺法》(Hart-Scott-Rodino Antitrust Law of 1976)。《谢尔曼法》是较为原则性地禁止垄断、鼓励竞争的法律，它规定"凡是限制几个州之间的贸易或商业活动的合同，以托拉斯形式进行并购或暗中策划，都是非法的"。《克莱顿法》明确界定了"垄断"的含义，在第7条中规定，公司间任何并购如果"其结果可能使竞争大大削弱或导致垄断"，都是非法的。《哈特－斯各特－罗蒂诺法》则扩大了联邦政府反托拉斯的权力，确立了并购前申报制度，并允许各州制定地区性的州并购法律。

为了执行反托拉斯法，动态地掌握市场份额标准，美国司法部先后宣布了1968年、1982年、1984年并购指南，作为指导控制并购的标准。最新的并购指南是1992年由美国司法部和联邦贸易委员会联合发布的。

值得注意的是，美国反托拉斯法的一个重要特征是它的域外效力。在企业跨国合并情况下，如果外国公司兼并美国公司，那么应把这种合并看成是两个美国公司之间的合并，理所当然地受《克莱顿法》第7条的制约。如果美国公司兼并外国公司，则在特定情形下也适用美国的反托拉斯法。在1966年的US.Schlitz Brewing Co.案中，美国Schlitz公司收购了一家加拿大公司。法院认为，收购排除了Schlitz公司与加拿大公司的美国子公司之间在美国市场上实际的和直接的竞争，因此违反了《克莱顿法》第7条的规定。美国反托拉斯法行使域外管辖权的依据主要是所谓的效果原则（effects doctrine）。这一原则是在1945年的US Aluminium Co. of America一案中得到确立。法院认为："任何国家均可就发生在境外但又在其境内产生影响的行为，甚至不对其负有忠诚义务的人行使管辖权。""对外国人在国外的行为造成了本国国内的违法后果时，本国正当追究其法律责任是可以成立的法律观点。"在1976年的美国《兼并（合并）申报法》中还规定，如外国同业公司的兼并对于美国市场产生一定影响者，也须承担向美国申报的义务。

2. 联邦证券法

联邦证券法的目的在于通过确保有关并购的充分资料可以公开获得以保护目标方的股东以及广大的投资公众。有关并购的联邦证券法的核心是1968年的《威廉姆斯法》（The Williams Act of 1968），该法对1934年的《证券交易法》（the Securities Exchange Act of 1934）做了增补。增补条款强调对上市公司的收购，必须向目标方及其股东做出充分披露，以保证投资者有足够的时间对并购意向做出恰当反应。

3. 州并购法律

上述两部分法律主要从保护消费者利益和投资者利益的角度对并购活动加以规范，而对于目标方自身的利益、现任管理人员和雇员的权利如何保护，通常属于州法律管辖的范围。州并购法律最突出的特点是对敌意并购进行限制或惩罚，主要体现在对目标方的反并购行为予以法律上的承认或支持；规定对敌意并购行为进行惩罚；或者干脆直接通过立法防止敌对并购行为。

由于州法律与美国推行的自由企业制度不尽相符，联邦最高法院曾于1982年取缔这些州法令。由于州法律常常与目标方管理人员和雇员的利益是一致的，时至今日，州法律仍是并购监管中不容忽视的力量。在执法过程中，普遍的倾向是对外国收购方施以更严厉的限制。从美国联邦的角度来看，执行并购法律的机构主要是联邦贸易委员会和司法部。

（二）并购审查标准

在美国，联邦贸易委员会和司法部对并购的审查是基于相对纯粹的竞争标准，没有任何法律文件涉及产业政策和公共利益的考虑。《克莱顿法》第七部分没有涉及并购的效率问题，在普罗克特和甘波案中（Proctor and Gamble），美国最高法院否定了在反竞争性并购中所提出的经济效率的辩护理由。而在一些基层法院的判决中，也有将效率辩护作为一种理由考虑的先例，但其地位和范围依然是不清楚的。

在并购审查的执行层面上，司法部和联邦贸易委员会联合签发的1992年并购指南中表现得及其含糊。他们建议在极个别的场合下，"如果具有异议的并购有获取实质性净效率的合理的必要性，其并购的合法性可以在执法的自由裁量权情况下予以考虑"。而在 1982 年、1984 年并购指南中则明确指出，对于那些期望引导价格提升的并购，效率不能成为证明这种并购正当的理由。

(三) 并购审查门槛

根据反托拉斯法的规定，如果一家销售额或资产超过 1 亿美元以上的公司要收购一家销售额或资产超过 1000 万美元以上的公司，欲行并购的公司必须事先通知联邦贸易委员会和司法部。

(四) 并购审查程序

并购者如果是通过股票进行并购，则必须在开始其并购要约之前的 30 天，通知联邦贸易委员会和司法部上述有关机构。如果是现金收购，则必须在并购要约前的 15 天通知，反托拉斯机构将在这段时间内就并购对有关产品的市场可能产生的冲击进行评估。如果其中任一机构认为，拟进行的并购可能导致垄断，或者可能大大削弱有关产品市场中的竞争，则该机构可以通过请求法院阻止此项并购而谋求联邦法院对交易的禁止。或者，反托拉斯管理机构也可以要求并购者变更其并购条款，以避免产生任何反竞争问题。例如，如果某一收购方与其标的公司之间的竞争只是限于两个公司生产诸多产品中的某一项产品，则司法部有可能在要求收购方同意在并购后将特定产品的生产部门剥离出去后，允许其并购。

反托拉斯局审查横向并购案时，首先定义对市场的经济意义，相关产品的市场份额，评估并购是否会造成明显的市场集中。其次，根据市场的集中程度和市场的其他特征，评估反竞争效应是否存在。正如并购指南所述，反托拉斯局寻找反竞争影响的两种可能来源，审查并购是否会使新的并购企业单方面提高产品价格；审查并购是否会产生串谋行为或形成垄断。最后，反托拉斯局还会评估新的进入或产品调整是否会约束价格上升，是否有并购所产生的效率提高超过其反竞争所带来的负面效应。

在审查纵向并购案时，通常评估这种并购是否会给被并购方提供一种在下游市场提高价格、减少产量的能力，是否会通过提高价格、设置进入障碍等方式排除或降低有效竞争等，在这方面，效率是评估的一个重要因素。

(五) 对跨国并购的特殊限制

(1) 国家安全。20 世纪 80 年代以来，美国政府对跨国并购进行限制的一项重要修正案是《埃克森－弗罗里奥修正案》(the Exon-Florio Amendment)。该项修正案是布什政府于 1989 年通过《1988 年综合贸易和竞争法案》附加在《国防生产法》(Defense Production Act) 之上，现作为《国防生产法》第 721 款。根据该修正案规定，外国公司欲并购的美国公司如果涉及与国家安全相关的产业，该项跨国并购案将受到特殊审查。执行特殊审查任务的机构是美国外国投资委员会 (Committee on Foreign Investment in the United States，CFIUS)，该委员会由美国财政部部长担任主席，委员会成员还包括国务卿、国防部部长、商务部部长、司法部部长、管理和预算办公室主任、总统经济顾问委员会主席等。并购当事者向外国投资委员会的申报不是强制性的，既可以自行申报，也可以不申报。如果自行申报，外国投资委员会的审查期限是有限制的；如果不申报，外国投资委员会可以随时审查该并购案，且没有时间限制。

向外国投资委员会申报的并购案的材料应包括并购者的基本情况、并购交易概况、拟收购的资产情况以及将来的计划等。外国投资委员会收到申报后的一个月内，决定是否通过该项并购交易，如果认为有必要做进一步的审查，则还可以有 45 天的调查时间。外国投资委员会审查的唯一标准就是并购是否会危害国家安全。如果外国投资委员会认为该项并购会威胁到国家安全，委员会就会提请美国总统审查该并购案，总统将在 15 天内做出是否禁止该项并购交易的决定。

该修正案实施至今，外国投资委员会已审查了数百起外国并购美国公司案，但直接由总统出面阻止外国并购的案件为数不多，1990 年否决中国航空技术进出口公司收购曼可公司（Mam Co.）是中国企业第一次碰线。曼可公司是总部设在华盛顿州西雅图的一家航空公司，拥有一些密级较高的技术，美国政府认为这家公司在国家安全方面较为敏感，不愿让其为中国政府控制。此外，当时中美两国关系正值冷淡时期，该项并购案因此被布什总统否决。2012 年，中国企业三一重工的关联企业罗尔斯公司收购美国俄勒冈州海军军事基地附近的 4 座风电厂，再遭美国总统和 CFIUS 以威胁国家安全为由予以阻止。随后罗尔斯公司向法院提起诉讼，2014 年胜诉。

（2）航空。根据美国交通部的规定，外国公司对美国航空公司的收购不得超过 25% 的股份，航空公司的董事会成员中美国籍的董事比例不得低于 2/3。外国公司对美国航空公司的收购申请由美国交通部审批。

（3）通信。根据美国联邦通信法的规定，如果外国籍公民、外国公司或外国政府控制美国通信公司的 1/5 的股份，或者在该公司拥有 1/4 以上的外国籍董事，美国政府将拒绝向该公司签发在美国营业的许可证。

（4）海运。在美国沿海和内河航运的船公司，外国个人、公司或政府在该美国船公司的股份不得超过 25%，否则就取消沿海、内河航运权。美国船公司如果未经联邦运输部部长的批准将在美国注册的船舶出售给外国公司，属于违法行为，将受到美国法律追究。

（5）原子能。根据美国联邦《原子能法》（Atomic Energy Act）的规定，原子能委员会将拒绝向有外国人、外国公司或外国政府参与的公司签发原子能生产许可证。对于水力发电领域，要求公司经营者必须是美国籍公民，至于公司是否受外国控制则不受限制。

（6）金融。金融对外国资本的开放受到联邦和州两级法律的调整，由于各种法律规定不一，显得较为复杂。总的来说，根据联邦《1978 年国际银行法》（International Banking Act of 1978）和各州法律，外国公司通过并购方式进入该领域会受到严格控制。

（六）并购审查执行情况

1996 年，根据哈特－斯考特法律进入申报程序的并购案有 3700 件，司法部和联邦贸易委员会只重点查了其中的 14 件并购案，除了一件外，最后都签署了同意并购的决议。

1995 年，公布的并购案达 8956 件，总价值 4578.8 亿美元。根据 HSR 法律向司法部申报的并购案有 2815 件，进入司法部调查程序的有 133 件，要求并购方进一步提供信息做进一步调查的有 37 件。1995 年，司法部共向法院起诉 9 件，其中 6 件准予并购交易。7 件经重新调整后准予并购。

1994 年，根据 HSR 法律向司法部申报的并购案有 2301 件，进入司法部调查程序的有 105 件，要求并购方进一步提供信息做进一步调查的有 30 件。

由此可见，美国对跨国并购监管的主要特点是：外松内紧、表松里紧。在看起来相当宽松的法律和制度框架下购买美国企业的外国人，将遇到远比想象的要更为烦琐、复杂、严格的限制措施，而且在很多时候，令他们感到困扰的是跨国并购监管中的一些技术问题。

第十一章 并购交易结构

学习目标

1. 了解交易结构的构成要素。
2. 理解交易结构各要素之间的关联性。
3. 理解交易结构设计的约束条件。
4. 了解交易结构设计的内容。
5. 理解收购方式的设计。
6. 理解支付方式的设计。

第一节 交易结构设计的复杂性

一、交易结构设计的目的

并购作为资本市场上的一种交易,其内容、形式、过程都较商品市场或资金市场上的交易复杂得多。这其中,并购的交易结构设计是最为至关重要的一环。好的交易结构通常会获得节约时间、减少资金支付压力、获得税收减免、价格合理等好处,而交易结构不恰当则可能导致很多问题,诸如法律纠纷、税收过高、溢价过高等。

因此,交易结构设计的目的应是:在不违反法律法规的前提下,选择一种法律安排,以便尽可能地满足交易双方的意愿,在交易双方之间取得平衡并降低交易成本和交易风险,最终实现并购交易。一个好的交易结构应当做到:简单透明;满足交易各方的目的;平衡交易各方的风险与收益关系;符合法规要求;提供灵活的退出方式等。

具体来说,交易结构设计的目的包括以下 10 个方面。

- 提高交易成功的可能性
- 规避法律障碍
- 锁定交易风险
- 排除竞争对手
- 建立融资平台
- 降低并购成本
- 合理避税

- 提高投资回报
- 为后续的管理创造条件
- 为股权转让提供便利

二、交易结构设计的原则

没有两个完全相同的企业，也没有两个完全相同的并购交易。但是，在安排交易结构的时候仍须遵循一些通用的基本原则。

平衡原则。平衡原则包含两方面内容：一方面，要在交易结构本身的复杂程度、交易风险与交易成本之间取得微妙的平衡。复杂的交易结构的目的之一是为了降低交易风险，但过于复杂的交易结构本身却可能带来新的交易风险并提高交易成本；另一方面，从当事人的角度看，交易双方的利益并不总是一致的，因而在交易双方的权利、义务与风险承担方面也要取得平衡。

综合效益原则。企业开展并购活动，虽然直接动因各不相同，但基本目的却是一致的，即通过资本结合，实现业务整合，以达到综合效益最大化，包括规模经济、财务税收、获得技术、品牌、开发能力、管理经验、营销网络等。所以，并购的成功与否不只是看重交易是否完成，更在于企业的整体实力、盈利能力是否提高了。因此，在为企业设计并购结构时，不单要考虑资本的接收，更要顾及资本结合后业务的整合目标能否实现。

系统化原则。交易结构设计通常要涉及法律、财务、人员、市场网络（营销网、信息网、客户群等）、特殊资源（专利技术、独特的自然资源、政府支持等）、环境六大方面。这其中，法律和财务通常是结构设计的核心。事实上，在有些并购中，人员、市场或专有技术也可能成为结构设计中最为关键的内容。例如1989年年底，中国航空技术进出口公司收购曼可公司——一家生产商用飞机配件的企业，因财务设计较好，双方很快签约，但不久，该交易被美国政府总统布什以涉及尖端技术为由，引入"危及国家安全"的法案，予以否决，并强迫中航技出售已购得的股票。

创新原则。企业参与并购的目的各不相同，目标方的状况各异，不同国家、地区、行业的企业所处的法律环境也存在很大差异。所谓创新就是在复杂的条件约束下，找出买卖双方的契合点，或在现有的法律结构的缝隙中寻找出实现并购的最佳途径。事实上，目前存在的多数并购模式都是交易结构设计中创新的结果，如间接收购、杠杆收购、表决权信托等。

稳健原则。并购活动通常是企业经营发展中的战略性行为，其成败得失对交易双方均会产生重大影响，甚至决定公司的生死存亡。因此，在设计交易结构方案时，一定要把握稳健原则，把风险控制到最低水平。一般而言，战略性并购属于处心积虑所为，往往处置慎重，考虑周详，务求圆满成功。而机会性并购则常常会因为某一方面的利益诱因而忽略了潜在风险。例如中国台湾宏碁电脑以2亿台币收购美国康点（Counter Point），以取得其群用电脑技术和国际行销网络。但因事前对康点产品本身的竞争力及市场行销能力了解不够，加之业务整合中缺少共识，导致技术开发人员流失，康点公司在被收购后经营状况一路下滑，终至关闭。宏碁电脑因此而遭受重大损失。

三、交易结构设计的约束条件

交易结构设计受特定的情境影响，这些影响因素构成了交易结构设计的边界（见图11-1），交易结构设计的难度也恰恰体现在须遵循这些约束条件，除非能改变利益相关者的利益诉求进而改变约束条件。

（一）税收因素

并购交易中的税收因素对并购价格有直接的影响，合理的税务筹划不仅可以使得并购双方减少对税收支出的担忧，同时还能有效地降低企业并购的成本，从而使企业获得最大的并购收益。在设计交易结构时，应注重考虑：交易涉及国家和地区的税收政策和税收优惠；双边或多边的税收协定。

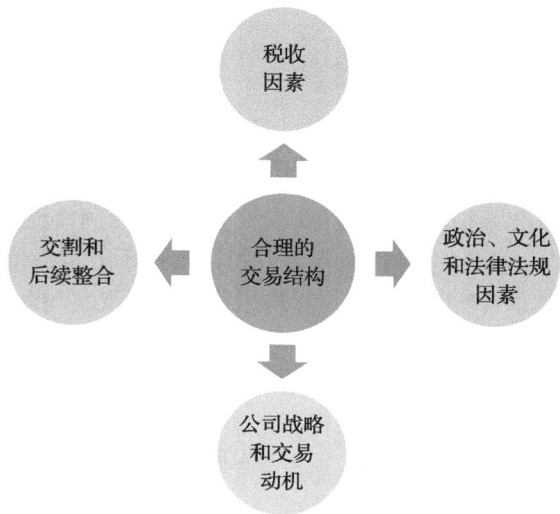

图 11-1　交易结构设计的约束条件

（二）政治、文化和法律法规因素

在跨国并购中，除了并购企业自身国际化经验匮乏和竞争力不强的原因外，东道国政府的反对和阻挠也是造成大型跨国并购难以达成的重要原因。根据世界银行的一份报告显示，1/3 的中国企业对外投资存在亏损，即使在全球范围内也有 65% 的跨国合作以失败告终，其中 85% 的 CEO 承认管理风格和企业文化是造成并购失败的主要原因。因此在并购交易结构设计中，须考虑以下因素。

（1）政治稳定性、国家间关系。
（2）投资所在国的法律环境、投资保护和政策透明度。
（3）投资所在国的社会文化、对外国资本的宽容度。
（4）交易结构的合规性和审批可行性等。

（三）公司战略和交易动机

交易结构的设计要符合公司战略需要，与并购交易动机一致。企业并购目的具体可分为财务性并购、战略性并购和买壳上市。

（四）交割和后续整合

在并购中应防范由于产权不明导致的纠纷。如果对目标方的产权没有进行界定或界定不合理，或者未向有关部门办理相关法定手续，导致产权不明，并购后容易造成并购方与目标方产权相关人之间的产权确认纠纷，以及股东之间、新老股东之间在资产价值和应承担义务等方面的争议，从而导致并购的失败。因此在设计交易结构时应尽量争取：

（1）收购标的所在地交割和整合便利。
（2）标的资产和业务界定明晰。

第二节　交易结构设计的内容

交易结构设计就如同设计一个雕像，设计师要一笔一笔地把图画出来，但在表现局部时设计师应该已经有了整体的图像。在本节中,我们虽然把交易结构拆分成一个一个构件来介绍,但交易的设计者应能形成整体的架构,而且应能理解各局部之间的关联性和平衡。

一、交易结构的要素

交易结构(deal structure)是买卖双方以合同条款的形式所确定的、协调与实现交易双方最终利益关系的一系列安排。从实质看,交易结构是交易主体之间利益冲突的解决方案。达成交易结构的共识是买卖双方谈判协商中最重要、最费时的阶段之一。

交易结构设计作为并购活动中承前启后的关键环节,既是达成交易的基础,又是实施并购整合的前瞻性依据。由于环境的不确定性以及并购利益相关方资源和诉求的独特性,决定了每项并购交易结构设计的复杂性和独特性。通常,并购的交易结构设计要通盘考虑以下要素。

(1)交易主体。
(2)收购方式。
(3)支付方式与支付时间。
(4)融资结构。
(5)风险分配与控制。
(6)退出机制。

并购的交易结构设计所涉及的内容较多,不仅每一个要素的设计都需要量体裁衣,各要素之间也要严丝合缝。这是因为,交易结构各部分之间存在着相互联系和相互作用,即一部分的决策会以一定方式影响到交易结构的其他部分。这些关系如图 11-2 所示。

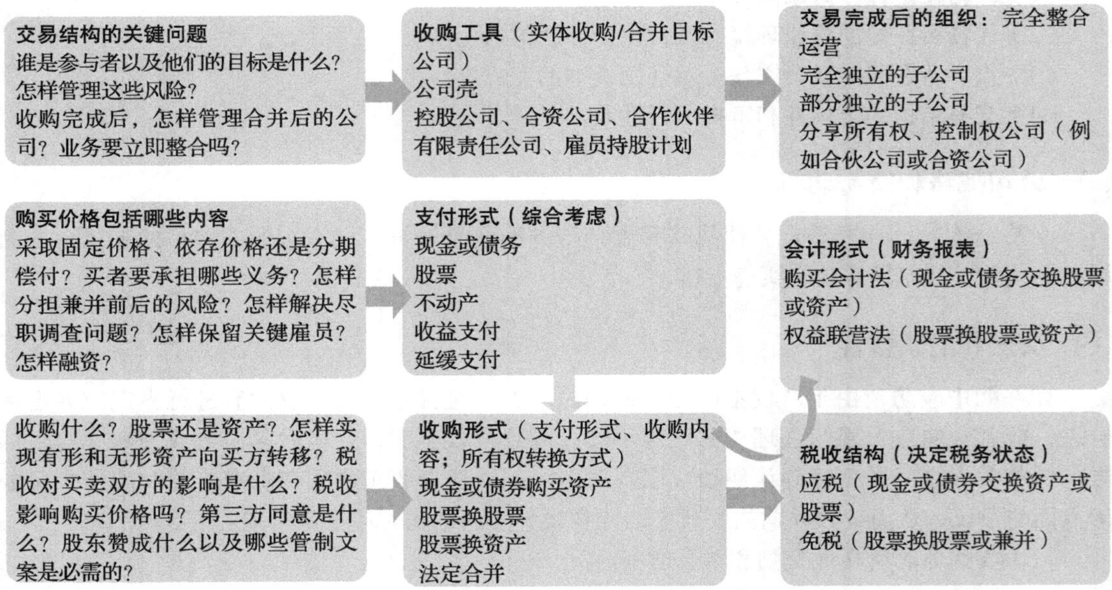

交易结构的关键问题
谁是参与者以及他们的目标是什么?
怎样管理这些风险?
收购完成后,怎样管理合并后的公司?业务要立即整合吗?

收购工具(实体收购/合并目标公司)
公司壳
控股公司、合资公司、合作伙伴
有限责任公司、雇员持股计划

交易完成后的组织:完全整合运营
完全独立的子公司
部分独立的子公司
分享所有权、控制权公司(例如合伙公司或合资公司)

购买价格包括哪些内容
采取固定价格、依存价格还是分期偿付?买者要承担哪些义务?怎样分担兼并前后的风险?怎样解决尽职调查问题?怎样保留关键雇员?怎样融资?

支付形式(综合考虑)
现金或债务
股票
不动产
收益支付
延缓支付

会计形式(财务报表)
购买会计法(现金或债务交换股票或资产)
权益联营法(股票换股票或资产)

收购什么?股票还是资产?怎样实现有形和无形资产向买方转移?税收对买卖双方的影响是什么?税收影响购买价格吗?第三方同意是什么?股东赞成什么以及哪些管制文案是必需的?

收购形式(支付形式、收购内容;所有权转换方式)
现金或债务购买资产
股票换股票
股票换资产
法定合并

税收结构(决定税务状态)
应税(现金或债券交换资产或股票)
免税(股票换股票或兼并)

图 11-2 并购交易结构设计流程图

(1)支付方式影响交易完成后目标方的组织形式。

如果买卖双方在收购价格上达成协议,买方提供的收购价格可能与目标方未来业绩挂钩(即构成或有支付),那么买方就会选择母子公司架构并在此结构下让目标方作为完全独立的子公司运行，直到收益支付完成。

（2）收购形式影响收购工具。

如果收购的形式为合并，则目标方的公开及隐藏的债务都将转移给买方。在此情况下，买方可以选择适当的收购工具保护自己的利益不受目标方未公开负债的侵害，如作为该目标方控股公司的安排。

（3）赋税状态影响收购价格。

如果交易安排导致转让方需因转让收益而纳税，那么买方通常需要提高出价以补偿目标方股东的税收损失。收购价格的提高又会影响到支付方式。收购者可以以债务或分期付款的方式推迟一部分支付，这样就可以维持收购总成本的折现值不变。

（4）收购形式影响收购价格。

如果目标存在负债，那么买方就可以考虑构造能形成合并纳税的交易结构以降低交易成本的现值。

（5）会计方法影响支付方式。

利用某种会计处理方法可能为收购方带来好处，比如权益联营法，在此会计方法下，收购方可能愿意出较高的价格。为满足权益联营法的应用条件，必须促使卖方同意股票换股票交易方案，因为换股合并是应用权益联营法的必要条件。

二、交易主体

收购方要选择从事收购的载体。交易载体指具体承担并购任务的实体，包括专门为并购目的设立的壳公司（shell company）或特殊目的载体（special purpose vehicle，SPV）。如果要设立专门的交易载体作为收购方，收购方需要考虑该交易载体的组织形式、注册地、股权结构等问题。

收购方还需要确定标的。标的可能有如下选择：目标方的资产、目标方股份、目标方的控股股东（通过控制目标方的控股股东从而获得对目标方的控制权，即间接收购）、通过协议等方式控制目标方（即协议控制）。

三、收购方式

从标的的角度看，收购方式有两种：资产收购和股权收购。

资产收购是收购方收购目标方的全部或者部分资产。资产收购可以使收购方获得目标方的实物资产的生产能力，目标方的股东仍然对目标方具有所有权。

资产收购的优点：最大限度地实现未来的资产整合，一般不需要承担目标方公开的或者关联的债务，在并购完成时，相关的资产需要按照公允价值评估，增加了可以计提折旧的资产价值，为未来经营中的合理避税提供了可能。

资产收购的缺点：收购方无法得到目标方的经营亏损和纳税证明，以此作为避税的工具。一些资产的所有权，如许可证、经营特许权和专利不能随着资产转移给收购方。要转移已经签订的合同，收购必须说服目标方的顾客或者经销机构，这无疑会增加交易的复杂程度。

股权收购的优点：收购方获得了目标方的经营亏损和税收证明，以及目标方的商标、许可证、特许经营权、专利及其他许可的权利，保证了目标方原先签订的合同以及公司经营的连续性，避免了重新谈判的时间和成本。

股权收购的缺点：收购方必须对目标方所有的债务及其连带责任负责，这就增加了收购方潜在的经营风险和财务风险。在股票支付方式下，如果采用权益结合法的会计处理，收购方只能按照账面价值确认所购买的资产价值，在未来的经营中无法通过折旧的方式进行避税。目标方持异议的少数股东的处理也可能带来麻烦。在有些国家（如美国），收购股权无权终止原先的工会协议或者职工受益计划。

四、定价方式

交易价格可以是固定的，也可以和目标方未来的经营业绩挂钩。复杂的定价其复杂性体现在价格与其他一系列条件绑定，特别是与支付方式结合。与定价相关的支付方式具体包括以下四种：固定支付（包括固定金额和固定换股比率）、浮动换股比率、附加支付和或有支付。

附加支付主要是指附加期权方式。它的目的是当买方对目标方未来盈利看好，但对近期业务把握不准时，采取附加期权的形式，可以降低风险。其交易形式主要有两种：购买部分股权加期权、购买含股权债券。附加支付的交易通常具有如下特点：①买方可能为期权支付较高的价格；②若届时不执行期权，买方可能只是普通参股股东，而达不到控股目的；③若届时不行使"换股"权利，可继续持有债券，享受定期定额利息。

或有支付是指附带经营条件的或有支付方式，即买方先支付一个较低的前端价格，若企业经营达到约定的盈利状态，买方将另外支付约定的金额。其中一种特殊的方式为利润分享方式，即买方先支付一个较低的前端价格，并购后按照约定的方式，以未来实现的利润作为偿还。

附带经营条件的或有支付方式，也称估值调整协议（对赌协议），是指投资方和企业出于对企业未来前景的不确定性为确保各自的利益而订立的系列金融条款。设计的角度应考虑是更加维护投资方利益还是更加有利于企业管理层。理想的状态是努力实现企业盈利水平最大化，达成对赌双向激励的最终目的。

对赌金额通常基于业绩来计算，而业绩可能以营业收入或利润来衡量。如果以净利润来衡量，则可按下述公式来约定对赌股权：

次年赠送股份总额 = [（当年承诺的净利润 − 当年实际净利润）/ 当年承诺的净利润] × 本次认购股份总数

五、支付方式

1. 现金支付

现金支付的基本特点：清楚而快捷，现金收购的估价简单易懂；目标方股东得到的现金额是确定的，不必承担证券风险，也不会受到并购后目标方的发展前景、利息率以及通货膨胀率变动的影响，便于并购交易尽快完成。

现金支付的影响因素：短期的流动性、中长期的流动性、跨国并购中货币的可获得性。

2. 股票支付

股票（股份）支付是指收购方以增加发行的本公司的股票作为支付工具。其特点是：收购方不需要支付大量现金，因而不会影响收购方的现金状况。

在换股并购完成后，目标方的股东不会因此失去他们的所有者权益，只是这种所有权由目标方转移到了收购方，使他们成为该扩大了的公司的新股东。

影响因素：收购方的股权结构、每股收益的变化、每股净资产价值的变动、资产负债比率、当前股价水平、当前的股利政策、股利或货币的限制、外国股权的限制、上市规则的限制。

3. 综合证券支付

综合证券支付是指收购方对目标方提出收购要约时，其支付工具可以是包括现金、股票、认股权证、可转换债券等多种形式证券的组合。一般要求债券可以在证券交易所或场外交易市场上流通。发行认股权证的好处是，可以延期支付股利，从而为公司提供了额外的股本基础。可转换债券的利率更低，转股价格比股票现行价格更高。

影响支付工具选择的因素如下。

（1）收购方举债能力和手持现金的多寡。举债能力较强或手持现金较多的公司比其他公司更有可能采用现金支付方式进行收购。

（2）公司控制。股票融资有可能导致大股东丧失对公司的控制权，因此当大股东持股比例处于敏感点时，收购方的大股东一般不太倾向于采用股票支付的收购方式。股权高度分散或高度集中的公司因无丧失控制权的担忧，比其他公司更有可能采用股票支付方式进行收购。

（3）收购方股价水平。公司的股票价值被市场高估，会更倾向于采用股票支付的收购方式；反之，会更倾向于现金收购。

（4）目标方对支付方式的偏好。收购者不能忽视目标方或其股东对支付方式的偏好和要求。一般来说，敌意收购只能通过现金支付的方式进行。

（5）收购规模。大规模收购因资金需求量大，较多采用股票支付或现金与股票混合的支付方式。

（6）融资成本和税收因素。当资金回报率高于利息率时，负债经营比用自有资金经营更为合算。通过债务融资进行的收购因增加财务杠杆，可以抵扣一部分税务负担。

（7）法律规范。收购支付还会受到当地法律制度与政策的影响与制约。

（8）信息不对称程度。当收购方对目标方缺乏足够了解时，换股收购可缓解信息不对称的负面影响，对收购方有一定的保护作用。

六、融资方式

并购融资决策的目的是寻求最优资本结构，即通过组合不同风险、期限、成本、对企业控制权不同要求的融资工具。在进行相关融资工具组合时，并购融资决策还需要结合对企业经营状况的预测，估计企业内部现金流状况，设计合理的债务归还计划。

任何企业要进行生产经营活动都需要有适量的资金，而通过各种途径和相应手段取得这些资金的过程称之为融资。融资是任何公司的重要功能之一。公司筹资来源、投资方向、投资收益和对股东的分配方式给予公司活力，管理者的洞察力赋予公司长远的发展计划，但是只有现金才能给予公司生命的力量。当管理者一次次地获得、支付和归还资金时，他们也在为公司制造生命的血液。并购融资在这个重要过程中扮演着举足轻重的角色。通过兼并收购，公司将筹集的资金投入新的投资项目中,从而可以使失败的企业重获生机,有活力的企业持续繁荣。

并购融资方式根据资金来源渠道可分为内源融资和外源融资。内源融资是从企业内部开辟资金来源,筹措所需资金。如果收购方在收购前有充足的甚至过剩的闲置资金,则可以考虑使用内部资金并购。但是,由于并购活动所需的资金数额往往非常巨大,而企业内部资金毕竟有限,利用并购企业的营运现金流进行融资有很大的局限性,因而内源融资一般不能作为企业并购融资的主要方式。

并购中应用较多的融资方式是外源融资,即企业从外部开辟资金来源,向企业以外的经济主体筹措资金,包括银行信贷资金、非银行金融机构资金、发行证券筹集资金等。

(1)并购融资工具的选择。

优先债:信用贷款、保证贷款、抵押贷款、银行承兑票据、银行展期债务。

次级债:商业票据、租赁类债务融资、卖方融资、优先级从属债务、垃圾债券、次级票据。

优先股:不可转换优先股、可赎回优先股、累积可赎回优先股。

普通股:管理层持股、机构投资者持股、金融企业持股、风险投资持股、非金融机构投资。

(2)融资成本与融资风险。

融资风险的受偿顺序依照优先债务、从属债务、优先股、普通股递减;而融资成本预期收益依照优先债务、从属债务、优先股、普通股递增。

(3)融资原则。

第一,尽可能用夹层融资工具;第二,保持财务弹性,以应对必要的债务重组及营运所需的资金。

七、交易后组织设计

收购方的战略目标很大程度上决定了收购后的组织形式。如果在收购后立即整合目标方的经营业务,将会采取公司制或分支机构制,通过此种组织形式,收购者可能获得最大程度的控制权。其他的组织形式,如合资公司或合伙制由于所有权分散决策效率不高,势必会降低收购方对目标方整合的效率。

当买方是金融投资者,目标方是国外企业,或者采取额外收益支付(即对赌条款)的方式时,此时最好的选择是将目标方作为一个完全独立的子公司来管理控股公司结构,在额外收益支付协议中,收购方必须保持目标方在很大程度上的独立性,即保证其运营不受收购方其他运作的干扰,目的是尽量减少引起法律诉讼的可能性。如果收购方为法律额外收益支付协议规定,当目标方要求的额外收益支付不能兑现时,它将会向法院起诉收购方采取了非法行动阻挠。此外,国外使用的法律条文也可能对收购后的组织形式产生影响。最后,由于财务收购者没有兴趣长期经营目标方,财务收购者往往会选择控股公司的形式。

如果收购者认为与目标方相联系的风险较大,那么其采取合伙制或者合资公司的结构形式是合适的,在这种结构下,可以把其财务支出局限在其投资数量上。目标方也可以从合伙制或合资公司中得益,原因在于其伙伴或者其他所有者可能会提供宝贵的专门技术,这些专门技术或许可以减少公司的整体运营风险。

八、会计处理

并购财务报表的处理方法主要有两种：购买会计法和权益联营法。购买会计法用于当一个公司收购另一个公司不符合权益联营的情况，而权益联营法则是把原来两个相互独立的股东集团看作一个单一群体来处理的财务报表方法。一个公司被另一个公司收购意味着控制权的变化。然而在权益联营法中，控制权却没有发生任何变化，收购方和目标方的股东支付的佣金是完全相同的，因为在交易之前，其都得把两个企业的市场价值加起来以得到兼并后的市场价值。

九、税收规划

税收规划是指在遵守税法规定的前提下，并购各方通过调整交易结构，尽可能地增加纳税优惠和减少纳税负担，从而降低并购活动的成本，并提高并购后公司的整体价值。具体包括：收购方、目标方及其股东可能面临的纳税地位变化。

税收一直是企业并购的重要成本之一，尤其是1994年新税制实施以来，税制改革和税收征管的不断完善已将企业推向了全面税收约束的市场环境中，税收是企业在并购的决策和实施中不可忽视的重要规划对象，如何依法税收并主动地利用税收杠杆将企业并购的各个环节同减轻税负结合起来以谋取最大的经济利益，已成为企业经营理财的重要组成部分，这既是企业的权利，也是企业在全球性竞争中获胜的客观需要。目前国内的并购业务也已成为我国资本运作的一道风景线，企业并购对企业和整个社会经济都产生了巨大的影响。应当注意的是，并购是一个相当复杂的过程，而并购成本（包括税收成本）的高低直接影响到并购能否成功。

作为国家调控经济的杠杆，任何形式的税收及其变更，会通过改变企业的税前和税后的现金流量，来对企业的并购决策施加影响。因而税收效应尤其是税收减免政策一直是企业并购中的重要考虑因素，其动因主要有以下几个方面。

（1）目标方资产价值的改变是促使并购发生的强有力的税收动机。

根据会计惯例，企业的资产反映其资产的历史成本，折旧的计提仍以资产的历史成本为依据。在通货膨胀时期，资产当前的市场价值大大超过其历史成本。企业通过并购，抬高收购方可折旧资产的税基（即增加其账面价值）增大了资产折旧税的规避，这在一些情况下为收购方创造了大量税收节余。通用公司对电子数据系统公司的26亿美元的收购就是最好的一例，这一收购的后果之一是通用公司获得了折旧资产20亿美元的账面价值增加，连续5年每年产生4亿美元的税收抵扣。

（2）将常规收益转化为资本收益。

一个内部投资机会较少的成熟企业可以收购一家成长型企业，从而用资本利得税来代替一般所得税，因为成长型企业没有或只有少量的股利支出，但要求有持续的资本性或非资本性支出，收购方为减少应缴纳一般所得税的股利支出可以为目标方提供必要的资金，在以后企业便可以将目标方卖出以实现资本利得。另外，有着许多投资机会的成长型企业通常采取不分红的策略，并因此吸引了一批偏好这种不分红策略的股东。但当增长速度减慢、投资机会减少时，如果继续不分红，积累的大量收益就面临被税务部门征收惩罚性所得税的风险（美国），如果该企业的股票是在公开市场交易的，其股东可以简单地将股票出售给其他偏好股利收入的投资者，除了该股票的市场价格应该反映预期未来收益的贴现值，不需缴纳股利所得的普通个人所得税,而出售该股票的股东将实现资本利得。如果该企业是充分控股的,那么股东的唯一选择就是将其出售给其他企业,出售价格同样将反映未来收益的贴现值。

(3)未使用和无法使用的净经营亏损及税务递延。

通过并购重组继承税收优惠权,原目标方享受的税收优惠政策直接转嫁到并购企业中去。一个具有累计净经营亏损的企业会成为一个具有大量盈利的企业的并购对象,通过并购使得并购企业得以合法避税。被合并企业合并以前的全部企业所得税税收事项由合并企业承担。以前年度的亏损,如果未超过法定弥补期限,可由合并企业继续按规定用以后年度实现的与被合并企业资产相关的所得弥补。

(4)杠杆收购中并购融资产生的财务杠杆效应。

从一些国际并购案例来看,债务融资通常不低于购买价格的50%。而债务由目标方的资产来保证,一般通过经营产生的现金或出售目标方的资产来偿还。在税收规定中,一般利息支出允许在税前扣除,所以高财务杠杆效应会带来大量的节税收益。但由于利息支付在减少企业税收额的同时,大大削减了政府的财政收入,因而各国政府会采取相应的限制性措施,主要是规定债务对权益资本的比例,超过比例的利息支付将被视为派送股息而征收预提所得税。

第三节 收购方式的设计

一、直接收购与间接收购

直接收购是指收购方直接向目标方提出并购要求并形成对目标方直接控制关系的收购行为。间接收购指收购方通过股权收购或投资关系、协议、其他安排等方式,获取目标方的母公司或控股股东的控制权,从而间接控制目标方的收购行为。

间接收购的操作一般比较灵活,方法也比较多样,实践中主要有收购方直接收购大股东股权、向大股东增资扩股、出资与大股东成立合资公司、托管大股东股权等几种方式。

(1)直接收购大股东股权。这是最普遍也是表现最直接的方式,收购方直接收购大股东的部分股权并实现对大股东的控制,间接获得对目标方的控制权。收购方需要有实际的现金流出,来支付目标方大股东控股方转让股权所需的资金。

(2)向大股东增资控股。收购方对目标方的母公司增资扩股而成为母公司大股东,通过获得目标方母公司控制权,进而实现对目标方的间接控制。该种方法可规避收购方的实际净现金流出,收购方所出资金的控制权仍掌握在自己控制的公司中。

(3)合资式收购。收购方与目标方母公司成立新公司,收购方在新公司中处于控股地位,从而实现对目标方的间接控制。这种方式与增资大股东在本质上基本相同,甚至可以认为是向大股东增资扩股的一种特殊方式。

(4)托管。大股东把持有的目标方股份委托给收购方管理,委托收购方来行使大股东的股权,从而使收购方控制目标方。

二、正向收购与反向收购

一般的收购完成后,收购方获得标的的实际控制权。但有的收购则出现相反的情况,交易的结果导致法律形式上的收购方的控制权被形式上的转让方获得，收购方成为经济实质上的标的方，这样的收购即称为反向收购。

2008 年的《企业会计准则讲解》对反向收购进行了明确规定：以发行权益性证券交易股权方式进行的非同一控制下的企业合并，一般情况下将购买方认作为发行证券的一方，但若发行证券的一方在合并后其生产经营决策权被另一方所控制的，发行证券一方在会计上作为被购买方（法律上为母公司），这就是企业合并中的反向收购。在资本市场中，非上市公司可借助反向收购的方式实现买壳上市。

例如，S 上市公司原发行在外的普通股为 1000 万股，现定向向非上市 F 公司股东增发 4000 万股普通股，从而享有 F 公司 100% 的股权。合并后，F 公司原股东持有 S 公司的股权比例为 80%[= 4000/(1000 + 4000)]，拥有控制权；从实质上分析，这种企业合并，发行股票购买 F 公司的 S 上市公司，不是购买方，而是成了被购买方；F 公司由于拥有合并后企业集团的控制权，才是购买方。购买方与被购买方，就其实质与形式来说，恰恰是颠倒的、相反的。

反向收购实质上是反向吸收合并。不论正向或反向的吸收合并，如果交易经由子公司达成，则构成三角兼并。**三角兼并**（triangular merger）是指在一项交易中，兼并公司先设立一家全资子公司，然后将目标方与该子公司合并，同时目标方的股东收到的补偿中至少有 50% 是母公司的股票（其余可以是现金、债券或其他财产）。三角兼并根据目标方与子公司合并的方式可以分为前向三角兼并和反向三角兼并。当目标方被子公司兼并时，三角收购被认为是**前向三角兼并**（forward triangular merger）；当子公司被目标方兼并时，则称为**反向三角兼并**（reverse triangular merger）。以前向三角兼并为例，其过程如图 11-3 所示。

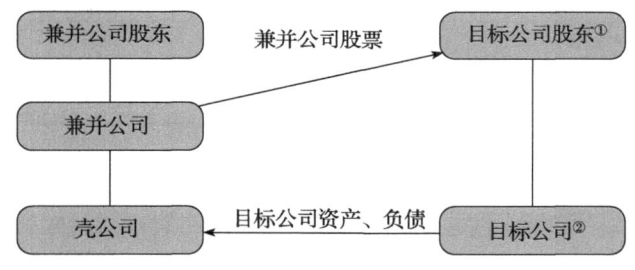

图 11-3 前向三角兼并

①合并完成后，目标方股票注销，原目标方股东放弃其持有的原目标方股份，换取兼并公司的股票。
②合并完成后，目标方注销，其资产、负债整体合并到兼并公司中。

在前向三角兼并中，第一步，兼并公司首先设立一个壳公司，并将兼并公司的股票注入这个壳公司中；第二步，新设立的壳公司用注入的兼并公司股票换取目标方的股票或者资产，目标方被注销，从而实现新设立的壳公司将目标方兼并。交易完成后，目标方消失，原目标方的资产和负债由新设立的壳公司继承，而兼并公司的股东则由原兼并公司和原目标方的股东组成。

根据美国的《国内收入法典》（International Revenue Code），在前向三角兼并这种交易结构下，如果整个交易满足了下列条件，那么这项交易将被认定为免税交易：

● 母公司控制子公司；
● 使用的是母公司的股票，而不能使用子公司的股票；

- 满足认定为 A 型重组[○]的条件（符合州、地区兼并法，保持所有权和业务的连续性）；
- 目标方的全部所有权基本上被收购。

《国内收入法典》规定，如果交易前目标方持有的净资产市场价值的至少 90% 和总资产市场价值的至少 70% 参与交易了，那么就满足了上述第 4 条的规定。

在交易的第二步，如果由目标方将子公司兼并，那么这项交易就构成了一项反向三角兼并。

在美国的实践中，前向三角兼并是上市公司采用的最为常见的免税重组形式，而反向三角兼并的结构由于存在较多限制而比较少见，通常只有在由于存在执照、租赁、贷款担保、管制要求或其他限制的情况下，有必要保留目标方时，才采用这种结构。

三、资产收购与股权收购

资产收购是指收购方以现金或其他有价证券为对价，收购卖方公司全部有形或无形资产而接管卖方公司业务的行为。股权收购是指收购方通过一定方式购买目标方的股权，当其获取的股权达到一定比例后，取得该公司控制权的一种市场交易行为。资产收购和股权收购的相同点为二者的目的均在于凭借财产权及股权的控制，掌握公司的经营权，并以此实现获利。不同点主要体现在如下几个方面（见表 11-1）。

表 11-1 股权收购与资产收购的差异

	股权收购	资产收购
交易主体	主体为收购方和目标方的股东	主体是收购方和享有该资产的目标方
收购标的	标的为目标方股东对目标方所享有的股权	标的是目标方的有形或无形资产
支付对象	目标方股东	目标方
目标方的影响	目标方的股东发生了变化，而对目标方的资产无任何影响	目标方资产形态发生变化

从收购方的角度考虑，股权收购具有如下优点。

（1）不需要获得目标方的同意。股权收购的主体是收购方和目标方的股东，因此收购不需要取得目标方的同意，也不需要征得目标方管理层的同意，交易的决策权在各个分散的股东的手中。因此目标方管理层不能从根本上阻止股权收购的实施。

（2）需要的收购资金相对较小。就股权收购而言，只需要取得目标方的控制权就可以了，一般而言，拥有公司 50% 以上股权就可以控制目标方，这种控制权称为绝对控制权，但是对于一些股权比较分散的公司来说，收购方取得 50% 以下的股权就可以控制该公司，因此在很多情况下，收购方只需要部分出资就可以控制目标方，从而实现以少量资本控制大量资本的目的。

（3）法律程序简单。在法律程序上，股权收购只要收购方与目标方的股东达成协议收购股权，并取得目标方的股权优势后，再进行董事、监事改选即可。但是如果采取资产收购的方式，则必须根据《公司法》，由目标方的董事会、股东会做出特别决议，交易双方签订协议之后，还要公告并通知债权人。虽然股权收购的程序比较简单，但是收购之前也要进行一系

○ 根据美国《联邦税收法典》，公司重组主要分为七大类：A 型、B 型、C 型、D 型、E 型、F 型以及 G 型重组。其中，A 型重组被定义为法定兼并或合并，即 A 型重组必须是按照美国联邦或各州的公司法实施的兼并或合并。

列的信息收集、资金筹集、收购策略的制定等前期工作。

资产收购具有如下优点。

（1）可以避免目标方向收购方转嫁"或有负债"。在进行资产收购过程中，交易双方必须对交易的资产进行逐项核对，进行清产核资和评估。这样就可以比较准确地评估和避免负债的影响。同时收购方也可以在收购资产的同时剔除某些负债，除非资产收购的结果形成法定合并。但是在股权收购中，收购方作为目标方的股东，当然要对目标方的债务负责。

（2）可以避免少数股东的阻挠。如果采取股权收购的方式，部分股东想继续保留公司的股份而不愿意出售手中的股票，那么可以采取资产收购的方式避开上述股东的阻挠。

但是与股权收购相比，资产收购具有以下几种弊端。

（1）收购方不能承继目标方的税收优惠。在资产收购中，由于目标方的法律主体地位的独立，收购方将不能享有目标方的税收优惠。但是如果采取股权收购的方式，由于收购方和目标方的法律地位不变，目标方的税收优惠将会得到保留。

（2）税收成本较大。采取资产收购的方式，目标方除了缴纳企业所得税外，还要缴纳土地增值税、交易税等。如果目标方出售全部资产之后解散，分配给股东的投资金额还要由股东缴纳个人所得税。但是采取股权收购的方式，交易发生在收购方与目标方的股东之间，目标方不承担任何税收支出。

（3）收购方不能承受目标方因亏损而带来的所得税减免。在股权收购中，由于收购方和目标方的法律主体和会计地位不变，目标方的以前年度的亏损被保留下来，可以抵减以后年度的所得额。但是在资产整体收购的情况下，存续公司能否承受目标方的亏损额，各个国家和地区有不同的规定。

从转让方看资产收购的优点在于，可以保持公司形式，可以继续拥有未被收购的有形资产和无形资产，如许可证、特许经营权和专利等；可以在未来的经营活动中继续使用公司标志；可以保留纳税证明及其经营亏损证明，用于未来的避税。缺点在于征税问题：如果资产出售价格很高，转让方需要为此项交易支付较高的税收。

从转让方看股权收购的优点在于，目标方的股东不再承担经营过程中的责任和义务，除非双方协议目标方股东需要对未披露的债务或责任进行赔偿；目标方股东不必费心去处理那些自己不希望保留而又未被出售的资产。缺点在于，目标方股东无法选择出售资产或保留资产，同时还失去了经营亏损证明和纳税凭证。

扩展阅读

价格并非谈判重点

2009年6月5日，新华都与英博做了交割，从英博手中接过了青岛啤酒（以下简称"青啤"）7.01%的股权。这是我经历过的时间最短的一次谈判，整个实质性谈判过程不到一天。

当英博准备出售其持有的青啤股权时，其实他们有很多选择。新华都面临的问题主要有两个：一是如何说服英博选择新华都作为出售对象；二是价格。

中国人谈判一般先谈价格。因为中国人的逻辑是：没有买不到的东西，只有谈不成的价格。但美国人很多时候不是这样，他们更重视选择交易对象，而价格往往是最后才考虑的因素。

得知英博准备出售青啤股份后，新华都表达了收购意向。很快，双方约定见面商谈。在与英博谈判代表见面的头两个小时里，关于价格，新华都没有提一句话。我知道自己要做的第一件事是让英博谈判代表认同我们。那两个小时里,我花了很多时间来介绍新华都,介绍陈发树的投资理念,介绍我自己的背景……目的无非是要告诉对方:我们这家公司是有国际眼光的,是具有长期战略投资计划的,不像很多公司只是想买个便宜货再倒手卖出去。

英博方面也问了诸如"为什么会对青啤感兴趣"这样的问题。我回答,新华都觉得青啤的核心市场竞争力、品牌、百年历史都是极具价值的,尤其是管理团队。一说到管理团队,他们就非常有共鸣,因为在英博持股的这些年里,青啤的团队和他们一起工作过,受过他们的很多影响,英博在帮助青啤提升质量、管理制度等方面做了很多工作。所以,我夸青啤的团队,就等于间接地夸英博。

就这样,花了两个多小时,我让对方完全认同了新华都和陈发树这个交易对手,接下来就要谈价格了。

按照国际惯例,一般收购价是前一天股票收盘价加上10%的溢价。在我们开始谈判的前一天,青啤在H股市场的价格是21.5港元。最开始,我和陈总商量,21.5港元是可以接受的。没想到,一开始谈价格,英博的谈判官就亮出了他的底线:20港元。说实话,这个价格相当优惠。

但既然是谈判,我们就要根据自己的标准提条件。经过计算,我们提出了19.71港元的价格。这个价格压得很低,当时我自己心里也没底。因为对方已经表明了底线,按照美国人的规矩,谈判官已经没有权再降价了。

好在由于对方认可了我们,首席谈判官在几次电话请示上级未果后,越权给了我们19.83港元的价格。后来他跟我说:"其实我不应该一开始就告诉你们底价,没有一个谈判者会把自己的底价告诉对方。我很笨,我把底价都告诉你了。为什么?因为我认同你们,我不跟你们争了。"

在他看来,虽然要退出青啤,但英博仍希望能把青啤的股权卖给一个能让青啤满意、能给青啤带来价值提升的买家。"英博和青啤都是有着百年历史的企业,我们做事考虑的是长远价值,不希望因为这件事影响双方之间的信任。"而站在英博的角度来看,把青啤的股权卖给我们,不但有利于青啤的未来发展,而且也有利于英博在中国保持一个相对完美的形象。

说真的,这种情况出现的概率很低,我觉得自己挺幸运的。其实我和陈发树董事长私下已经商量过,如果对方真不让步,咬住20港元的底线,我们最后还是会接受的。

之后,我再次见到英博的谈判官时,他对我说:"骏,你是一个非常会谈判的人。"我问为什么?他说:"你太清楚我们想听的东西了,你太了解美国人的思维方式了。你一上来就能抓住重点,从管理的角度看到青啤的价值,说明你的眼光很独到。因为好的管理团队是一个基业长青的公司必须具备的,而你正好把它放在最重要的位置。这是一个真正的国际型投资专家的素质。"

他还开玩笑说:"我是把刀架在脖子上跟你签这个协议的。你倒好,签完就不管了,都不问一问刀子有没有割下来。你这个人,看上去好像很讲义气,其实很不够朋友啊。"

我也笑着说:"凭你这样的高手,难道还说服不了总部?"

他认真地告诉我,在回到英博后,他是这样说服上司的:如果当时不让步,这个单子很可能就丢掉了。当然,丢了这个单子并不意味着那些股份卖不掉,肯定能卖掉,而且还能卖得更贵。但是,你再也不能为青啤找到比新华都、陈发树、唐骏更好的合作伙伴了。我们英博难道真的在乎那几百万美元吗?为什么不给青啤留下个好印象?为青啤的未来留下更好的发展可能?而且,英博在中国还有其他的工厂和合资公司,为青啤考虑也是为英博未来的形象考虑。

就是这几句话,得到了英博总部的认同。在大多数时候,美国人的确把企业形象看得比钱更重要。

资料来源:《中华英才》杂志,作者:罗影、陈培婵。

第四节 支付方式的设计

一、现金购买资产式并购

现金购买资产式并购是指并购方使用现金购买目标方全部或绝大部分资产以实现对目标方的控制。并购完成后,目标方按购买法或权益合并法计算资产价值并入并购方,原有法人地位及纳税户口取消,成为一个只有资本结构而没有资源和生产要素的"壳公司"(见图11-4)。对于产权关系、债券债务清楚的企业,以现金换资产的支付方式能够做到等价交换,交割清楚,没有后遗症或遗留纠纷。但由于国内企业财务报表可信度有待完善,目标方的财务状况尤其是债券债务关系不太清楚,这会在相当程度上影响并购方单纯以现金出资购买目标方的兴趣。

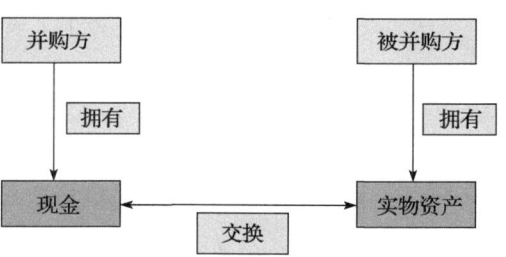

图 11-4 现金购买资产式并购

> **示例 11-1**
>
> 中石化集团子公司东方石化,用现金购买北京化二股份有限公司的所有资产及负债,以便使北京化二成为壳公司,为国元证券借壳上市做好准备。本次交易的出售价格是根据中联资产评估有限公司出具的资产评估报告拟定的,出售价格为北京化二在评估基准2006年9月30日经评估的净资产值 674 080 274.84 元。
>
> 东方石化购买北京化二的资产负债交易结构图如图11-5所示。
>
>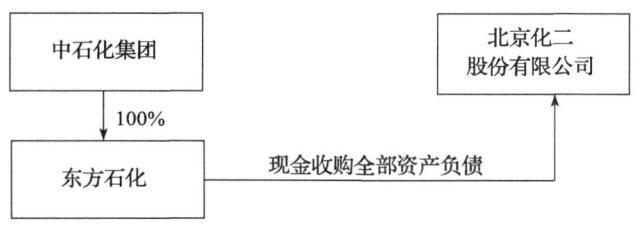
>
> 图 11-5 东方石化购买北京化二资产负债交易结构图

> **示例 11-2**　　　　　　　　**雅戈尔现金收购男装业务**
>
> 交易买方：雅戈尔集团有限公司
> 交易卖方：Kellwood 公司及 Kellwood 亚洲子公司
> 交易标的：整体男装业务
> 交易介绍：雅戈尔出资 1.2 亿美元收购了纽约交易所上市公司 Kellwood（KWD.NYSE）的整体男装业务，包括其亚洲的 16 家公司股权和美国的相关业务和人员。
>
> 雅戈尔收购 Kellwood 的整体男装业务交易结构图如图 11-6 所示。
>
>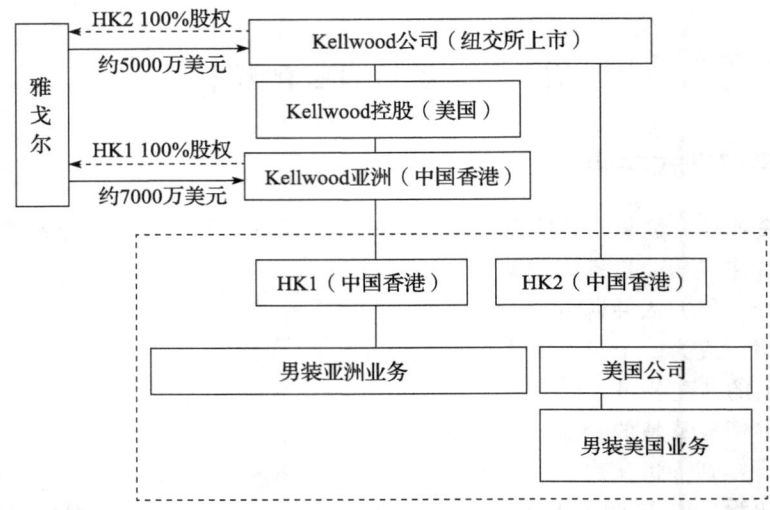
>
> 图 11-6　雅戈尔收购 Kellwood（KWD.NYSE）的整体男装业务交易结构图

二、现金购买股票式并购

现金购买股票式并购是指并购方使用现金、债券等方式购买目标方一部分股票，以实现控制其资产及经营权的目标。出资购买股票既可以通过一级市场进行，也可以通过二级市场进行（见图 11-7）。通过二级市场出资购买目标方股票是一种简便易行的并购方法，但因为受到有关证券法规信息披露原则的制约，如购进目标方股份达一定比例，或达到该比例后持股情况再有相当变化都必须履行相应的报告及公共义务，在持有目标方股份达到相当比例时便要向目标方固定发出公开收购要约。这些要求很容易为目标方所利用，哄抬股价，而使兼并成本激增。并购方如果通过发行债券的方式募集资金进行兼并，则容易背上巨大的债务负担。

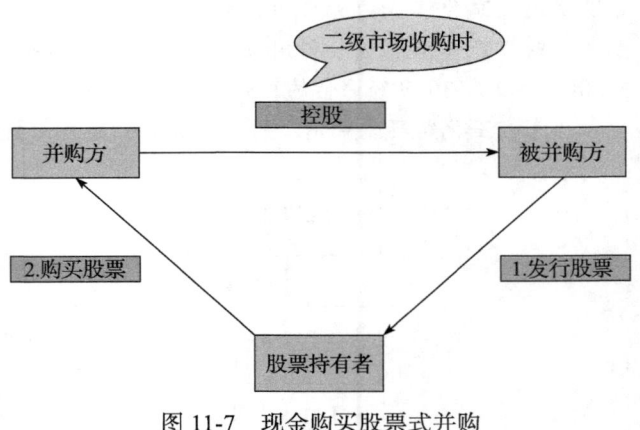

图 11-7　现金购买股票式并购

示例 11-3　宝安收购延中

宝安企业集团成立于 1983 年，1991 年 6 月上市，宝安在房地产、高科技、金融证券等领域取得了较大的发展，为了进入上海市场，1992 年年底，宝安开始策划通过证券市场收购上市公司，并选中了延中。上海延中实业股份有限公司成立于 1985 年，没有发起人股，91% 为社会公众股，延中股本小，仅 3000 万，收购或控股不存在资金上的问题。1993 年 9 月，宝安开始大规模收购延中股票，至 9 月 30 日，宝安总持股比例达到 15.98%。

宝安收购延中的交易结构图如图 11-8 所示。

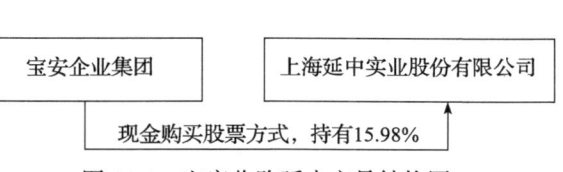

图 11-8　宝安收购延中交易结构图

示例 11-4　中国黄金现金收购金山矿业股权

交易结构：购买股份

交易买方：中国黄金集团

交易卖方：艾芬豪矿业公司

交易标的：金山矿业公司 41.99% 股份

交易介绍：中国黄金集团在香港设立中国黄金集团香港有限公司，中国黄金集团香港有限公司与艾芬豪矿业有限公司于 2008 年 4 月 10 日签订的《股份购买协议》，中国黄金集团香港有限公司总计出自 217 685 095.69 加元协议收购目标方 41.99% 股份。

中国黄金集团收购金山矿业公司股份的交易结构图如图 11-9 所示。

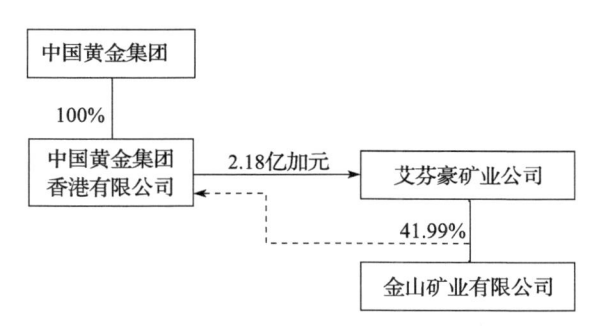

图 11-9　中国黄金集团收购金山矿业公司股份交易结构图

三、股票换取资产式并购

股票换取资产式并购是指并购方向目标方发行自己的股票以交换目标方的大部分资产（见图 11-10）。一般情况下，并购方同意承担目标方的一部分或全部债务。在此类交易结构中，目标方应承担两项义务，即同意解散 B 公司，并把所持有的并购方公司股票分配给目标方股东。这样，A 公司就可以防止所发行的大量股份集中在极少数股东手中。并购方与目标方之间还要就目标方的董事及高级职员参加并购方的管理事宜达成协议。

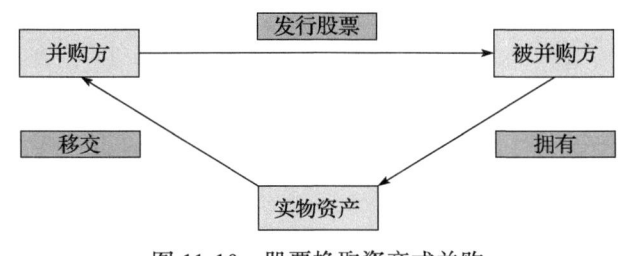

图 11-10　股票换取资产式并购

> **示例 11-5**   **太钢不锈发行股份购买资产**
>
> 交易买方：太钢不锈
> 交易卖方：太钢集团
> 交易标的：太钢集团未上市的主业资产
> 交易介绍：太钢不锈非公开发行股份，太钢集团以其未上市的主业资产为对价认购新股，实现了太钢集团钢铁主业的整合，有利于避免同业竞争，减少关联交易，提升公司业绩。
>
> 方案实施前的交易结构图如图 11-11 所示。
> 太钢集团整体上市的交易结构图如图 11-12 所示。 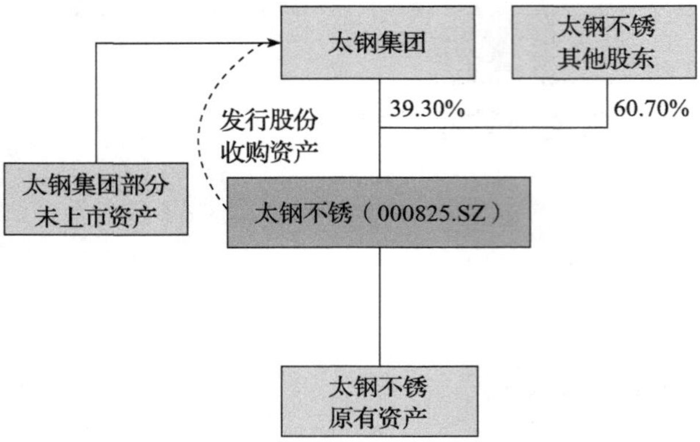
>
> 图 11-11 方案实施前的交易结构图 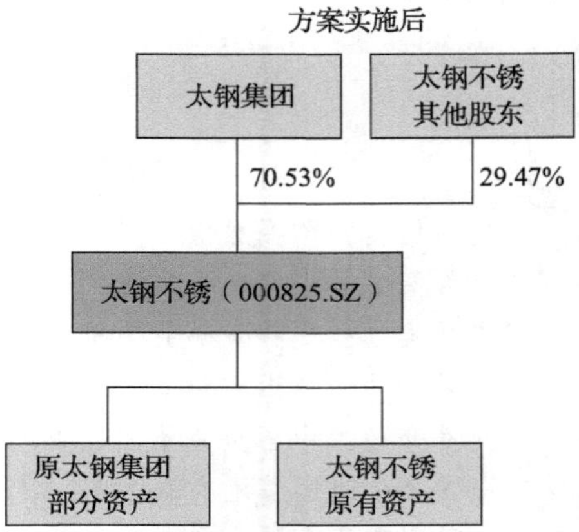   图 11-12 太钢集团整体上市交易结构图

四、股票互换式并购

股票互换式并购是指并购方直接向目标方股东发行自己的股票，以交换目标方的大部分股票。即以自己的少量股票换入目标方的全部或大部分股票，以实现控股目的。并购完成后，目标方就成为并购方公司的子公司，或通过解散而并入并购方公司中（见图 11-13）。不论是哪种情况，目标方的资产都会在并购方公司的直接控制之下。目前，世界上大多数的并购交易都采用此种方式。

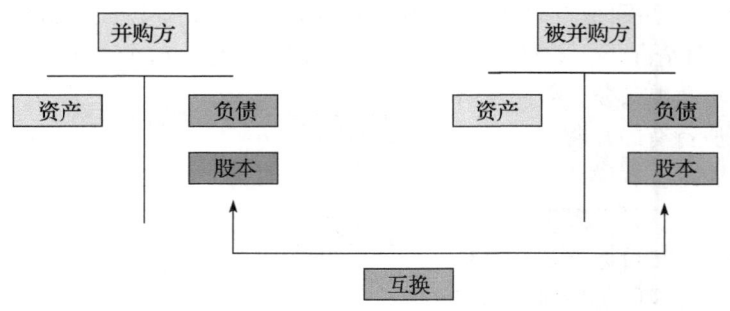

图 11-13 股票互换式并购

示例 11-6　清华同方换股收购鲁颖电子

1988年10月30日，清华同方董事会刊登公告称，清华同方向鲁颖电子股东定向增发清华同方人民币普通股15 172 328股，按照每1.8股鲁颖电子股份可换1股清华同方，清华同方由此换取鲁颖电子股东手中所持有的全部鲁颖电子的股份，鲁颖电子全部资产并入清华同方。此案开创了我国换股收购的先河。

清华同方兼并鲁颖电子的交易结构图如图11-14所示。

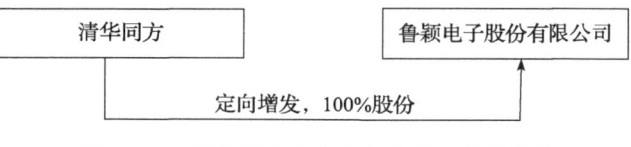

图 11-14　清华同方兼并鲁颖电子交易结构图

示例 11-7　潍柴动力换股吸收合并湘火炬

交易买方：潍柴动力股份有限公司

交易卖方：湘火炬汽车集团股份有限公司

交易标的：湘火炬除潍柴动力（潍坊）投资有限公司（潍柴投资）所持股份外，未行使现金选择权的股份及中信信托所持全部股份

交易介绍：潍柴动力发行A股，并将新发行股份全部作为合并对价，换取湘火炬除潍柴动力（潍坊）投资有限公司（潍柴投资）所持股份外，未行使现金选择权的股份及中信信托所持全部股份，实现对湘火炬的换股吸收合并。合并过程中，湘火炬注销法人资格，湘火炬的股份（潍柴投资所持股份除外）全部转换为潍柴动力新发行的股票。

潍柴动力换股收购湘火炬的交易结构图如图11-15所示。

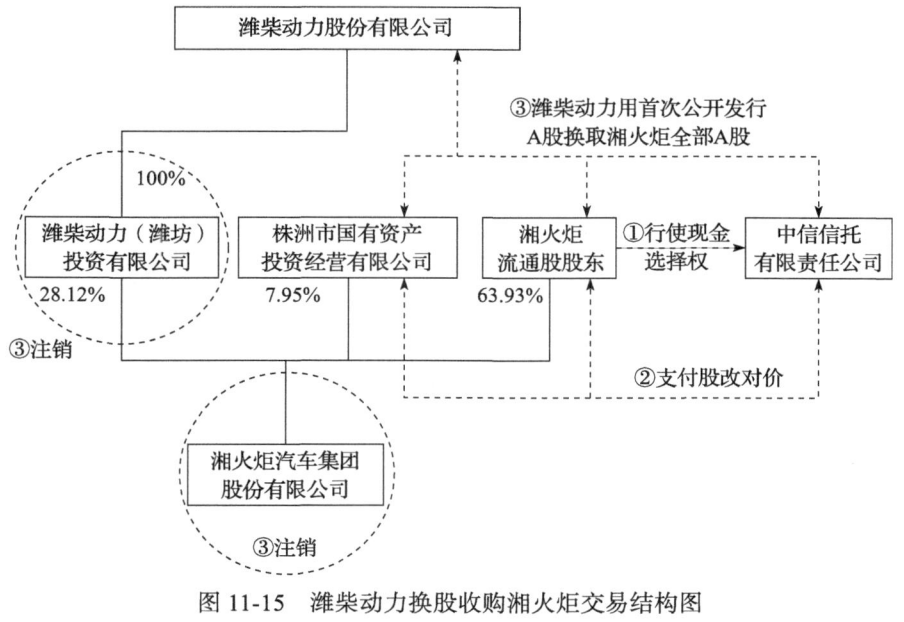

图 11-15　潍柴动力换股收购湘火炬交易结构图

五、承债式并购

在目标方的债务和资产基本相等的情况下,并购企业并不需要用资金,而只是承担企业债务即可。目标方债务根据有关国家政策可以停息、免息,有的可以用国家呆账准备金核销,同时,目标方债务还可以推迟 3~5 年偿还。

示例 11-8　仪征化纤收购佛山化纤

1995 年 8 月 28 日,仪征化纤股份有限公司以担保债务方式,购买佛山化纤联合总公司及其附属公司的全部产权。截至 1994 年 10 月底,佛山化纤账面总资产 13.9 亿元,总负债为 20 多亿元,资不抵债近 7 亿元。1995 年 6 月协议确定转让价格为 13.92 亿元,仪征化纤以承担与转让价相等的佛山化纤债务额的形式,受让其全部产权。

仪征化纤收购佛山化纤的交易结构图如图 11-16 所示。

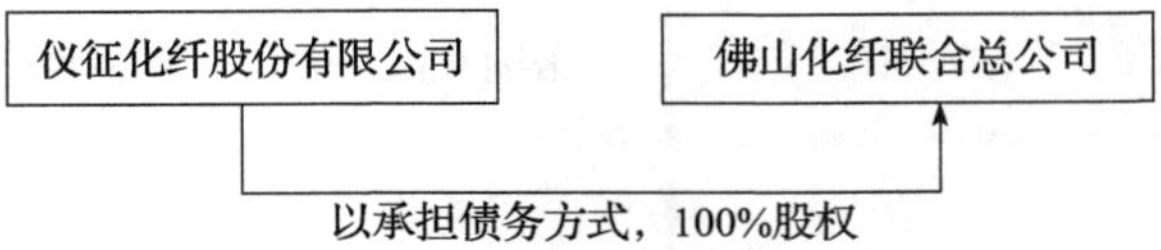

图 11-16　仪征化纤收购佛山化纤交易结构图

示例 11-9　辰州矿业零价收购渣滓溪锑矿

交易买方:辰州矿业

交易卖方:湖南安化国资委

交易标的:渣滓溪锑矿全部经营性资产和债权债务

交易介绍:辰州矿业以零价格整体接收渣滓溪锑矿全部经营性资产和债权债务以及全部在册员工。渣矿改制后将更名为湖南安化渣滓溪矿业有限公司,辰州矿业将在改制时以现金向新公司注资 5000 万元,改制后新公司注册资本为 5000 万元,新公司为辰州矿业的全资子公司。

辰州矿业零价收购渣滓溪锑矿的交易结构图如图 11-17 所示。

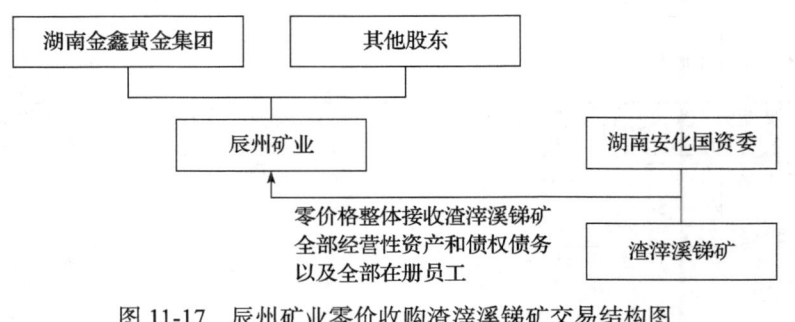

图 11-17　辰州矿业零价收购渣滓溪锑矿交易结构图

六、债权转股式并购

债权转股权式企业并购指最大债权人在企业无力归还债务时,将债权转为投资,从而取得企业的控制权。此种方式的长处在于，既解开了债务链又充实了企业自有资本，增加了管理力量，可能使企业从此走出困境。例如，下游企业或组装企业无力支付上游企业或供货企业大量货款时，以债权转股权方式收购控制下游企业便成为纵向兼并最便捷的途径。

由于债权转股权多是迫不得已而选择的并购方式，成交价格以债务为准而非以评估后的企业实际价值为准，因此买卖双方均可能获利也可能蒙受损失。承担债务模式和债权转股权模式都属于特定经济环境下的企业购买结构，从发展趋势看，它们将逐步让位于更规范、更合乎市场经济要求的购买结构。如当企业出现资不抵债或资大于债但现金流量不足以支付利息时，先进入和解整顿程序，了结债权债务关系后，再由其他企业购买剩余资产，便比较合理了。

七、附加期权

企业在实施并购过程中往往对目标方某些方面不甚满意，或认为存在若干不确定因素可能导致并购后的业务整合难以实现，如管理人员的潜质及合作态度、新产品的市场前景、区域性经济环境对企业的影响等，特别是对于初次进入某一领域（行业或地区）的公司而言，他们对行业总体供求、市场周期、竞争者情况等缺少判断把握的能力，若贸然接手，可能导致巨大风险。出于稳健的原则，购买部分股权加期权正是为解决上述问题而设计的购买结构，此结构实际上是一种分步收购方案。具体做法是：在与卖方签订购买部分股份协议的同时，订立购买期权的合约（明确数量、价格、有效期、实施条件等）。

在西方国家，期权有三种类型，一种是买方期权，即实施期权的主动权在买方。这种安排对买方十分有利，但很难为卖方接受，除非别无选择或卖方可从期权价格中获得好处。买方期权对买方也有不利之处，一是它可能要支付较高的代价获得期权；二是如果情况背离其预期，而最终决定不实施期权，那么收购就变成了参股。控制权拿不到，已买股权又退不掉，这已违背了买方的初衷。尽管如此，这种结构安排毕竟使买方避免了更大的风险。与买方期权相对，卖方期权控制实施的主动权在卖方，换言之，卖方要实施期权时，买方只能接受。尽管此种安排对卖方有利，但若买方认为并购可实现更大的利益，也可采用此种购买结构。在并购交易中，当买卖双方实力相当、地位相近时，单纯的买方期权或卖方期权难以达成交易，此时可选用混合结构。此结构下，双方均有权要求实施期权，当实际条件不能同时满足双方约定条件时，通常在期权价格中寻找利益平衡点。

除了附加买入期权外，还可以附加转换期权，即可以通过将支付方式设为全部或部分的含权债券实现。含权债券是一种公司债，其性质是发行人在其发行的债券上附加一定的权利，买方可在一定时期享受这种权利。含权债券有两种形式：可转换债和股权性债。

所谓可转换债指债券持有者（收购方）可根据自己的意愿在一定时期内，按规定的价格或比例将债券转换为发行公司（目标方）股票。企业通过大量购买一家公司发行的可转换债来实施并购是一种较为保守的做法。若发行公司朝买方期望发展，买方将决定实施转换，否则便不实施转换，这其中一个重要前提是卖方必须具有可靠信誉和较强的偿债能力，当买方决定不实施转换时能够安全收回资金，否则只能看作一种高风险贷款。借用可转换债的设计思想设计出的股权性债是一种在未转换前不支付利息而与股东一样享受分红的权利的债券形式。买者在并购市场上看好目标方近期盈利但对未来前景把握不准时，通常采用此交易结构。

示例 11-10　康师傅与百事之间的战略协议

交易买方：康师傅控股有限公司

交易卖方：PepsiCo 的全资附属公司 FEB

交易标的：PepsiCo 在中国非酒精饮料瓶装业务的全部权益

交易对价：康师傅控股子公司康师傅饮品的 9.5% 直接权益

交易介绍：康师傅控股与百事公司达成协议，在华建立战略联盟。根据协议，百事将把其在中国装瓶厂中的全部股权出让给康师傅控股附属公司——康师傅饮品，由此获得康师傅饮品 9.5% 的权益，百事全资附属公司 FEB 将间接持有康师傅饮品 5% 的权益，并获授予期权，可增持康师傅饮品权益至 20%。

收购前康师傅饮品控股集团股权架构图如图 11-18 所示。

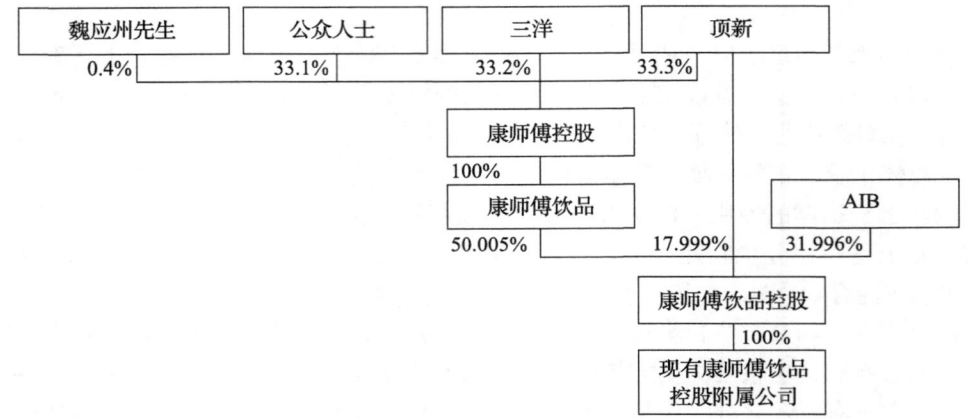

图 11-18　收购前康师傅饮品控股集团股权架构图

收购后（发行股权行使前）康师傅饮品控股集团股权架构图如图 11-19 所示。

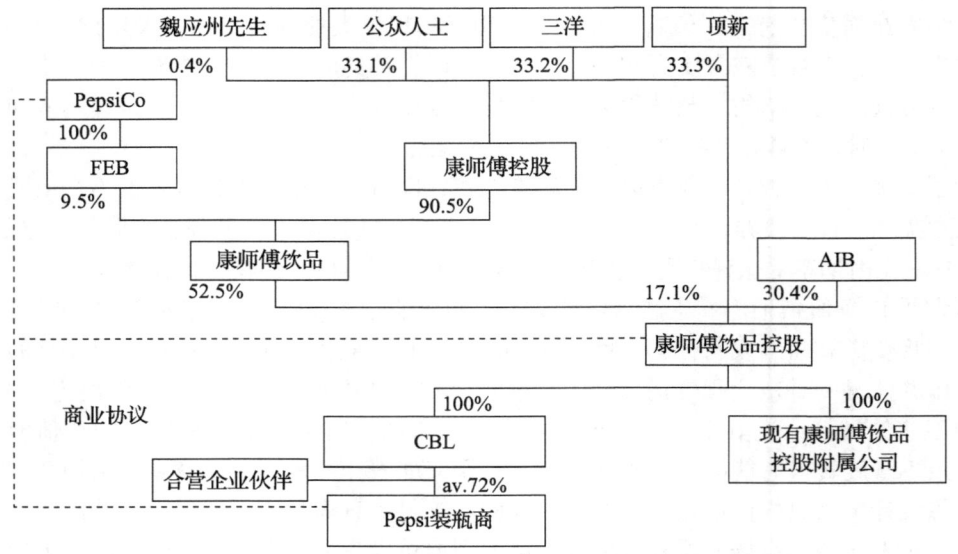

图 11-19　收购后（发行期权行使前）康师傅饮品控股集团股权架构图

发行期权获行使后，康师傅饮品控股集团股权架构图如图11-20所示。

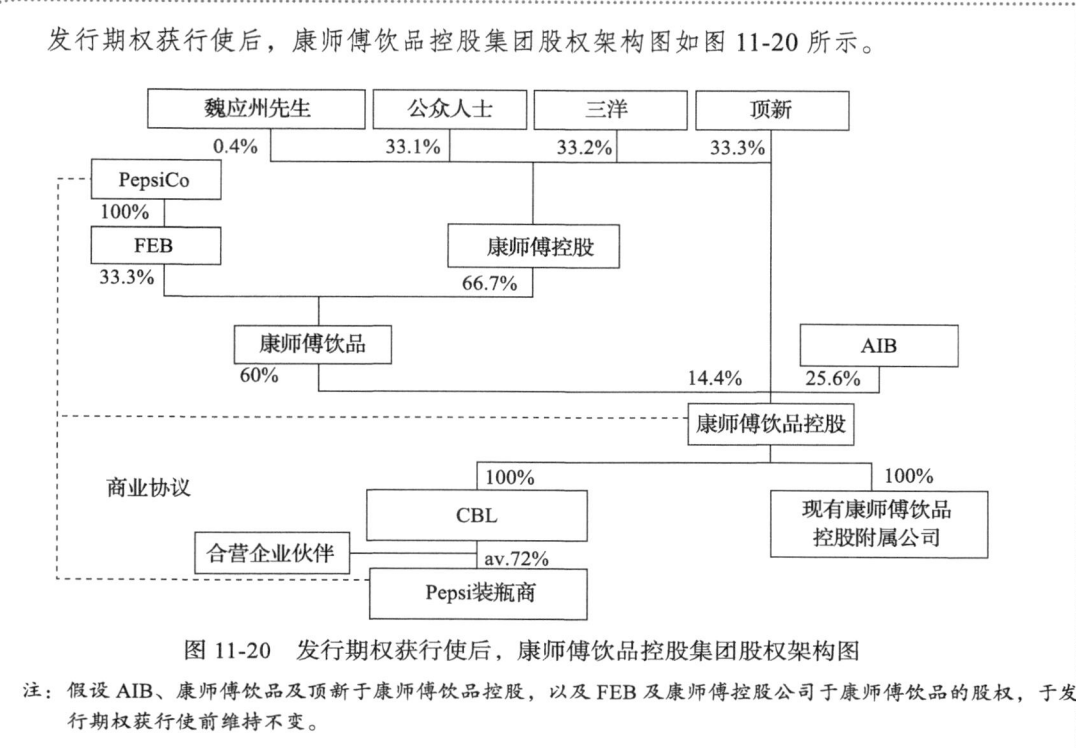

图 11-20　发行期权获行使后，康师傅饮品控股集团股权架构图

注：假设AIB、康师傅饮品及顶新于康师傅饮品控股，以及FEB及康师傅控股公司于康师傅饮品的股权，于发行期权获行使前维持不变。

八、资本性融资租赁

所谓资本性融资租赁结构是由银行或其他投资人出资购买目标方的资产，然后出资人作为租赁方把资产出让给真正的投资者，投资人作为承租方负责经营，并以租赁费形式偿还租金。就法律意义而言，在租金及残值全部偿还之前，租赁方是资产的所有者；租赁费偿清后，承租方才能成为资产所有者。但事实上，承租方从一开始就是资产的实际拥有者，并拟成为最终所有者，甚至租赁方也清楚地知道这一点。之所以采用租赁结构，一方面可能租赁方不具备一笔支付全部资产价格的能力；另一方面，也可能是最重要的，即希望从这种结构安排中得到税务方面的好处，因为租赁费于税前支付可计入成本，这相当于税前归还贷款本金，投资人无疑可从中获得很大利益。当然，在国外此种安排一般也须经税务当局批准，此外，这种结构安排也可用于政府对某些产业发展的鼓励政策中。

在我国，资本性融资租赁有一种变种形式，即抵押式兼并。其做法是先将企业的资产作价抵押给最大债权人，企业法人资格消失，债务挂账停息；然后由债权人与企业主管部门协商利用原企业的全部资产组建新的企业，调整产品结构，开拓新的市场，利用企业收入偿还债务并赎回所有权，这种方式与濒于破产企业在和解整顿期间取得成功相似，所不同的是企业进入和解（重整）期产权不做任何变化。

本章小结

交易结构的设计可谓并购活动中的重中之重。设计一个能够满足各方要求的交易结构，不仅可以促使并购交易的达成，同时也为并购完成后的整合发展奠定了良好的基础。并购双方在设计交易结构时，需以不违反法律法规以及双方意愿为前提，以平衡双方利益并尽可能降低成本、风险为基础，充分考虑交易主体、收购方式、定价方式、支付方式、融资方式、税收规划等内容，经过多次谈判协商，最终使得并购交易能够满足交易双方的利益需求，并可以使得重组后的公司得到良好的发展。

在交易结构的设计内容方面，须重点考虑收购方式的设计以及支付方式的设计。收购方式的不同会影响到交易进行的难易程度；而支付方式的设计涉及税收等划问题以及融资问题，不同的支付方式，直接影响着并购各方的并购成本和并购风险，因此需要与并购双方艰苦博弈，审慎设计。

关键术语

交易结构

练习思考题

1. 根据交易结构设计的约束条件，说明我国企业在进行海外并购时需要注意的方面有哪些。
2. 查询绿地集团借壳金丰投资的案例，分析其收购方式的设计。

案例研究：上汽集团收购南汽集团

2007年12月26日，上海汽车（SH.600104）公告，称其控股股东上汽集团以20.95亿元现金和上海汽车3.2亿股股份的代价收购南汽集团控股股东——跃进集团旗下的全部汽车业务，交易总金额超过为100亿元，国内最大的汽车企业诞生了。

上海汽车工业（集团）总公司（简称"上汽集团"）是中国三大汽车集团之一，主要从事乘用车、商用车和汽车零部件的生产、销售、开发、投资及相关的汽车服务贸易和金融业务。上汽集团2006年整车销售超过134万辆，其中乘用车销售91.5万辆，商用车销售42.9万辆，位居全国汽车大集团销量第一位。2006年，上汽集团以143.65亿美元的销售收入，进入《财富》杂志世界500强企业。

南汽集团现有资产总额120亿元，目前拥有四个整车生产公司，即南汽跃进、南京菲亚特、南京依维柯、南汽新雅途，生产跃进、依维柯、菲亚特、新雅途四大品牌系列400多个品种汽车，年综合生产能力20万辆。

上汽集团与南汽集团的渊源与对罗孚的跨国收购密切相关。2004年12月在英国老牌汽车制造商罗孚（ROVER）破产前，上汽集团以6700万英镑购入罗孚75、25两款车型知识产权（上汽集团基于罗孚的车型荣威已上市）；而随后2005年7月罗孚破产后，南汽集团以5300万英镑收购了MG品牌和ZT、ZR、TF三个车型以及发动机生产分部（南汽集团基于罗孚的车型名爵已上市），而罗孚品牌则落入了美国福特手中。

上汽集团和南汽集团将英国老牌汽车制造商罗孚一分为二后，都觊觎对方得到的东西。南汽集团拥有MG品牌，上汽集团具有雄厚资金实力。而业界都在猜测：双方的合并或许是一条双赢之路。

2007年12月26日，上汽集团和跃进汽车集团签下全面合作协议。根据协议，上汽集团将向跃进汽车集团无偿划转其持有的上海汽车3.2亿股的股份，占上海汽车总股本约4.88%。同时，跃进集团特别承诺不与上海汽车发生同业竞争。与此同时，上海汽车以20.95亿元受让南京跃进汽车有限公司所持有的南汽集团100%股权。

实际运作中，跃进集团的汽车业务，即南汽业务全面融入上汽旗下。其中，整车和紧密零部件业务注入上海汽车；其他零部件和服务贸易资产进入"东华公司"，该公司由上汽集团和跃进集团合资成立，上汽集团拥有75%股权，跃进集团拥有25%股权。交易结构如图11-21所示。

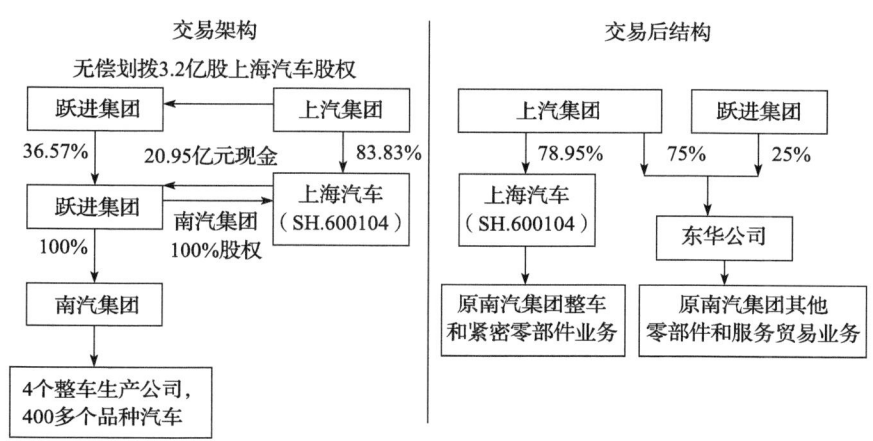

图11-21 上汽集团收购南汽集团的交易结构图

以12月25日上海汽车的收盘价27.01元计算，3.2亿股的市值相当于86亿余元；加上20.95亿元的现金，上南合并交易总金额约106.95亿元。

交易完成后，上汽与南汽两大集团将全面融合，实现一体化管理，具体包括：

（1）南汽集团的名称不变、法人地位不变、注册地不变，产值和税收将全部留在当地。

（2）统一规划、统一研发、统一采购、统一生产、统一营销，发挥各方面的协同效应。

（3）两个集团的乘用车品牌荣威和名爵共存，实行差异化定位、共同发展的路径。名爵偏向于运动时尚，荣威偏重于尊贵稳健。

上汽集团、南汽集团并购中也可以看出与以往联合重组的一些新变化：南汽集团的法人地位、注册地不变；未来三年内，随着南汽集团产能扩大而由此形成的产值和税收将全部留在当地。体现出为了合作的成功，决策者尝试在交易中寻找更多的利益平衡点，也为以后类似的国有企业的行业重组整合提供借鉴。

思考题

1. 上汽集团收购南汽集团涉及哪些难点？如何在交易结构中解决这些难点？
2. 本交易涉及集团公司与上市公司两个层面的交易，这样的设计有何用意？

CHAPTER 12

第十二章 并购后整合

> **学习目标**
> 1. 理解并购后整合的含义。
> 2. 了解并购后整合的价值。
> 3. 了解并购后整合的策略类型。
> 4. 了解并购后整合的具体内容。

第一节 并购后整合概述

一、整合的含义

并购后整合（post-merger integration，PMI）是指当收购方获得公司控制权后对标的所实施的资源重新配置活动。

并购后整合的必要性在于并购目标的实现需要一个过程。并购的早期阶段，收购方往往对收购后标的如何经营进行了种种设想。并购标的交割后，这些设想就需要落地以把潜在的协同效应转化为现实的协同效应，把预期的价值兑现为现实的价值，这项工作就需要并购后整合来完成。正因为如此，从过程学派的观点看，并购后整合是整个并购过程价值创造的最重要的环节。

然而，整合工作不应是从并购后才开始的，在目标方筛选阶段就应开始考虑整合的可行性，在尽职调查阶段就应开始构思整合方案并着手组建整合预备队，整合方案也是并购估值时计算协同效应的基础，在交易条款设计时应兼顾整合风险的防范和预期整合价值的兑现，这些实际上都是并购后整合的准备工作。

二、整合的风险

在并购的整个过程中充满了风险，风险一旦失去控制就会导致并购失败。许多企业实施并购的时候非常重视并购前的分析、交易结构设计以及与对方的讨价还价，因此这一阶段的风险就相对可控性比较强，而并购后的整合因为面临很多事先未预料的风险，所以就成为并购整个过程风险最复杂的阶段。或者说，并购后整合风险的来源在于整合的复杂性。并购后整合涉及企业活动的所有方面，而且管理者在整合期间所遇到的挑战（见表 12-1）大多是平时所碰不到的，这就使得整合成为一项复杂的任务，往往需要采取不同的方法来应付。

表 12-1 并购后整合过程中管理上的挑战与复杂的环境因素

管理上的挑战	复杂的环境因素
应对过于勉强的最后期限	士气低落
实现艰巨的财务目标	信任度降低
以有限信息快速重组	生产效率下降
各种不同制度与机构的合并	广泛弥漫的不确定性
留住重要的员工	极度竞争
保持足够的交流	文化冲击
机构的搬迁与合并	谎言
	政治策略与职位安排
	热衷的新闻媒体

资料来源：Price Pritchett, Donald Robinson, Russell Clarkson. After The Merger[M]. New York: McGraw-Hill, 1997.[⊖]

除了企业自身的管理问题外，整合的实际操作中还需要各方面专家的参与配合，比如投资银行专家、战略顾问、律师、注册会计师等，对于这些人员的选择也增加了并购后整合的复杂性。

整合的复杂性还表现在即使拥有周密的整合计划也并不意味着能够实现成功的并购，虽然没有制订整合计划的失败可能性更大。并购前的计划在通常情况下，既无法解决信息不完全问题，也很难预见并购后管理本身对结果的影响，因此一成不变地执行并购前所设定的计划是一种危险的整合思路。并购后整合往往是一个随机的过程，整合的重点是过程和组织的问题，而不是战略计划（Jemison and Sitkin，1986）。

三、整合的策略[⊖]

企业并购后的整合是指当并购企业获得目标方的资产所有权、股权或经营控制权之后进行的资产、人员等企业要素的整体系统性安排，从而使并购后的企业按照一定的并购目标、方针和战略组织营运。并购后的整合需要将原来不同的运作体系（管理、生产、营销、服务、企业文化和形象）有机地结合成一个运作体系，是整个并购过程中最艰难，也是最关键的阶段，并购后的整合不力将导致整个并购前功尽弃，因此需要针对性地规划并购后整合策略。

可以从两个维度来思考并购后整合策略。一个维度是战略相关性，即并购双方在业务上产生协同效应的程度。另一个维度是组织独立性，即目标方作为一个独立组织存在的必要性。依据战略相关性和组织独立性两个维度，可以构造四种类型的并购后整合策略，如图 12-1 所示。

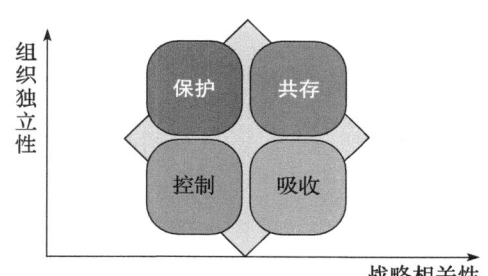

图 12-1 并购后整合策略的类型

⊖ 该书中文版已由机械工业出版社出版。

⊖ 菲利普·哈斯普斯劳格（Philippe Haspeslagh）与大卫·杰米逊（David Jemision）在他们1991年合著出版的《收购管理》（*Managing Acquisition*）一书中提出，企业并购后整合方式主要有四种类型。

（一）吸收型整合

实施吸收型整合的并购双方在战略上互相依赖，但是目标方的组织独立性需求低。吸收型整合可以说是两家企业长期形成的营销、组织与文化的一次全部整合。在吸收型整合下，经营资源需要共享以消除重复活动，业务活动与管理技巧也需要重整与交流。经营地域重叠或业务性质相同的零售商、商业银行等之间的横向并购，经常采用吸收型整合的方式。

（二）共存型整合

实行共存型整合策略的并购双方的战略依赖性较强，同时双方组织独立性的需求也较高。也就是说，并购双方在并购完成后依然保持各自的法人地位，但在战略上互相依赖。以共存为基础的并购更多的是从战略的角度来考虑的，并购企业与目标方没有分享经营资源，但存在许多管理技巧的转移。

（三）保护型整合

在保护性整合策略下，并购企业与目标方之间的战略依赖性不强，但是目标方的组织独立性需求较高，这决定了并购企业必须以公正和有限干预的方式来培养目标方的能力，并允许目标方全面开发和利用自己的潜在资源与优势。

（四）控制型整合

采用控制型整合策略的并购双方的战略依赖性不强，同时，目标方的组织独立性需求也很低。此时，并购企业实施并购的目的并不是寻求一种战略上的依赖与协同，或者说是并购的目的在于目标方的资产或营业部门。在这种情况下，并购完成后，并购企业更注重对目标方和并购企业资产组合的管理，其采取的策略与措施就是最大限度地利用这些资产，充分发挥其能力与优势。

企业并购后，以何种方式实施企业的整合，主要取决于两个重要的因素：一是并购双方企业制度、组织、机制和文化上的差异性；二是并购后企业的发展战略的特点和要求。实际上，一个企业的整合，往往不是单纯地选择以上的某一种模式，通常是对不同的内容采用不同的模式进行整合。

四、整合的实施

并购后整合实施所面临的复杂问题难以枚举，我们仅总结一些关键性的经验。

首先，整合的战略意图要明确。为了吸收并购各方的资源，每一个重要的并购战略，在整合过程中往往需要重新定位，不要以为并购完了，也就用不着战略了。整个并购过程都要有战略的指导，要根据情况的变化不断修正战略。但是，战略的修正不是简单的折中，核心的战略意图不应受制于过程中难题的牵引而失去方向。

其次，整合的执行过程要高效。成功整合的组织往往采用切实有效的方法安排组织的各个部分。整合它们的结构、过程、系统和文化，然后，将所有这些部分统一按照战略意图进行安排。在实施有效安排时，最关键是领导者的安排，不少公司投入了大量的资源并付出了艰辛的努力，但低估了领导者对并购成败的影响。更有甚者，许多公司对并购后文化的一体化忽略了，没有及时引导和塑造新的文化，而是简单地以为各种不同文化的存在有利于组织的稳定，而且也没有下功夫触及整个组织敏感的话题，结果为以后的战略和管理埋下了定时炸弹。

最后，整合的资源转移要迅速。并购完成后，并购方要尽快行动实现资源的转移。比如，在资金方面，由于资金的时间价值需要快速整合；再比如员工的热情，也是有时间价值的，公司领导者如果不能快速很好地利用它，也必然会消失。在并购宣布时，两个组织的员工和各利益主体正期待着改变并做好了准备。然而，当变革没有根据心理预期到来时，他们心中的不确定感就会增加，这将直接影响到以后各项工作的开展，因而必须制定相应的对策实现资源快速转移，尽快让员工感受到并购的价值，为新组织的发展打下坚实的基础。

依据并购双方的战略联系纽带和并购双方的企业规模，实行整合管理的重点范围及其整合程度如下。

（1）财务型并购。在财务型并购下，并购企业和目标方战略联系纽带是财务实力。如果目标方规模较大，可视为相对独立的投资中心，赋予一定程度的决策自主权。在这种情况下，整合管理的重心主要是财务制度，计划与控制方式主要是用战略、长期计划和预算控制。一方面，目标方既有较大的自主权，更能适应环境变化的需要；另一方面，并购企业又能对目标方实行有效的控制。

（2）营销型并购。在营销型并购下，并购企业与目标方的战略联系纽带是相同或相近的营销活动。因此，并购后整合的重点领域就是营销活动，包括分销渠道、促销组织。计划控制范围从战略、长期计划、预算控制一直深入到营销计划与控制。

（3）生产型和产品型并购。在此种类型的并购下，并购企业与目标方的战略联系纽带是相同或相近的生产过程和营销活动。因此，并购后整合的重点领域通常包括生产过程与营销活动。对这种整合的计划与控制方式，除了营销型包括的方式外，还应包括生产计划与生产成本控制。

（4）战略型并购。对于规模较大、经营多样化的目标方，一般倾向于只在相关领域实现高度一体化，其他领域则可保持原有状态。对于规模较小、经营较集中的目标方，一般倾向于较全面的高度一体化。

示例 12-1　　　　　　宁高宁整合"大中粮"

2006年3月17日，国家国资委宣布，国内最大的两家国有粮油流通企业——中国粮油食品集团有限公司（以下简称"中粮"）和中谷粮油集团公司（以下简称"中谷粮"）目前已获国务院批准，正式合并重组。

中粮是国内粮食系统最大的外贸企业，至今已有50多年历史，现拥有两家境内上市公司和一家香港上市公司。截至2005年年底，总资产高达598亿元。

全力经营国内市场的中谷粮油集团，1994年由原粮食部、商业部、内贸部等国有粮油经营实体改制而来，目前其贸易营销网络覆盖全国，并在粮食主产区和主销区都建有较完善的粮油仓储体系，拥有16家子公司和5家国家一级粮油专业科研设计院（所），总资产超过100亿元。

业内认为，两大集团合并后，将形成业内历史上规模空前的"航空母舰"，据估计合并涉及的资产总额可能高达700亿元。这个规模将足以与全球粮油巨头如美国邦基

（Bunge）和法国的路易·达孚抗衡。

中粮与中谷粮双方的合并不仅有来自上方的压力，更有其自身发展的考虑。

首先，"粮油企业不管是单纯做内贸还是做外贸目前都不是很好挣钱"。北京粮食集团的一位负责人员说。从国外进口农产品，中国没有关税壁垒，而粮油出口却面临国外的反倾销限制，所以中国农产品除了转基因产品和种子，其他产品在出口上并没有价格上的优势。

其次，去年中国粮食市场完全放开后，国内外很多企业都进入这个领域，中粮在外贸上也失去特许权，竞争优势大大削弱。其在整个粮油行业里的地位也在不断下降。据了解，目前，中粮集团的外贸只占集团业务总量的20%，集团主要利润来源依靠房地产和酒业。

而对于中谷粮来说，单纯做内贸从长远看日子也不好过。"内贸本身并不挣钱，粮食收购资金老打白条。"一位业内人士说。

此外，"两家企业在业务上也有冲突。"和君创业分析师程绍珊说，中粮和中谷粮只是在计划经济时期的贸易中分别形成了以对外贸易和对内贸易为主的格局，但并没有完全规定中粮只能做对外贸易，中谷粮只能做对内贸易，事实上双方都是既有外贸又有内贸。这样在具体的营运时中粮和中谷粮在业务上就会产生很多冲突。"二者合在一起就能很好地解决这个问题。"程绍珊说，同时可以增强实力，防范外资巨头带来的风险。

其实，中粮与中谷粮整合的最大看点是处在风暴中心的宁高宁究竟扮演何种角色，以及这个被誉为并购奇才的人物将带有鲜明国字号色彩的"大中粮"带向何处。

中国品牌研究院研究员戴高诺说，宁高宁这个在香港市场以资本运作著称的中粮集团掌舵人，如何在接下来的时间内，面对国际粮食巨头的入侵，打造出中国粮食行业的强势品牌是最为关键的，也是国资委和大家共同的期望。

或许正是因为宁高宁与众不同的硬朗作风，2004年12月底，中组部和国资委将他"空降"到中粮，接替退休的周明臣。

周明臣办事比较稳健、谨慎。在资本市场的扩张上也主要是"依附于传统的产业，按照传统的融资方式来进行的"。而宁高宁则正好相反，他更懂得从国际的视野来思考问题，在资本市场也更倾向于大规模并购。

"我希望为新公司（即中粮）多做些资本市场的工作，希望用到我以前在华创的经验。"上任伊始宁高宁就透露自己的心迹。

事实证明，在宁高宁执掌下的中粮，近一年多来确实发生了翻天覆地的变化。

据统计，从2005年5月，中粮集团投资1.02亿美元建立亚洲最大麦芽基地开始至中粮和中谷粮重组获批，中粮已经在全国进行大大小小的投资、并购整合案例16起。

第二节 整合内容

并购后整合的内容大致可以分为以下六个方面。

一、战略整合

战略整合包括战略决策组织的一体化及各子系统战略目标、手段、步骤的一体化。它是指并购企业在综合分析目标方情况后，将目标方纳入其发展战略内，使目标方的总资产服从并购企业的总体战略目标及相关安排与调整，从而取得一种战略上的协同效应。

事实证明，收购一家在经营策略上不能互相配合的公司，即使价钱再便宜，也会后患无穷，而如果并购双方能够互相补充，目标方的发展能够有机地与并购企业的经营战略相整合，则会产生并购的正面效应，给并购双方带来价值的增加。

示例 12-2　　　　　联合航空收购太平洋航线后整合

1986 年美国联合航空公司以 7.5 亿美元的价格收购了泛美航空公司的太平洋航线，虽然联合航空公司以前只经营一条西雅图——东京航线，但把在太平洋这一奇特旅游市场获得的经验引入了新购入的航线。结果由于经营有方，联合航空公司的太平洋客流量在一年后就增长了 22%，其利润率比国内航线高出一倍多。在 1989 年的营业利润 5.25 亿美元中，太平洋航线便占了 1/3，联航收购的航线至少比以前增值 3～4 倍。

从本例可以看出，联合航空公司收购泛美航空公司的太平洋航线，正是发挥了其优势，是一种出于战略发展的理性选择。而泛美航空公司的发展战略又与联合航空公司具有相似性，因此，并购后联合航空公司的整合管理促进了该公司的发展，并带来了丰厚的利润。

二、业务活动整合

业务活动整合是指要联合、调整和协调采购、产品开发、生产、营销、财务等各项职能活动。并购后的企业可以将一些业务活动合并，包括相同的生产线、研究开发活动、分销渠道、促销活动等，同时放弃一些多余的活动，如多余的生产、服务活动，并协调各种业务活动的衔接。从企业并购的动因分析可以看出，并购双方产销活动整合后产生的经营优势和规模效应也是并购企业追求的目的之一。因此，并购完成后的业务活动整合就成为此类并购成功与否的关键。

三、管理活动整合

管理活动整合是指并购企业制定规范的、完整的管理制度和法规，替代原有的制度与法规，作为企业成员的行为准则和秩序的保障。一般情况下，并购企业均将优秀的管理制度移植到目标方，以求与目标方在管理上的一体化与整合。其实，并购和自创的不同之处，还在于并购企业可以取得一个现有且马上可以利用的管理制度，如果目标方原有的管理活动良好，并购企业则可大胆拿来坐享其成。中国台湾统一公司收购美国万哈姆（Wyndham）饼干公司的动机之一，就是希望引进该公司良好的配销制度。

但是，如果目标方内部管理混乱，难负所望，并购企业为了达到并购的目的，则会采取措施，将其本身良好的管理程序转移至目标方，以实现并购的预期效应。

新管理制度的推行，往往会遭遇到许多困难。例如，当并购企业意欲改变目标方的经营与控制制度时，碰到的可能性最大的问题就是目标方职员的抵触。他们可能会认为，这些制度与管理也许适合并购企业，但是在目标方则无生存的土壤。因此，在管理活动整合时，并购企业应首先了解目标方原有的制度，并根据并购双方间经营管理的差异，制定适合目标方情况的整合管理措施。

此外，管理活动整合的程度也随并购企业并购目的不同而应有所区别。如果并购后并购企业完全将目标方纳入自己的机体，则应逐步将目标方的规划与控制制度纳入并购企业，以进行统一经营管理。尤其是在并购的目的是利用目标方的营销资源时，更应加强在目标方营销决策与管理控制上的配合，进行较深层次的整合；而如果并购目的是为了多元化经营，目标方则可以保持相对独立。但是目标方如果管理不善，并购企业也不能视而不见，必须适时引入管理新思想，进行管理活动的整合。

四、组织机构整合

随着并购双方业务活动与管理活动的整合，双方的组织机构也会发生变化。并购完成后，并购企业会根据具体情况调整组织机构。并购企业有时把目标方作为一个相对独立的整体加以管理，有时又可能将目标方进行分解，并入本企业的相应子系统。在调整组织机构时，并购企业要注意目标统一、分工协作、精干高效，使权责利相结合，明确相应的报告与协作关系，建立高效率的、融洽的、有弹性的组织机构系统。

五、人事整合

人事整合是难度较大的问题，也是影响并购效率的重要因素。人才是企业最重要的资源之一，尤其是高层管理人员、技术人才与熟练工人。并购企业在人事问题上一定要谨慎做到并购双方在人事上的一体化，防止因人心浮动而降低生产经营效率。

并购的变幻莫测决定着它会给并购双方的经理人员及其他职工，尤其是目标方职工的工作和生活带来较大影响。这种压力与混乱既包括职工个性的影响，也包括工作安全感的丧失、人事与工作习惯的变动以及文化上的不协调等。多数目标方员工知晓本企业即将出售，前途未卜，难免忧心忡忡，无心工作。因此，并购企业如何稳定目标方人才，便成为人事整合的首要问题。

（1）并购企业对人才的态度将会影响目标方职员的去留。如果并购企业重视人力资源管理，目标方人员将会感觉到继续发展机会的存在，自然愿意留任。比切姆公司（Beecham）于20世纪80年代中期在欧洲完成了几项并购，其整合政策就以强调人力资源的重要性而闻名。比切姆公司的管理人员认为，整合的关键是认识到人是最重要的资产，充分考虑正在打交道的人的感受、问题和态度。在做出任何业务决策之前，都应与目标方职员进行沟通交流，并发现他们的优点和缺点，再把这种发现同以前的假设和战略行动前收集的资料加以比较。草率的业务改变是一种机会的浪费。

（2）并购企业还应采取实质性的激励措施。若有更好的任用条件，目标方人才必然愿意留任。因此，详细的人才留任激励措施常常成为收购协商中并购双方关注的焦点。在美国，员工认股常成为重要人员的留任激励措施，而且对重要的管理人员还给予一定数量的"认股权证"，借以吸引和稳定人才，保持目标方人事的稳定。

当然，目标方内部本来就冲突不断、矛盾重重，为充分发挥双方整合产生的综合效应，并购企业应直接派人控制。只有在目标方内部确有适当人才，或外界难以找到既可信任又有能力的人员时，并购企业才首要考虑留住目标方人才。

在留住目标方员工后，并购企业应考虑加强并购双方员工的沟通与交流。并购后双方的员工都会有一些顾虑，如并购企业员工怕失去原有位置的情绪，目标方员工怕受歧视，当"二等公民"的自卑感。此时，沟通便成为一种解决员工思想问题、提高士气的重要方式。

为了避免员工抗拒收购，并购企业应安排一系列员工沟通会议，让员工清楚整个并购的大致情形，如股权的变化、未来的经营方向等。事实上，要发挥相互整合效果，一定要对其内部人员的特性有相当的了解，并取得他们的认同。对于确实可用之才，应赋予比以前更重的职责。

在充分的沟通并了解目标方的人事状况后，并购企业可制定原有人员的留任政策，调整人员，以提高经营绩效，我国企业在用人方面总结出了一个较好的经验和方法，即"平滑过渡、竞争上岗、择优录用"。在并购完成后不急于调整，而是经过一段熟悉和了解，根据职工的实际能力和水平，再定机构、定岗位、定人员，并通过考核，使每个人找到适合其实际能力的位置。这种方法既能充分发挥优秀人才的能量与作用，人尽其才，各尽其用，又能增强职工的竞争意识与紧迫感，进而发挥职工队伍的潜力，实现并购双方技术人员和管理人员的优化组合，提高职工的整体素质。

台湾宏碁电脑公司曾以 2 亿新台币的价格，收购了美国生产微型电脑康点公司（Cownter Point），但最后还是以失败告终。其失败的主要原因就是"人事整合策略"出现了故障。无论收购前后，康点公司均发生人才断层危机，而宏碁公司又缺乏国际企业管理人才，无法派员填补此成长的缺口，因此，康点公司研究人员流失严重，3 年累积亏损 5 亿美元。到 1989 年，宏碁公司只好撤资。这实际上印证了彼得·德鲁克提出的收购成功条件之一，即并购后一年内，并购企业须有人才替代目标方的高层主管。同样，如果并购企业谨慎地采取人事整合策略，给职工创造良好的外部条件，即使并购双方存在文化差异，并购也会实现预期的效果。

示例 12-3　　　　　　　并购后的裁员

通常并购引发结构性裁员主要是出于以下几方面原因。

其一，为渡过财务难关而裁员。大多数收购者为了取得公司控制权，往往需要付出较高的金钱代价，尤其是金融危机下，企业的资金来源受到严重压缩，可能因此而遇到短期的财务难关。此时，新公司在并购完成后很可能会通过削减员工、精简机构来渡过难关。

其二，为提高效率而裁员。一旦企业通过并购吸纳了优质资源，因为技术进步或管理改善等原因而带来效率的提升，那么企业的运作就不需要原来那么多的人力，由此而引发的相关裁员也是常见的。

其三，为业务转型而裁员。很多企业并购，往往是为了实现业务转型或者主营业务向更有利的发展方向调整，而这就意味着很多原来在某项业务方面熟练的工人、技术人员乃至管理人员都不适合从事新的业务，因此需要精简。

六、文化整合

企业文化是指企业在长期生产经营的实践中逐步形成的具有本企业特色的共有价值体系，

包括企业成员共同认可的价值观、行为准则、典型和仪式等。企业文化具有个性化、一贯性和隐含的控制性等特征。当企业并购活动发生时,两个企业间广泛而深入的资源、结构重组,必然触动文化的碰撞。如果两个企业间的企业文化不能相容,则会使企业成员丧失文化的确定感,继而产生行为的模糊性和降低对企业的承诺,最终影响并购企业预期价值增值目标的实现。

据克普尔和莱布朗德(Cooper & Lybrand)公司1993年所做的调查显示,在并购成功的贡献因素中,良好的企业文化适应性排列第三;而在并购失败的决定因素中,文化的差异性则位居首位。显然,企业并购中除存在着融资、债务和政策法规等风险因素以外,还存在着企业文化风险,即由于文化的不相容而带来并购失败的结果。

(一)并购中企业文化风险类型

并购中的企业文化有下述类型:相容型、模糊型、摩擦型和冲突型。"相容型"用来描述并购企业与目标方文化差异性小且容忍度大的情况。在该种情况下,企业文化的适应性程度高,并购企业能极为有效地发挥文化协同作用;"模糊型"则用来说明两个企业间文化差异性大、容忍度也大的情况。这种情况下,目标方的成员会因为同时接纳两种完全相异的企业文化而一时丧失文化的确定感,因而存在着一定的并购风险;"摩擦型"则用来刻画并购企业与目标方之间文化差异性小,而容忍度也小的情况。在该种情况下,两个企业的文化基本相容,但存在着局部冲突,并购风险较小;"冲突型"则反映了两个企业间文化差异性大,而容忍度小的情况。企业并购将会因为存在着激烈的文化冲突而出现灾难性的后果。对于后三种类型的并购活动均存在着一定的文化风险(见图12-2)。

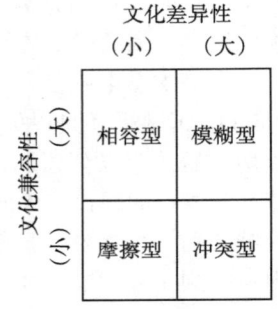

图12-2 风险评估矩阵

(二)并购中企业文化风险的控制途径

并购企业可以分别在并购前的文化评估阶段和并购后的文化整合阶段采取适当的措施来控制风险。

1.并购前详细评估文化的相容性

企业在并购前须详尽分析本企业和目标方双方文化的性质及强弱。该过程的主要障碍在于:一方面在评估目标方的组织文化时,基于信息的不完备而无法对目标方的组织文化形成正确的认识;另一方面,在评估本企业的组织文化时又可能受到"只缘身在此山中"的困扰。为克服上述障碍,可采取如下措施:其一,建立工作团队。团队成员包括企业内部的专业人员、管理人员以及企业外部咨询机构的人员。其二,尽量采用结构性、系统性的评估方法,以避免评估过程中的盲目性和主观性。其三,利用环境扫描技术(environmental scanning),从目标方公开发行的宣传刊物及其他渠道中了解目标方的宗旨、历史、创业者的个性特征、员工甄选标准等信息,从中探求目标方组织文化的性质。因为,企业文化的形成和维系有其客观规律,一般而言,企业文化形成于企业创业者的经营理念,同时又通过一系列的管理措施加以强化,如雇用与企业价值观一致的员工。

在认识并把握本企业与目标方组织文化基本特征的前提下,并购企业随之可在上述的风险评估矩阵中确定相应的位置。如果位于"冲突型"区域内,并购企业应放弃该并购对象;而如果处于"摩擦型"和"模糊型"的区域内,并购风险的降低还有赖于文化整合阶段的工作方式。

2. 选择适当的文化整合方式

根据南希·爱德勒的观点，企业内部解决文化的差异性有三种方式：其一是"凌越"（dominance），即一种文化占据完全的支配地位，企业文化最终以一种文化压制并取代另一种文化而得到明确。其二是"妥协"（compromise），这种解决方式用于相似文化的场合，双方求同存异，协调发展。其三是"合成"（synergy），两种文化相互补充、相互交流，创造一种全新的文化。针对"摩擦型"和"模糊型"文化风险的不同特征，应选择不同的文化整合方式。对于"摩擦型"，其并购的文化风险来自于组织成员忽略相同点、夸大不同点后出现的矛盾。因此，适当的整合方式应是"妥协"方式，即基本保留目标方原有文化的独立性和自主性，并购企业通过回避和忽略差异提高容忍度。而对于"模糊型"，则应采取"凌越"的整合方式，即以并购企业自身的文化取代原目标方的文化，从而消除文化的差异性和不确定性。如海尔集团所谓的"企业文化激活休克鱼"的做法，海尔集团在实施兼并过程中，往往将本企业的优良文化移植到目标方中去，通过改造目标方的不良文化达到盘活资产、实现低成本扩张目的。

3. 协调与其他整合工作的关系

企业并购后的整合工作主要包括经营业务整合、内部有形管理体制的整合以及企业文化的整合。其中企业文化整合工作是一个无形的、渐进的过程，其整合工作需要以有形的业务及管理体制的整合为载体。因此，在业务整合和管理体制的整合过程中，应有意识地通过高层管理者的言行、规章制度的贯彻实施、人力资源管理方案等来配合文化整合工作。

本章小结

并购后整合是收购方在获得目标方控制权后开始展开的资源再配置活动，但它的准备工作应该在目标方筛选阶段就启动了，因此，并购后整合应是预先有准备的、贯穿并购过程诸多环节的价值实现过程。

并购后整合的风险来源于整合的复杂性，应在理解整合复杂性的基础上，选取适当的整合策略。整合策略基于战略相关性和组织独立性两个维度可以划分为吸收整合、共存整合、保护整合和控制整合四类。在整合的实施过程中，战略意图要明确、执行过程要高效、资源转移要迅速。当然，整合实施的深度与整合策略是相关的，近年来中国企业海外收购有一种"轻整合"的倾向，这意味着没有实质性的整合或者仅实施浅层次的整合。

整合的内容涉及众多方面，一般涉及战略整合、业务整合、管理整合、组织整合、人事整合、文化整合等。

关键术语

并购后整合	战略整合
吸收性整合	业务活动整合
共存型整合	管理活动整合
保护型整合	组织结构整合
控制型整合	人事整合
	文化整合

练习思考题

有人把企业运作称为万里长征，需要周密策划，一步一步地循序渐进。并购后整合何尝不需要如此？有效的并购后整合措施能够弥补和挽救前期并购战略和决策过程的欠缺与不足，而无效的、失败的并购后整合措施能使前期付出的各种努力功亏一篑，使一个可行的双赢并购变成两败俱伤的结局。正如 Jemison 和 Sitkin（1986）所指出的，并购双方的战略适应性虽然非常重要，但并不是最佳并购绩效的充分条件，换句话说，虽然相关性可以带来潜在的协同效应，但只有通过有效的并购后整合实现协同效应，才能实现最佳的并购绩效。根据一些投资银行的经验，实行有效的并购后整合，通常会使并购成功率提高 20%。结合中国的实际情况，谈谈中国企业并购常见的整合问题。

（1）缺乏系统的整合规划和有效的整合执行。

（2）并购双方缺乏有效的沟通、交流和协调措施以使整合过程顺利进行。

（3）在整合中忽略了对人的因素的关注，一方面没有足够的手段来消除"并购综合征"，并调动目标方员工的积极性，从而导致关键人员的流失；另一方面对并购后裁员的时机与火候的把握不好，导致并购方与目标方员工产生较大的矛盾与冲突。

（4）企业文化融合不好，包括管理风格和员工价值观、行为模式的差异过大，引发内部冲突，而往往并购方对重组中如何有效地管理企业文化冲突重视不够。

（5）在整合中没有紧紧围绕企业核心能力的培育、塑造和提升来进行，缺乏对如何实现并购双方协同效应的透彻研究，导致轻重缓急不分。

（6）忽视解决目标方的历史遗留问题，如不良资产、应收账款、或有负债等，导致较大经营风险，影响甚至阻碍了整合的进程。

（7）在强强联合中，没有解决好领导层权力之争的问题。

（8）并购方在达成正式并购交易后，在对目标方的经营状况和问题症结尚未完全了解之前，特别是目标方的内部利益集团分布问题，也未让目标方了解和接受自己的时候，就急于登位掌权。

（9）并购方与目标方的原管理层以及当地政府无法进行友好合作，未获得当地政府的政策支持，导致不能顺利地实现重组。如某家本来有配股权的公司，在申报配股项目时，遭到当地市政府的反对，原定的配股方案被取消，公司发展计划得不到实施，在一年之后又因亏损失去配股资格。由于众多原因都可能导致并购失败，企业应加强并购后的整合工作，并把并购后的整合作为并购工作的关键。

案例研究：并购后整合的领导力

在一栋高档住宅的楼下，凯越广告公司的总裁高新平有些踌躇，这是他第三次提着礼品过来拜访前新兴广告公司总裁，也是高新平很久以前的老上司熊彦武，前两次熊彦武都以各种理由拒绝见面。犹豫再三，高新平最终还是硬着头皮走进电梯，这次带了熊彦武最喜欢的杭州龙井茶，也许熊彦武会破例。

前因

十年前，高新平在新兴广告公司渠道经理的竞争中败给自己同期进入新兴广告公司的刘艳，愤然向总裁熊彦武递交辞呈，离开新兴广告公司。高新平坚信，自己与刘艳业务水平相当，工作业绩也是旗鼓相当，不明不白地失败，肯定是刘艳在背后使了坏招儿，而熊彦武却没有给他任何解释。

离开新兴广告公司之后，高新平依旧在广告行业打拼。后来高新平组建了自己的凯越广告公司；经过一段时间发展，凯越广告公司与新兴广告公司在广告渠道方面的竞争开始白热化；半个月前，新兴广告公司终于在竞争中彻底败下阵来，熊彦武在得到高新平保证全盘接收新兴广告公司员工的承诺之后，有些无奈地签订企业并购协议。

凯越收购新兴，这是高新平始料未及的事情，通过这次并购，凯越几乎已经占领了S市全部的公交车体、路边灯箱、平面媒体、电视传媒等广告发布渠道。面对渠道拓宽，高新平深知高层管理人员领导力的重要性，这也是他虽然吃了几次闭门羹，却依旧不挠不屈拜访以前的老上司、新兴广告公司总裁熊彦武的原因。

高新平认为自己对新兴的高层还是比较了解的，但是新兴提供的人员资料中，除了渠道总监刘艳之外，其他高层对于高新平来说都是陌生的名字。因此高新平期待以前的老上司熊彦武可以跟自己聊聊新兴每一个高层管理人员的性格特点以及一些潜在的矛盾，以便于自己真正意义上接收新兴广告公司。

凯越人力资源部的应对

对于凯越的员工来说，凯越收购新兴无疑是一剂兴奋剂。凯越的总裁高新平从新兴负气离职在凯越内部几乎是人尽皆知的事实。当凯越与新兴开始正式当面竞争的时候，凯越的员工都希望能够争一口气，不仅仅是为总裁高新平，也是为凯越这个整体。经过三年的白热化竞争，凯越终于成功收购新兴，令所有凯越人有一种扬眉吐气的感觉。

正式签署完并购协议之后，凯越的人力资源部立即单方面制订一系列关于接手新兴广告公司的计划，包括新兴原有人力资源测量、重新构建组织架构、新兴高层领导力的培养与转化、智力资本无缝转接计划等系列措施。

高新平对凯越人力资源部的快速反应以及专业素质表示赏识，但在涉及凯越人力资源部直接与新兴广告公司员工沟通协调的具体计划时，高新平却有意压住没有立即执行。高新平认为企业并购成功的关键在于两个企业文化的融合度，而推动企业文化融合的主要力量是企业高层的领导力。凯越收购新兴，虽然完全符合市场运作规律，但是自己与熊彦武总裁、刘艳总监之间的个人恩怨也是一个不得不考虑的因素，而且新兴内部高层管理人员之间的关系高新平并不清楚，在这个关键时刻，任何一个被忽视的细节都有可能导致这次并购的失败或者是凯越的损失。

凯越的人力资源部就领导力向高新平做出专业解释，高新平却始终认为领导力相对而言是一个抽象的概念。高新平认为影响别人行为的能力就是领导力，这次并购之后，熊彦武、刘艳还有新兴公司的其他高层管理人员对于新兴员工的领导力是关乎这次并购最终成败的关键。换句话说，高新平认为这次并购成功与否的领导力因素实际上只是一种人际关系的管理。

熊彦武的家常

高新平按响熊彦武家的门铃，门突然打开，这令高新平感到意外，他原以为自己这次依旧要吃闭门羹。

熊彦武打开门，笑着说道："高总，前两次我确实不在，不好意思，让你跑了这么多次，不过我的态度很明确，卖掉新兴之后我就退休，不会再为新兴或者凯越服务。"

高新平将手中的杭州龙井递给熊彦武，真诚地说道："熊总，您和十年前一样叫我小高我会感觉比较自在一些，知道您喜欢喝杭州龙井，这是今年的新茶，我专门托朋友在杭州买的。"

熊彦武接过杭州龙井，有些意外，随即笑笑，说道："进来坐吧，小高！难得你还记得我喜欢喝杭州龙井，不过我真的累了，经营新兴这么多年，最终却是这么一个结果，感觉有些对不起跟着自己打拼多年的下属。你，还有刘艳，都是一出校门就进入新兴的，你们两个都不错。不过你的冲劲足，却不如刘艳谨慎，这也是十年前我为什么让刘艳做经理而不是你。"

高新平讪笑几下，从新兴出来之后摸爬滚打了几年，高新平其实早就发现自己当初负气离开新兴有些孩子气，如今老上司旧话重提，高新平反而有些不好意思。至于当初离开新兴时认定刘艳在背后使了坏，虽然一直没有人告诉高新平真相，但是偶尔忆及，高新平也逐渐认为有些牵强附会。坐到沙发上，高新平解释道："熊总，当年我有些年轻气盛，其实跟着您和刘经理工作，能够学习到很多东西。"

熊彦武泡了两杯杭州龙井，递了一杯给高新平，笑着说道："其实你小子要是不走，我本来打算让你去做业务经理。收到你的辞呈，我觉得你小子经不起挫折，气量也稍微有些窄，在员工中说了很多中伤刘艳和我的话，所以也就没有进行挽留，想不到你今天的成就比我们都大。"

高新平听到熊彦武如此说，更加肯定自己当年误会了刘艳和熊彦武。高新平本来很想熊彦武继续这个话题，但是又担心这样会勾起熊彦武伤心的回忆，因此只是笑着跟熊彦武一边品茶，一边唠些十年前的家常。两个人的交集就是新兴公司，即便是唠家常，也是三句话离不开新兴公司。

半个小时后，熊彦武终于说出高新平最想听到的话："小高啊，这次新兴被凯越收购，我也很满意，自己打拼下来的江山让曾经的新兴人来接收，算是再好不过的结局。不过，你必须把新兴的员工当成你的战友来接收，不能摆出一副胜利者的姿态，否则会伤害很多人，也会让新兴优秀的员工流失。尤其是刘艳，你知道她比较敏感，更何况你们之间还有过一些误会。我可以负责任地告诉你：如果你有办法消弭你和刘艳之间的误会，让刘艳全心全意为凯越服务，我想整个新兴公司的渠道运营人员都会全心全意地为凯越服务，刘艳有这么大的魅力。"

高新平不禁点头承认，确实，当初高新平还在新兴的时候就已经知道刘艳深得员工人心，工作也非常谨慎，渠道关系维护得非常好，熊彦武对他的评价还算比较中肯。于是高新平趁机问道："熊总，当年我确实有些年轻气盛，背后还说了一些刘经理的坏话，不过就我对她的了解，她应该不会那么小心眼。既然渠道这一块刘艳可以帮我促成无缝对接，那么业务和后勤那一块呢？新兴的业务总监和财务总监都是我离开之后才加入新兴的，我对他们不够了解。"

熊彦武给高新平续了茶，说道："业务总监有点像你，工作主动、性格冲动，平时不少对下面的员工发火，但是业绩和能力摆在那里，员工对他还是比较信服的，就算是被他骂得体无完肤的员工，对他依旧尊重。财务总监性格谨慎，却又跟刘艳的细腻不太一样，财务部门人数不多，但是地位却比较重要，而且财务和业务两大块的交往也比较多……"

熊彦武的话没有说完，但是高新平已经有些了解，业务部门跟财务部门原本就会因为一些费用的问题出现一些争执，而财务和业务的头头儿性格又不相同，矛盾在所难免。也许熊彦武给出这么一个小小的暗示就是让自己注意平衡财务总监和业务总监之间的关系。

与熊彦武的闲聊整整持续了两个多小时，高新平感觉自己收获良多，却又有些茫然……

在中外企业并购重组的诸多案例中，无数事实都从正反两个方面明白无误地告诉我们：企业并购重组的过程实际上就是两个企业原有文化的整合与再造过程，而企业文化整合与再造成功的关键则在于目标方高管团队的领导力是否能够被成功并购！

企业并购双方的领导力心态

在企业收购兼并过程中，出于维护目标方当前经营管理秩序以及维护其现有销售渠道、供应商、技术专利、公共关系和品牌资源等方面的原因，收购方往往会留用部分甚至全部目标方的员工。目标方的员工在面对一个完全陌生的、以"征服者"姿态出现的新的领导团队时，不可避免地要经历一个从抵触到观望、再从观望到服从的艰难过程！迅速缩短这一过程、降低企业并购成本的关键在于原高管团队对于"征服者"的态度是否能够迅速发生改变。

所谓领导力就是领导者获得追随者并影响追随者的实际能力，它包括领导团队的道德约束力、战略思维力、人际魅力、执行效力和果敢精神等要素，衡量一个领导团队领导力高低的标尺就在于该领导团队追随者的数量、追随时间的长短、追随的紧密程度、追随者愿意为被追随者自我改变的程度以及全体追随者与领导者统一行动的默契度等。原高管团队在长期的经营管理工作中与各级各类员工建立了长期的领导与被领导关系，双方之间彼此了解、信任甚至在工作中形成了深厚的友谊。在凯越公司并购新兴公司的案例中，原新兴公司的渠道总监、业务总监等人都在下属员工中拥有高度的威信和影响力，而这正是高管团队领导力的源泉。原高管团队对于"征服者"越是能够快速地认可和接受，他们的下属员工也就愿意为自己长期追随的领导尽可能快地转变对"征服者"的态度，整个企业重新步入正轨的速率也就会尽可能地加快！

成功接收目标方的领导力

"下君尽己之能、中君尽人之力、上君尽人之智。"企业并购是公司事业跨越式扩张的过程，然而，并购业务的完成仅仅是一切工作的开始。要想让企业的超常规发展真正落到实处，就必须以最快的时间、最低的成本实现对原高管团队领导力的成功并购。

首先，公司的新总裁要亲自出马，以开放、友好的态度逐一拜访原高管团队的全体成员，与他们开诚布公地进行沟通和交流。事实上，凯越公司的高新平总裁在并购刚刚结束之后，就立即拜访原新兴公司总裁的做法非常正确，因为这是赢得新兴公司既有领导力的一个不可替代的首要突破口。但仅仅做到这点还远远不够，应当把这项工作扎扎实实地落实到每位原高管团队成员那里。

作为在商战中纵横驰骋多年、在公司权倾一时的原高管团队，当面临着无法抗拒的外来并购时，他们的感受往往是最为复杂的——挫折感、失落感、无助感、对前途的担忧甚至恐惧等情绪经常萦绕着他们。他们常常能做的事情就是观望和等待，以及为随时可能出现的离职进行各种准备，而他们的一举一动都牵动着全公司员工的神经。

在这种特殊时期，公司的新总裁必须以"海纳百川"的气度在第一时间主动出击，谦和恭敬地出现在每位原高管团队成员的家门口，以真诚和执着精神敲开每一位原企业高管的心灵之门。公司新总裁要带给他们的第一个层面的明确信息是：我尊重你们、信任你们，你们所有的人我都会留用并且重用，你们仍然是公司的核心骨干，今后我们就是一家人。公司只有一个高管团队，尽管它是由过去的老成员和现在的新成员组成的，但这对我没有任何影响。

我没有门户之见，你们都是我的左膀右臂。任何人对公司做出了贡献，我都会予以嘉奖；任何人损害了新公司的声誉和利益，我都会予以责罚。我愿与过去曾经有过过节的高管尽释前嫌，让我们一切从今天重新开始。我希望你们拿出全部的聪明才智来支持我的工作，我感谢你们大家！

接着，新总裁要迅速签发正式文件，明确原高管团队在公司中新的地位、身份和薪酬待遇（至少要与过去持平，最好还能有所提升），大张旗鼓地承认他们过去的贡献和当前的价值。同时，让公司高管团队的新旧成员之间密集接触，经常联谊，使他们在最短的时间内相互了解、彼此磨合；同时告诫自己的老部下一定要特别尊重、谦让原高管团队的成员，遇事多征求他们的意见。公司新总裁要传递给原高管团队的第二个层面的明确信息是：我已经对你们每个人的情况都做了系统的了解，对大家在工作和生活中的实际困难也已基本掌握，我已经开始着手为你们解决这些问题了——在你们提出正式要求之前。公司员工激励资源的80%要向能为企业创造出80%经济效益的、占员工总数20%的核心团队倾斜；而核心团队激励资源的50%要向占核心团队总数10%的公司高管团队倾斜——对于原高管团队成员同样如此！这是公司的既定政策，将会坚持100年不动摇！另外，你们每个人还有什么困难和需要，都可以通过电话、电子邮件或当面交谈的方式与我沟通，我将会尽全力予以解决！

当原高管团队的全体成员真正感受到公司新总裁的真诚、才华和个人魅力，真正感受到新公司的开放、包容、友好和公司大家庭的温暖时，他们内心深处的疑虑、对抗的冰川就会逐渐消融，对新总裁和新公司的感恩之心就会不断增长，双方合作互动的品质也会迅速提升。在以加倍的努力回报新总裁与新公司的过程中，他们很快就能重新找回往日的自尊与自信，并逐渐把新公司看作自己真正的新"家"！

"攻心政策"奏效之后，新总裁就要有计划、有步骤、有策略地在新兼并的子公司推行母公司的企业文化、经营与人员管理模式。在实际工作中，要将母公司的核心价值观和标准化的管理模式与子公司的经营管理现状相结合——子公司所在地区的地域文化，行业文化，子公司的规模，行业地位，经营发展历程，主要产品与服务，核心竞争优势，企业原有的文化风格、管理基础和人员构成情况等都是需要重点考察的内容。同时，要将子公司原高管团队成员无一例外地吸收到企业文化和管理变革委员会中，充分听取他们的建议，努力调动他们全程参与变革的积极性。由于他们对子公司背景情况的深入了解，他们的观点和看法往往具有很高的参考价值。由于子公司原高管团队全程参与了管理变革，在变革结束之后，他们也会模范地遵循新的文化准则和新的管理模式，并通过他们对原下属员工的影响力引导公司全员迅速接受新的文化准则和管理模式！这样，他们的领导力在这一过程中就充分为我所用。由于子公司的文化与管理变革本身反过来也丰富和发展了母公司的文化与管理模式，在新的文化与管理模式之下，子公司原高管团队的领导力得到了有效的维护和进一步的增强。

糅合不同领导力

企业文化和管理变革结束之后，还要在新的模式和机制之下进一步培养和发展整个高管团队的领导力。这时的高管团队已经成为一个亲密无间的大家庭，新人和旧人之间的磨合问题已经转化为全公司领导力的整体优化以及各核心部门之间（特别是职能管理部门与业务部门之间）更加有效地协同配合的问题。新总裁要借助外部培训机构的力量组织开展针对性的高管领导力培训，以弥补公司高管团队全员各自的不足（包括领导风格以及个人性格上的缺陷与不足)。同时,在整个公司高管团队内部积极倡导领导力知识与技能的相互学习交流——全体高管都是公司领导力培训班的兼职培训师和当然学员,大家定期开展形式多样、生动活泼的专项学习和交流活动。课堂讲授、专题培训、情景模拟、案例分析、经验交流、座谈研讨等均可采用。通过这种培训,不仅能够实现高管团队的领导力知识和技能共享,进一步深化高管团队成员之间的相互理解和相互信任,提升高管团队的工作协同效益,同时还强化了整个高管团队对企业的归属感和忠诚度。而这种归属感和忠诚度又进一步提升了整个高管团队在全公司的现实领导力。

如果高新平总裁认真采取了上述管理举措,我们可以毫不夸张地说:凯越公司不仅成功并购了新兴公司的产业和事业,还成功并购了新兴公司的领导力,更是为凯越公司成功并购了前程似锦的美好未来!

资料来源:倪楠.博锐管理在线.2009年8月11日。

扩展阅读:从戴姆勒-克莱斯勒看并购融合难题

一次成功的合并,不是几种必要因素的简单组合,领导者得像厨师一样,必须非常了解这些要素,必须懂得如何才能更好地融合搭配,合并的时间以及火候的掌握都非常重要。

德国戴姆勒-奔驰汽车集团,经过近十年的侵略性和全球性扩张之后,于1998年与克莱斯勒公司合并,改名为戴姆勒-克莱斯勒公司。2005年7月,约尔根·施伦普被迫离开了CEO的位子。他的离职再次表明,即使再出色的管理者,也可能忽视身份特征维度问题。

《金融时报》的一篇专栏文章评论说,施伦普先生可能想让大家记住他建立了一个全球性的集团,号称"世界股份公司"。但是,与他关系更为密切的是一连串的财务灾难:克莱斯勒公司、三菱汽车、斯马特、德国国家车辆收费系统,甚至连戴姆勒-奔驰品牌,也都难逃质量问题的困扰。

最受拥戴CEO

监事会怎么会将这位欧洲最受拥戴的首席执行官突然辞退呢?

1961年,这位前机械师,16岁时就进入了戴姆勒-奔驰公司,后来被任命为公司总裁。他着手做了一项令人吃惊的扩张计划,目标是使集团生产小轿车和商用汽车。

2002年,合并后的戴姆勒-克莱斯勒集团有了更大的野心:我们的目标是做一家汽车产品和运输服务的全球供应商,为我们的顾客、员工和股东创造更优的价值。

为了实现愿景,施伦普在1998年花了360亿美元收购了克莱斯勒公司,并且因为运作了历史上最大的并购案而得到好评。为了增加亚洲部分以达到做全球领头羊的目标,1990年,施伦普又斥资21亿美元,买下了正处于困难时期的日本三菱汽车34%的股份,随后又花了4280万美元,购买了韩国大宇汽车10%的股份。

施伦普非常有效地摆脱了戴姆勒-克莱斯勒集团没有核心业务的缺点,将新公司的重点放在汽车生产和相关的运输服务上,比如德国国家车辆收费系统等业务。但是,他并没有成功地实现预期目标的另外两个部分:建立一家全球化且盈利的强大企业。

要建立一家全球化的,能与丰田、通用或大众相抗衡的汽车公司,施伦普仅仅完成了第一步,也是这项工作中最简单的部分,即花大量的钱去并购。他不能完成第二步,也是更为困难的一步,即将经典的德国戴姆勒-奔驰与偶像型的美国克莱斯勒汽车以及日本的三菱汽车有效地整合在一起。

要想将这三者有效地整合成一家真正的全球性公司,施伦普必须要建立真正的全球化的公司治理结构以及管理团队。但是,尽管他声称克莱斯勒的交易是"平等合并",但他却将其前任高管以及资深的管理者全部解雇,换成了德国人。为了化解克莱斯勒对德国人的到来而产生的反感,他公开宣称,之所以有意用了"平等合并"这个词,就是为了使并购协议可以顺利执行。

新的戴姆勒-克莱斯勒集团具有毋庸置疑的德国性。当全球半数以上的公司员工都在德国之外工作时,公司总部的管理委员会却仍由100%的德国人组成。

殖民型整合

当一个被兼并的公司的身份特征,被有意分散在新的母公司的身份特征中时,殖民型整合就会发生。这个过程是相当迅速的。被兼并的公司被剥夺了名称和视觉身份特征识别(商标标识、信笺等),并且,这些都要用新的母公司的身份特征来替代。这个过程传递了一个非常清晰的信号给那些被兼并公司的成员,即他们将会被调整,并且要对新的雇主忠诚。被兼并公司的解体,也向外部的投资者、消费者、供应商、合作伙伴、工会、投资人、银行家等,传达出一个信号,即他们从此以后将要与新的公司打交道了。

尽管关于这个过程的描述听起来好像很无情,但是它并不一定会给被兼并公司的员工以及投资者带来伤害。员工和其他投资者的反应,取决于他们对被分解的公司身份特征的心理认同度有多深。

例如,当微软买下一家小科技公司时,这家公司的创始人、员工、投资者和消费者可能都会被吸引,认为这次兼并是一件好事,将会很高兴地将小的、不知名的公司身份特征,换成更具吸引力和威望的微软的身份特征。

通用电气始终坚持一套殖民型的整合措施。当通用电气买下一家公司时,不管在全球的哪个地方,它都会换下该公司的身份特征,换上自己的身份特征。在某种程度上是由于通用电气与被兼并公司之间存在很大的不对称。通用电气身份特征,相对于任何它所兼并的单家公司而言,更强势。

对于那些购买方与被兼并方,并没有明显不对称的情形,或者当这种不对称有利于后者的时候,殖民型整合便是缺乏效率的。当新的母公司和它的兼并对象无论是规模、盈利能力还是声望都旗鼓相当的时候,被兼并公司的成员和投资者就会认为,他们自己公司的身份特征,要比新公司更有价值。

比如,被兼并公司的员工,可能会认为新公司尽管规模很大,但是缺乏创新精神。这种情况经常发生在跨国并购中。例如,欧洲和日本的公司,一直很难整合它们兼并的美国子公司,因为美国的管理者认为,来自欧洲和日本的"所有者"的管理能力和经营效率并不是很高。因此,他们会对整合产生抵触心理。

同盟与共生型整合

同盟型整合是与殖民型整合相对立的类型。在这里,合并的公司被允许保留它们的历史身份特征,并且不需要并入新的共同的身份特征中。共同的身份特征只在个别有限的地方,需要实现协调一致时才采用,用来维持最低水平的内部协调。

雷诺与日产以及法航与荷航的联合,就是关于同盟型整合方式的很好例证。充分的并购要求最大化协调性。和追求充分的并购不同，雷诺汽车集团想寻找一种侵略性最低的方法来合并日产集团。雷诺汽车集团派了法国高管和专家到日本，挽救日产集团。

为了在采购区域上达成一致，雷诺和日产集团在荷兰依照当地法律，建立了一个共同所有的采购公司。为了鼓励雷诺和日产双方的新产品管理者和工程师使用共同的工具和平台，又成立了特别任务小组。如果日产公司被殖民化，雷诺就不可能有今天的辉煌——由法国雷诺前总裁兼CEO路易斯·施魏策尔（Louis Schweitzer）以及戈恩领导实施的这种整合方式，被证明是非常成功的。

我们来看一个例子。2003年，尽管法国航空公司正式收购了荷兰航空公司，但这次交易的显著特点在于，荷兰航空公司可以继续保持它的名称、空运权和运输执照达8年。它们的联合，最初曾遭到来自两家公司工会的抵制，因为双方的员工都很担心会失去工作。媒体也对法国航空公司能否成功地兼并对方表示怀疑，毕竟美国西北航空在此曾遭遇过失败。况且，荷兰航空只是一家部分私有化的企业，并且经历过长期的亏损和政府补贴。但两年后，所有的批评和怀疑都销声匿迹了。法航、荷航集团不但盈利，而且还在这个竞争激烈的行业被冠以世界运输第一的称号。

而共生型整合遵循这样一种途径：被合并公司的身份特征被全部消除，融合为一个不同于合并前的新身份特征。共生型整合的好处在于，避免了两方在合并中，谁是胜者谁是败者的焦虑和不确定性。

在制药行业，共生型整合在法国罗纳普朗克公司和德国赫司特公司的兼并案例中得到了很好的阐释。为了应付是法国公司接管了德国公司，还是德国公司接管了法国公司的问题，罗纳普朗克公司的首席执行官让·雷纳·福图和德国赫司特公司的总裁于尔根·多曼，决定建立一个新的、中立国籍的身份特征，他们给这家合并后的公司起了新的名字——安万特公司（Aventis），并将它的总部设在德法边境上，商定新公司800个高管职位，要严格按照专业能力来安排，而不是国籍。

资料来源：《IT时代周刊》，2010年8月25日。

第十三章 并购绩效

> 学习目标
> 1. 掌握事件研究法。
> 2. 理解财务指标法各细分方法的优劣。

公司财务基本的分析框架是风险和收益分析,即从收益和风险两个角度考察财务活动的价值性,这种价值也可以称作风险调整后的收益。并购绩效主要是检验并购是否创造价值以及分析价值创造的影响因素有哪些,但基本的分析方法仍是财务分析的方法。

如果并购的绩效可以被衡量,人们自然会问这些绩效的改善来源于什么因素,或者具有什么特征的并购才能提高企业的绩效。实际上,一项并购交易涉及许多方面,如收购方和目标公司的财务、产业、治理结构等企业特征,融资方式、支付方式等交易特征,并购双方所处产业的景气周期等产业特征,如果是跨境并购,还会涉及国家特征。并购绩效影响因素的研究试图将这些公开信息与并购企业的绩效联系起来,以解释并购绩效差异的来源,企业的决策者也可以据此来制定并购策略。

第一节 财务指标法

由于财务指标在反映绩效上的直观性和方便性,所以学者首先尝试通过财务数据来检验关于并购绩效的种种假说。该方法所使用的财务指标主要有收入、利润、每股收益(EPS)、销售收益率(ROS)、资产收益率(ROA)、净资产收益率(ROE)等。如 Krishman、Miller 和 Judge 以 ROA 为指标检验是否高管团队的有效合作驱动了并购成功的假设,Ramaswamy 以 ROA 为指标探讨了银行业并购中战略相似性的影响。

长期绩效分析的研究结果显示,收购方从并购中获得的财务收益要么接近于零,要么为负。Hogarty 总结道:"并购可以看作是一个零和的、充满风险的游戏,这是一种对冒险家很有吸引力的投资形式。"

一、单一指标评价体系

构建单一指标评价体系衡量并购财务绩效比构建多指标评价体系、综合评价指标体系要简单。

虽然只选取单一指标，但一般来说所选取的指标都具有较高的认可度、很强的可操作性和简便性。

（一）盈利能力指标

盈利能力指标研究法是选择上市公司比较重要的财务指标，如净资产收益率（净利润与所有者权益的比值，以下简称 ROE）、总资产收益率（利润总额与总资产的比值，以下简称 ROA）、每股收益（税后利润与股本总数的比值，以下简称 EPS）、销售回报率（净利润与销售收入的比值，以下简称 ROS）等，利用并购前后的业绩数据来对并购绩效进行评估。数据样本一般选择并购前后同等年份内的指标，原因是为了更充分地显示并购的实际效应，考虑并购绩效产生所需的时间因素。

在用盈利能力指标评价并购财务绩效的国内学者研究中，余力和刘英（2004）以1999年上市公司控制权转让的85个案例作为样本，分别运用 ROE 和 EPS 指标进行分析，并对发生并购重组事件的上市公司分为目标方和收购方，得出的结论是总体价值在并购后有所增加，目标方短期业绩明显好转，收购方并购后业绩微小上升，之后不断下降。而梁云和左小德（2005）选择1997年一共270起并购重组事件作为样本，同时对行业及关联度进行了区分，对并购前一年和并购后两年的 ROE 指标加权平均值研究并购绩效。选择 ROE 指标的原因是它不受股权稀释对盈余指标一致性的影响，我国证监会也把它作为测度公司业绩的基本指标，规定公司有无配股资格取决于它的 ROE。在克服财务数据被操纵的影响方面，剔除宏观因素的影响，把 ROE 除以当年的国内生产总值（GDP）指数。最终得出的结论是产业关联大的并购绩效高，而产业关联小的并购绩效低。

国外学者对并购财务绩效的分析则大多使用 ROA 和 ROS 指标。Meeks（1980）推荐使用 ROA，他认为在所有的获利能力的财务评价中，ROA 对于估计的偏差最不敏感，比权益回报率反映的偏差要小（这些偏差可能是由于并购之后杠杆率或谈判能力的变化导致的）。以前的研究通常忽视了行业变化对于公司绩效的影响。有许多证据表明行业变化会影响公司战略和绩效的关系，用从公司的 ROA 中抽取出来的行业 ROA 作为绩效评价的指标，用来排除行业变化对于绩效的影响。其中，并购前 ROA 的加权基于收购双方的销售和他们所处的主要行业，并购后 ROA 的加权基于并购后一年的销售。有些学者，如 Ravenscraft 和 Scherer（1987）研究使用 ROS 而不是 ROA，因为收购的会计方法直接影响 ROA，而 ROS 不受收购的会计方法的影响。此外，ROS 还是管理者经常使用的评价标准。

使用单一的盈利能力的指标衡量财务绩效优点如下：①可比性较好，各国都有统一的会计准则进行规范，这为净收益和每股收益的可比性提供了保障；②便于计量，而且不需要额外的信息成本；③经过审计，其可信性高于其他指标。

此外，单一的盈利能力指标也有不少缺点，可概括为以下四点：①净收益建立在币值不变基础上，没有考虑通货膨胀的影响，在通货膨胀期间，净收益可能被夸大，从而不能反映真实的业绩；②会计政策的选择加大了净收益的主观成分，忽视价值创造活动的某些成果；③盈利能力指标如每股收益这一指标，其每股的"质量"不同，限制了该指标的可比性；④与其他业绩指标相比，它容易被经理人员操纵。

（二）现金流量指标

采用现金流量指标衡量并购财务绩效的典型的研究为 Healy、Palepu 和 Rubak（1992）的研究，他们以1979~1984年在美国公开上市的公司之间进行的最大的50起并购为样本，首次使用行业调整后的税前经营性现金流总资产收益率来评价并购绩效。他们把经营性现金流定义为销售收入减去产品销售成本，减去销售和管理费用，加上折旧和商誉减值。由于经营性现金流的高低受到所使用资产数量的影响，为消除这种影响，进行时间上的纵向比较和公司上的横向比较，他们用给定年份的经营性现金流与该年年初资产的市场价值（股权的市场价值加净债务的账面价值）之比，即税前经营性现金流总资产收益率做评价指标。研究的结果表明，收购后行业调整后的税前经营性现金流总资产收益率有显著的改进，即并购后财务绩效得到了改善。

Ramaswamy、Waegelein（2003）延续了 Healy 等人（1992）使用的行业调整后的税前经营性现金流总资产收益率作为财务绩效的衡量指标，考察了并购前目标方相对规模与并购后5年收购方和目标方的绩效之间的关系，研究发现并购后绩效与目标方相对规模负相关，与长期激励计划正相关。

国内并购财务绩效的实证研究涉及现金流量指标的，更多地把关注点放在了研究自由现金流与上市公司的并购绩效之间的关系上，即验证自由现金流量假说是否正确，看自由现金流量是否与并购绩效负相关。而以现金流指标衡量并购财务绩效的实证研究则非常少，这其中有李善民等（2004）以 1999～2001 年发生兼并收购的 84 家中国 A 股上市公司为样本，由于所选取的样本共来自 16 个行业，为消除行业的影响，他们以行业调整后的经营现金流量总资产收益率［经营现金流量总资产收益率减去当年所属行业的平均值（或中位数）得到的差值（不含样本公司）］来衡量和检验上市公司并购后的绩效，研究发现，收购方当年绩效得到提高，但其后绩效下降，绩效下降的程度甚至抵消之前的绩效提高，总体上说明中国上市公司的并购活动没有创造价值或提高企业的经营绩效，但也没有损害公司的价值。此外，刘彦（2011）在选用衡量并购财务绩效时，使用了每股经营现金流量与四个有关盈利能力的指标作为共同的评价指标。他采用因子分析法构建综合得分函数。实证分析的结果显示上市公司并购当年样本公司的绩效比前一年有着显著的提高，并购后第一年与第二年的绩效与并购前一年相比仍然是改善的，但与并购当年相比，有着下滑的趋势。

现金流量指标衡量财务绩效的优点有：①现金流量指标的优点是现金流量受会计估计和会计分摊的影响较小，不易被操纵；②文献中使用的现金流量指标为行业调整后的税前经营性现金流总资产收益率。该指标的优点在于，分子为税前运营现金流，该指标不仅排除了折旧、商誉和税收的影响，也扣除了利息支出和利息收入的影响，即不受并购支付方式（现金支付、债务支付或股权支付）的影响；分母为资产的市场价值，而不是账面价值，因此不受并购会计核算方法（购买法或权益结合法）的影响。综合来说，该评价体系不会受到并购采用的会计核算方法和并购支付方式不同所带来的影响。

但现金流量指标也存在其缺陷：①现金流量不区分收益性支出和资本性支出，按此计算的每年现金流出与现金流入没有因果关系，使得年度现金净流量很难直接作为业绩评价指标；②单纯依靠现金流量不能反映业绩的全貌，也不能借以可靠地预测将来的业绩。例如，一个有美好前景正在成长的新企业可能有很大的负的现金流量，而一个处于衰退的企业也可能产生很大的正的现金流量。

（三）其他指标

1. EVA 指标

经济增加值（EVA）是一定时期的企业税后经营净利润与投入资本的资金成本的差额，实际上反映的是企业一定时期的经济利润,这是由美国思腾斯特管理咨询公司在 20 世纪 80 年代推出的用于衡量企业价值创造能力的指标,该指标能最客观真实地反映企业资本效益。计算公式为 $EVA = NOPAT - WACC \times TC$,其中,$NOPAT$ 为税后净营业利润;$WACC$ 为加权平均资本成本;TC 为投资资本总额。

在基于 EVA 指标的并购财务绩效研究的国内学者中,孙喜福和张晓蕾(2012)以 2006 年发生的 76 个并购事件作为样本,用 EVA 和 EVA 比率两个指标分别对并购绩效加以评价,同时对并购方和目标方进行区分,得出的结论是大部分企业并购后短期绩效有所提高而长期绩效不显著甚至下滑,相对于并购方,目标方的绩效提高水平更高。而陆桂贤(2012)以 2005 年国内发生并购的 37 家公司作为样本,通过 EVA 值分析和 EVA 差值分析并购财务绩效,结论是并购当年大部分公司价值比并购前有所提升,但在并购后的两年里,绝大部分收购方的价值在减少,业绩也普遍下滑,并购行为在短期内不会使企业的价值创造能力有所好转;并购 3 年后,部分并购经过整合,绩效有所提高,但还有超过一半的公司绩效继续下滑。舒强兴和郭海芳(2003)以 2000 年的 39 个上市公司并购案例作为研究对象,在基于 EVA 指标的研究中,得出的结论是并购对收购方股东产生一定的负面影响,总体样本失败比例高达 60.53%,在进一步对行业的分析中发现成功并购集中在一些房地产开发与经营、从事投资业务以及高科技的行业。

另外,王喜刚等通过使用回归分析的方法,以上海证券交易所 1999～2001 年所有股票为样本进行分析,认为 EVA 指标比会计指标在解释公司价值变动方面具有更高的解释力,但会计利润指标仍然具有很高的信息价值,不能完全被 EVA 替代。

在对运用 EVA 研究并购财务绩效的国外文献中,美国学者 Stephen O. Byrne(1996)的研究结果表明,EVA 对收购方市场价值的解释力远远大于 NOPAT 对收购方市场价值的解释力。James L. Grant(1996)的实证研究表明,EVA 对收购方的市场价值增加值有显著影响。

EVA 指标的优点主要有:①以股权机会成本为出发点,有利于公司并购中维护股东正当权益,可以激励企业的经理人员进行能为企业带来价值增值的并购决策;②公司经营行为产生的收益为核算基础,可以防止上市公司进行以利润操纵为目的的公司并购,有利于对上市公司并购行为进行规范和约束并促进公司的持续发展;③可以缓和并购双方的矛盾和对立,激励公司各个业务部门投身于并购的全过程,促进并购效果的发挥。

EVA 指标的缺点主要体现在:①由于 EVA 是绝对值指标,不便于比较不同规模的公司并购;②EVA 也有许多和投资报酬率一样误导使用人的缺点,如不同成长阶段的公司并购后 EVA 也不相同;③缺乏统一性的指标确定规范,可比性较差,只能在一个公司的历史分析以及内部评价中使用。

2. 托宾 q 指标

用托宾 q 指标研究并购财务绩效的方法也称股价变动法,这是根据股票价格的变动均势判断企业的业绩,用托宾 q 值反映公司未来成长能力。在西方成熟的资本市场中市场有效性强,价格信号基本能够反映公司内在价值,即股价是上市公司未来全部收益的折现,因此利用托宾 q 分析并购财务绩效的相关文献比较多。而在我国,虽然一些研究认为中国股市已达弱势有效,但由于证券市场创建时间不长,市场有效性与成熟市场相比还存在着较大差距,股价易被人为操纵,在并购前后出现明显的异动,且与收购方的未来业绩变化关联度极低,股价变化不能反映经营状况的改善,所以用托宾 q 指标研究并购财务绩效的学者很少。

在运用托宾 q 指标分析并购财务绩效的诸多文献中，比较典型的是李进龙、吕巍和郭冰（2012）对于制度约束、国家文化差异与企业跨国并购绩效的研究。其中选用1997~2008年的118起跨国并购案例作为样本。采用托宾 q 指标的主要原因是股东价值最能反映跨国并购对收购方股东财富效应的影响，衡量股东价值一般用托宾 q 指标，即公司的市场价值与公司资产的当期有形资产的置换成本的比值，测量公司能够创造的未来超额收益的程度。最终得出的结论是：中国企业在处理跨国并购复杂制度环境已获得生存的同时提高了企业处理本国或者其他近似或者更容易的并购问题的能力，新知识和实践的扩散也能够提升新知识的发展，提高了企业的绩效。

托宾 q 指标的优点主要有：①该指标具有十分明确的经济含义；②具有很强的可操作性和简便性。

缺点：①只选用有限的具有高效度的指标来衡量并购财务绩效；②该方法的全面性、系统性较差。

二、多指标评价体系

采用单一指标评价并购财务绩效，虽然简单，但考察面过于单一，并不能全面、系统、真实地反映并购财务绩效；此外，存在着单一指标被操纵的可能性。为了更全面地反映并购财务绩效，有不少学者在实证研究的时候，建立多指标评价体系衡量并购财务绩效，多指标评价体系在一定程度上减少了单一指标代表性不足的问题。

李哲和何佳（2007）选取了ROE、ROA、ROS和EPS四个财务指标来衡量并购绩效，对于指标选择的理由主要是：ROE是上市公司最重要的财务指标，不受股权稀释对盈余指标一致性的影响，证监会把它作为测度公司业绩的基本指标；此外，由于ROE是公司首次公开发行、配股和退市等方面的主要考核指标，企业有对其进行盈余管理的可能，仅用ROE来测度企业绩效缺乏说服力，因此他们同时采用ROA作为绩效衡量指标，这样也可以避免计算ROE时企业账面净资产很小甚至为负的情况；ROS并购前后的变化可以反映并购是否降低了企业经营成本，提高了利润率；引入EPS这一指标是为了更全面地考察并购行为对公司经营绩效影响。除了李哲、何佳选取了ROE、ROA、EPS指标外，潘杰、唐元虎（2005）也选用了这三个指标来衡量并购绩效。

王宛秋、张永安、刘煜（2009）以2000~2005年上市公司的并购公告为基础，以其在公开信息披露中称获取某种技术为其并购的意图或意图之一为标准，并进行管理因素"噪声"和再并购因素"噪声"控制，最后选取由41个公司的并购事件组成的一个样本，选取基于ROA和ROE作为评价基础，为排除宏观经济因素和行业因素导致的绩效变化，更好地体现并购导致的绩效变化，他们没有直接以企业的ROA与ROE作为技术并购效果的评价指标，而是以企业ROA、ROE与其所在行业的ROA、ROE的比值作为评价指标，即ROA相对值和ROE相对值。实证结果显示技术并购并没有给主并企业的绩效带来普遍贡献。再结合频数分析和描述性统计发现，尽管技术并购的成功率不高，但获得成功的企业可以通过技术并购创造很高的效益。

王剑敏、孙伯灿、王晓云（2010）以对沪深股市2001~2003年发生控制权转移并且在转移之后没有再次转移的126家公司为样本，以所有样本平均的净资产收益率、主营业务收益率（主营业务利润/总资产）作为业绩的衡量指标，实证研究实际控制人发生变更的上市公司控制权转移后的财务绩效及其影响因素。文中阐述了指标选用的理由以及克服指标被操纵的方法：净资产收益率反映了公司净资产的盈利能力，选择净资产收益率均值可以避免由于股权稀释或增加对盈余指标一致性的影响，另外辅助使用主营业务收益率指标，以便排除利用线下项目进行盈余控制的影响。实证分析结果显示净资产收益率、主营业务收益率两个指标在公司控制权转移后都有显著改善，并且业绩有持续上升的趋势；从影响公司绩效因素的回归分析结果来看，股权转让溢价率、并购策略选择、合适的管理层结构和规范经营与公司财务绩效显著正相关。

李善民、刘永新（2010）以2000~2006年我国液化气行业的43个并购事件为样本，对并购后的整合程度与速度对并购绩效的影响进行了实证研究。其中，财务绩效主要用盈利能力指标来考察，他们选用了三个代表盈利能力的指标，分别为：净利润、净利润/销售收入和资金占用率（净利润/利息成本）。实证检验中发现，液化气行业的市场整合和生产运作整合程度与并购绩效正相关，建议液化气行业并购整合中必须重视市场整合和生产运作整合。

冯根福、吴林江（2001）选取总资产周转率（主营业务收入/总资产）、总资产净利率（净利润/总资产）、每股收益和净资产收益率共四个指标研究了1994~1998年的并购，他们认为尽管从整体上看并购当年和并购后第一年上市公司的业绩得到了一定程度的提高，但在接下来的年份里，其业绩又普遍下滑；虽然混合并购从短期看也可获得一定的并购效益，但从较长时期来看其优势十分有限；横向并购从短期看绩效一般，但从较长时期来看其绩效较为稳定且呈上升趋势。

多指标体系较之单一指标体系，由于选取的指标更多，其优点是相对单一指标体系来说更能反映并购绩效；缺点在于现有的很多研究，在进行指标选择时，并没有进行全面、系统的考虑，指标选择具有较大的随意性，很多选取的指标性质都是重复而不是互补的，并不能起到多指标该有的作用。

三、综合评价指标体系

在对并购中财务绩效进行衡量的研究文献运用的指标中，值得一提的是综合指标体系，它是一种较为全面、系统的分析方法，从企业核心竞争力的角度选取指标构建体系，尽可能全面地反映上市公司的综合业绩，其理论已经趋于成熟，并被广泛应用于并购分析。理论和实践中，对上市公司公布的财务指标分类的观点比较一致：认为反映上市公司财务状况的指标可分为五大类：盈利能力指标、偿债能力指标、资产管理能力指标、经营发展能力（成长能力）指标、资本结构（现金流量）指标。

综合指标分析法主要是选取反映企业盈利能力、成长性、资产管理能力、偿债能力以及股本扩张能力等方面的多项财务指标，利用主成分分析法对这些指标进行分析，找出主成分，并寻求每一个主成分的经济含义，计算出每一个主成分的得分以及综合得分。

在利用综合指标分析法对并购财务绩效的研究中，有些学者认为并购后财务绩效先上升后下降，如赵红英等（2008）选取2000~2002年的39家民营上市公司并购案例作为样本，而选取盈利能力、营运综效、成长能力和财务综效四个方面共10项财务指标构建综合指标体系，选取指标的原因是企业绩效的衡量应该综合考虑盈利能力和企业运营状况等因素，并且指标选取过多会造成不必要的重复。然后采用因子分析法，构建多元线性回归模型对样本公司的财务指标进行处理，通过得到的综合绩效分值检验并购前后绩效变化，最终得出的结论是从并购对公司综合绩效的影响来看，我国民营上市公司的并购绩效并不理想。样本绩效得分平均值在并购前一年下降，并购当年有所提升，并购后则逐年下降，这或许表明民营上市公司的并购行为是提升企业短期业绩的有效手段。邢天才和贺钢璇（2011）以 2004～2009 年的 319 家作为收购方的上市公司为样本，采用 13 个财务指标，最终结论是大多数公司通过并购活动改善了本公司的绩效，但一些企业通过并购带来的绩效改善不具有可持续性，并购活动的短期效应比较明显。李群峰（2006）选择 2001 年发生并购的 42 家上市公司作为数据，运用每股收益等 6 项指标构建综合体系研究表明，并购并没有显著地改善公司绩效，在发生并购的当年，公司绩效发生了明显的上升，之后呈现下降的趋势，而且都没有超过并购发生前的业绩水平。

有学者认为并购后财务绩效是上升的，如郑迎飞（2006）以 1995～2002 年被外资并购的 26 家上市公司作为样本，在资本结构等五大方面分别选取 2～4 个最具代表性的指标构建综合指标体系，结论是：并购后三年综合业绩和并购前一年相当，但并购当年的业绩较差，并购后第二年和第三年的业绩较并购前有所提高。被外资并购的上市公司业绩超过行业平均水平，并且较并购前有所提高，但并购是否会有损国内资产价值还要看转让资产或股权时获得的溢价。

还有学者认为并购后财务绩效是下降的，如林德钦（2011）以 2007～2010 年的 170 家收购方作为研究数据，运用综合指标分析法，得出的结论是与并购前相比，超过一半以上收购方的绩效在并购后变差并且所有收购方绩效的平均水平在并购后也变差。

其他学者则认为并购对财务绩效没有显著影响，周俊、薛求知（2008）选择 1995～2005 年发生的 32 起外资并购我国上市公司事件作为研究样本，选取总资产增长率、流动资产周转率等 8 项财务指标，结论是在并购后的两年内，目标方的偿债能力、营运能力、盈利能力、成长能力和综合能力无显著提高，外资并购并没有显著改善目标方的财务绩效。

在其他方面的并购财务绩效研究中，万芳、闫晓彤（2002）以 2000 年的 80 家收购兼并案例作为样本，并对纵向并购、横向并购和混合并购加以区分，选取每股现金流量等 9 项指标构建综合评价体系，发现横向并购中，并购业绩逐年下降，但下降幅度在缩小，公司总体绩效上升；纵向并购中，并购业绩逐年下降，下降幅度在扩大，但并购后企业致力于行业整合或在降低管理成本上加大力度，致使公司业绩出现好转迹象；混合并购中，并购后一年比并购前业绩明显下滑，绩效不显著。吴豪、庄新田（2008）选取 2004～2006 年的 517 起并购事件为样本，从 4 个方面选取 13 项指标，得出的结论是并购后公司当年绩效确有一定的提升，但缺乏长期性。

综合指标体系相对来说已经越来越被广泛认可和使用，其优点是：①可以较全面地衡量企业各方面的财务表现；②它确定的权数是基于数据分析而得到的，指标之间的内在结构关系，不受主观因素的影响；③得到的综合指标（主成分）之间彼此独立，减少信息的交叉，这使分析评价结果具有客观性和可确定性。其缺点是简便性较差。

总体上看，财务指标的好处是财务数据容易取得，既便于计算，也易于理解，并且这种方法考虑到并购的收益要 3～5 年后才能充分体现。但根据 Montgomery 和 Wilson 的分析，应用财务数据来分析并购的影响就方法论本身而言可能有如下弊端：①财务数据是历史数据，反映的是过去的绩效，而不是未来期望收益；②绝大多数的公开财务数据都是累加值，难以独立分开单个的规模较小的事件的影响。此外，它也没有反映企业风险状况的变化。

四、三种财务指标评价体系的比较

三种财务指标评价体系的比较如表 13-1 所示。

表 13-1 三种财务指标评价体系的比较

	单一指标评价体系	多指标评价体系	综合评价指标体系
基本方法	分别采用 ROE、ROS、ROA 等指标衡量企业在若干年内财务绩效的变化	将 ROE、ROS、ROA 和 EPS 等指标结合起来衡量并购绩效	选取反映企业盈利能力、成长性、资产管理能力等方面的多项财务指标,利用主成分分析法对这些指标进行分析,找出主成分,并寻求每一个主成分的经济含义,计算出每一个主成分的得分以及综合得分
优势	计算简单;可比性好	相对单一指标体系来说更能反映并购绩效	可以较全面地衡量企业各方面的财务表现;它确定的权数是基于数据分析而得到的,指标之间的内在结构关系,不受主观因素的影响;得到的综合指标(主成分)之间彼此独立,减少信息的交叉,这使分析评价结果具有客观性和可确定性
缺陷	考察面过于单一,并不能全面、系统、真实地反映并购财务绩效;此外,存在着单一指标被操纵的可能性	现有的很多研究,在进行指标选择时,并没有进行全面、系统的考虑,指标选择具有较大的随意性,很多选取的指标性质都是重复而不是互补的,并不能起到多指标该有的作用	简便性较差

第二节 事件研究法

面对测算单个事件影响的要求,事件研究法(event study)应运而生,并发展成为并购绩效研究中的主流方法。它通过考察某个事件在交易公告的窗口期所产生的超常收益来衡量该事件的影响。虽然事件研究法可以追溯到 20 世纪 30 年代,但该方法的完善和被广泛接受则得益于 Ball 和 Brown 对会计盈余报告的市场有用性的经验研究和 Fama 对股票分割市场反应的经验研究所起的示范作用。

事件研究法的原理是根据研究目的选择某一特定事件,研究事件发生前后样本股票收益率的变化,进而解释特定事件对样本股票价格变化与收益率的影响,主要被用于检验事件发生前后价格变化或价格对披露信息的反应程度。公司重大事件的发生日,可能是公司兼并公告日、债券发行日、盈利宣告日、股票股利发放日,也可以是普遍的经济事件,如通货膨胀、贸易赤字等的发生。

事件研究法的基本思想是:设定事件产生影响的时间段为事件窗口期,计算事件窗口期的日超常收益率(abnormal return,即该期实际收益率与不发生事件条件下的收益率的差值)和累计超常收益率(cumulative abnormal return,CAR),并用这两个指标的统计检验量衡量事件影响的显著程度。事件研究法主要分为选择事件期与纯净期、计算个股日预期收益率、计算个股日超常收益率、计算平均超常收益率、计算累积平均超常收益率、检验假设六个步骤。

1. 定义事件期

衡量一个"事件"对股票价值影响的第一步是要定义一个事件期。通常情况下,事件期以公布日为中心,而公布日在事件期中被设计为第 0 天。确定事件期的目的是获取该事件对股票价格的全部影响。较长的事件期可以确保获得全部影响,但估算容易受到数据中更多无意义因素的干扰。

不同的研究采取了不同的事件研究期间,从事件前后各 1 天到事件前后各 60 天,窗口期的长短不一而足。采用短期的累计超常收益通常是用来反映市场上投资者在并购事件发生后对企业未来发展的预期。但研究中也有采用更长窗口期的例子,比如事件发生日到事件发生后 240 日和事件发生后一个月至事件发生后 12 个月,以此来计算并购整合后所实现的并购总收益。较长的事件期有较大概率覆盖事件的全部影响,但难以保证事件期的"清洁",即不受其他因素干扰。

许多研究选择的事件期为 –40 天到 + 40 天,即从公布日的前 40 天到公布日的后 40 天。注意,第 0 天是一家特定公司公布的日期,对于不同的公司公布日将会不同。事件期的日期指股票公开交易的日期,如周末、节假日等停市日期不能被包含在事件期内。

2. 计算预期收益

预期收益是指事件期内公司 j 在第 t 天的预期(或正常)收益 $\hat{R}_{jt}$。预期收益是指事件未发生时可以预计到的收益。有三种基本方法计算预期收益,它们是市场模型法、均值调整收益法和市场调整收益法。在大多数情况下,这三种计算方法得到的结果相似。我们这里仅介绍最常使用的市场模型法。

在使用市场模型时,要选择一个纯净期,纯净期可以在事件期之前、之后或者两者都包括,但不能包括事件期。纯净期包括没有与事件相关的信息披露的日期,例如从 –240 天到 –41 天。市场模型是通过对在此期间内各天的回归分析来进行估算的。市场模型是:

$$R_{jt} = \alpha_j + \beta_j R_{mt} + \varepsilon_{jt}$$

其中 R_{mt} 为第 t 天市场指数(如标准普尔 500)下的收益,β_j 衡量的是 j 公司对市场的敏感度,这是一种衡量风险的方法,α_j 衡量了在整个期间内无法由市场来解释的平均收益,ε_{jt} 是统计误差项,$\sum \varepsilon_{jt} = 0$。通过回归分析可以估算出 α_j 与 β_j 的值,记为 $\hat{\alpha}_j$ 与 $\hat{\beta}_j$。一家公司在事件期内每一天的预期收益是把这些估算值代入市场模型中所得到的当天收益值,即

$$\hat{R}_{jt} = \hat{\alpha}_j + \hat{\beta}_j R_{mt}$$

其中 R_{mt} 是指事件期内实际的一天中市场指数的收益。因为市场模型明确考虑到了与市场相关的风险因素和平均收益,所以得到了广泛使用。

3. 计算超常收益

即每家公司每天的超常收益 r_{jt}。超常收益即未预计到的收益部分,也就是由于事件所引起的当日公司价值的变动估计。它是每家公司当天的实际收益减去预期收益,即

$$r_{jt} = R_{jt} - \hat{R}_{jt}$$

4. 计算平均超常收益

对事件期内每一天各公司的超常收益求平均数,即得到当天的平均超常收益 AR_t:

$$AR_t = \frac{\sum_j r_{jt}}{N}$$

N 为样本中的公司数量。在公司间进行平均的原因是股票的收益会受到干扰,但通过在较大数目的公司间进行平均,可以消除这些干扰。因此,样本中公司数目越多,事件的影响也就越能被更好地加以识别。

5. 计算累积平均超常收益

将整个事件期内每天的平均超常收益进行加总,得到累积平均超常收益 CAR,其中

$$CAR = \sum_{t=-40}^{40} AR_t$$

累计平均超常收益代表在特定时间间隔内,该事件对所有公司的总体平均影响。

6. 检验假设

如果 $CAR > 0$,且具有统计学意义上的显著性,则表明该期间发生的事件为公司带来了显著的超额收益。如果 $CAR < 0$,且具有统计学意义上的显著性,则表明该期间发生的事件没有为公司带来显著的超额收益。如果 $CAR = 0$,则公司的财富没有受到事件影响(一般很少出现)。

国外许多经济学家以上述方法对收购方和目标方的绩效进行了实证检验[详细的综述可参见罗伯特 F. 布鲁纳,2011(第3章)[一]]。在这些研究中,尽管采用的样本以及测量的窗口期不一致,具体方法上也存在一些差异,但都得出了一个相似的结论,即目标方股东总是并购活动的绝对赢家,不同的仅是收益的多少而已。例如 Jensen 和 Ruback 在总结 13 篇研究文献的研究成果后指出,不成功的兼并会给目标公司股东带来约 20% 的超常收益,而成功的收购给目标公司股东带来的收益则达到 30%。Dodd 和 Ruback 对 1973~1976 年的要约收购进行研究发现,买方公司股东能够获得显著为正的 8%~12% 的超常收益,而目标公司股东能够获得 19%~21% 的超常收益。Schwert 研究 1975~1991 年的 1814 个并购事件后得出,目标公司股东的累积平均超常收益为 35%。

经验研究结论的分歧集中在收购方股东能不能从并购活动中获利。Jensen 和 Ruback 指出在成功的并购活动中,收购方股东约有 4% 的超常收益。Agrawal 等人在研究 1955~1987 年的 1164 个并购事件后指出,收购方并购后一年内的 CAR 为 -1.53%,二年内的 CAR 为 -4.94%,三年内的 CAR 则为 -7.38%,即并购活动在总体上是不利于收购方股东的。Schwert 的研究则显示收购方股东超常收益为 0,但不显著。尽管国外近年来的研究普遍显示收购方股东从整体上很难从并购中获利,但 Agrawal 等人认为由于有将近一半的收购方股东累积超常收益为正,部分地解释了为什么仍有许多公司热衷于并购扩张。

李善民和陈玉罡[二]以 1999~2000 年深沪两市发生的 349 起并购事件运用事件研究法进行研究表明,并购给买方公司的股东带来显著的财富增加,而对卖方公司股东财富的影响不显著。张新[三]对我国上市公司 1993~2002 年发生的 1216 起并购重组事件进行研究表明,并购使买方公司的股票溢价为 -16.7%,而卖方公司的股票溢价为 29.5%。

事件研究法的一个重要假设是资本市场的有效性。虽然事件研究法被广泛应用,但也有人指出单单从股价的变动不足以判断并购双方的得失,因为股票的超常收益的存在可能是由于投资者预期并购将对收购方(或目标方)产生正的效应,也可能是由于市场非有效情况下非对称信息导致的投资者对股价的错误定位,因此 Porter 建议从剥离率、协同的实现等角度来分析。

[一] 罗伯特 F 布鲁纳. 应用兼并与收购 [M]. 张陶伟,彭永江,译. 北京:中国人民大学出版社,2011.
[二] 李善民,陈玉罡. 上市公司兼并与收购的财富效应 [J]. 经济研究,2002(11):27.
[三] 张新. 并购重组是否创造价值?[J]. 经济研究,2003(6):20-29.

但是由于中国股市中二级市场炒作问题严重，股价通常在事件宣告前就被炒作得较高，而事件发生后股价有下降现象，说明存在内幕交易，因此事件研究法在中国证券市场的适用性还存在质疑。

第三节 诊断研究法

财务指标法和事件研究法都是大样本的实证分析，这种大样本分析应用于并购研究时在某些场合中难免存在一些不足。首先，大样本分析忽略了个别因素对并购绩效的影响。影响并购绩效的因素很复杂，它可能分布在并购交易的各个环节及整合过程中，但大样本研究中往往忽略了这些深层次因素对不同企业的不同影响，因而不能确切反映并购绩效。其次，大样本分析中往往利用标准数据，如在国外的并购研究中经常以 CRSP（芝加哥大学证券价格研究中心）、Compustat、Mergerstat 等数据库为数据源，但并购研究中经常涉及一些非标准化的、难以量化的数据，比如在组织匹配的研究中涉及的管理风格、激励制度、治理结构等因素，在整合过程研究中涉及的战略、人力资源等因素，使得大样本分析面临比较大的困难。

在 Jensen 等人的大力倡导下，适用于小样本深度分析的诊断研究法日趋完善。**诊断研究法**（clinical study）通常是指对基于观察而不是分析得到的小样本事件进行深度分析的经验研究方法。深度分析涉及更多数据的采集而不局限于标准数据源，数据的获得可能是对公开信息（如文件、分析报告等）和公司内部文件（如规划、备忘录、电子邮件、内部管理报告等）的手工整理，也可能来自对决策者（经理、投资人、交易中介等）的访谈。小样本可以是一个或几个或更多，如果观察值是员工或交易数据，小样本研究也可能会涉及大量的数据。因此，诊断研究法也可以分为如下几种（见表13-2）。

表 13-2 诊断研究法分类

	小样本	大样本
搜集公司详细的非公开资料	传统的实地研究或案例研究	调查法
搜集公开资料	小规模经验研究	传统的经验研究

资料来源：Tufano，2001：181.

小样本研究的意义在于可以更好地理解复杂因素，尤其是难以量化因素的影响，为理论和大样本统计检验提出新的思想、问题和研究线索。诊断研究法在应用中的一个优势是可以同时采用事件分析和长期绩效分析，以考察样本企业短期和长期的并购绩效影响。诊断研究法在研究中可以发挥四个作用：①形成理论；②验证理论；③"有用"理论的应用；④理论交流。

Kaplan 等提供了一个运用临床诊断方法分析收购事件公告后股票市场反应正负相反的两起收购的例子。尽管市场反应相反，他们发现没有一起并购创造价值。通过对经理的访谈和内部绩效资料的分析，他们发现两个有价值的结论：①收购战略的成功实施以及经营一个有效的内部资金市场是非常困难的；②大样本研究中使用的经营绩效衡量标准并不能有效衡量并购后的实际经营绩效。

Parisi 和 Yanez 对智利的一起著名并购案的研究中发现目标方的股东并没有获得正的累积超常收益，这不同于英美国家经验研究的结论。临床诊断分析的结果表明目标公司的治理结构导致了这种异常。

总之，已有的诊断研究法案例表明它可以在一定程度上弥补大样本分析中的不足，尤其是这种方法使得对并购价值创造过程的分析成为可能，而不再局限于寻求创造价值的事件。这种方法所得到一些有价值的发现，将可能促进并购研究产生新突破。

第四节 调 查 法

一些研究倾向于使用调查法获得管理团队对并购是否成功的判断。从理论上讲，如果并购目标合理且所设定的目标实现，并购就应被认为是成功的。因此，直接向参与并购的管理人员询问他们对并购的评价似乎是一个自然合理的方法。**调查法**（survey study）通过向涉及并购的企业主管发放标准化的调查问卷，然后对调查结果进行汇总和分析，旨在获取可以推广的结论。

调查问卷所涉及的问题一般包括并购的初始目的，相对于计划和预期来说并购的绩效如何，收购方如何推进并购后的整合过程，期望取得何种协同和战略优势，以及在并购实施中出现了什么样的问题。

调查问卷一般难以完美到任何一个应答者都能准确理解问题的含义，这显然对调查结果的解释会产生影响。例如，如果一个应答者被问及是否一次兼并完全达到了目标，答案可能因为问题是"完全达到"而不是"大体成功"而回答为"否"。正因为调查结果可能高度依赖于调查问题的措辞，所以调查结果的分析员如果没有调查工具方面的知识，就不能有效评价这些答案。

此外，调查法还可能存在系统偏差。研究曾指出，高层经理对并购的看法往往比基层经理更积极。如果是这样的话，选择特殊的被访对象可能影响调查的结果。即便使用主观基准，一些对企业主管的调查表明并购的成功率仅为 55%。

Chatterjee 等人的研究提供了一个应用调查法进行研究的例子。他们向 198 家目标方的高管人员发放调查问卷，请他们根据文化倾向的七个维度（如创新、横向整合等），就收购与目标方的差别与收购方将目标和决策施加给目标方的强度进行评价。然而 198 家企业中仅有 30 家的反馈可用于分析，意味着 85% 的样本被排除。他们关于"被觉察的文化差别越大，兼并越不成功"的假设得到支持，文化差别与施加的控制（imposed-control）都与并购公告日附近 7 天或 16 天的窗口期内的股票超常收益高度相关。该发现与大样本分析所得的关于并购双方文化差异有损于并购成功的结论相一致。但这项研究同时也显示了调查法所暴露的不足，比如响应误差（仅 15% 的有效问卷）、残留误差（可以推测，仅没有离开目标方的经理才回复调查问卷）、基于被调查者记忆的问题、小样本等。

第五节 绩效评价方法的评价

通过以上分析我们可以集中比较四种经验研究方法在分析并购绩效时的优缺点，如表 13-3 所示。

表 13-3 并购绩效经验研究方法优缺点比较

	财务指标法	事件研究法	诊断研究法	调查法
基本方法	采用 ROE、ROS、ROA 等指标衡量企业在若干年内财务绩效的变化	用资本资产定价模型等方法计算并购公告后的超常收益	深入分析少数收购方以确定并购目标是否达到	向参与并购的经理人询问对并购成败的评价
优势	认同并购绩效需要若干年才能实现的观点；公开可获得的数据	有效市场假设；对未来现金流无偏的理性预期；排除了无关因素；公开可获得的数据	对并购成败的因素有更深入和缜密的理解；归纳法研究适于发现新的方式和行为	承认衡量并购成功的复杂的和多维度的属性；可以深入考察不为股票市场所知的价值创造因素

(续)

	财务指标法	事件研究法	诊断研究法	调查法
缺陷	反映历史状况而不是未来；没有对风险状况进行调整；与并购不相关的其他因素可能影响数据	假设市场的参与者能够迅速并准确地计算出并购的现金流量影响	小样本，结论不能够推广；可能存在研究误差	自我报告误差；较低的参与率（典型情况为2%～10%）
结论	并购对收购方股东至多是一个收益持平的赌博；相关与非相关并购的绩效孰优孰劣难下定论；经验研究结果不完全支持并购理论		为确保并购的成功，尽职调查过程、费用支付和整合都必须灵活管理	
建议	注意财务数据的可比性（会计政策、报告原则、国别因素等的影响）	注意并购的过度支付	要清楚协同效应的来源；管理好整合过程	不论是相关并购还是混合并购，都要保留目标方的高管团队

资料来源：Cording et al., 2002：36；Bruner, 2003：19；作者的分析。

并购是否创造价值是并购研究中的一个基本问题，研究者一直希望通过对并购绩效的分析找到答案。在寻找答案的过程中，四种有价值的方法被引入这个领域。

四种方法各有其适用环境。在短期绩效研究中使用财务数据分析的方法，或者把事件研究法的窗口期延长为长期，都是不适当的。诊断研究法不是对大样本分析方法的替代，而是对并购经验研究方法的丰富。因此，在应用中应注意各种方法的前提条件，以保证分析结果的解释力。

虽然人们普遍认同并购总体上创造价值，而且价值主要被目标方股东获取，但关于并购绩效的争论还在继续，比如并购类型与绩效的关系、治理结构与绩效的关系等问题还没有定论。对新问题的探索使得对研究方法的创新仍在继续。并购绩效研究的发展说明，没有哪一种方法可以解决所有问题，但可能某一种方法在某一背景下比较适合解决某一类问题，并且方法的创新可能导致研究的新进展。

运用以上方法研究中国企业并购的绩效问题，我们认为应注意如下问题。

第一，总体上来说，股票市场的不成熟使得与并购经验研究相适应的环境远未形成，应谨慎地使用经验研究方法来研究中国的并购绩效问题。要注意各方法的前提和局限性，也要注意数据的可信性。从经验研究中得出明确的结论，尤其是政策建议，则应更为谨慎。

第二，应用长期绩效法所选取的绩效指标应注意其有效性。鉴于中国股票市场财务报表粉饰性的严重性，建议选择一些能较好回避不真实财务数据的指标，比如 EVA 方法给出的某些指标，或传统会计指标的加权综合指标体系。

第三，事件研究法的应用空间目前尚十分有限。首先，该方法要求满足市场有效性的假设。一些研究表明中国证券市场自 1993 年后基本达到弱式有效，但还没有达到半强式有效。更为严重的是早些年利用并购事件来操纵股价的行为成为中国股票市场公开的秘密，这更使得早期股价数据的有效性受到怀疑。

第四，基于可获得的真实财务数据基础上的临床诊断研究，目前是值得提倡的谨慎的学术研究方法。调查法受制于企业参与率低的现实，应用上受到限制，但或许主管部门或权威部门主持的调查运用这种方法会比较有效。

第五，探索新的方法将是有益的尝试。社会学中运用的一些方法，如深度访谈法、问卷调查法，可以结合定量分析方法一起使用。另外，考察并购后的剥离率的方法，考察市场份额变化的方法等，也可在不同的研究背景下有选择地使用。实际上，我们看到，现有的方法都有不尽如人意的地方，比如过分关注并购的财务价值，但对并购的战略价值的关注明显不足；在财务价值的分析中，过分关注收益但对风险关注不足等。因此探索科学的并购绩效衡量方法的努力还需加强。

本章小结

在本章中，我们探讨了评价并购绩效的几种方法。并购绩效主要是检验并购是否创造价值以及影响价值创造的因素有哪些。并购是否创造价值是并购研究中的一个基本问题，研究者一直希望通过对并购绩效的分析找到答案。在寻找答案的过程中，这四种有价值的方法被引入这个领域。

这四种方法中，我们需要重点掌握的是事件研究法和财务指标法。事件研究法更加适用于短期绩效的研究，而财务指标评价体系则更多地被运用在长期绩效评价中。

我们讨论了每个方法的适用情况和其各自的优缺点。在哪种情况下我们该用哪种方法对并购绩效进行研究，正是我们在真实活动中运用时所要思考的，合理选择最优方法是我们所要学习的能力。

关键术语

并购绩效　　　　　　　　　　　　诊断研究法
事件研究法　　　　　　　　　　　调查法
财务指标法

练习思考题

2006年7月25日，黄光裕与永乐电器董事长陈晓联合发布了《国美、永乐合并北京及公告内容》，双方多轮博弈后达成的"股权+现金"收购方案是：永乐1股换0.3247股国美股份加0.1736港元现金补偿。按照此价格，永乐股份相当于以每股2.2354港元的价格被收购。国美在换购后须向永乐支付4.09亿港元现金，至此，国美为收购永乐付出的"总代价"为52.68亿港元。和黄光裕一贯的作风一样，国美在此次收购中付出的现金只占很小的一部分，占总价的7.8%。黄光裕将持有合并后的新公司51%的股份，原永乐董事长陈晓透过合并公司和管理层持有12.5%的股份，摩根士丹利持有约24%，黄光裕对新的公司具有绝对控制权。

至2006年10月17日，国美已就224 589 856股永乐股份接获收购建议的有效接纳，占永乐已发行股本约95.3%。由于本次收购为无条件收购，国美可根据法律强制收购未根据收购建议收购的永乐股份，在完成强制收购后，永乐将成为国美的全资子公司，并将根据香港上市规则于2007年1月31日撤销在联交所的上市地位。

问题：请分别通过事件研究法和财务指标法研究此次并购事件的并购绩效如何？国美收购永乐为自己带来了哪些方面的好处，发挥了什么样的协同作用？

第十四章
公司重组

学习目标

1. 了解公司重组的方式。
2. 理解剥离为何可以创造价值。
3. 了解资产重组各种方式的含义。
4. 了解财务重组各种方式的含义。

引导案例

辉瑞剥离猪疫苗业务⊖

2009年年初,辉瑞宣布以680亿美元收购惠氏公司。当年6月9日,中国商务部收到辉瑞收购惠氏的经营者集中申报申请。商务部根据《反垄断法》第27条"审查经营者集中"对交易进行了审查。

交易双方在中国境内市场的产品存在部分重合,一是人类药品,具体包括J1C(广谱青霉素)和N6A(抗抑郁和情绪稳定剂);二是动物保健产品,具体包括猪支原体肺炎疫苗、猪伪狂犬病疫苗以及犬用联苗。

商务部认为,上述两种人类药品领域以及猪伪狂犬病疫苗和犬用联苗两种动物保健品领域,合并后市场竞争结构没有发生实质性改变。但是,鉴于中国猪支原体肺炎疫苗市场属于高度集中的市场,辉瑞和惠氏合并后市场竞争结构发生实质性改变,将产生限制或排除竞争的效果。

商务部的理由是,合并后的公司市场份额明显增加,市场集中度明显提高,新企业进入将更加困难。根据商务部的数据,两家公司合并后,在该市场的份额为49.4%(其中辉瑞为38%,惠氏为11.4%),远高于其他竞争对手,排名第二位的英特威市场份额只有18.35%,其他竞争者的市场份额均低于10%。合并后实体将有能力利用其规模效应扩大市场,进而控制产品价格。另外,商务部称,药品研发的特点是成本高和周期长,辉瑞收购惠氏后,很可能利用其规模优势进一步在中国扩张市场,打压其他竞争者。据统计,开发一种新产品大约需要3~10年的时间以及250万~1000万美元的投资。而市场调查显示,进入猪支原体肺炎

⊖ 资料来源:于宁.哈药收购辉瑞猪疫苗业务 靠反垄断捡漏.新世纪—财新网,2010.6。有删节。

疫苗市场的技术壁垒更高。

2009年9月29日，商务部发布了《关于附条件批准辉瑞公司收购惠氏公司反垄断审查决定的公告》。所谓"附条件批准"，即要求辉瑞在六个月内剥离其在中国大陆地区的瑞倍适及瑞倍适－旺猪支原体肺炎疫苗业务。

这是2008年《反垄断法》实施以来，中国首次对跨国公司并购涉及的反垄断问题做出资产剥离的裁定。

中国商务部的这一决定并不特殊。合并后的新辉瑞为世界第一大制药企业，主要国家在反垄断审查方面都是有条件批复。美国联邦贸易委员会（FTC）和加拿大竞争局批复的前提是：要求辉瑞出售原惠氏旗下和动物健康相关的业务中的半数股权，同时还要出售惠氏公司的马疫苗业务。此外，欧盟、澳大利亚也要求辉瑞剥离部分动物药品业务。

经过上述国家和地区的反垄断审批之后，2009年10月15日，辉瑞和惠氏完成了并购。与此同时，剥离在中国的猪支原体肺炎疫苗业务也进入最后阶段，哈药集团与辉瑞在11月初签署了保密协议，正式开始谈判[○]。

因触发反垄断审批而剥离业务并非个案。2013年中国商务部以嘉能可出售秘鲁LasBambas铜矿作条件批准了其并购斯特拉塔的备案。2014年4月中国五矿集团公司宣布，由MMG（五矿资源）、国新国际投资有限公司和中信金属有限公司组成的联合体已达成股权收购LasBambas铜矿项目的协议。

大型并购交易因须满足反垄断当局的要求而剥离业务基本上是被动的选择，但也有企业因为业务转型或市值管理的需要而主动进行公司重组。公司重组有哪些方式？本章我们将给出答案。

第一节 公司重组的方式和动因

一、公司重组的方式

公司重组是对公司所有权或控制权结构的一种重新安排。从资产负债表来看，公司重组影响的要素包括资产、负债及股权，因此公司重组可分为资产重组、负债重组和股权重组，而负债重组和股权重组又常被合并在一起称为财务重组。

公司重组也涉及合并或收购，但公司重组与公司并购所涉及的合并或收购略有不同。公司并购是不同实际控制人之间的控制权交易行为；而公司重组是在同一实际控制人的主导下进行的公司之间的控制权转移行为，它所导致的结果是实际控制人对控制权结构或归属的一种重新配置。简单地说，公司重组所涉及的合并或收购是同一控制下的合并或收购。

例如，2006年10月24日，上海文广新闻传媒集团传出消息将对旗下新媒体业务进行重组：将负责跨媒体互动增值服务的上海文广新媒体有限公司，并入专注于移动多媒体业务的上海东方龙移动信息有限公司。分析认为，上海文广此举与当年4月中央电视台彻底改版

○ 2010年6月10日，哈药集团宣布通过约5000万美元竞购，成功承转美国辉瑞公司两款猪流感疫苗的中国大陆区域内业务，承转内容包括两款疫苗的知识产权、生产技术、产品品牌和在中国大陆市场的全部业务。这两个产品将在哈药集团生物制药产业基地——哈药集团动物疫苗公司进行生产和营销。辉瑞公司将向哈药疫苗提供为期3年的技术支持和指导。

CCTV.com 并大力整合央视国际网络的新媒体业务所带来的压力有关,同时也是其为新媒体业务寻找盈利模式的再次尝试。这种实际控制人主导的合并是一种典型的公司重组形式。

公司重组所涉及的合并或收购,与本书前面所指的并购大体类似。因此,本章将讨论的重点集中在公司控制权收缩的重组方式。

示例 14-1　美的电器剥离小家电业务

2005 年 6 月 20 日,美的召开临时股东大会,以高票通过议案是将因处于产业培育期而长期亏损的美的小家电业务从上市公司"美的电器"中剥离,由大股东美的集团溢价收购。美的为何重组小家电呢?

据美的集团董事副总裁兼美的电器董事、美的新闻发言人黄晓明介绍,美的电器此次业务重组是一个酝酿已久的慎重举措。其实早在 2004 年开始,就有证券机构建议美的电器剥离小家电业务,以提高上市公司的盈利能力。目前的证券市场对此次重组也持欢迎态度,美的电器"将出售小家电业务"的公告刚一发布,美的股价即告上涨。

在过去几年中,美的上市公司的业绩一直受长期处于亏损状态的小家电业务的拖累,很大程度上影响了投资者的利益。公告显示,如果美的成功剥离小家电业务,主营业务收入将下降 58 亿元(2004 年数据),但利润总额将上升 9000 万元,上市公司的税前利润率将由过去的 3.47% 上升至 5.45%。

美的小家电之所以长期处于亏损状态,分析人士指出,这并非是美的自身经营不善,而且这种亏损并非全面亏损,是一种结构性亏损,比如美的风扇、电饭煲、电磁炉等产品已取得国内甚至全球市场占有率第一的位置,业绩良好,而诸如微波炉以及其他厨房电器,由于正处于市场投入扩张期,则出现一定的战略性亏损。

相比已充分竞争而秩序渐好的空调市场,目前国内的小家电市场仍然比较混乱,品牌众多、竞争激烈,价格战、口水战等层出不穷。美的电器作为公众上市公司,在这样一种总体环境下,在内部空调与压缩机业务表现优异的情况下,很难投入太多资源扶持小家电业务的发展。也正因如此,一些处于产业培育期的美的小家电不得不面对长期亏损的不利局面。

此次剥离小家电受到质疑的关于日电集团高负债率问题,恰恰正是美的电器和美的集团下决心重组小家电的一个重要动因。由于上市公司业务庞杂,制冷业务又处于高速扩张期,无暇再投入更多资本金来做大小家电,小家电处于资金饥渴状态,不得不从美的电器内部长期采用内部借款方式以及对上下游合作伙伴负债的方式来支撑其规模和发展速度。尽管小家电每年获得超过 50% 以上的增长,但资本金紧张的问题由于国内资本市场的低迷长期未能得到解决。

为此,美的电器董事会决定将小家电业务剥离给大股东。专家分析,这是一个多赢之举。第一,这将有利于集中资源,把"美的电器"打造为专业的制冷企业,做大做强制冷产业。第二,有利于改善"美的电器"的业绩和盈利状况,维护广大股东的利益。第三,解决了上市公司内小家电业务较复杂的内部关联与治理问题,进一步清晰完善"美的电器"的公司治理结构。第四,美的小家电业务从上市公司分离后,将减少急于盈利的社会公众股东的压力,采取更为有利于其发展的竞争策略,依靠美的集团强大的资源支持,培育和扶持美的小家电做大做强。

二、为什么资产剥离可以创造价值

在这一节中,我们通过借用公司财务的主要理论综合探讨了从公司资产剥离中获取财富的多种可能来源。我们从莫迪利亚尼和米勒(1958,1961)发展的这一领域研究的框架性概念开始,通过考虑与公司重组相关的信息效应和激励变化来建立问题研究的基础。

(一) 莫迪利亚尼、米勒以及无关论

在1958年和1961年发表的关于资本结构和股利的研究论文中,弗兰科·莫迪利亚尼(Franco Modigliani)和默顿·米勒(Merton Miller)发展了现代公司财务的基础理论。他们分析的核心内容认为,在零交易成本或零信息成本的世界中,企业的价值与债务或权益的选择以及股利政策无关。换言之,决定企业价值的是一个企业提供的产品、服务和理念,而不是财务诊断。罗纳德·科斯(1960)在同一时期独立地提出了一个相似的法律责任所有者权益理论,威廉·维克瑞(William Vickrey,1961)将相关的框架应用到拍卖设计中。

莫迪利亚尼-米勒理论(1958,1961)、科斯理论(1960)和维克瑞理论(1961)可以被应用到公司重组和资产剥离中。他们的概念暗示着在零信息成本和零交易成本的世界中,公司的组织形式是无关的。换句话说,无论一个企业是由两个部门组成,还是这两个部门被独立的企业所代替,它们的联合价值都是相同的。

从公司重组的理论研究中获得的教训是双重的。首先,公司管理者武断地将一个公司分成两部分并不能提高企业价值。其次,这一理论将信息成本和交易成本因素作为创造财富的可能来源引入重组分析中。接下来我们考虑了激励成本和信息成本在公司重组中的作用。

(二) 公司重组、动机和效率

表14-1概括了几个与公司重组研究相关的理论。一组研究提出了在一个有效经营的公司中激励成本和监督成本结构的重要性。阿尔钦和德姆塞茨(1972)建议,如果一个企业资产的联合生产效率超过了将这些资产单独使用时可能的产出,那么这个企业的本质就是团队生产。在这样的背景中,对投入量的监督是重要的,并且这一工作是由企业中拥有剩余索取权的股东来执行的。一个重要的监督功能是评价企业管理层的业绩。

表 14-1 公司重组理论

理论	研究论文	与公司重组相关的概念
激励/监督成本理论	阿尔钦和德姆塞茨(1972) 詹森和麦克林(1976)	公司治理调整绩效监督;重组能够提高监督效率
信息/信号传递理论	梅叶斯和马吉洛夫(1984) 南达(Nanda)(1991)	公司管理层拥有市场所不知的信息;重组能够传递信息
交易成本理论	科斯(1937) 威廉姆森(Williamson,1975),克莱恩,克劳福德和阿尔钦(1978)	在企业和市场之间进行选择是交易成本的函数;重组反映了交易成本的变化

詹森和麦克林(1976)提出了一个相似的管理者、股票持有人和债券持有人之间相互作用的企业模型。在他们的模型中,企业的最佳规模是由合同规定的、相互影响的各方之间的监督成本和结合成本决定的。

在阿尔钦和德姆塞茨(1972)的论文以及詹森和麦克林(1976)的论文中提出的这些概

念暗示了为什么公司资产剥离可以创造价值的一个原因。如果资产剥离提高了对管理层的激励或者使股东能够更好地监督管理层的业绩，那么将一个公司分为不同的部分就能够提高经营效率，并因此提高资产的联合价值。

另外一组研究考虑了公司价值评估时信息的重要性。梅尔斯和马吉洛夫（1984）指出，在现代公司中，管理者通常比外部投资者知道更多有关公司投资机会的信息。在信息不对称的情况下，管理层做出有关融资和重组的行为可能向投资者传递了关于企业价值的信息。

南达（1991）将梅尔斯和马吉洛夫（1984）的模型扩展到一种具体的重组形式——分拆上市。南达（1991）注意到分拆上市有两个方面。分拆上市不但产生了一个新的公开实体，而且也为母公司筹集了货币资金。南达（1991）提到分拆上市也传递了进一步的信息，就是母公司没有通过发行自己的股份筹集货币资金。南达（1991）预测分拆上市的宣布将会向市场传达有关母公司价值的积极信息。

总结这一节，我们考虑了公司重组和资产剥离为什么能够创造价值这一重要问题。莫迪利亚尼 – 米勒（1958，1961）提出的无关论命题提醒公司的管理者不要期望公司组织结构的随机变化能够提高价值。随后的概念分析暗示着激励变化或信息的相关性似乎是公司重组创造价值的两个来源。

三、资产剥离为何会发生

除了说明为什么重组具有财富含义以外，相关的理论研究提供了一个评估重组究竟为什么会发生的框架。这种分析的开始部分通常会追溯科斯（1937）关于企业性质的研究。科斯（1937）建立了契约选择模型，该模型把在企业内部或通过市场订立契约的选择作为交易成本的函数。模型的一个含义是：当诸如科技这样的变革力量改变了运用市场和在企业内部经营相比的相关成本时，重组就会发生。

威廉姆森（1975）与克莱恩、克劳福德和阿尔钦（1978）的随后分析提出在市场交易和企业之间进行选择的一个重要因素是专门化资产的存在。专门化资产的一个例子是遥远地方的石油管道。当决定是否建立这一管道时，所有者将会考虑这一投资的预期风险和收益。但是，一旦管道被埋入地下，大部分的投资都变成了沉没成本。事实上，如果专门化资产处于适当的位置，激励就会变化。

按照威廉姆森（1975）与克莱恩、克劳福德和阿尔钦（1978）的研究，这种专门化资产经常会遇到订立契约的问题。例如，一旦管道投资成为沉没成本，石油炼制管道的客户可能会威胁要否认书面协议。假定契约的执行成本很昂贵，那么一个可选择的方法是将管道和炼制进行纵向整合。威廉姆森（1975）与克莱恩、克劳福德和阿尔钦（1978）预测资产的专有化程度越高，纵向整合发生的可能性越大。

简而言之，无论收购还是剥离，都是企业对依靠内部生产的经营成本和借助市场生产的经营成本的一种权衡。

第二节 资产重组

资产重组是指企业改组为上市公司时将原企业的资产和负债进行合理划分和结构调整，经过合并、分立等方式，将企业资产和组织重新组合和设置。

一、剥离

剥离（divestiture），也称为**资产出售**（asset sales），是指公司将其现有部分子公司、部门、产品生产线、其他固定资产等出售给其他公司，并取得现金或有价证券作为回报。剥离目前被频繁使用，主要原因在于众多企业致力于集中加强自己的核心优势，降低多元化经营的程度。

（一）剥离的类型

按照剥离是否符合公司的意愿，剥离可以划分为自愿剥离（voluntary divestiture）和非自愿或被迫剥离（involuntary or forced divestiture）。

自愿剥离是指当公司管理人员发现通过剥离能够对提高公司的竞争力和资产的市场价值产生有利影响时而进行的剥离。非自愿剥离或被迫剥离则是指政府主管部门或司法机构以违反反托拉斯法为由，迫使公司剥离其一部分资产或业务。经常发生的情况是：在兼并与收购活动中，政府可能认为兼并后的公司将在某一市场上造成过度的垄断或控制，损害公平竞争，从而要求公司剥离其一部分资产或业务。

按照剥离业务中所出售资产的形式，剥离又可以划分为出售固定资产、出售无形资产、出售子公司等形式。出售固定资产是指仅出售公司的部分厂房场地、设备等固定资产、与生产某一产品相关的全部机器设备等出售给其他公司；出售无形资产比较少见，但如果一个品牌很有价值，而收购方开出的收购条件非常诱人时，卖家也会考虑出售；出售子公司是指将一个持续经营的实体出售给其他公司，这时被剥离的对象不仅包括产品生产线，而且还包括相关的职能部门及其职能人员。

（二）剥离与收购业务之间的联系

例如，在收购业务完成之后，收购方公司可能采用剥离的方式出售部分目标方的资产或业务，以取得所需要的现金回报；也可能会通过剥离公司原有部分资产或业务的方式，来避免受到反托拉斯法的起诉；有时还可以通过剥离的方式来纠正一项草率的，甚至是错误的收购业务。从被收购的角度看，在目标方受到来自其他公司的收购威胁时，可能会采用剥离所谓的"皇冠上的明珠"来抵制收购方的收购意图。

尽管剥离和收购两种业务之间存在着上述种种联系，且两者之间也有着一些共同的特征，但是我们不应简单地把剥离看作并购的反过程。与收购和兼并相比，剥离通常有着不同的动因和不同的目的，需要采用不同的分析手段和实施方法。

示例 14-2　有关各方谁受益了：健特生物重大重组案

目前主营保健品的健特生物，前身是主营商业的青岛国货。2001年上海华馨投资有限公司入主后，连续亏损两年的健特生物进行了重大资产重组。公司剥离了原大部分商业性资产和全部的商业经营业务，收购了主导产品为"脑白金"的无锡健特药业有限公司51%的股权。重组后，公司主营业务彻底转变，同时靠"脑白金"的火爆，当年就实现了扭亏为盈。

管理层一般不太关注资产剥离，但其实剥离非核心业务的过程与获得一项新业务同等重要。剥离资产想要获得一个有吸引力的报价，时机是最关键的因素之一。相比于经济衰退时，经济和行业情况乐观时会卖到更好的价格。因此，要找到最佳的时机来进行资产剥离。综上所述，剥离资产具有不确定性以及紧迫性，所能卖出的价格取决于是否找准了最佳的时机。

二、分立

分立（spin-offs）是与剥离不同的一种企业产权裂变方式。公司分立是指一个公司依法签订分立协议、不经清算程序，分设为两个或两个以上公司的法律行为。公司分立可以采取派生分立和新设分立两种形式。

派生分立，也称**存续分立**（split-off），指一个公司按照法律规定的条件和程序，将其部分资产或营业进行分离，另设一个或数个新的公司或分支机构，原有公司继续存在的公司分立形式。

新设分立，也称**解散分立**（split-up），指一个公司按照法律规定的条件与程序，将其资产或业务进行分割，然后分别设立两个或两个以上的新设公司，原有公司的法律主体资格消灭的公司分立。

分立与剥离的区别在于后者可为实施剥离的主体带来现金流，而分立通常不会给实施分立的主体带来现金流。

示例 14-3　海南新大洲控股股份有限公司的分立公告

根据深圳证券交易所《股票上市规则》的有关规定，海南新大洲控股股份有限公司（以下简称"本公司"）董事会就海南新大洲一洋药业有限公司分立的有关事宜公告如下：

1. 海南新大洲一洋药业有限公司的基本情况

海南新大洲一洋药业有限公司（以下简称"新大洲一洋药业"）的基本情况：2000年1月1日，本公司控股子公司海南新大洲药业有限公司与扬州一洋制药有限公司合并重组，重组后更名为海南新大洲一洋药业有限公司，2000年6月16日在国家工商行政管理局核准注册登记成立。新大洲一洋药业投资总额与注册资本均为人民币10 250万元，其中：本公司出资4220万元持有其41.2%的股权，香港远升国际有限公司出资780万元持有7.6%的股权，江苏扬州高邮粮食工业公司出资2780万元持有27.1%的股权，韩国一洋药品株式会社出资2470万元持有24.1%的股权。鉴于该公司在产品、营销网络等方面的原因，该公司成立后经营状况恶化，根据本公司于2001年8月9日召开的第三届董事会第十二次会议上通过的《关于调整公司部分控（参）股公司的议案》，2001年11月26日新大洲一洋药业第一届董事会第六次会议决议同意公司进行分立。

2. 新大洲一洋药业分立的基本情况

（1）分立形式：以存续分立的形式分立。海南新大洲一洋药业有限公司为存续公司，新设立扬州一洋制药有限公司。在获得政府有关部门批准后存续公司更名为"海南新大洲药业有限公司"。

（2）公司分立基准日：公司分立基准日为2001年11月30日。

（3）分立后两公司股东构成。

海南新大洲药业有限公司（以下简称"存续公司"），投资总额和注册资本均为人民币5000万元，其中：本公司出资4220万元持有84.4%的股权，香港远升国际有限公司出资780万元持有15.6%的股权。同时，本公司出让470万元股权（占注册资本的9.4%）给香港远升国际有限公司，转让后本公司出资为3750万元持有75%的股权，香港远升国际有限公司出资为 1250 万元持有 25% 的股权。

扬州一洋制药有限公司（以下简称"新设公司"）投资总额和注册资本均为人民币 5250 万元，其中：高邮市粮食工业有限公司出资 2780 万元持有 52.95% 的股权，韩国一洋药品株式会社出资 2470 万元持有 47.05% 的股权。

分立后两公司注册资本额之和与分立之前公司注册资本额相等。

（4）财产分割。

依据 2002 年 1 月 14 日新大洲一洋药业第一届董事会第七次会议决议通过的《关于财产分割清单、债权债务承继清单编制说明及公司分立基准日期后事项处理办法的议案》，存续公司承继分立基准日新大洲一洋药业海南公司会计账簿记载的财产以及债权债务，新设公司承继分立基准日新大洲一洋药业高邮公司会计账簿记载的财产以及债权债务，存续公司与新设公司各自实际继承的净资产与各方股东在新大洲一洋药业持股比例计算应得到的净资产不一致时，由分立后的两个公司以互相增（减）往来账款的方式调整。通过上述分割和调整后，存续和新设公司各自的资产总额、负债总额和净资产总额以及两公司各自的净资产占分割前全部净资产的比例分别如下（见表 14-2）。

表 14-2　分割调整后两公司情况　　　　　　　　（单位：人民币万元）

项目	存续公司	新设公司	合并数
资产总额	6 382.6	5 544.2	11 325.6
负债总额	2 616.1	1 592.5	3 607.4
净资产	3 766.5	3 951.7	7 718.2
比例	48.8%	51.2%	100%

期后事项：公司分立基准日以后，因公司持续经营导致分割给新设公司的应收账款和发出商品的增减变化，其增减变化以新设公司增减对存续公司的债务，存续公司增减对新设公司的债权方式调整，自董事会通过《关于财产分割清单、债权债务承继清单编制说明及公司分立基准日期后事项处理办法的议案》次日起，存续公司不再回收分割给新设公司的应收账款。分立期间的会计凭证、财务报表按属地原则分别由存续公司和新设公司依据会计制度的规定妥善保管。

资料来源：海南新大洲控股股份有限公司董事会公告，2002 年 3 月 12 日。有删节。

三、分拆

分拆（carve-outs）是指母公司将资产的一部分转移到新设立的子公司，再将子公司部分股权对外出售给第三方。分拆的过程中，母公司通过将其在子公司中所拥有的股份，按比例分配给现有母公司的股东，从而在法律上和组织上将子公司的经营从母公司的经营中分离出去，最终出现两家独立的、股权结构相同的公司。因此，分拆是先分立再出售股权的过程。

如果一家公司通过将子公司公开发行股份（IPO）的方式将子公司分拆，使子公司成为一个新的上市公司，这种方式又被称为分拆上市。在国外成熟资本市场，分拆上市作为一种金融创新工具已成为许多企业高速扩张的重要手段。随着青鸟天桥和同仁堂分别于 2000 年 7 月和 10 月从中国内地 1000 多家上市公司中率先分拆青鸟环宇和同仁堂科技[1]在香港创业板上市，分拆上市在中国内地资本市场上逐渐获得更多的认识。

与一般的分拆相比，分拆上市不过是将股权出售给公众而非少数私下协商的股权购买者，但分拆上市可获得更高的市盈率，因此对母公司的股东往往更具吸引力。分拆上市可以起到以下积极作用[2]。

对融资渠道的拓宽功能。分拆上市的诱人之处，首先在于其对融资渠道的拓宽功能。由于分拆上市具有"一种资产、两次使用"的效果，因而被许多上市公司用于再融资的工具，这对融资渠道单一的中国内地上市公司来说尤为有吸引力。

股东价值最大化的重要途径。分拆上市后，证券市场的价值发现功能将使母公司迅速获得超额资本利得和投资收益，带来业绩突变，使公司价值增值。这正是 1999～2000 年许多公司热衷于网络投资的主要动力，它们都懂憬通过分拆网络公司上市，取得资本利得改写上市公司的业绩。

而对公司原有股东来说，由于可能免费获得分拆上市子公司的股份，或对股份享有优先认购权，这样他们可以通过股份流通机制变现股份，获取高额回报。而且，母公司还可能将分拆上市所得到的特殊盈利以股息方式送给股东。另外，分拆也可望推动母公司股价上升，从而使股东获得更大回报。

使核心业务和投资概念更显清晰。当公司业务愈来愈广泛时，往往会存在盈利水平及前景高于企业平均水平的战略业务单位，使其潜在价值不能被市场所充分体现。业务清晰的公司则容易被市场认同。这就是为什么综合性公司市盈率通常会低于专业性公司的重要原因。

因此，上市公司通常借助分拆上市来突出优质业务单位的经营业绩和盈利能力，吸引投资者。20 世纪 90 年代中期，长江实业把旗下发展中国业务的长江基建分拆上市就是考虑到，当时投资者习惯把长江实业视为地产股，如果继续把中国基建业务置于集团旗下，将会忽略这一业务的发展潜力。

实现业务的专业化管理和发展。分拆上市在使公司的业务更显清晰的同时，也为业务的专业化管理和发展创造了条件。上实控股是香港证券市场的一家综合性企业，为积极拓展中药业务，1999 年 12 月成功将旗下两家关系企业——上海家化、杭州青春宝分拆，组建上海实业医药科技（集团）有限公司在香港创业板首批上市，成为专注于中医药现代化与研发、生产、销售的专业中医药公司。

创造资本市场和产品市场的联动效应。在资本市场分拆上市及其配套的推介路演活动容易引起公众和传媒的极大关注，可以起到先声夺人的作用，从而大大提高企业的知名度。许多跨国公司往往通过分拆其国内业务到海外上市或将其在当地控制的业务就地分拆上市，加深海外市场对其业务和产品的了解与认同，迅速建立品牌效应。

上实医药科技在香港分拆上市后，大大提高了正大青春宝及上海家化的知名度，使其系列产品在香港深入民心，树立了很好的品牌价值，为这两家企业在香港开拓产品市场、寻求合作机会打开了窗口。

有利于引入新的合作伙伴。一些公司在整体资产上对策略和战略合作伙伴缺乏吸引力，

---

[1] 2000 年 10 月底同仁堂科技在香港创业板成功配售 7280 万股，每股价格为 3.28 港元，共募集资金 2.39 亿港元。

[2] 资料来源：唐溯.世界经理人，2001.11.

但个别业务单位则因其增长潜力而可望吸引合作伙伴。因此一些上市公司为引入理想的合作伙伴，就会将对方感兴趣的业务单位分拆出来，吸引新股东加盟，从而为公司扩展业务注入新的血液和活力。

分散投资风险。分拆上市使本身置于公司内部的业务单位成为公众公司，业务发展风险由母公司和新的合作伙伴、公众投资者共同承担。从目前全球资本市场分拆上市的发展趋势看，一个重要特点就是已上市公司越来越倾向于对其以风险投资形式参与的高成长项目进行分拆上市。这在高科技业务的发展中表现得尤为突出，因为这些业务在研究、开发、发展的每一个阶段都面临很大风险。

拓宽资产经营的运作空间。分拆上市使上市母公司与分拆上市子公司在资产的转让、注入及融资活动等方面更为灵活，有助于公司在两个资本市场之间或同一资本市场两个市场主体之间的资本运作实现对接，大大扩展了资产经营活动的空间。

上实控股分拆上实医药科技上市后，目前正酝酿将其旗下的医药业务分阶段注入分拆子公司，将不仅为上实控股带来特殊收益，更为投资者对上实医药科技的发展创造更大的想象空间。而且，分拆上市带来的资金和资本运营优势，也有助于公司优化资产质量，进一步培养新的高成长项目。

此外，上市母公司还可利用分拆上市子公司的股份在没有现金流出的情况下，通过换股方式并购其他公司的业务。

企业退出投资的重要战略。由于分拆上市往往伴随着控股权的稀释，因此其也被许多企业用于逐步退出非核心业务的重要战略。在通过资产拍卖或协议转让等方式退出有关业务的情况下，业务单位的价值往往会被低估，有时甚至低于其净资产价值。而分拆上市则可使企业通过股权出让以市场认可的价值套现，而且由于上市资产具有较强的流动性，企业更可在退出的时间上抢得先机。

四、资产置换

资产置换（asset swap）是指以自己的资产交换另一公司的资产，包括整体资产置换和部分资产置换等形式。企业整体资产置换是指一家企业以其经营活动的全部或其独立核算的分支机构与另一家企业的经营活动的全部或其独立核算的分支机构进行整体交换，资产置换双方企业都不解散。资产置换后往往公司的产业结构将得以调整，资产状况将得以改善。

示例 14-4　三普药业（SH600869）资产置换

三普药业资产置换情况如表 14-3 所示。

表 14-3　资产置换情况

置换甲方	三普药业股份有限公司
置换甲方资产评估基准日	2007-3-9
置换甲方资产情况	本公司拟向远东控股非公开发行股票作为购买远东控股拟购买资产的对价。发行价格按照市场化原则，参照本次公司股票停牌公告日（2007 年 3 月 9 日）前 20 个交易日股票均价的算术平均值计算，拆股价格为每股 7.95 元。本公司拟向远东控股发行的股票数量预计不超过 7.44 亿股，具体发行股票数量尚待相关审计评估完成后最终确定

	（续）
置换乙方	远东控股集团有限公司（上市公司公司股东）
置换乙方资产情况	远东电缆有限公司（以下简称"远东电缆"）100%的股权、江苏新远东电缆有限公司（以下简称"新远东"）100%的股权及远东复合技术有限公司（以下简称"远东复合技术"）100%的股权
交易简介	公司拟向远东控股集团有限公司（以下简称"远东控股"）非公开发行股票购买其持有的远东电缆100%的股权、江苏新远东100%的股权及远东复合技术100%的股权

资料来源：公司公告（2007-3-27）。

五、案例：美国电话电报公司的重组

为了更全面地描述公司重组的不同形式，我们考虑美国电话电报公司所做的各种重组选择。如表14-4所示，自1984年起，美国电话电报公司实际上已经使用了本书中所提到的各种可能的重组形式。对美国电话电报公司重组历史的回顾也说明了，不同的重组方法和公司战略之间是如何相互作用的，以及不同的重组方法通常是如何被相继使用的。

表14-4 重组和资产剥离的例子：美国电话电报公司

子公司	日期	重组方式	执行过程
小贝尔（Baby Bells）	1984年2月	派生分立	股东每持有美国电话电报公司10股股票可分别获得每个小贝尔的1股股票
AT&T资本（AT&T Capital）	1993年7月	分拆上市	面向社会公开发行股票共筹集到1.075亿美元，占AT&T资本总股份的14%
	1996年10月	剥离	以22亿美元将该子公司出售给一个投资集团
朗讯公司（Lucent）	1996年4月	分拆上市	面向社会公开发行股票，共筹集到30亿美元，占朗讯总股份的18%
	1996年9月	分立	股东每持有美国电话电报公司1股股票可获得0.324股朗讯的股票
NCR	1996年12月	分立	股东每持有美国电话电报公司1股股票可获得0.062 5股NCR的股票
全球卡（Universal Card）	1998年4月	剥离	以35亿美元将该信用卡子公司出售给花旗公司

（一）1984年分拆成立的小贝尔公司

如表14-4所示，美国电话电报公司第一宗重要的重组活动是派生分立后形成的小贝尔公司。这次分立是作为美国电信业反垄断的一部分在联邦政府的强制命令下进行的。在这次分立中，美国电话电报公司作为母公司保留了长途电话业务。本地电话服务业务则由7家地区性运营公司分别经营，包括：美国科技公司、大西洋贝尔公司、南方贝尔公司、纽新公司、太平洋电讯、西南贝尔和美西公司，这7家公司统称为小贝尔。

为了执行这次组织分立，1984年2月，美国电话电报公司将所有者权益分别纳入小贝尔的7家公司。股份比率为1∶10。如表14-4所示，美国电话电报公司的股东每持有10股股票可分别获得小贝尔各家公司的1股股票。例如，在分立前如果某人拥有美国电话电报公司1000股股票，那么他可以在分立后的美国电话电报公司中拥有1000股，并可在7家小贝尔公司的每一家中都拥有 100 股股票。

(二) 20 世纪 90 年代的重组活动

20 世纪 90 年代，美国电话电报公司在改变公司战略时，采取了几个重组步骤。表 14-4 也概述了这些决策。

1993 年 7 月，美国电话电报公司分拆了 AT&T 资本的部分股权，为母公司筹集到 1.075 亿美元，也产生了一个独立的、公开上市的企业。与许多分拆上市的做法一致，当一个投资集团支付 22 亿美元购买 AT&T 资本的全部权益时，AT&T 资本被完全从母公司中分离出去了。

20 世纪 90 年代中期，美国电话电报公司进行了一次实质性的新设分立。为了扭转因将计算机业务和其他业务合并带来的厄运的局面，公司随后将自己分立为三个公开上市的、全球化公司。这次重组由美国电话电报公司主席罗伯特·艾伦（Robert Allen）在 1995 年 9 月 20 日宣布，并在第二年开始执行。

朗讯科技的诞生是这次新设分立的一部分。该公司生产电信设备，并拥有贝尔实验室。朗讯的资产剥离分两步完成。1996 年 4 月，该子公司 18% 的股份通过公开发行销售给投资者，并筹集到 30 亿美元。朗讯剩余的所有者权益于同年 9 月分立给美国电话电报公司的股东。在这次分立中，持股者每拥有国家电话电报公司 1 股股票可以获得朗讯公司 0.324 股股票。

1996 年 12 月 NCR 被完全分立给股东。在这次分立中，持股者每拥有国家电话电报公司 1 股股票可以获得 NCR 0.0625 股股票。1991 年美国电话电报公司收购 NCR 时的战略考虑是为了进入计算机行业。1996 年的分立则说明了公司意识到这通信与计算机一体化的战略并没有奏效。

1998 年 4 月，美国电话电报公司剥离了它的信用卡子公司——全球卡公司。这次资产剥离是通过出售资产方式进行的，花旗公司以 35 亿美元购得该公司。

除了执行公司的新设分立战略，美国电话电报公司也经历了高层管理者的变动。作为公司主席兼首席执行官的罗伯特·艾伦被迈克尔·阿姆斯特朗（Michael Armstrong）所取代[⊖]。作为公司新的战略领导者，阿姆斯特朗先生将美国电话电报公司带进宽带行业，这带来了下一个十年初期时的重组活动。

第三节 债 务 重 组

剥离、分拆和分立是公司资产重组的常见形式，除此之外，公司重组还可能采取其他形式，比如资产清算、破产、股份回购、管理层收购等财务重组。

一、债务重组

债务重组又称债务重整，是指债权人在债务人发生财务困难时，如果债权人对公司的继续经营与发展充满信心，可以本着友好协商的原则，在法律的监督下，就债务的推迟偿还做出的安排。一般来说，这对负债公司有利，如果公司可以摆脱困境，扭亏为赢，债权人也将受益。如果双方分歧很大，无法达成协议，负债公司可能就不得不进行破产清算。

⊖ 见"美国电话电报公司的董事是如何决定更换高层管理者的时机的"，《华尔街日报》，1997 年 10 月 20 日，A1。

债务重组的主要方式如下。

（1）以非现金（包括库存现金和银行存款，下同）资产清偿全部或部分债务。

（2）修改负债条件清偿全部或部分债务。包括延长还款期限、降低利率、免去应付未付的利息、减少本金等。

（3）债务人通过发行权益性证券清偿全部或部分债务。但是，以发行权益性证券用于清偿全部或部分债务，在法律上有一定的限制。例如，按照我国《公司法》规定，公司发行新股必须具备一定的条件，只有在满足《公司法》规定的条件后才能发行新股。

（4）以上三种形式组合的方式清偿全部或部分债务。

示例 14-5　关于签署三九集团债务重组协议的公告

三九医药股份有限公司关于签署《三九集团债务重组协议》的公告

本公司及董事会全体成员保证信息披露的内容真实、准确和完整，没有虚假记载、误导性陈述或者重大遗漏。

一、概要

经国务院批准，三九企业集团（深圳南方制药厂）（以下简称"三九集团"）及其下属企业的20家金融债权人组成三九集团债权人委员会（以下简称"三九债委会"），同意对三九集团的债务进行重组。近日，三九债委会再次召开债权人大会，就三九集团债务重组事宜进行了讨论，并提请三九债委会各成员及三九集团等重组各方研究签署债务重组协议。

三九医药股份有限公司（以下简称"三九集团"或"公司"）作为三九集团下属核心企业，将签署《三九集团债务重组协议》（以下简称"债务重组协议"）。重组协议已经三九医药董事会2007年第七次会议审议通过，独立董事就此已发表独立意见。该协议尚须提交公司下一次股东大会审议，并经由协议各方法定代表人或授权代表签字并加盖公章且报经国务院或国家有关部门批准后生效。

由于三九集团等关联企业均参与本次债务重组，前述事宜构成关联交易，与该关联交易有利害关系的关联人将放弃在股东大会上对相关议案的投票权。本次债务重组不适用《关于上市公司重大购买、出售、置换资产若干问题的通知》（证监公司字[2001]105号）的相关规定。

本公告仅披露重组协议中与三九医药相关的事项。

二、交易各方介绍

签署债务重组协议的债权人为与三九集团及其下属企业发生直接债务及或有债务关系的债权人委员会成员单位的20家金融债权人，具体指中国农业银行、中国东方资产管理公司、中国工商银行股份有限公司、华夏银行股份有限公司、中国信达资产管理公司、中国银行股份有限公司、中国光大银行、上海浦东发展银行、中国建设银行股份有限公司、广东粤财投资控股有限公司、中信银行股份有限公司、深圳发展银行股份有限公司、中国民生银行股份有限公司、兴业银行股份有限公司、招商银行股份有限公司、交通银行股份有限公司、上海银行股份有限公司、南洋商业银行有限公司深圳分行、恒生银行有限公司、中国华融资产管理公司。

签署债务重组协议的债务人为三九集团及其下属企业（含三九医药及其下属企业），简称"三九集团"；战略投资者为华润（集团）有限公司；收购方为新三九控股有限公司。其中，战略投资者、收购方、三九集团及下属企业为"偿付方"。

三、交易标的基本情况

本次重组债务包括三个部分，分别为三九集团层面重组债务、三九医药层面重组债务以及三九宜工生化股份有限公司、深圳市三九医药连锁股份有限公司及其控股的各级子公司重组债务。

三九医药层面重组债务（截至债权债务核实日2007年6月20日）本金共计人民币3 594 217 187元；其中，三九医药因对三九药业部分债务及三九生化部分债务提供担保而需要承担连带还款责任的债务本金共计513 748 415元。

四、本次交易合同的主要内容

（一）债务重组

（1）偿付方自债务重组协议生效日起1个月内向债权人一次性全额支付人民币4 457 002 080元，用以清偿全部集团层面和三九医药层面重组债务本金、三九医药层面欠息以及诉讼费。

债务重组后，三九医药预计负有不超过人民币6亿元的银行借款。

（2）债务重组完成后

债权人同意，豁免所有三九医药层面重组债务相关的罚息及复利；解除三九医药对相关重组债务的担保责任；解除所有与三九医药层面重组债务相关的抵押、质押及查封、冻结，并对其提起的所有与重组债务相关的诉讼案件、仲裁案件及执行案件予以撤诉或撤销执行申请。

（二）债务重组完成的条件

偿付方已全额支付债务重组协议项下的全部款项。

（三）债务重组协议的生效条件

（1）经由协议各方法定代表人或授权代表签字并加盖公章；

（2）报经国务院或国家有关部门批准。

具体生效日由三九债委会书面通知各债权人、债务人及战略投资者。

（四）债务人承诺

（1）重组期内，未经所有债权人一致同意不得另行增加重组债务以外新的债务或担保责任，但为履行本协议而增加的借款除外；

（2）积极配合债权人、战略投资者、收购方的重组行动。

五、本次交易对公司的影响

（1）债务重组是三九集团引进战略投资者的前提，是三九集团解决资金占用问题的关键，本次签署的债务重组协议为三九集团整体债务重组协议，与三九医药的清欠密切相关。

重组前，由于大股东三九集团已严重资不抵债，无力清偿对公司的巨额资金占用。必须通过本次债务重组及引进战略投资者才能彻底解决对三九医药的资金占用。

（2）改善公司财务状况，降低或有风险。

本次债务重组，偿付方通过向债权人一次性偿付，有助于解决对三九医药的资金占用问题；同时基本解决了以前年度形成的对外担保，降低了或有风险。

六、备查文件

（1）三九医药股份有限公司2007年第七次董事会会议决议；

（2）三九医药股份有限公司独立董事关于2007年第七次董事会会议关联交易议案的意见。

三九医药股份有限公司董事会
二〇〇七年九月二十四日

二、公司清算

公司清算（liquidation）是指公司解散后，为了结现存的财产和其他法律关系，依照法定程序，对公司的财产和债权债务关系，进行清理、处分和分配，以了结其债权债务关系，从而消灭公司法人资格的法律行为。公司除因合并或分立而解散外，其余原因引起的解散，均须经过清算程序。公司清算的种类包括：①普通清算，指公司依法自行组成的清算组，按法定程序进行的清算；②特别清算，指公司在普通清算过程中，出现了显著的障碍或发现其债务有超过其实有资产的可能时，依法由法院和债权人进行直接干预和监督的清算；③破产清算，指公司因不能清偿到期债务被宣告破产后，由法院组织清算组对公司财产进行清理、估价、处理和分配，并最终消灭公司法人资格的清算。在破产清算中，法院和公司债权人直接参与公司清算。

示例14-6　汉唐证券挪用24亿元案进入破产清算程序

深圳市中级人民法院2007年12月29日发布公告，宣告汉唐证券有限责任公司（以下简称"汉唐证券"）因严重资不抵债，已于12月26日破产清算。公告称，据审计师出具的报告，截至2004年9月3日，汉唐证券被行政托管经营日止，汉唐证券账内外的汇总资产清查值总额为人民币59.75亿元，负债清查值总额为人民币91.21亿元，净资产为人民币-31.46亿元，已不能清偿到期债务且严重资不抵债，符合破产清算条件。

汉唐证券有限责任公司成立于2001年8月。2004年8月16日，上海8家国有企业在国债委托理财未到期的情况下，同时在上海中华路汉唐证券营业部卖空国债，造成汉唐证券资金链断裂，次日，中央国债登记公司正式通知汉唐证券补库，中国证监会调查小组随即进场清查。2004年9月，汉唐证券由信达资产管理公司托管经营，2005年6月，实行关闭清算。后经中国证监会查明，截至2004年9月3日，汉唐证券共挪用客户交易结算资金超过24亿元，其中包括为他人提供担保的金额。

2005年11月，中国证监会做出对汉唐证券董事长吴克龄及其他4名高管人员实施市场禁入的决定。2007年6月7日，汉唐证券公司董事长吴克龄、总裁宋建生、财务总监刘家明和资金管理中心总经理金斌因涉嫌非法吸收公众存款罪被警方刑事拘留。

据汉唐证券管理人——北京中伦金通律师事务所深圳分所的统计,这100家债权人债权总额在78亿元左右,本金为70亿元左右。其中,最大的债权单位是中国证券投资者保护基金,拥有27亿元债权。汉唐证券关闭清算后,有关个人债权登记工作已经完成,偿付工作将严格按照中国证监会《有关部门就收购个人债权及客户证券交易结算资金公告做出解释》进行,即汉唐证券挪用的客户保证金将由央行再贷款全额偿付;10万元以下的个人债务由央行再贷款全额偿付;超过10万元的个人债务则偿付90%;机构债务(包括个人以公司名义开设账户的)政府不予偿付,而由机构客户参与清算,以市场化方式解决。

三、破产

破产(bankruptcy)简单地说是无力偿付到期债务。具体地说,指企业长期处于亏损状态,不能扭亏为盈,并逐渐发展为无力偿付到期债务的一种企业失败。企业失败可分为经营失败和财务失败两种类型。财务失败又分为技术上无力偿债和破产。破产是财务失败的极端形式。

示例 14-7   **破产法清算流程**

破产财产的清算,主要指清算组对破产企业的财产保管、清理、估价、处分和分配,按程序,可以分为五个步骤。

一、破产宣告

破产宣告是破产清算开始的标志。对于符合破产条件的企业,在破产宣告后,开始正式进入清算程序。《中华人民共和国破产法》第107条规定:人民法院依照本法规定宣告债务人破产的,应当自裁定做出之日起五日内送达债务人和管理人,自裁定做出之日起十日内通知已知债权人,并予以公告。

二、指定管理人

《中华人民共和国破产法》第22条规定:管理人由人民法院指定。

三、管理人接管破产企业

人民法院宣告企业破产、并指定管理人之后,破产企业由管理人接管,负责对破产企业的财产进行管理、清理、估价、处理、分配,代表破产企业参与民事活动,其行为对人民法院负责并汇报工作。

四、破产财产分配

(1)债权申报。
(2)债权审核。
(3)财产变价、分配。

五、清算终结

破产人无财产可供分配时,管理人应当请求人民法院裁定终结破产程序。管理人在最

> 后分配完结后,应当及时向人民法院提交破产财产分配报告,并提请人民法院裁定终结破产程序。人民法院应当自收到管理人终结破产程序的请求之日起十五日内做出是否终结破产程序的裁定。裁定终结的,应当予以公告。
>
> **六、注销登记**
>
> 管理人应当自破产程序终结之日起十日内,持人民法院终结破产程序的裁定,向破产人的原登记机关办理注销登记。

第四节 股权重组

股权重组是指企业对股权结构以及资本结构的重新安排。其中,股权结构重组是指股东、股东持股比例、股份级别等方面的变更。常见的形式包括:①股权转让,即企业的股东将其拥有的股权或股份,部分或全部转让给他人;②增资扩股,即企业向社会募集股份,新股东投资入股或原股东增加投资扩大股权,从而增加企业的资本;③管理层收购;④员工持股计划;⑤双重股份资本重组;⑥股份回购。

资本结构重组,又称**资本重组**(recapitalization),指股权与债务结构的重组。资本重组的目的常常是为了使公司的资本结构更稳健。资本重组往往涉及一种融资工具代替另一种融资工具,比如将优先股转换为债券以改变资本结构。资本重组的原因很多,可能是防御敌意接管、进行税收筹划,或者是风险投资者的退出策略。发达资本市场常见的资本重组方式包括杠杆化资本重组、交换发行等。

一、管理层收购

管理层收购(management buy-outs,MBO)是指目标方的经理层或管理层利用杠杆融资或股权交易收购本公司股份的行为。通过收购,企业的经营者变成了企业的所有者,公司所有权结构、公司控制权和资产结构都发生了改变,进而达到重组目标方的目的。

> **示例 14-8　　管理层收购的起源**
>
> 管理层收购(MBO)发源于英国。1980 年,英国经济学家迈克·莱特(Mike Wright)在研究公司的分立和剥离时发现了一种奇特的现象:在被分立或剥离的企业中,有相当一部分被出售给了原先管理该企业的管理(或经理)层。在当时的研究中,人们笼统地把它称之为 buy-outs。后来,英国对此类收购进行融资的主要机构工商金融公司(Industrial and Commercial Finance Corporation)把这种现象称为管理层收购,简称 MBO,该名称一直沿用至今。另外 MBO 的一种重要的变体是职工经理人融资收购(MEBO),即原有企业的职工和管理人员共同出资买下公司,从而改变公司的所有权结构。此后,在美国和欧洲大陆,这种新的收购方式也得到了很大的发展。美国的统计数据表明,运用管理层收购进行资产剥离的案例占资产剥离总案例的比例在 20 世纪 70 年代末期仅为 5%,而 90 年代中期该百分比数已经增长到了 15% 左右。一些由计划经济向市场经济转型的国家,如俄罗斯、东欧国家,也在某种程度上采用了 MBO 形式,以加快其产权转轨速度。

二、员工持股计划

员工持股计划（ESOP）是指由企业内部员工出资认购本公司部分股权，委托员工持股会作为社团法人托管运作，集中管理，员工持股管理委员会或理事会作为社团法人进入董事会参与按股份分享股利的一种新型股权形式。员工持股计划可以激励员工努力工作，吸引人才，起到留人的作用，同时能够使企业获得低成本的资金。

> **示例 14-9　员工持股的联想模式**
>
> 联想集团成立于1984年，由中科院计算所投资20万元人民币、11名科技人员创办，到今天已经发展成为一家在信息产业内多元化发展的大型企业集团。早在1984年，联想就向上级单位——中国科学院争取到了决策权、人事权和财务权，进而分"几步走"完成了计划经济与市场经济的对接，通过转变根本机制实现了这个国有大企业的"软着陆"。1994年，作为国有民营体制的联想经国务院特批，创造性地成立了员工持股会，将35%的分红权分到每个员工身上，并在2000年将其转化为股权，使员工真正成为企业的主人。在联想历史上，这次股权变动被称为"值得树碑立传的35%"，是联想得以再次腾飞的动力。

三、股份回购

股份回购（stock repurchase）是指公司出于特定目的将已发行在外的股份重新购回的行为。与公司控制权相关的是，股份回购减少了流通在外的普通股数量，从而降低了接管威胁。

> **示例 14-10　申能股份的股份回购**
>
> 1999年10月，申能股份以协议方式向国有法人股股东申能（集团）有限公司回购并注销股份10亿股国有法人股，占总股本的37.98%。回购价格为该公司当期的每股净资产值，回购金额达25.1亿元，回购后申能集团的持股比例仍达到68.16%。
>
> 在回购股份的同时，申能集团承诺将用回购所得资金部分用于收购上市公司的不良资产，因此申能股份回购股份已不是简单意义上的回购，它具有资产重组的性质：一方面大股东在仍然掌握控制权的基础上，变现了部分国有股，获得了25.1亿元的现金，上市公司也因回购股份调整和改善股本结构，提高了公司市场价值；另一方面，大股东用回购所得的部分现金购买上市公司的部分不良资产，可以优化上市公司的资产结构，提高公司资产的营运质量和运作效率。

四、双重股份资本重组

在**双重股份资本重组**（double share capital reorganization，DCR）中，企业创造了另一级别的普通股，这种普通股拥有较低的表决权，但有较高的股利支付权。大多数企业通过将有限表决权股票按比例分配给现有股东来创造这种新型普通股。双重股份资本重组可导致资本重组后的 A 级股票每股一票表决权,但是股利率较高;而 B 级股票的股利率较低,但是每股可能拥有 3 股、5 股或 10 股的多重表决权。

双重股份资本重组的主要原因是控股股东或管理层可以增加控制权,以便实施长期计划。这就使得每季都要为公布漂亮的业绩报告而应付的压力减轻了。另外一个原因是在长期计划产生实质性绩效改善之前,控股股东可以掌握高比例的表决权而进行接管防御。双重股份资本重组需要得到股东的批准,但较高的股利和股票未来价格较高的前景会促使股东同意这样的提案。

五、杠杆化资本重组

杠杆化资本重组(leveraged recapitalization)是在兼并和接管中涉及的资本结构和财务杠杆的重新安排。杠杆化资本重组相对于一般公司收购的好处在于前者避免了后者所产生的大量商誉,从而避免了商誉推销加大未来收益报告的负担。

杠杆化资本重组的一种典型情况是发行大量债务,用债务融资筹集来的资金向现有股东支付大量的现金股利,现金股利的数量甚至可能超过股票先前的市场价格,结果会形成一个产权比率(=负债总额/股东权益)高达 5∶1 的高杠杆公司。实际上,对股东来说是发生了真正的股票回购。在位的管理层或财务机构可以用额外的普通股代替现金股利,充分增加他们在股东权益中的份额。这样在不产生未来商誉摊销要求的情况下充分改变了所有权结构。而管理层或财务机构如果新设一个壳公司作为收购工具,就可能产生商誉。

示例 14-11　　杠杆资本重组的操作:KKR 如何收购安费诺

在安费诺公司收购案中,KKR 采用了目前越来越流行的"杠杆资本重组"的方法。它的吸引力在于采用了一种更巧妙的财务处理,使目标方资产负债的会计基础可以保持不变,目标方不必因商誉摊销而减少未来收益,这使金融买家更容易以高价出售,目标方原股东也可以更快、更经济地变现。杠杆收购的利润很大部分来自减少的代理成本。通常收购者都会与管理层合作收购,使股东和管理层的利益更为一致。在安费诺收购案中,KKR 主要通过认股权方式对管理层进行了激励。

安费诺公司(纽约证交所:APH)在美国《商业周刊》"2005 全球 IT 企业 100 强"中排名第 60 位,是世界著名的接插件制造商,产品主要用于通信、有线电视、商业和军事航空电子,其子公司 Times Fiber 是世界第二大有线电视同轴电缆生产商。

安费诺最初是美国联合信号公司(Allied Signal)的一个部门,于 1987 年分拆出来,以 4.39 亿美元的价格出售给 Lawrence J. DeGeorge 先生。DeGeorge 在收购后一直担任公司主席,并于 1991 年将公司在纽约证券交易所上市。上市后,DeGeorge 家族合计拥有安费诺约 30% 的有投票权股份,为第一大股东。从经营业绩看,在 1997 年 1 月宣布并购计划前,公司各项收入、利润指标始终保持稳健增长,经营性现金流充裕。

1996 年 80 岁的 DeGeorge 打算退休并将持有的股份变现,但又不希望把公司交给竞争对手或者不懂经营的人。这一点与 KKR 在 1964 年进行第一笔杠杆收购业务——收购黄金冶炼公司 SternMetals 时的情形非常相似。1996 年年末,在与一些潜在的买家沟通后，DeGeorge 选中了 KKR。KKR 一向只对能够产生稳定现金流、负债率低、资金充足的公司感兴趣，安费诺公司正好符合他们的要求。而 KKR 的方案也符合 DeGeorge 的要求：他们希望保留大部分现有管理团队，并希望公司能在财务杠杆压力下发挥更大的潜力。

KKR 进行杠杆收购的做法是：由众多有限合伙人（包括退休基金、投资公司等）出资成立的、由 KKR 管理的基金购买目标方，通过将目标方 IPO 或其他退出机制出售股份，为基金的有限合伙人提供流动资金和投资回报。

公布的交易结构

1997 年 1 月 23 日，安费诺公司董事会投票通过了 KKR 提出的收购议案，包括承担安费诺公司的当前债务在内，本次交易总价格约 15 亿美元。同时，KKR 和安费诺公司公布了该交易结构。

（1）安费诺公司要约收购已发行的 4440 万美元的 A 股普通股的 90%，所有安费诺公司股东有权以 26 美元/股（安费诺收盘价 23.125 美元）的价格将股票变现。假如少于 90% 的股份接受要约，KKR 同意把 440 万美元股份（4400 万美元的剩余 10%）按比例分配给每一个希望保留股票的股东，并以现金补齐这些股东目前持股和 440 万股股份之间的差额。也就是说，如果股东投票结果是愿意保留超过 440 万已发行股份，那么 440 万股将在那些投保留票的股东间按比例分配，其余所有股份将获得现金。

（2）由 KKR 及有限合伙人（包括 KKR1996 基金）专门为本次收购成立壳公司"NXS 收购公司"。以 KKR 为首的财团通过对该公司的一系列股本金注入，并通过为安费诺公司安排一系列债务资本，为这次收购提供资金。根据协议，财团将提供 3.74 亿美元的股本金，其余资金来自垃圾债券发行及纽约银行、银行家信托银行（Bankers Trust）和大通曼哈顿银行的银行债务。

（3）人们通常认为，在杠杆收购过程中，由于目标方债务急剧增加，原债权人的利益受到侵害。为避免原债权人的反对，KKR 同意安费诺公司先行偿还全部的 1 亿美元 10.45% 优先票据和 9500 万美元 12.75% 次级债。1997 年 4 月 15 日，安费诺开始对 12.75% 债券进行要约收购，要约至 1997 年 5 月 19 日失效。截至失效前，全部 9500 万美元中有 9373.4 万美元接受要约。

（4）"NXS 收购公司"并入安费诺公司，安费诺公司的法人地位得到保留（"新安费诺"）。全部 NXS 的股份按比例转换成 13 116 955 股"新安费诺"普通股，注销全部公司库藏股、由母公司或其关联公司持有的及由 NXS 持有的原安费诺股份。

（5）安费诺公司同意支付"分手费"：假如交易在 1997 年 6 月 30 日前不能完成，或者安费诺公司股东大会否决了该项交易，或者其他任一收购者购买超过 20% 的公司股份，安费诺公司将支付 KKR 以 3750 万美元作为补偿。

（6）更换管理层。Martin H. Loeffler 从 1997 年 5 月开始担任董事会主席、CEO 和总裁。他 1987 年就开始担任安费诺公司董事、总裁、首席运营官等职务。

巧妙的财务处理

虽然杠杆资本重组的本质和杠杆收购（LBO）、管理层收购（MBO）是一样的，但是它采用了一种更巧妙的财务处理，使目标方资产负债的会计基础可以保持不变。也就是说,目标方的历史账面价值不必调整。与此不同的是,一般 LBO 和 MBO 就需要作为收购行为进行会计处理,资产和负债,包括商誉,会被重新调整为公允价值。

造成这种不同的基础是:杠杆资本重组不被认为是控制权变更的交易。原目标方股东在资本重组后仍然保留了一部分所有权,这样,目标方的财务报表就不需要根据市场公允价值调整,也没有商誉在目标方的账面上产生(但是,如果收购方需要合并财务报表,资产公允价值和商誉会体现在收购方的财务报表中)。

资本重组的交易结构对目标方原大股东和金融买家来说更有吸引力。对目标方原大股东来说,杠杆资本重组与传统 IPO 方式,或与向买方定向转让方式相比,可以让他们更快、更经济地变现。因为他们通常在交易完成后,在资本重组后的公司中仍保留一定权益,虽然股份比例有所下降,但使他们能够分享公司潜在的上升机会。对金融买家来说,杠杆资本重组的吸引力在于可以免除目标方的商誉。多数金融买家的投资期限为 1~5 年,IPO 是他们最常用的退出机制,他们倾向于努力增加所投资公司的市值。由于资本市场普遍用每股收益判断公司价值,如果目标方以历史成本为基础记账,不必因商誉摊销而减少未来收益,就使他们更容易以高价出售。虽然是否应当以每股收益作为最主要的价值判断工具一直备受市场争议,许多分析师和投资者更关注现金收益,但是对于金融买家来说,每股收益仍然是首要考虑的因素。

资本重组对目标方的未来发展有潜在的影响。对上市公司来说,资本重组后目标方股票交易的流动性较弱,很容易导致被强制摘牌。此外,如果买家对目标方的退出战略从 IPO 改为策略出售,则免除商誉摊销的做法就没有好处。

资料来源:《新财富》,2005 年 12 期。

六、交换发行

交换发行(exchange issue)是向一种或多种级别的证券赋予权力或期权,从而可以用这些证券的部分或全部来换取企业的不同级别证券。如同要约收购中的回购一样,交换发行通常的发行期是 1 个月。为了促使证券持有者进行交易,所提供的交换条款必须包含市场价值高于交换发行宣布前市场价值的新证券。

七、股份置换

股份置换就是两家公司各自用自己的股份和对方的股份进行交换。它实质是股权收购与股份支付的结合。

示例 14-12 **中粮调整可乐装瓶厂业务 2.7 亿元收购北京饮料公司**

2007 年 8 月 6 日,中粮集团控股企业中国食品发布公告,称旗下附属企业中粮可口可乐饮料有限公司(以下简称"中粮可口可乐")将与可口可乐中国实业公司(CCCI)进行一篮子股权变更交易。

此次中粮可口可乐与可口可乐中国实业达成的股份转让协议具体内容如下。

第一，中粮可口可乐方面将其于成都、昆明、武汉、太原、哈尔滨和吉林的合资公司（装瓶厂）的股份转让给可口可乐中国实业，出售所得净款为5000万元人民币。CCCI则将其全资持有的青岛可口可乐饮料有限公司及在济南可口可乐饮料有限公司所持有的股份转让于中粮可口可乐。

第二，中粮可口可乐以2.7亿元人民币的价格向CCCI收购北京可口可乐装瓶厂全部股本及股东贷款。此外，中粮可口可乐及其他一位股东同意在2007年3月1日至2008年12月31日期间，将北京装瓶厂的管理权给予CCCI，目的是"为了更有效率地执行可口可乐在北京奥运期间的活动，并进一步推动中国业务的发展"。到2008年12月31日结束时止，CCCI将通过其控股公司将所持有的北京装瓶厂的股份转让于中粮可口可乐。交易完成后，中粮饮料在北京装瓶厂的股份将增至75%，CCCI将不再持有北京装瓶厂任何权益。

对于此次与中粮可口可乐之间的一系列股份置换，可口可乐公司发言人认为，股份转让将使可口可乐中国装瓶系统的管理布局更合理、更高效。CCCI将能统一管理中国东北位于黑龙江省、吉林省及辽宁省的装瓶厂。中粮可口可乐也能更有效地统一管理位于北京市、河北省及山东省的装瓶厂，充分发挥地区资源整合的效果。在各地区资源整合完成后，可口可乐在中国的整个装瓶体系将能在运输、仓储、地区合作及资源共享等各方面拥有更高的效率，令业务更具竞争力。

八、增资扩股

增资扩股是指企业吸收新股东投资入股或原股东增加投资扩大股权，从而增加企业的资本金。增资扩股时扩股的企业总股本会扩大，并且股东持股比例通常会发生变化，如果变化导致新股东成为控股股东，则使增资扩股成为收购的一种方式。

示例14-13　中国铝业增资云南铜业，获49%股权

2007年8月19日云南省人民政府与中国铝业公司（以下简称"中国铝业"）签署战略合作意向协议，中国铝业和另外两家云南省企业以现金方式对云南铜业集团有限公司（以下简称"云铜集团"）增资扩股，增资完成后，中国铝业、云南省国资委和另外两家云南省企业的股权比例分别为49%、47%、2%、2%。

2007年10月30日云南省国资委与中国铝业在昆明正式签署合作协议。由于两家云南省企业资金不到位，只有中国铝业对云铜集团进行增资，增资扩股后，云铜集团注册资本由原来的10亿元变更为1 960 784 314元。云南省国资委占51%，中国铝业占49%。

中国铝业承诺，将利用云铜集团的人才和技术优势开发中国铝业获取的海内外铜矿资源，不断提高云铜集团的资源保障程度。

九、私有化

上市公司私有化（going private），又称"下市"，是拥有上市公司控制权的股东及其关联人，通过一系列交易将目标公司的股票由公众持有变为单一股东持有或少数股东持有，同时从证券交易所退出的过程。通过私有化，上市公司可以减少公司上市的维护成本，规避严格的证券监管，防止来自股市的恶意收购。在成熟资本市场尤其是在美国，通过私有化退市的现象相当普遍。

根据美国资本市场的经验，上市公司私有化主要采取股权收购、企业合并、股票合并、资产出售等几种方式。

通过股权收购进行私有化退市。上市公司股权收购指通过持有或者控制上市公司股份而取得或者意图取得公司控制权的行为。企业通过股权收购进行私有化退市常用的方式是两步合并法，具体步骤如下：首先，意图进行私有化退市的收购主体对目标公司的所有持股人发出要约收购的要求，一旦收购主体通过要约收购持有目标公司90%的股份，目标公司就成为收购主体的全资公司或控股子公司，随后，收购主体再通过简易合并的方式，将目标公司合并退市，简易合并只需要目标公司的母公司（即收购方公司）董事会同意即可，不需要目标公司股东大会同意。

通过企业合并进行私有化退市。企业合并是指两个或两个以上的公司订立合并协议并依照法律程序合并为一个公司的法律行为。从美国市场经验看，利用合并方式进行私有化退市运用较多的还是长式合并，在这种合并中，合并的发起者一般是目标公司的关联方，关联方直接与目标公司合并，或者先由目标公司的关联方设立一个全资子公司，然后由该子公司与目标公司进行合并。合并完成后，上市公司私有化退市的关联方获得存续公司的股权，而其他非关联方所获得的对价是现金或者债券、可赎回优先股等权益。

通过股票合并进行私有化退市。**股票合并**（reverse stock split）又称反向分割，是指公司发行新股换回旧股，从而引起股东所持股数的变化，即将小股合并成一个大股。分股只会引起公司股数及股票面值变化，不会引起公司资本总额变化。一般来说，股票合并是一种防止股价下跌的方式，这种交易在实践中很少使用，但是，也有不少公司仍然通过股票合并的方式完成私有化。实践中，股票合并私有化主要被一些小型上市公司使用，具体操作方式如下：当公司被几个股份相对较大的股东控制时，多数股东持有的股份数较少，这时公司可以发行一种新的股份面值较大的新股交换以前面值较小的旧股，持有旧股股份较少的股东被迫选择现金收购其股票而不是接受新股票，股票合并后当股票持有人数低于监管机构所规定的人数时，该公司就实现了私有化过程。

通过资产出售进行私有化退市。上市公司可以通过将资产出售给第三方后解散或解散后将资产出售给第三方的方式进行私有化。资产出售给第三方后再解散的方式下，资产出售前需要经过股东大会多数股东投票同意后，上市公司再将资产出售给有意图进行私有化的控股股东新成立的公司，然后将出售资产所得收入分配给上市公司原股东，并解散上市公司。解散后再出售资产的方式下，解散前需要公司多数股东表决同意，公司在解散后将资产以信托方式委托董事会负责出售，董事会则受托将资产出售给意图进行私有化的股东新成立的公司。

本章小结

一个企业要不断审视控制权的结构是否合理，合理性包括是否给企业各业务管理层提供了足够的激励，是否控制了公司被接管的风险等。当企业发现控制权结构需要优化时，就可以考虑诉诸公司重组。公司重组另外一个重要动因是公司战略调整，这可能影响公司业务组合的调整，即将某些业务全部或部分出售。

常见的公司重组形式包括同一控制下的合并与收购，也包括收缩形式的剥离、分立、分拆、资产置换，除此之外，还有一些财务重组的形式也值得关注，比如清算、破产、股份回购等。

无论何种形式的公司重组，从理论上看都有通过提高激励而改变公司效率，并进而为股东创造价值的可能。但是否需要重组，经济上的观点认为选择取决于对企业内部生产的经营成本和借助市场生产的经营成本的预期影响的权衡。

关键术语

公司重组　　　　　　　　　债务重组
剥离　　　　　　　　　　　管理层收购
分拆　　　　　　　　　　　员工持股计划
分立　　　　　　　　　　　私有化

练习思考题

1. 公司重组主要有哪些形式，公司重组的动因是什么？
2. 公司重组的价值来源主要体现在哪些方面？

国际经济与贸易

课程名称	书号	书名、作者及出版时间	版别	定价
国际商务谈判	978-7-111-38907-1	国际商务谈判（英文版·第5版）（列维奇）（2012年）	外版	39
国际商务谈判	978-7-111-39276-7	商务谈判（第5版）（列维奇）（2012年）	外版	39
国际商务	978-7-111-35144-3	国际商务（第7版）（钦科陶）（2011年）	外版	79
国际商务	978-7-111-39699-4	国际商务：环境与运作（第13版）（丹尼尔斯）（2012年）	外版	109
国际商务	978-7-111-46099-2	国际商务：环境与运作（英文版·第13版）（丹尼尔斯）（2014年）	外版	99
国际商务	978-7-111-40466-8	现代国际商务（第7版）（希尔）（2012年）	外版	69
国际商务	978-7-111-40190-2	现代国际商务（英文版·第7版）（希尔）（2012年）	外版	75
国际商法	978-7-111-44116-8	国际商法（第5版）（奥古斯特）（2013年）	外版	69
国际商法	978-7-111-29687-4	国际商法（英文版·第5版）（奥古斯特）（2010年）	外版	69
国际金融学	978-7-111-36555-6	国际金融（第12版）（艾特曼）（2012年）	外版	79
国际金融学	即将出版	国际金融（第2版）（贝克特）（2015年）	外版	49
国际金融学	978-7-111-30273-5	国际金融（精要版）（英文版·第3版）（莫菲特）（2010年）	外版	59
国际金融学	即将出版	国际金融（皮尔比姆）（2015年）	外版	69
国际金融学	978-7-111-34411-7	汇率与国际金融（第5版）（科普兰德）（2011年）	外版	62
国际金融学	978-7-111-47215-5	跨国金融管理（上册）（英文版·第2版）（贝克特）（2014年）	外版	49
国际物流学	978-7-111-48452-3	国际物流管理（许良）（2014年）	本版	35
国际物流学	978-7-111-38579-0	国际物流学（逯宇铎）（2012年）	本版	39
国际投资	978-7-111-41737-8	国际投资学（胡朝霞）（2013年）	本版	35
国际商务谈判	978-7-111-42333-1	国际商务谈判（白远）（2013年）	本版	29
国际商务	978-7-111-42330-0	国际商务（王炜瀚）（2013年）	本版	45
国际商法	978-7-111-45452-6	国际商法（第2版）（宁烨）（2014年）	本版	35
国际商法	978-7-111-49679-3	国际商法（刘刚仿）（2015年）	本版	39
国际贸易英文函电	978-7-111-30151-6	国际贸易英文函电（田野青）（2010年）	本版	24
国际贸易英文函电	978-7-111-35441-3	国际商务函电双语教程（董金铃）（2011年）	本版	28
国际贸易英文函电	978-7-111-41657-9	外贸函电（王美玲）（2013年）	本版	35
国际贸易学	978-7-111-49060-9	国际贸易学（陶涛）（2015年）	本版	35
国际贸易实习	978-7-111-45087-0	国际贸易实务实验教程（李雁玲）（2014年）	本版	30
国际贸易实习	978-7-111-36269-2	国际贸易实习教程（宋新刚）（2011年）	本版	28
国际贸易实务	978-7-111-37322-3	国际贸易实务（陈启虎）（2012年）	本版	32
国际贸易实务	978-7-111-30529-3	国际贸易实务（第2版）（精品课）（胡丹婷）（2011年）	本版	32
国际贸易实务	978-7-111-37558-6	国际贸易实务（精品课）（张孟才）（2012年）	本版	36
国际贸易实务	978-7-111-49471-3	国际贸易实务（李雁玲）（2015年）	本版	30
国际贸易实务	978-7-111-42495-6	国际贸易实务（孟海樱）（2013年）	本版	35
国际贸易实务	978-7-111-38375-8	进出口贸易实务教程（宫焕久）（2012年）	本版	39
国际贸易理论与实务	978-7-111-38549-3	国际贸易理论与实务（陈岩）（2012年）	本版	39
国际贸易理论与实务	978-7-111-49351-8	国际贸易理论与实务（第2版）（孙勤）（2015年）	本版	35
国际贸易理论与实务	978-7-111-39640-6	国际贸易理论与实务（第3版）（卓骏）（2012年）	本版	39
国际贸易理论与实务	978-7-111-33778-2	国际贸易理论与实务（吕靖烨）（2011年）	本版	29
国际经济合作	978-7-111-45488-5	国际经济合作（第2版）（赵永宁）（2014年）	本版	35
国际经济合作	978-7-111-42603-5	国际经济合作（卢进勇）（2013年）	本版	45
国际经济合作	978-7-111-48644-2	国际经济合作（孙莹）（2014年）	本版	39
国际金融学	978-7-111-44188-5	国际金融（精品课）（韩博印）（2013年）	本版	39
国际金融学	978-7-111-37659-0	国际金融学（刘园）（2012年）	本版	38
国际金融理论与实务	978-7-111-39168-5	国际金融理论与实务（缪玉林 朱旭强）（2012年）	本版	32
国际服务贸易	978-7-111-41997-6	国际服务贸易（陈宪）（2013年）	本版	35
当代世界经济	978-7-111-48058-7	世界经济概论（刘文革）（2014年）	本版	35

会计与财务教材译丛系列

课程名称	书号	书名、作者及出版时间	定价
计算机财务管理	978-7-111-47319-0	财务管理：以Excel为分析工具（第4版）（霍顿）（2014年）	49
国际财务管理	978-7-111-40501-6	国际财务管理（第6版）（尤恩）（2012年）	69
财务会计	978-7-111-24170-6	财务会计 为决策提供的信息（第4版）（怀尔德）（2008年）	75
财务会计	978-7-111-28081-1	财务会计（赖莫斯）（2009年）	75
财务会计	978-7-111-17322-8	财务会计理论（第3版）（斯科特）（2005年）	41
财务会计	978-7-111-24756-2	经济环境下的财务会计（第6版）（帕拉特）（2008年）	78
财务管理（公司理财）	978-7-111-46111-1	财务管理基础（第6版）（阿特利尔）（2014年）	59
财务管理（公司理财）	978-7-111-30324-4	现代财务管理（第11版）（麦奎根）（2010年）	78
会计学	即将出版	亨格瑞会计学：财务会计分册（第4版）（诺贝尔）（2015年）	89
会计学	即将出版	亨格瑞会计学：管理会计分册（第4版）（诺贝尔）（2015年）	75
会计学	即将出版	会计学（第5版）（沃伦）（2015年）	70
会计学	978-7-111-40215-2	会计学：企业决策的基础：财务会计分册（第16版）（威廉姆斯）（2012年）	69
会计学	978-7-111-39775-5	会计学：企业决策的基础：管理会计分册（第16版）（威廉姆斯）（2012年）	69
会计学	978-7-111-44815-0	会计学基础（第11版）（安东尼）（2013年）	39
管理会计	即将出版	管理会计（第14版）（加里森）（2015年）	75
管理会计	978-7-111-27841-2	管理会计学：在动态商业环境中创在价值（第7版）（希尔顿）（2009年）	65

华章文渊系列

课程名称	书号	书名、作者及出版时间	定价
财务管理（公司理财）	即将出版	财务管理（刘淑莲）（2015年）	39
战略管理	978-7-111-32666-3	战略管理（第2版）（"十一五"国家级规划教材）（王方华）（2010年）	38
运营管理	978-7-111-42293-8	生产运作管理（第4版）（陈荣秋，马士华）（2013年）	49
企业文化	978-7-111-44522-7	企业文化（第2版）（"十二五"普通高等教育本科国家级规划教材）（陈春花）（2013年）	35
管理学	978-7-111-37505-0	管理学原理（第2版）（陈传明）（2012年）	36
管理沟通	978-7-111-46992-6	管理沟通：成功管理的基石（第3版）（魏江）（2014年）	39
创业管理	978-7-111-42860-2	创业管理（第3版）（基础版）（张玉利）（"十二五"普通高等教育本科国家级规划教材）（2013年）	29
创业管理	978-7-111-42833-6	创业管理（第3版）（张玉利）（"十二五"普通高等教育本科国家级规划教材）（2013年）	39
会计学	978-7-111-46849-3	基础会计学（潘爱玲）（2014年）	35
统计学	978-7-111-31321-2	统计学（曾五一）（2010年）	35
数量经济学	978-7-111-26575-7	应用数量经济学（"十一五"国家级规划教材）（张晓峒）（2009年）	45
管理经济学	978-7-111-39608-6	管理经济学（毛蕴诗）（"十二五"普通高等教育本科国家级规划教材）（2012年）	45
产业经济学	978-7-111-49568-0	产业经济学（刘志彪）（2015年）	39
组织行为学	978-7-111-39625-3	组织行为学（第2版）（陈春花）（2012年）	39
供应链（物流）管理	978-7-111-45453-3	供应链管理（第4版）（马士华）（2014年）	39